제2판

R을 활용한 자료 시각화

김태수 지음

자유아카데미

머리말

자료의 시각화는 통계적 처리 과정에서 매우 중요한 부분으로, 관심 있는 자료에 대한 직관적 이해는 전문적인 분석가뿐만 아니라 누구에게나 필요하다. 이러한 직관적 이해는 컴퓨터와 통계적 도구의 발달로 인해 더욱 편리하게 이루어지고 있으며, 앞으로도 더 많은 발전이 기대되고 있다.

이 책에서는 자료 시각화를 위하여 누구나 제한 없이 사용할 수 있는 통계적 도구인 R을 사용하였으며, 그중에서도 패키지 ggplot2와 plotly를 사용한 시각화에 집중하였다.

1장에서는 R의 기본 기능과 간단한 시각화를 살펴보고, 2장에서는 그래픽 패키지 중 하나인 ggplot2를 활용한 시각화 기법을, 3장에서는 사용자와 상호작용을 기반으로 하는 동적 그래프를 다루는 패키지 plotly를 활용한 시각화 기법들을, 4장에서는 지리정보시스템의 핵심이 되는 지도에 대한 부분을 다루었으며, 5장에서는 통계적 분석의 기초가 되는 확률분포들의 그래프 및 중심극한정리를 시각적으로 이해할 수 있도록 구성하였다.

오류를 줄이기 위해 노력하였지만 미비한 부분들이 나올 수 있다. 이런 부분들은 계속하여 보완하고 수정할 것이며, 책의 보완점이나 출간 후 나올 수 있는 수정사항 등은 자유아카데미 홈페이지(www.freeaca.com) 자료실에 제공할 예정이다. 아래의 참고 사이트는 시각화 샘플들이 나와 있는 곳으로, 다양한 시각화를 경험하는 데 도움이 될 것이니 참고하기를 바란다.

끝으로, 이 책의 출판에 즈음하여 적극적인 지원을 해준 모든 분들과 자유아카데미 관계자 여러분께 감사를 드린다. 아무쪼록 이 책을 공부하는 모든 분들이 R의 유용한 패키지들을 활용하여 자료들을 시각화하고 이해하는 데 큰 도움이 되기를 바란다.

2022년 8월

지은이

참고 사이트:

1. https://www.rstudio.com/resources/cheatsheets/
2. https://www.statmethods.net/graphs/index.html
3. https://plot.ly/r/

차례

1장 자료 처리

2장 ggplot2 활용 자료 시각화

3장 plotly를 활용한 동적 그래프

4장 지도

5장 확률분포들의 그래프 및 중심극한정리

1장
자료 처리

1 자료의 생성 및 도수분포표
2 그래프를 이용한 자료의 요약
3 자료의 수치적 요약
4 그래프 및 수치를 이용한 자료의 복합적 요약
5 다변량 자료의 요약
6 격자그림
7 특정 패키지의 존폐 여부 및 종료된 패키지 설치 방법

R을 이용하여 자료를 요약 정리하는 기본적인 방법들을 소개한다.

01 자료의 생성 및 도수분포표

다음은 R에서 바로 자료를 생성하여 자료의 도수분포표를 작성하는 예이다. 25개의 자료를 입력하는 방법 중 하나가 함수 "c( )" 를 사용하는 것이다. 입력된 자료를 사용자 정의 값인 "Drink"로 하였다. 입력된 자료의 범주별 빈도수를 파악하고자 할 때, 함수 "table( )"을 사용한다.

```
> Drink= c(3, 4, 1, 1, 3, 4, 3, 3, 1, 3, 2, 1, 2, 1, 2, 3, 2, 3, 1, 1, 1, 1, 4, 3, 1)
> table(Drink)
Drink
 1  2  3  4
10  4  8  3
```

NOTE 함수 "**c( )**"에서 "c"는 여러 개를 결합시킨다는 의미의 "combine", 여러 개를 사슬 같이 잇다는 의미인 "Concatenate", 새롭게 생성하다의 의미인 "Create"의 약어로 생각하면 된다.

상대도수분포표를 작성하는 방법은 함수 "prop.table( )"을 사용하거나 위에서 사용한 함수 "table( )"의 결과를 자료의 개수 함수인 "length( )"로 나눈 값을 이용하여도 같은 결과이다.

```
> prop.table(table(Drink))
Drink
   1    2    3    4
0.40 0.16 0.32 0.12
```

```
> table(Drink)/length(Drink)
Drink
   1    2    3    4
0.40 0.16 0.32 0.12
```

02 그래프를 이용한 자료의 요약

2.1 막대그래프 (Bar Charts)

흔히 많이 볼 수 있는 그래프로서 각 범주에서 도수의 크기를 막대의 높이로 나타낸 것이 막대그래프이다. 표(table)에서 각 범주의 값(도수)을 막대의 높이로 하여 그래프를 그린 것이다. 막대그래프는 각 범주 간의 도수를 비교하는 데 용이하다. 함수 "barplot( )"을 이용하여 막대그래프를 그릴 수 있다. 다음과 같이 "barplot(Drink)"는 입력한 결과를 그래프로 되돌려 준다. 그러나 이것은 원하는 막대그래프가 아니다.

```
> barplot(Drink)
```

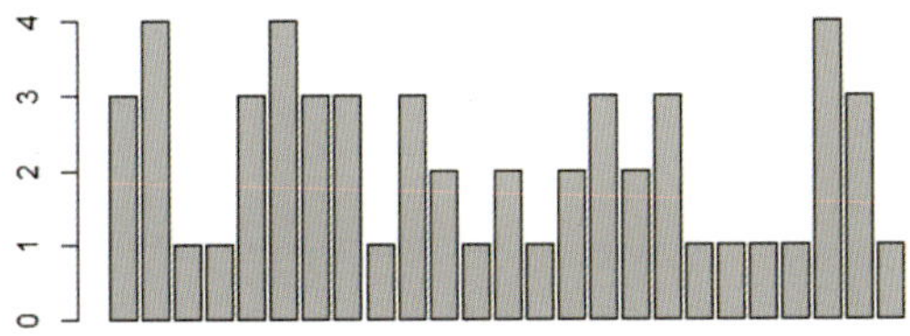

원하는 막대그래프는 자료의 범주 "1", "2", "3", "4"에 대한 도수를 높이로 하는 그래프인 것이다. 함수의 인자에 원자료(raw data)를 입력하는 것이 아니라 도수분포표 자료를 입력하여야 한다. 함수 "table( )"을 이용한 도수분포표의 자료를 인자로 한 함수 "barplot(table(Drink))"를 사용하면 된다.

```
> barplot(table(Drink))
```

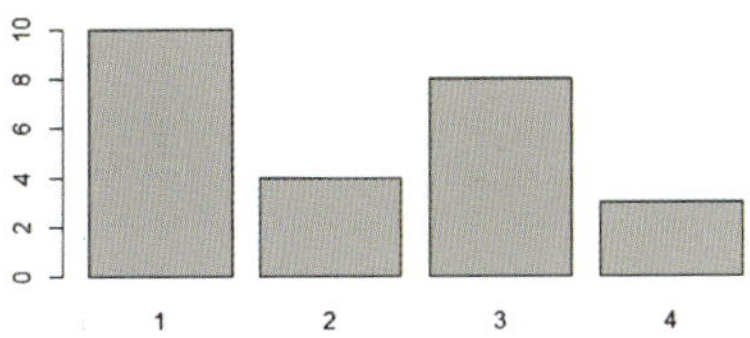

다음은 막대의 높이인 도수를 전체도수(함수 "length( )"를 이용하여 전체 자료의 개수를 구할 수 있다.)로 나눈 값, 즉 상대도수를 막대의 높이로 하여 그래프를 그린 것이다.

```
> barplot(prop.table(table(Drink)))

> barplot(table(Drink)/length(Drink))
```

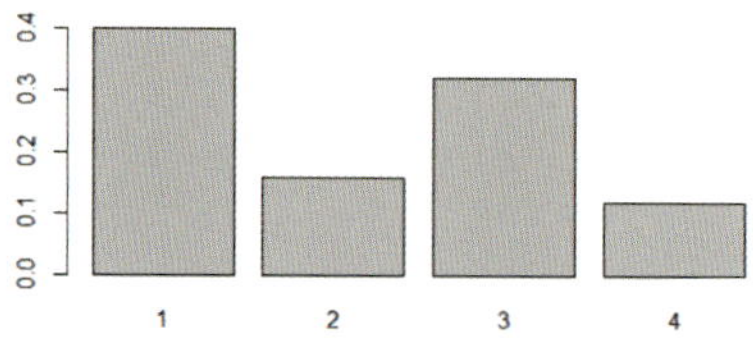

2.2 원형그래프 (Pie Charts)

원형그래프는 먼저 원을 그리고 이 원을 상대도수에 비례하여 중심각을 나누어 마치 피자나 파이에서 조각을 나눈 것과 같은 형태를 갖도록 하는 그림이다. 함수 "pie( )"를 이용한다.

```
> DrinkCounts <- table(Drink)
> DrinkCounts
Drink
 1  2  3  4
10  4  8  3
> pie(DrinkCounts)
```

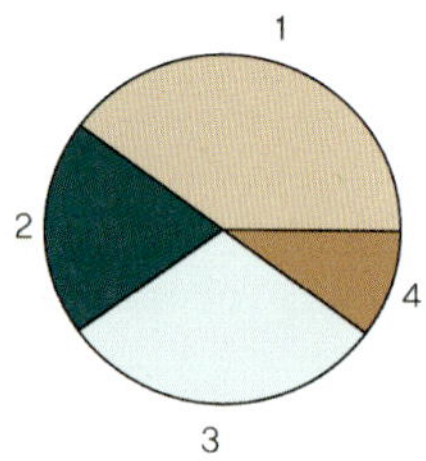

함수 "names( )"를 이용하여 자료의 값 1, 2, 3, 4가 아닌 사용자가 지정한 이름을 부여하여 원형그래프를 그릴 수 있다.

```
> names(DrinkCounts) <- c("A","B","C","D")
> pie(DrinkCounts)
```

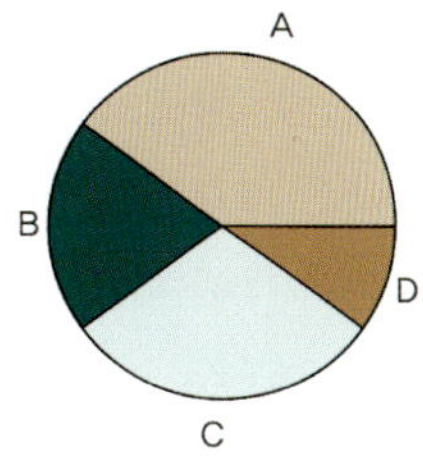

아래의 예와 같이 인자의 옵션 중 "col= "을 이용하여 색상을 사용자가 임의로 지정할 수 있다.

```
> pie(DrinkCounts,
+ col= c("blue","pink","yellow","green"))
```

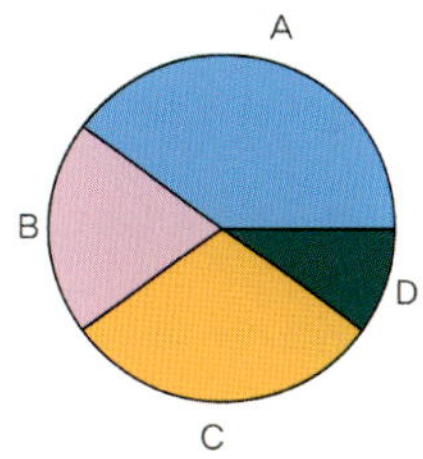

2.3 줄기-잎 그림 (Stem-and-Leaf Chart)

R의 datasets에 있는 자료 islands는 세계 주요 대륙 지역의 면적으로 벡터형식이며 48개의 자료로 구성되어 있다. 값은 16,988부터 12까지이며, 100 미만의 값이 35개나 포함되어 있다.

```
> data(islands)
> str(islands)
 Named num [1:48] 11506 5500 16988 2968 16 ...
 - attr(*, "names")= chr [1:48] "Africa" "Antarctica" "Asia" "Australia"
...
```

```
> names(islands)
 [1] "Africa"            "Antarctica"        "Asia"              "Australia"
... 생 략 ...
[45] "Tierra del Fuego" "Timor"              "Vancouver"         "Victoria"
> max(islands)
[1] 16988
> min(islands)
[1] 12
> length(which(islands<100))
[1] 35
```

자료의 분포를 시각적으로 쉽게 파악하면서 각 관측값을 유지하는 방법으로 **"줄기-잎 그림"**이 있다. 줄기-잎 그림은 일반적으로 자료의 수가 적을 때 유용한 방법으로 함수 "stem( )"을 사용한다.

```
> stem(islands)
  The decimal point is 3 digit(s) to the right of the |
   0 | 00000000000000000000000000000111111222338
   2 | 07
   4 | 5
   6 | 8
   8 | 4
  10 | 5
  12 |
  14 |
  16 | 0
```

위의 표현은 0에 가까운 자료가 대부분이고 특이하게 큰 자료가 일부 있으므로 줄기-잎-그림의 표현이 효과적이지 못하다. ...*3 digit(s)* ...은 줄기의 단위가 1,000임을 알려 주고 있다.

아래와 같이 함수 "log10( )" 등을 이용하여 자료의 단위(scale) 조절이 필요하기도 하다. 조정된 자료의 수 및 분포에 따라 줄기가 자동으로 결정된다.

```
> stem(log10(islands))
  The decimal point is at the |
  1 | 1111112222233444
  1 | 5555556666667899999
  2 | 3344
  2 | 59
  3 |
  3 | 5678
  4 | 012
```

줄기를 한 단계 더 세분화 하고자 할 때는 다음과 같이 옵션 “scale= 2”를 사용한다.

```
> stem(log10(islands), scale= 2)
  The decimal point is 1 digit(s) to the left of the |
  10 | 81115588
  12 | 000826
  14 | 016688126
  16 | 0233496
  18 | 61125
  20 |
  22 | 666
  24 | 59
  26 |
  28 | 2
  30 |
  32 |
  34 | 77
  36 | 4
  38 | 37
  40 | 6
  42 | 3
```

2.4 점도표 (Dot Chart)

자료의 값을 점을 이용하여 표현하는 방법으로 자료의 분포를 시각적으로 쉽게 파악하면서 각 관측값을 유지할 수 있다. 일반적으로 자료의 수가 적을 때 유용한 방법이다. 함수 "dotchart( )"를 이용하여 점도표를 그릴 수 있다.

```
> dotchart(log10(islands))
> dotchart(log10(islands[order(names(islands), decreasing= TRUE)]))
> dotchart(log10(islands[order(islands)]))
```

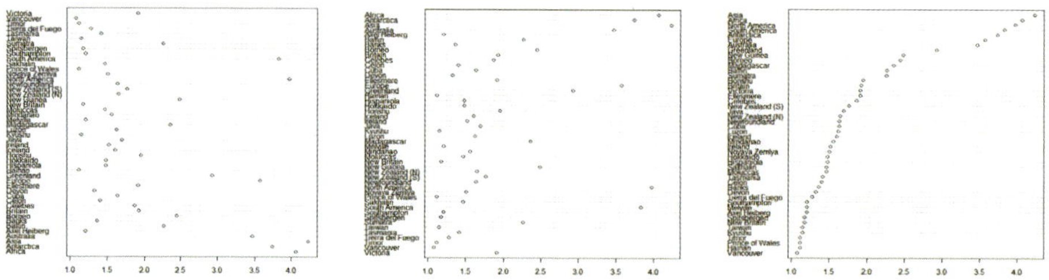

NOTE

(1) dotchart(log10(islands))는 원자료의 순서대로 점도표를 표현하게 된다.

(2) 옵션 order(names(islands))과 decreasing= TRUE는 자료의 이름(즉, 지역명)의 감소순으로 나열하여 점도표를 표현한다.

(3) 옵션 "order(islands)"는 자료의 값의 크기순으로 나열하여 점도표를 표현한다.

R의 datasets에 있는 자료 VADeaths는 1940년 미국 Virginia 주의 사망률에 대한 조사 자료로 5×4의 행렬형식이며 행은 연령별 범주를, 열은 지역/성별의 범주이다.

```
> VADeaths
      Rural Male Rural Female Urban Male Urban Female
50-54       11.7          8.7       15.4          8.4
55-59       18.1         11.7       24.3         13.6
```

```
60-64        26.9         20.3         37.0         19.3
65-69        41.0         30.9         54.6         35.1
70-74        66.0         54.3         71.1         50.0
> colnames(VADeaths)
[1] "Rural Male" "Rural Female" "Urban Male" "Urban Female"
> rownames(VADeaths)
[1] "50-54" "55-59" "60-64" "65-69" "70-74"
```

함수 “dotchart( )”는 열과 행의 순서대로 범주에 따른 자료의 값을 점을 이용하여 표현한다. 행과 열의 순서대로 범주에 따른 자료의 값을 표현하고자 하면 자료의 전치행렬 함수 “t( )”를 이용하여 행과 열의 위치를 바꾼 후 함수 “dotchart( )”를 적용하면 된다.

```
> dotchart(VADeaths)
> dotchart(t(VADeaths))
```

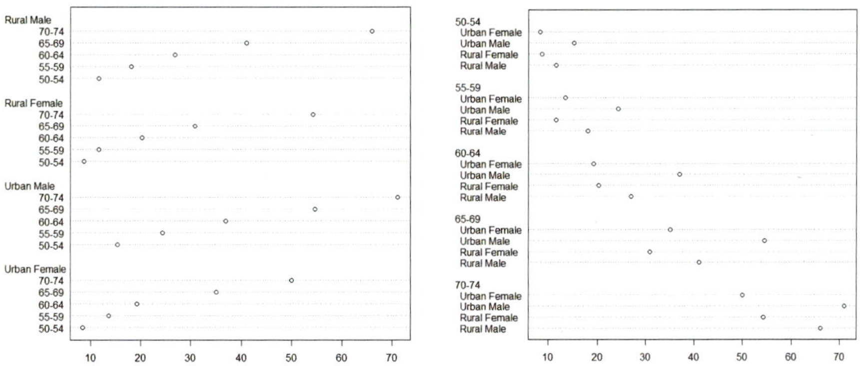

2.5 히스토그램 (Histograms)

줄기-잎 그림과 점도표 등은 자료의 수가 많을 경우에 적절하지 못하다. 이때 범주형 자료의 특성을 표현할 때 사용하는 막대그래프와 비슷한 히스토그램을 이용하게 된다.

히스토그램은 자료의 범위(range)를 분할하여 사용하며, 분할된 구간에 속하는 각각의 도수를 결정하여 그래프로 나타내어주는 방법이다. 막대의 높이는 도수가 기본으로 설정되어 있으며, 옵션 "probability= TRUE"를 이용하면 상대도수로 나타낼 수 있다. 상대도수로 할 경우는 각 막대의 면적(높이 × 분할 구간의 길이)을 모두 더하면 1이 된다. 이는 바로 확률분포를 의미하는 것이다.

R의 datasets에 있는 자료 faithful의 변수 "waiting"에 대한 히스토그램이다.

```
> str(faithful)
'data.frame':  272 obs. of  2 variables:
 $ eruptions: num  3.6 1.8 3.33 2.28  ...
 $ waiting  : num  79 54 74 62 85  ...
> X <- faithful$waiting
> hist(X)
> hist(X, probability= TRUE)
```

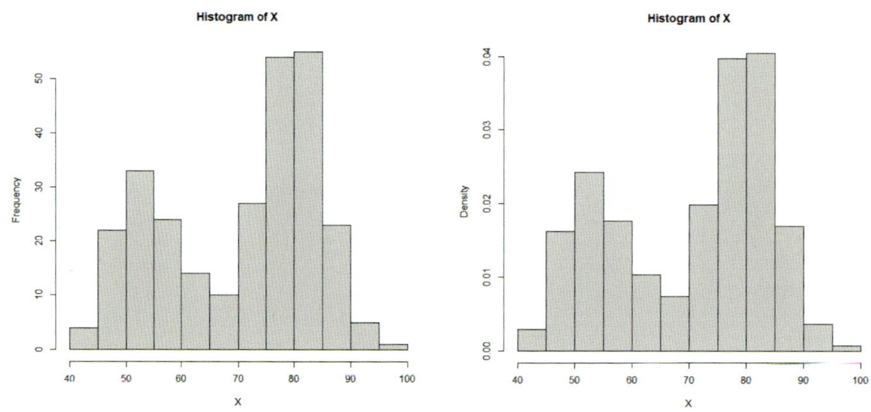

x축에 자료의 값을 추가하여 표현하고 싶을 때, 함수 "rug( )"를 이용하고, x축에 자료의 밀집정도(분포)를 표현하고자 할 때는 함수 "jitter( )"을 사용한다.

```
> hist(X, probability= TRUE)
> rug(X)

> hist(X, probability= TRUE)
> rug(jitter(X))
```

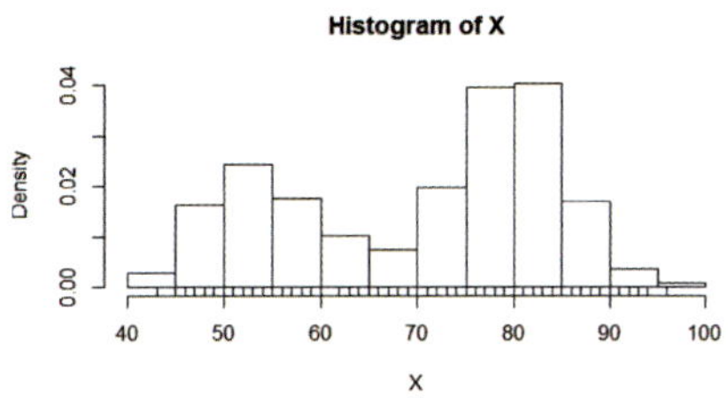

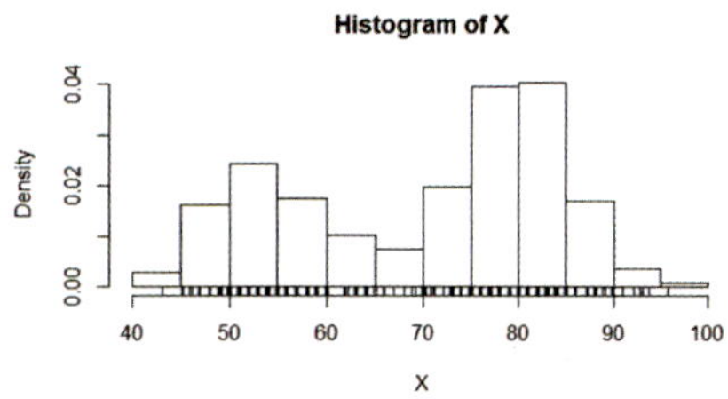

기본적인 히스토그램 함수 “hist( )”는 입력된 자료를 가지고 분할의 범위를 자동 결정하게 된다. 또는 사용자가 임의로 정하여 사용할 수도 있다.

```
> hist(X, probability= TRUE, breaks= 6)

> hist(X, breaks= c(min(X), 50, 70, 80, max(X)))
```

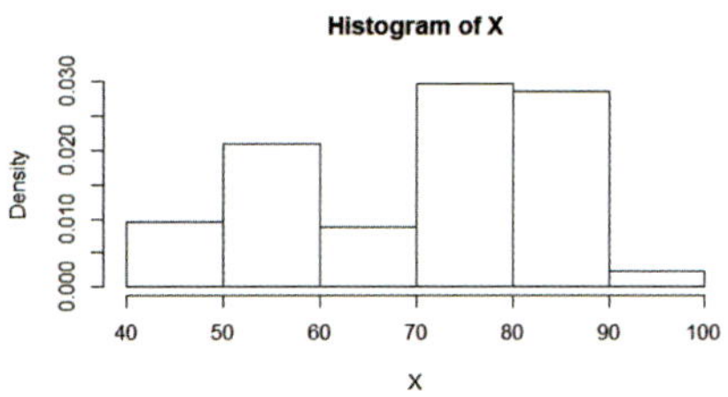

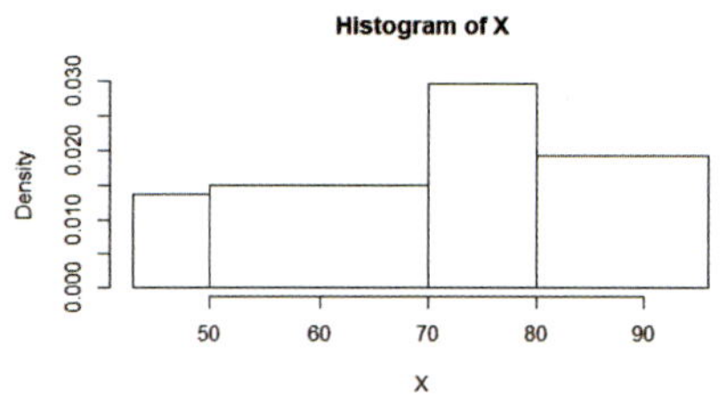

NOTE 히스토그램을 통해서 평균, 중앙값, IQR(사분위수 범위) 등의 정보에 대한 근삿값을 알 수 있다. 물론 이 값들을 정확하게 알기 위해서는 이 값들의 특징을 알아야 한다. 즉, 중앙값은 면적을 정확하게 2등분하고, 평균은 히스토그램이 평형을 이루는 점에서 발생하고, IQR은 자료의 가운데 중심의 범위를 의미한다.

03 자료의 수치적 요약

표나 그래프적인 요약방법 외에 수치로 자료의 속성을 요약하기도 한다. 그중에서 가장 일반적인 수치는 중심성(또는 대표성)과 흩어짐(spread)의 수치적 요약이다. 일반적으로 중심성의 측정도구는 평균(mean or average), 중앙값(median), 최빈값(mode) 등이 있으며, 흩어짐의 측정 도구는 분산(variance)과 표준편차, 범위(range) 등이 있다. 또한 자료의 속성을 파악하는 데 필요한 수치로 사분위수(quartile)나 백분위수(percentile) 등도 있으며, 이들을 종합적으로 파악하는 다섯 개의 요약 수치(five-number summary: 최솟값(minimum), 아래 중심값(lower hinge), 중앙값(median), 위 중심값(upper hinge), 최댓값(maximum))가 있다. R은 함수 "`mean( )`", "`var( )`", "`sd( )`", "`median( )`", "`fivenum( )`", "`summary( )`" 등의 다양한 수치적 요약을 할 수 있는 내장함수들을 제공하고 있다. 수치적 자료도 또한 그래프에 표현이 가능하며, R에서는 다양한 방법들을 제공하고 있다.

다음은 어느 기업의 임원들의 연봉에 대한 가상자료이다(단위 $1,000,000).

12 .4 5 2 50 8 3 1 4 0.25

```
> Sals = c(12, .4, 5, 2, 50, 8, 3, 1, 4, 0.25)
> mean(Sals)      [1] 8.565
> var(Sals)       [1] 225.5145
> sd(Sals)        [1] 15.01714
> median(Sals)    [1] 3.5
> fivenum(Sals)
[1]  0.25  1.00  3.50  8.00 50.00
> summary(Sals)
    Min.  1st Qu.  Median    Mean  3rd Qu.    Max.
   0.250    1.250   3.500   8.565   7.250  50.000
```

NOTE 함수 "`fivenum( )`"과 함수 "`quantile( )`"의 차이

(A) "`fivenum( )`"의 최솟값, 중앙값, 최댓값은 일반적인 통계적 정의에 있는 것과 같다. 아래 중심값

(lower hinge)은 최솟값과 중앙값 사이에 있는 자료의 값 중 중심위치에 있는 자료의 값을, 위 중심값 (upper hinge)은 최댓값과 중앙값 사이에 있는 자료의 값 중 중심위치에 있는 자료의 값을 출력한다.

(B) 중앙값(median)은 관측값 $x_1, x_2, \cdots, x_n$들을 작은 순서로부터 정렬한 것을 $x_{(1)}, x_{(2)}, \cdots, x_{(n)}$이라 하면 다음과 같이 정의된다.

$$\widetilde{X} = \begin{cases} x_{(\frac{n+1}{2})} & , n\text{이 홀수일 때}, \\ \dfrac{x_{(\frac{n}{2})} + x_{(\frac{n}{2}+1)}}{2} & , n\text{이 짝수일 때}, \end{cases}$$

반면, $p-$quantile 즉, $100 \times p-$percentile(제$100 \times p$백분위수)은 중앙값의 일반화된 개념이다. $p-$quantile 값 아래에 전체 자료의 $100 \times p$가 있고, $p-$quantile 값 위에 전체 자료의 $100 \times (1-p)\%$가 있다는 것이다. 그러나 R에서는 다음의 방법으로 $p-$quantile을 정의하고 있다. 자료의 개수가 n이라고 할 때, $1+(n-1) \times p$이 정수이면 $1+(n-1) \times p$ 위치에 존재하는 값으로 하고, 정수가 아니라면 양쪽에 있는 두 자료의 평균으로 정의하지 않고, $1+(n-1) \times p$의 가중평균으로 정의하고 있다. 예를 들면 다음의 자료 6개가 있다고 할 때, 10, 17, 18, 25, 28, 28들의 0.25-quantile, 즉 제25백분위수는 $1+(n-1) \times p = 1+(6-1) \times 0.25 = 2.25$이므로 정수가 아니다. 그러므로 2번째와 3번째 자료의 가중평균값인 17.25로 제25백분위수를 결정한다.

```
> Data=c(10, 17, 18, 25, 28, 28)
> summary(Data)
   Min.  1st Qu.  Median     Mean  3rd Qu.    Max.
  10.00   17.25    21.50    21.00    27.25   28.00
> quantile(Data, .25)
   25%
17.25
> quantile(Data, c(.25, .75))
   25%    75%
17.25  27.25
```

(C) 제50백분위수(중앙값 또는 제2사분위수)는 Q_2로, 제25백분위수(제1사분위수)는 Q_1으로, 제75백분위수(제3사분위수)는 Q_3로 표기한다.

(D) "fivenum"과 Q_1, Q_2, Q_3의 차이

```
> sort(Sals)
[1]  0.25  0.40  1.00  2.00  3.00  4.00  5.00  8.00  12.00  50.00
> fivenum(Sals)
[1]  0.25  1.00  3.50  8.00 50.00
> summary(Sals)
   Min.  1st Qu.  Median    Mean  3rd Qu.    Max.
  0.250    1.250   3.500   8.565    7.250  50.000
```

1st Qu.(제25백분위수, 제1사분위수, Q_1)은 "$1+(10-1)\times 0.25=3.25$"로 3번째 자료 "1"과 4번째 자료 "2"의 0.25에 대한 가중 평균값인 1.250이다.

NOTE 중심과 흩어짐에 대한 내성이 있는 측정 도구들

중심성이나 흩어짐의 측정 도구로 사용되는 평균이나 분산들은 정규성을 갖는 분포에서 유용한 도구들이다. 그러나 자료의 분포가 꼬리가 두터운(heavy tailed) 분포이거나 이상치들(outliers)이 많은 자료에서는 적합하지 않다. 이러한 경우에 중심성이나 흩어짐 등을 측정하는 다른 도구가 필요하다. 앞에서 언급한 중앙값은 그 한 예이다. 다음과 같은 방법들을 사용하기도 한다.

(A) **손질된 평균(Trimmed Mean)**: 자료를 모두 이용하지 않고 이상치로 분류될 만한 범위의 자료들을 제거하고 난 나머지들의 평균을 의미한다.

```
> mean(Sals, trim= 1/10)        [1] 4.425
> mean(Sals, trim= 2/10)        [1] 3.833333
```

"trim"이 0.5에 가까울수록 손질된 평균(trimmed mean)은 중앙값에 가까워진다.

(B) **사분위수 범위(IQR: Inter Quantile Range)**: $Q_3 - Q_1$으로 정의되는 값이다.

```
> IQR(Sals)              [1] 6
```

(C) **중앙평균차(MAD: Median Aaverage Deviation)**: 함수 "`mad( )`"는 원자료들과 자료의 중앙값과의 편차들에 대한 중앙값에 상수 1.4826을 곱한 값으로 정의되는 양이다. 여기에서 상수 1.4826은 통계적 추정 이론에서 발생하게 된 보정수치라고 보면 된다. 즉 다음과 같다.

$$median|X_i - median(X)| \times 1.4826$$

```
> mad(Sals)              [1] 4.15128
```

다음의 과정으로 직접 계산할 수도 있다.

```
> median(abs(Sals - median(Sals)))
[1] 2.8
> median(abs(Sals - median(Sals))) * 1.4826
[1] 4.15128
```

04 그래프 및 수치를 이용한 자료의 복합적 요약

4.1 상자그림 (box plot)

상자그림은 '상자(box)'와 '수염(whiskers)'으로 구성되며, 상자의 하단은 자료의 제25백분위수, 상단은 제75백분위수, 상자 내부의 가로선은 제50백분위수, 즉 중앙값을 나타낸다. 상자의 상단에서 하단까지의 범위를 '사분위수 범위(Inter Quantile Range; IQR)'라고 하고, 상자의 상/하단으로부터 IQR의 1.5배까지 수직인 선(이를 수염)을 표시한다. 수염의 끝부분보다 바깥쪽에 데이터가 존재하면 이를 이상치(outlier)라 하고,

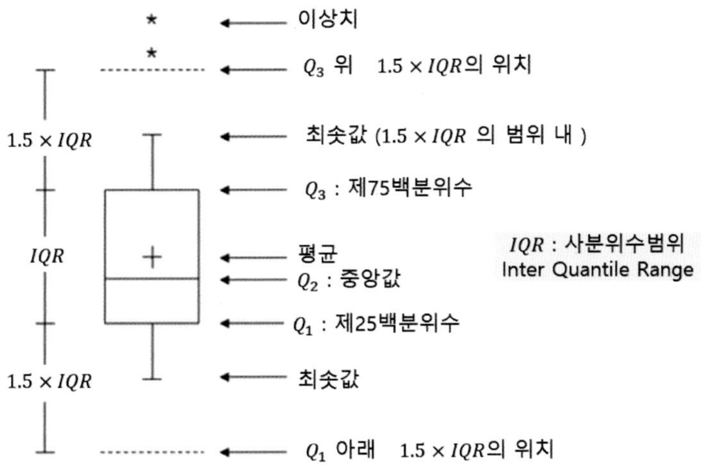

별표로 따로 표시한다.

패키지 UsingR에 있는 자료 movies의 변수에 대하여 상자그림을 그려 보기로 한다. 함수 "boxplot( )"의 옵션 "horizontal= TRUE"는 아래의 결과와 같이 수평적인 상자그림을, "horizontal= FALSE"를 사용하면 수직적인 상자그림을 그릴 때 사용한다.

```
> library("UsingR")
> data(movies)
> names(movies)
[1] "title" "current" "previous" "gross"
> attach(movies)
> boxplot(current, main= "주 수입", horizontal= TRUE)

> boxplot(gross, main= "총 수입", horizontal= FALSE)
> detach(movies)
```

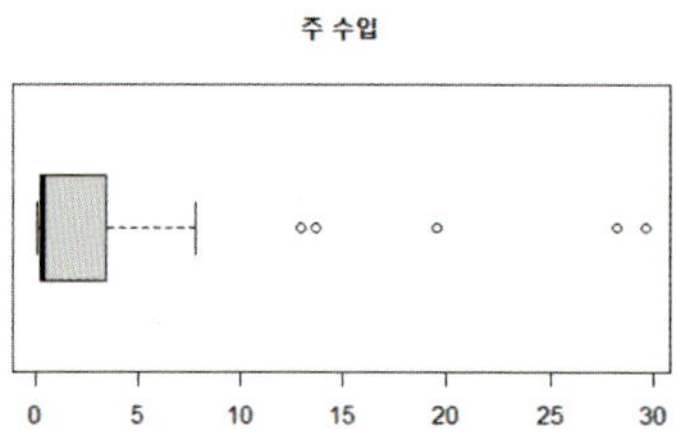

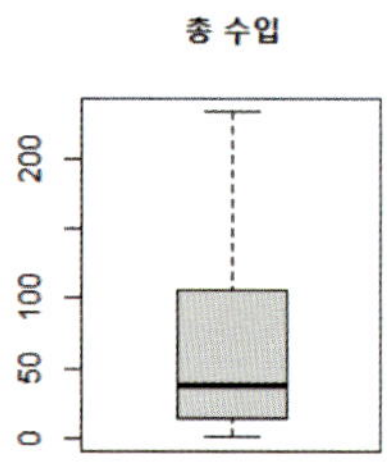

NOTE "attach( )"와 "detach( )" : R을 비롯한 여러 가지 통계 처리과정에서 자료들을 처리함에 있어서 자료를 구성하고 있는 자료의 값에 대한 이름, 즉 변수 이름들을 사용하게 된다. 변수 이름들은 자료가 다른 경우에도 같은 이름을 사용할 수도 있다. 분석과정에서 여러 자료 화일들을 사용할 때, 함수 "attach( )"를 이용하여 사용할 자료를 확정하고, 함수 "detach( )"를 사용하여 더 이상 사용하지 않을 자료를 제외할 수 있다.

4.2 상자그림과 히스토그램을 동시에 그리기

패키지 UsingR에 구성되어 있는 함수 "simple.hist.and.boxplot( )"을 이용한다.

다음은 표준정규분포를 따르는 난수(random number) 100개를 추출하여 히스토그램과 상자그림을 동시에 그린 결과이다. "set.seed(n)"은 초깃값을 지정하는 함수로서 실험 때마다 같은 난수가 필요할 때 사용한다. 여기서는 n을 1로 하였다.

```
> set.seed(1)
> RandNorm <- rnorm(100)
> simple.hist.and.boxplot(RandNorm, main= "Histogram of RandNorm")
```

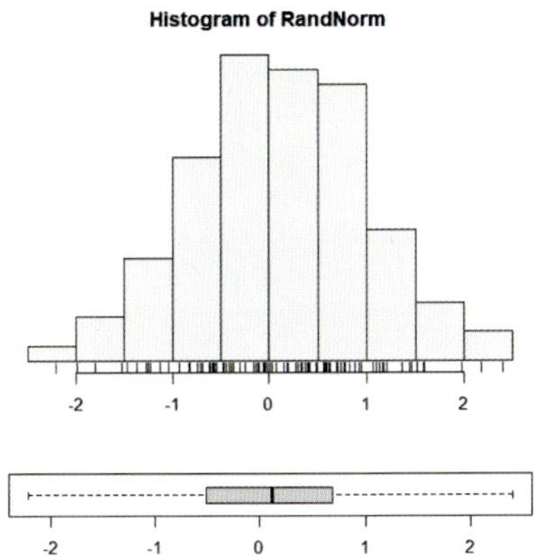

4.3 도수다각형

도수다각형은 히스토그램에서 각 계급구간의 막대 상단의 중앙점을 직선으로 연결하여 그린다. 도수다각형은 히스토그램 위에 그리기도 하고 도수다각형만 따로 그리기도 한다. 특히, 도수다각형은 중심의 위치, 퍼진 정도 등을 그림을 통하여 파악하는 데 유용하게 쓰인다. 히스토그램과는 달리 도수다각형은 여러 분포를 동시에 비교할 수 있는 장점을 지니고 있다. 일반적인 방법은 함수 "hist( )"와 함수 "lines( )"을 함께 사용하는 것이다. 다른 방법은 패키지 UsingR에 있는 함수 "simple.freqpoly( )"를 이용하는 것이다.

```
> set.seed(1)
> X <- rnorm(100)
> temp <- hist(X)
> lines(c(min(temp$breaks), temp$mids, max(temp$breaks)),
+       c(0, temp$counts, 0), type= "l")
> simple.freqpoly(X)
```

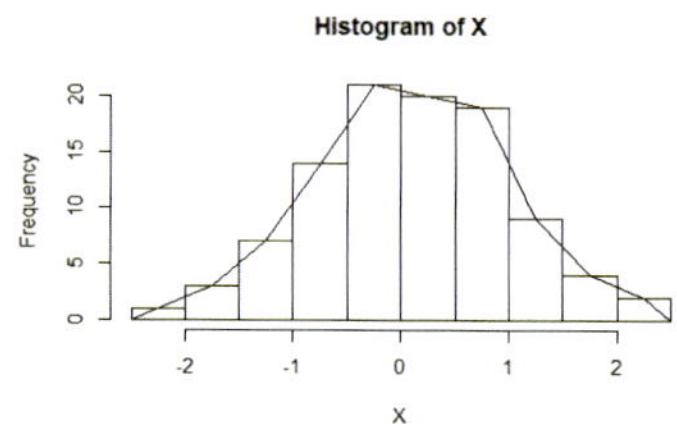

4.4 확률밀도함수

도수다각형은 자료의 확률밀도와 관련이 있다. 함수 “density( )”는 도수다각형을 그리는 과정을 더욱 정교하게 하여 확률밀도함수의 그래프를 제공한다. 함수 “density( )”는 ‘띠너비’(bandwidth)를 자동으로 정하여 적절한 밀도함수를 찾아준다. 자료에 대한 히스토그램을 그린 후 명령어 “lines( )”를 사용하여 곡선, 즉 밀도함수를 그린다. R의 datasets에 있는 자료 faithful을 가지고 예를 들어 보자. faithful은 미국 와이오밍주의 Yellowstone 국립공원에 있는 간헐천의 분출시간(분)을 변수 “eruptions”로, 분출대기시간을 변수 “waiting”으로 측정한 자료 272개를 가지고 있다. “?faithful”을 입력하면 자료에 대한 설명을 볼 수 있다.

```
> data(faithful)
> attach(faithful)
> hist(eruptions, breaks= "Sturges",  prob= T)
> lines(density(eruptions))
```

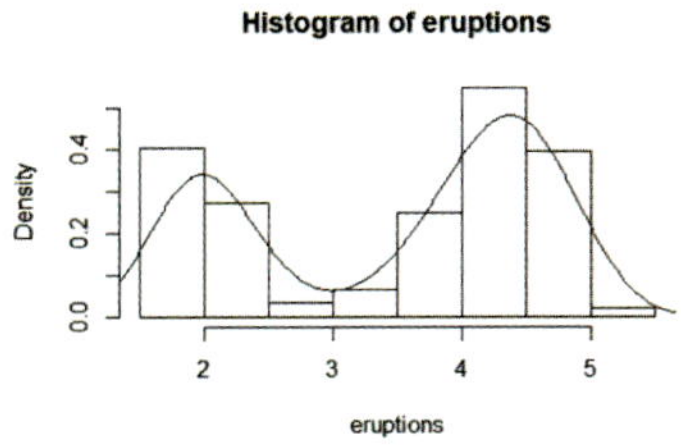

NOTE 옵션 "breaks= " 은 다음과 같이 3가지가 제공되고 있다.

(1) Sturges: Sturges' formula

(2) scott: Scott's choice

(3) FD: the Freedman–Diaconis choice

아래와 같이 결과가 다름을 알 수 있다. 자료의 크기 및 상황에 따라 사용자가 선택하여 사용하면 된다.

```
> nclass.Sturges(eruptions)        [1] 10
> nclass.scott(eruptions)          [1] 6
> nclass.FD(eruptions)             [1] 5
```

옵션 "breaks= " 대신 숫자만 사용해도 된다. 밀도함수의 옵션 "bw= "을 "SJ"로 한 경우이며, 여러 옵션 값에 따라 다소의 차이가 있음을 볼 수 있다.

```
> hist(eruptions, 15, prob= T)
> lines(density(eruptions, bw= "SJ"), ol= 'red')
```

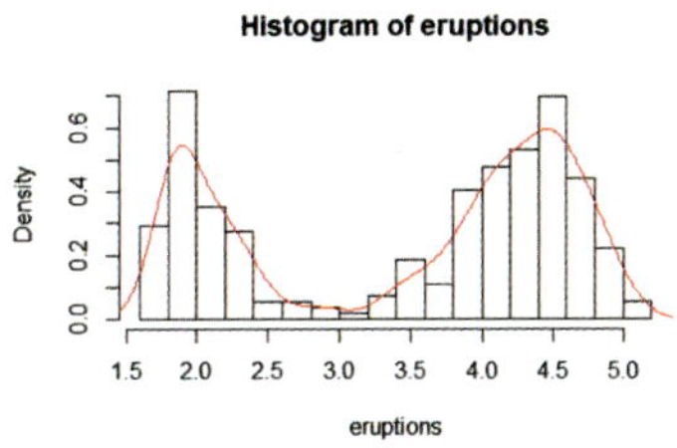


```
> require(graphics)
> plot(density(eruptions), xlim= c(0,7), ylim= c(0,0.7))
```

```
> rug(eruptions)
> lines(density(eruptions, bw= "nrd"), col= 2)
> lines(density(eruptions, bw= "ucv"), col= 3)
> lines(density(eruptions, bw= "bcv"), col= 4)
> lines(density(eruptions, bw= "SJ-ste"), col= 5)
> lines(density(eruptions, bw= "SJ-dpi"), col= 6)
> Legend <- c("nrd0", "nrd", "ucv", "bcv", "SJ-ste", "SJ-dpi")
> legend(5.5, 0.7, legend= Legend, col= 1:6, lty= 1)
```

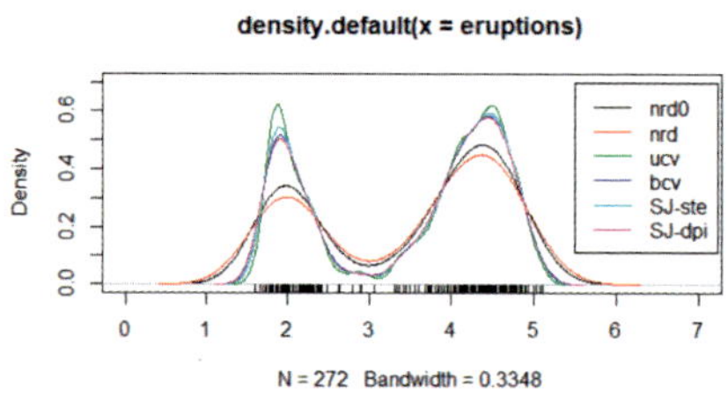

다음은 띠너비(bandwidth)를 0.01, 1, 0.1로 하여 다양하게 밀도함수를 그려 본 것이다. 결과적으로 자료의 특성 따라 적당한 띠너비를 결정해야 함을 알 수 있다.

```
> par(mfrow= c(1,3))
> hist(eruptions, 15, prob= T, main= "bw= 0.01")
> lines(density(eruptions, bw= 0.01))
> hist(eruptions, 15, prob= T, main= "bw= 1")
> lines(density(eruptions, bw= 1))
> hist(eruptions, 15, prob= T, main= "bw= 0.1")
> lines(density(eruptions, bw= 0.1))
> par(mfrow= c(1,1))
```

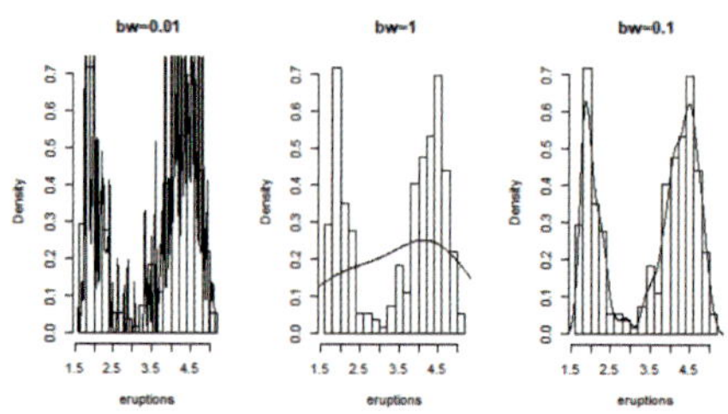

05 다변량 자료의 요약

5.1 표를 이용한 자료의 요약

R에서 자료를 직접 입력하는 방법으로 자료를 이용한 도수분포표를 작성하고자 한다. 자료의 수가 많지 않은 경우에는 아래와 같이 "data.frame( )"을 이용하여 직접 시스템에 입력하는 방법을 사용할 수 있다. 아래와 같이 입력하면 Df(사용자가 임의로 지정)에 자료가 저장된다.

자료의 수가 많을 때에는 직접 입력하기보다는 취합되어 이미 파일로 저장되어 있을 것이다. 이와 같은 경우는 불러오기 기능을 이용하여 R 시스템 안으로 가지고 올 수 있다.

사용한 자료의 구성을 보기 위해서 함수 "str( )"를 사용하면, 아래와 같이 자료 Df의 구조를 알 수 있다.

```
> Gender <-  c("M","M","F","F","F","M","M","M","M","F")
> Grade <- c(1,2,3,1,2,3,1,2,3,1)
> Blood <- c("A","O","B","AB","B","B","AB","A","A","O")
> IQ <- c(145,147,135,150,155,135,127,138,140,133)
> Hair <- c("Black","Brown","Black","Blond","Red","Brown","Red",
+          "Brown","Black","Blond")
> Eye <- c("Brown","Blue","Hazel","Green","Brown","Blue","Hazel",
+         "Green","Brown","Blue")
> Df <- data.frame(Gender, Grade, Blood, IQ, Hair, Eye)
> str(Df)
'data.frame':    10 obs. of  6 variables:
 $ Gender  : Factor w/ 2 levels "F","M": 2 2 1 1 1 2 2 2 2 1
 $ Grade: num  1 2 3 1 2 3 1 2 3 1
 $ Blood: Factor w/ 4 levels "A","AB","B","O": 1 4 3 2 3 3 2 1 1 4
 $ IQ   : num  145 147 135 150 155 135 127 138 140 133
```

```
$ Hair : Factor w/ 4 levels "Black","Blond",..: 1 3 1 2 4 3 4 3 1 2
$ Eye  : Factor w/ 4 levels "Blue","Brown",..: 2 1 4 3 2 1 4 3 2 1
```

함수 "table( )"을 이용하여 원하는 변수의 도수분포를 알 수 있다.

```
> table(Df$Grade)
1 2 3
4 3 3
```

또는 두 변수 "Gender"와 "Grade"의 분할표(contingency table)를 구할 수도 있다.

```
> table(Df$Gender, Df$Grade)
     1  2  3
  F  2  1  1
  M  2  2  2
```

또는 두 변수 "Hair"와 "Eye"의 분할표(contingency table)를 구할 수도 있다.

```
> table(Df$Hair, Df$Eye)
          Blue   Brown  Green Hazel
  Black      0       2      0     1
  Blond      1       0      1     0
  Brown      2       0      1     0
  Red        0       1      0     1
```

"table( )" 또는 아래와 같이 "xtabs( )"를 사용하며 변수명을 나타나게 할 수 있다. 처리 결과는 약간의 차이가 있음을 확인할 수 있다.

```
> table(Df$Hair, Df$Eye,
+      dnn= c("Hair","Eye"))
      Eye
Hair     Blue   Brown  Green  Hazel
  Black     0       2      0      1
  Blond     1       0      1      0
  Brown     2       0      1      0
  Red       0       1      0      1
```

```
>  xtabs( ~ Df$Hair + Df$Eye,
+         data= Df)
       Df$Eye
Df$Hair Blue   Brown  Green  Hazel
  Black    0       2      0      1
  Blond    1       0      1      0
  Brown    2       0      1      0
  Red      0       1      0      1
```

일반적인 분할표에서 각 행, 열의 합인 전체 도수의 값을 표현할 필요가 있다. 이때, 아래와 같이 함수 "margin.table( )"을 이용한다. 함수의 사용방식은 "margin.table(**자료**, margin**의 형식**)"이다. 여기서 "**자료**"는 분할표를 의미한다. "margin의 형식"은 "1" 또는 "2"를 사용한다. "1"이면 각 행의 도수의 합을, "2"이면 각 열의 도수의 합을 표현한다. 아래의 예와 같이 "table( )" 또는 "xtab( )"을 사용할 수 있다.

```
> margin.table(table(Df$Hair, Df$Eye, dnn= c("Hair","Eye")), 1)
Hair  Black  Blond  Brown   Red
          3      2      3     2
> margin.table(xtabs( ~ Df$Hair + Df$Eye, data= Df), 1)
Df$Hair
Black  Blond  Brown   Red
    3      2      3     2
```

"2"이면 열의 도수의 합인 Eye에 대한 합을 표현한다.

```
> margin.table(xtabs( ~ Df$Hair + Df$Eye, data= Df), 2)
Df$Eye
 Blue  Brown  Green  Hazel
    3      3      2      2
```

만일 "margin의 유형"을 생략하면 분할표 전체 도수의 합을 표현한다.

```
> margin.table(xtabs( ~ Df$Hair + Df$Eye, data= Df))
[1] 10
```

분할표에서 각 행과 열의 합을 같이 표현하면 편리하다. 이를 가능하게 하는 함수가 "addmargins( )"이다. 아래의 예에서 각 행과 열의 주변(margin)의 각 행과 열의 도수의 합이 표현되어 있음을 볼 수 있다.

```
> addmargins(table(Df$Hair, Df$Eye))
          Blue  Brown  Green  Hazel   Sum
 Black       0      2      0      1     3
 Blond       1      0      1      0     2
 Brown       2      0      1      0     3
 Red         0      1      0      1     2
 Sum         3      3      2      2    10
```

분할표에서 각 셀 도수의 값이 아닌 여러 상황에 대한 비율 값의 표현이 필요할 수 있다. 이때 함수 "prop.table( )"를 사용하며, "prop.table(**자료, 셀의 비율 표현 형식**)"으로 표현한다. "options( )"를 이용하여 표현되는 자릿수를 조정할 수 있다. "셀의 비율 표현 형식"이 "1"이면 각 행에서 해당 도수의 비율을 표현하고, "2"이면 각 열에서 해당 도수의 비율을 표현한다.

"셀의 비율 표현 형식"이 1인 경우로 각 행의 도수의 비율을 표현하고 있다.

```
> options(digits= 3)                         # 기본은 7로 되어 있다.
> prop.table(xtabs( ~ Df$Hair + Df$Eye, data= Df), 1)
      Df$Eye
Df$Hair  Blue  Brown  Green  Hazel
  Black  0.000  0.667  0.000  0.333
```

```
  Blond  0.500  0.000  0.500  0.000
  Brown  0.667  0.000  0.333  0.000
  Red    0.000  0.500  0.000  0.500
```

함수 “prop.table( )”에서는 “셀의 비율 표현 형식”이 1인 경우로 각 행의 도수의 비율을 표현하고 있고, 함수 “addmargins( )”에서 이 옵션을 2로 지정하여 각 행의 도수의 비율의 합을 표현하고 있다. 모든 행의 합이 1로 표현되고 있음을 볼 수 있다.

```
> addmargins(prop.table(xtabs( ~ Df$Hair + Df$Eye, data= Df), 1), 2)
       Df$Eye
Df$Hair   Blue  Brown  Green  Hazel   Sum
  Black  0.000  0.667  0.000  0.333 1.000
  Blond  0.500  0.000  0.500  0.000 1.000
  Brown  0.667  0.000  0.333  0.000 1.000
  Red    0.000  0.500  0.000  0.500 1.000
```

“셀의 비율 표현 형식”이 2인 경우로 각 열의 도수의 비율을 표현하고 있다.

```
> prop.table(xtabs( ~ Df$Hair + Df$Eye, data= Df), 2)
       Df$Eye
Df$Hair   Blue  Brown  Green  Hazel
  Black  0.000  0.667  0.000  0.500
  Blond  0.333  0.000  0.500  0.000
  Brown  0.667  0.000  0.500  0.000
  Red    0.000  0.333  0.000  0.500
```

함수 “prop.table( )”에서는 “셀의 비율 표현 형식”이 2인 경우로 각 열의 도수의 비율을 표현하고 있고, 함수 “addmargins( )”에서는 이 옵션을 1로 지정하여 각 열의 도수의 비율의 합을 표현하고 있다. 모든 열의 합이 1로 표현되고 있음을 볼 수 있다.

```
> addmargins(prop.table(xtabs( ~ Df$Hair + Df$Eye, data= Df),2 ), 1)
       Df$Eye
Df$Hair   Blue   Brown  Green  Hazel
  Black  0.000  0.667  0.000  0.500
  Blond  0.333  0.000  0.500  0.000
  Brown  0.667  0.000  0.500  0.000
  Red    0.000  0.333  0.000  0.500
  Sum    1.000  1.000  1.000  1.000
```

그리고 아래의 예와 같이 옵션 “셀의 비율 표현 형식”을 생략하면 전체 분할표에서 해당 도수의 비율을 표현한다.

```
> prop.table(xtabs( ~ Df$Hair + Df$Eye, data= Df))
       Df$Eye
Df$Hair   Blue   Brown  Green  Hazel
  Black    0.0    0.2    0.0    0.1
  Blond    0.1    0.0    0.1    0.0
  Brown    0.2    0.0    0.1    0.0
  Red      0.0    0.1    0.0    0.1
```

또한 함수 “addmargins( )”에서도 옵션을 생략하면 전체 분할표에서의 각 행과 열의 합을 표현하게 된다.

```
> addmargins(prop.table(xtabs( ~ Df$Hair + Df$Eye, data= Df)))
       Df$Eye
Df$Hair   Blue   Brown  Green  Hazel   Sum
  Black    0.0    0.2    0.0    0.1   0.3
  Blond    0.1    0.0    0.1    0.0   0.2
  Brown    0.2    0.0    0.1    0.0   0.3
```

```
Red      0.0    0.1    0.0    0.1    0.2
Sum      0.3    0.3    0.2    0.2    1.0
```

자료분석 과정에서 배열형식(3차원 이상)으로 입력된 분할표도 매우 빈번하게 발생한다. 이를 그대로 표현하는 것이 아니라 특정 변수를 기준으로 일반적인 분할표로의 변환도 가능하다. 이때, 사용하는 함수가 "ftable( )"이다.

다음의 3차원 배열의 분할표 자료는 R에서 제공되는 예를 그대로 사용하였다. 3차원 배열 분할표 자료인 A에 대하여 함수 "addmargins( )"을 적용하면 다음과 같이 세 번째 변수인 "Sea"를 기준으로 각각의 행과 열의 합이 표현된 2차원 분할표가 4개(변수 Sea의 값이 White, Black, Red 및 Dead) 생성된다. 두 변수인 "Aye"와 "Bee"만의 관계식은 편하게 볼 수 있지만, 전체적인 자료의 현황을 파악하기에는 다소 불편함이 있다.

```
> Aa <- sample(c("Heavy", "Middle", "Light"), 177, replace= TRUE)
> Bb <- sample(c("Tall", "Short"), 177, replace= TRUE)
> Cc <- sample(c("White", "Black", "Red", "Blue"), 177, replace= TRUE)
> Array <- table(Aa, Bb, Cc)
> addmargins(Array)
```

```
, , Cc= Black
        Bb
Aa        Short Tall  Sum
  Heavy      5    8   13
  Light      6   10   16
  Middle     5   11   16
  Sum       16   29   45

, , Cc= Blue
        Bb
Aa        Short Tall  Sum
  Heavy      6    5   11
  Light      8    7   15
  Middle     6    7   13
  Sum       20   19   39

, , Cc= Red
        Bb
Aa        Short Tall  Sum
  Heavy      6    7   13
  Light     12    7   19
  Middle     8    7   15
  Sum       26   21   47

, , Cc= White
        Bb
Aa        Short Tall  Sum
  Heavy      5    8   13

, , Cc= Sum
        Bb
Aa        Short Tall  Sum
  Heavy     22   28   50
```

```
Light      7  13  20
Middle    10   3  13
Sum       22  24  46
```

```
Light     33  37  70
Middle    29  28  57
Sum       84  93 177
```

함수 "ftable( )"을 사용하면 다음과 같이 3차원 배열의 분할표를 2차원적으로 표현하여 준다.

```
> ftable(Array)               Cc     Black  Blue  Red  White
                   Aa         Bb
                   Heavy  Short          5     6    6      5
                          Tall           8     5    7      8
                   Light  Short          6     8   12      7
                          Tall          10     7    7     13
                   MiddleShort           5     6    8     10
                          Tall          11     7    7      3
```

"addmargins( )"에서 각각의 변수들에 대한 자료의 합을 구할 수 있다. 이때 옵션의 값은 생략하거나 "1", "2", "3"을 사용할 수 있다. 생략하면 전체변수들의 합을, "1"이면 첫 번째 변수인 "Aa", "2"이면 두 번째 변수인 "Bb", 그리고 "3"이면 세 번째 변수인 "Cc"의 합을 표현하는 것이다. 아래의 마지막 예와 같이 옵션의 값을 "c(1, 3)"로 하면 첫 번째 변수와 세 번째 변수의 합을 표현해 준다.

```
> ftable(addmargins(Array))
            Cc Black  Blue  Red  White Sum
Aa      Bb
Heavy   Short      5     6    6      5  22
        Tall       8     5    7      8  28
        Sum       13    11   13     13  50
Light   Short      6     8   12      7  33
        Tall      10     7    7     13  37
```

```
         Sum         16     15     19      20    70
Middle Short          5      6      8      10    29
         Tall        11      7      7       3    28
         Sum         16     13     15      13    57
Sum      Short       16     20     26      22    84
         Tall        29     19     21      24    93
         Sum         45     39     47      46   177
```

```
> ftable(addmargins(Array, 1))
        Cc Black Blue Red White
Aa      Bb
Heavy   Short   5    6   6     5
        Tall    8    5   7     8
Light   Short   6    8  12     7
        Tall   10    7   7    13
Middle Short    5    6   8    10
        Tall   11    7   7     3
Sum     Short  16   20  26    22
        Tall   29   19  21    24
```

```
> ftable(addmargins(Array, 2))
        Cc Black Blue Red White
Aa      Bb
Heavy   Short   5    6   6     5
        Tall    8    5   7     8
        Sum    13   11  13    13
Light   Short   6    8  12     7
        Tall   10    7   7    13
        Sum    16   15  19    20
Middle Short    5    6   8    10
        Tall   11    7   7     3
        Sum    16   13  15    13
```

```
> ftable(addmargins(Array, 3))
        Cc Black Blue Red White Sum
Aa      Bb
Heavy   Short   5    6   6     5  22
       Tall     8    5   7     8  28
Light   Short   6    8  12     7  33
         Tall  10    7   7    13  37
Middle Short    5    6   8    10  29
       Tall    11    7   7     3  28
```

```
> ftable(addmargins(Array, c(1, 3)))
        Cc Black Blue Red White Sum
Aa     Bb
Heavy   Short   5    6    6    5  22
        Tall    8    5   7     8  28
Light   Short   6    8  12     7  33
        Tall   10    7   7    13  37
Middle Short    5    6   8    10  29
        Tall   11    7   7     3  28
Sum     Short  16   20  26    22  84
        Tall   29   19  21    24  93
```

주어진 자료를 이용하여 분할표를 작성할 때, 해당 범주에 관찰값이 한 개도 없는 경우에 "0"으로 표시하는 것 대신, 다른 기호를 이용하여 표현할 수 있다. 아래의 예에서는 옵션 "zero.print= ".""를 시용하여 점으로 표현하였지만, 사용자가 원하는 문자열로 표현이 가능하다.

```
> x <- sample(1:7, 20, replace= TRUE)
> y <- sample(1:7, 20, replace= TRUE)
> TableXY <- addmargins(table(x, y))
> print(TableXY, zero.print= ".")
```

```
     y
x    1  2  3  4  5  6  7  sum
1    1  1  .  .  .  .  .   2
2    .  .  2. 1  2  .  .   5
3    .  .  1  .  2  1  1   5
4    1  .  .  .  .  .  .   1
5    .  1  .  .  .  .  .   1
6    .  1  .  1  .  1  1   2
7    .  1  .  1  .  1  1   4
sum  2  4  3  2  4  2  1  20
```

5.2 그래프를 이용한 자료의 요약

5.2.1 히스토그램

히스토그램은 함수 "hist( )"를 사용하면 된다. 패키지 graphics에 있는 함수 "par( )"는 여러 가지 옵션을 설정하여 그래프를 꾸밀 수 있도록 해준다. 아래의 예는 2개의 그래프를 한 면(panel)에 그릴 수 있도록 하는 옵션 "mfrow"(또는 "mfcol"도 가능하다.)를 설정한 것이다. 히스토그램의 기본값은 각 변수의 도수를 높이로 하지만, 옵션에서 "probability= TRUE"라고 하면 비율을 높이로 할 수 있다. 또한 여러 가지 옵션을 이용하여 x축의 구간을 사용자가 임의로 설정할 수도 있다. 다음은 R의 datasets에 있는 자료 airquality에 있는 변수 "Ozone"의 히스토그램이다.

```
> par(mfrow= c(1, 2))
> hist(airquality$Ozone, main= "오존농도/도수")
> hist(airquality$Ozone, main= "오존농도/밀도", probability= TRUE)
> par(mfrow= c(1, 1))
```

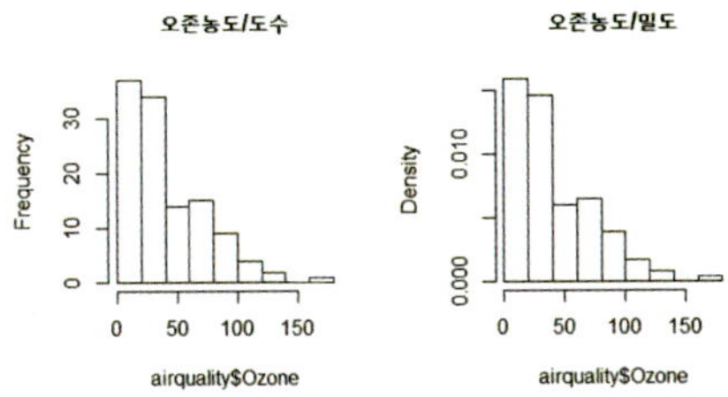

5.2.2 상자그림

함수 "boxplot( )"을 사용한다. 다음의 예는 패키지 UsingR에 있는 자료 home의 변수 "old"와 "new"의 상자그림이다. 두 변수에 값이 너무 차이가 나는 경우 함수 "scale( )"를 이용하여 각 변수를 표준화한 자료들의 상자그림을 그려 비교할 수도 있다. 변수 "new"의 상단 부분에 나타난 2개의 점은 이상치로 의심되는 값인 $1.5 \times IQR$을 벗어난 자료들의 표현이다.

```
> library("UsingR")
> par(mfrow= c(2, 1))
> data(home)
[1] "old" "new"
> names(home)
> boxplot(data.frame(home))

> boxplot(data.frame(scale(home)))
```

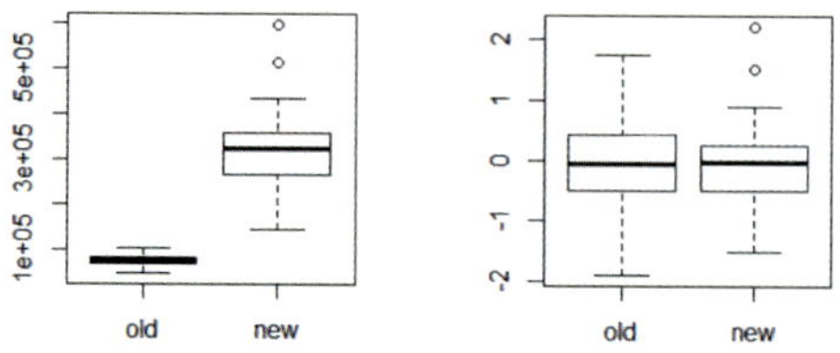

5.2.3 산점도

함수 "plot( )"을 사용한다. 가장 일반적인 그래프 함수이다. 대부분의 다른 그래프 관련 옵션은 유사하므로 함수 "plot( )"에 대한 것을 자세히 살펴보기로 한다. 다음은 자료 airquality에 있는 변수 "Wind"와 "Ozone"의 상관도를 나타낸 것이다. 아무 옵션이 지정되어 있지 않을 때, R은 자체적으로 변수이름을 각 축의 이름으로 하고 점(원)으로 자료를 표현하여 그래프를 그리게 된다. 사용자는 여러 가지 옵션들을 활용하여 원하는 모양으로 그래프를 꾸밀 수 있다. 함수 "with( )"를 이용할 수도 있다.

```
> data(airquality)
> attach(airquality)
> par(mfrow= c(1, 1))
> plot(Wind, Ozone)

> with(airquality, plot(Wind, Ozone))
```

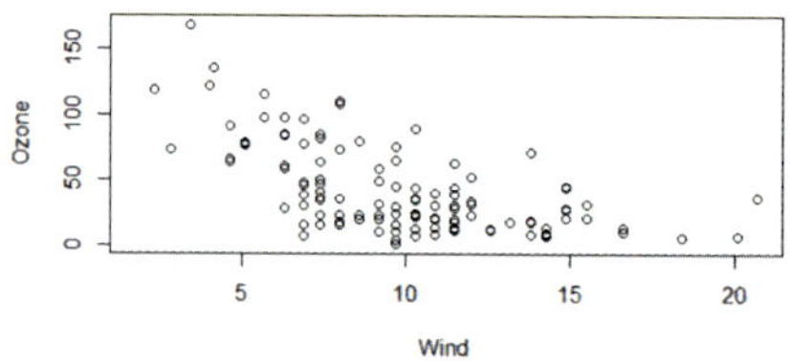

함수 "plot( )"은 다음의 그림과 같이 영역을 구분한다.

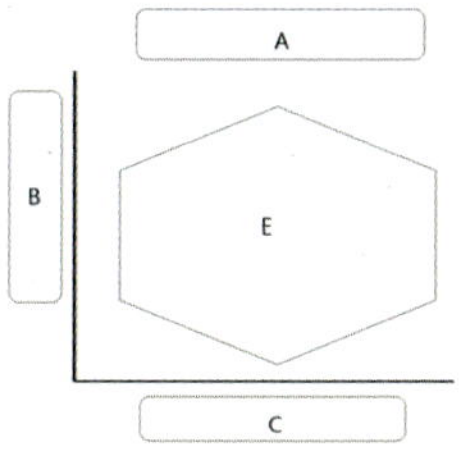

영역 A: 제목
영역 B: y축
영역 C: x축
영역 D: 범례
영역 E: 그림 영역

영역	내용	관련 옵션(options) 및 명령어들
A	제목	main
B	y축	ylab, ylim
C	x축	xlab, xlim
D	범례	legend
E	그림	(1) 그림 자체: pch, lty, lwd, col, cex, type, . . . (2) 그림 주변: las, bg, mar, oma, mfrow, mfcol, . . (3) 그림 보조: text, identify, . . . (4) 그림 추가: points, lines, abline, curve, polygon, . . .

- **영역 A (제목)** : 옵션 “main= "**문자 열**"” 형식으로 사용한다.
- **영역 B와 C (축 이름 및 표현 범위)** : 사용자가 지정할 수 있으며 아래의 형식으로 사용한다.

구분	축이름	축 범위
x축	xlab= “사용자 지정 이름”	xlim= c(최솟값, 최댓값)
y축	ylab= “사용자 지정 이름”	ylim= c(최솟값, 최댓값)

- **영역 D (범례)** : 함수 “legend( )”를 사용하며, 기본형식은 “legend(**위치**, **내용**, **옵션**)”이다. 이때 위치는 (x,y)의 좌표값 또는 미리 지정된 예약어 "bottomright", "bottom", "bottomleft", "left", "topleft", "top", "topright", "right", "center"를 사용한다. 옵션은 일반적인 그래프 작성에서 사용하는 옵션과 같다.

```
> with(home, plot(scale(old),scale(new), main= "제목: 주택 가격 비교",
+       xlab= "x축이름:과거(표준화)", ylab= "y축이름:현재(표준화)",
+       xlim= c(-2,2), ylim= c(-2,2)))
> legend("bottomright", "우측하단")
> legend("bottom", "중앙하단")
> legend("bottomleft", "좌측하단")
> legend("topright", "우측상단")
> legend("top", "중앙상단")
> legend("topleft", "좌측상단")
> legend("right", "우측중앙")
> legend("left", "죄측중앙")
> legend("center", "중앙")
> legend(1,1.5, "좌표값(1,1.5)")
```

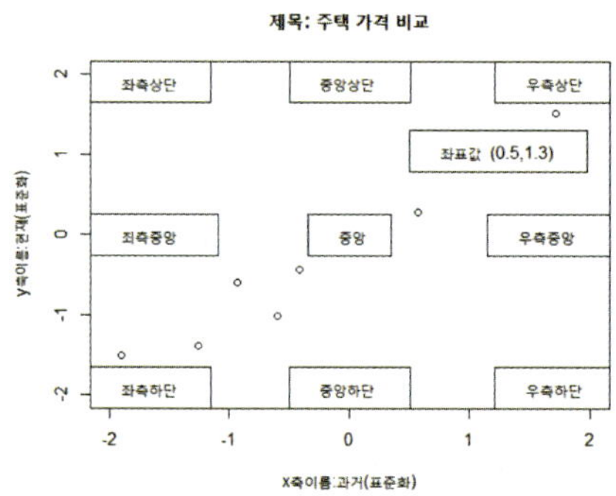

● **영역 E (그래프 영역):**

(1) 그림 자체에 관련된 옵션

(a) pch(점의 표현 기호): “pch= *n*” 또는 “pch= "**문자**"”의 형식으로 사용한다. *n*은 정수로서 기본값은 1이며 그 값은 원(○)이다. 가능한 숫자의 정보는 “help(pch)” 또는 “?pch”에서 확인할 수 있다. 아래의 그림은 0부터 25까지의 지정된 기호의 예이다.

(b) lty(선의 유형): "`lty=` n" 또는 "`lty= "`**예약어**`"`"의 형식으로 사용한다. n은 아래와 같고, 기본값은 1이다.

0. 'blank'
1. 'solid'
2. 'dashed'
3. 'dotted'
4. 'dotdash'
5. 'longdash'
6. 'twodash'

(c) lwd(선의 두께): "`lwd=` r"의 형식이며, r은 실수로 기본값은 1이다.

(d) type(데이터의 표현 유형): "`type= "`**예약어**`"`"의 형식으로 사용한다.

예약어	결과
p	점(point)으로 표현
l	선(line)으로 표현
b	점과선(point and line)으로 표현
c	"b"의 결과에서 선부분만 표현
o	점과 선을 겹쳐 표현
h	히스토그림과 유사하게 표현
s	계단함수로 표현
S	"s"와는 다른 유형의 계단함수로 표현
n	표현하지 않고자 할 때 사용

(e) col(색상): "`col=` n", "`col= "`**예약어**`"`" 또는 "`col= "#FF0000"`"의 형식으로 사용한다. R에서 n은 1부터 657까지의 색상을 지정하였으며, 전체 색상의 예약어는 함수 "`colors( )`"를 이용하면 볼 수 있다. 또한 RGB의 값을 각각 두 자리씩 지정한 값으로 색상을 지정할 수도 있다.

(f) cex(점의 크기) : "`cex=`r"의 형식이며, r은 실수이며, 기본값은 1이다.

```
> with(airquality, plot(Wind, Ozone, pch= 10, lty= 1, lwd= 2, type= "b",
+       col= "blue", cex= 1.5))
```

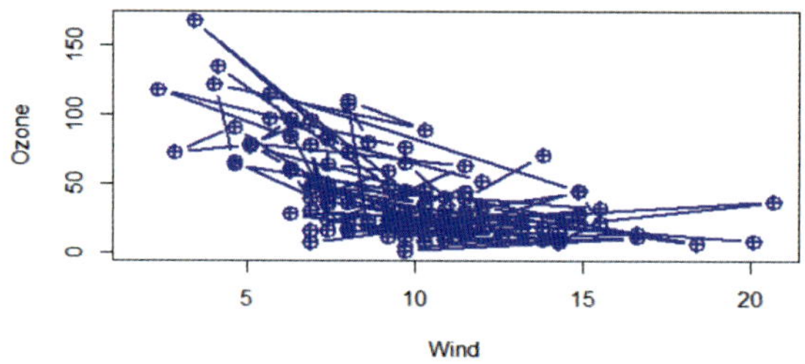

(2) 그림 주변과 관련된 옵션

(a) las(축 값의 방향): "las= n"(단, n은 0,1,2,3)의 형식이며, 기본값은 0으로 축과 평행, 1은 항상 수평으로, 2는 항상 축과 수직으로, 3은 항상 수직으로 작성한다.

(b) bg(바탕색상): "bg= "**예약어**""의 형식으로 사용하며 기본은 "white"이다.

(c) mar(그림 내 여백조정): "mar= c(bottom, left, top, right)"의 형식이며, 음수도 가능하다.

(d) oma(그림 밖 여백조정): "mar= c(bottom, left, top, right)"의 형식이다.

(e) mfrow, mfcol(그래프 개수 결정): "mfrow= c(n_r, n_c)"의 형식이며, n_r은 행의 수, n_c는 열의 수를 의미하며, mfrow는 행을 먼저 채우고, mfcol은 열을 먼저 채우고자 할 때로 구분한다.

```
> par(mfrow= c(2,2), mar= c(2.5,2.5,2.5,2.5))
> with(airquality, plot(Wind, Ozone, las= 0))
> with(airquality, plot(Wind, Ozone, las= 1))
> with(airquality, plot(Wind, Ozone, las= 2))
> with(airquality, plot(Wind, Ozone, las= 3))
```

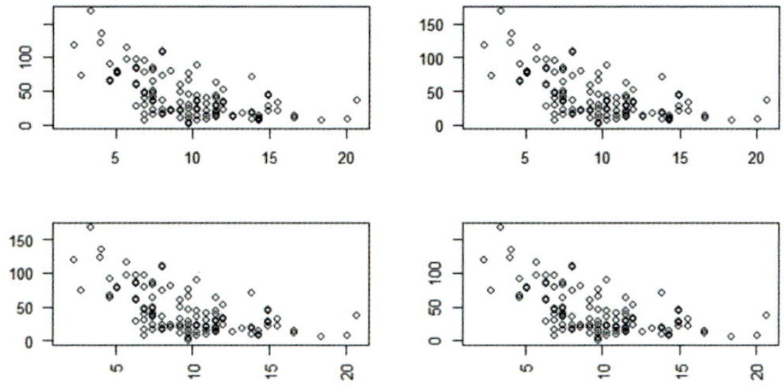

(3) 그림을 보조하는 명령어들

(a) text(그래프 내 문자 추가): 기본 형식은 "text(**좌표, 내용, 옵션**)"이다. 옵션 중 "pos"는 표현 값의 위치를 결정하는 것으로 "pos= *n*"의 형식이며, *n*은 1,2,3,4이고 그 결과는 아래, 왼쪽, 위, 오른쪽에 위치하게 한다.

```
> par(mfrow= c(1,1))
> with(home, plot(home, cex= 1.5))
> text(home, pos= 4)
```

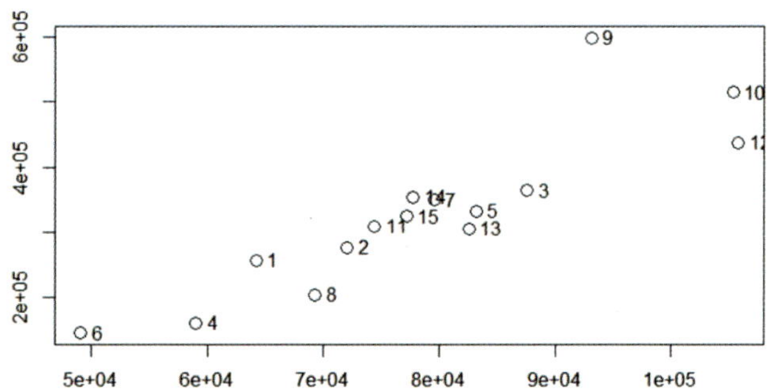

(b) identify(그래프 내 자료 정보 추가): 그림 내 임의의 점을 마우스로 클릭하면 그 점에 대한 번호를 표현한다. 현재는 9번에 해당하는 곳을 클릭한 결과이다. 마우스로 클릭한 점이 기존 자료들과의 거리가 0.25인치 밖의 점이면 아래와 같이 경고문을 내보내준다.

```
> with(home, plot(home, cex= 1.5))
> identify(home)

경고: 0.25인치 이내에 포인트가 하나도 없습니다
[1] 9
```

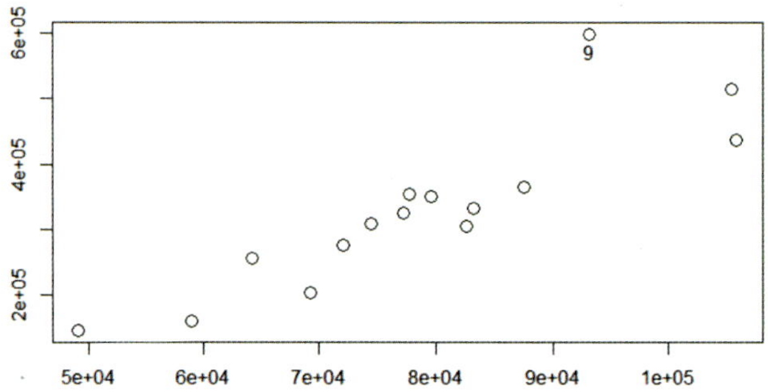

(4) 그림 추가

(a) points: "points(**자료**, **옵션**)"의 형식이며, 이미 생성된 산점도 위에 점을 추가로 그릴 수 있다.

```
> data(home)
> plot(home, pch= 1, cex= 2)
> points(home, pch= 20, cex= 1)
```

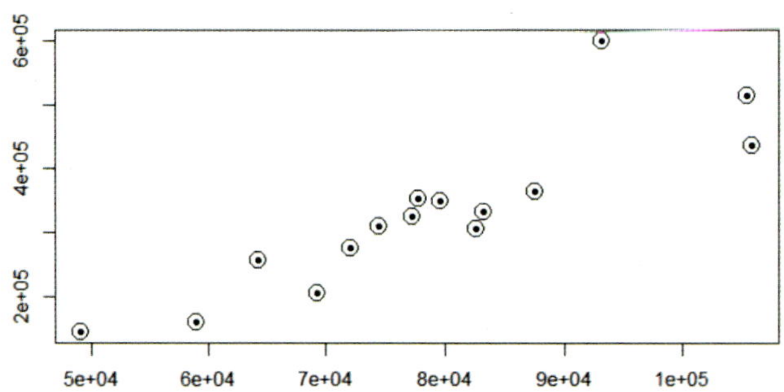

(b) lines: "`lines(`**자료**`, `**옵션**`)`"의 형식이며, 이미 생성된 산점도 위에 선을 추가로 그릴 수 있다.

```
> X <- seq(-pi, 3.14, 0.1)
> Y <- cos(x)
> plot(X, Y, pch= 1, cex= 1.5)
> lines(X, Y, lty= 1, lwd= 2)
```

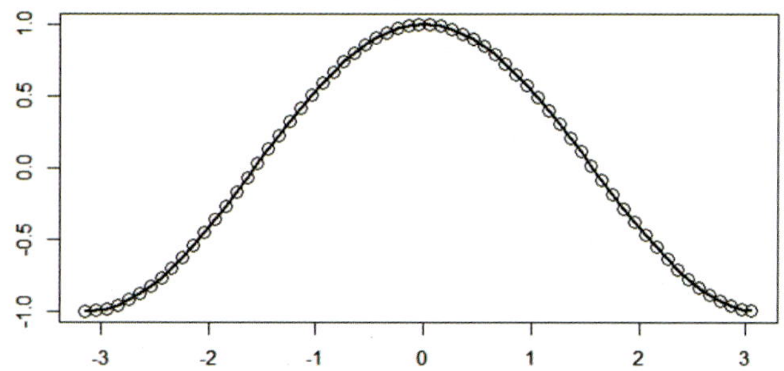

(c) abline: $y = a + bx$의 직선을 그리는 명령어이며 "`abline(a=` n_a`, b=` n_b`, `**옵션**)"의 형식이다. 여기서 n_a는 직선의 상수항 값이며, n_b는 직선의 기울기 값이다.

```
> with(home, plot(home, cex= 1.5))
> abline(a= -250000, b= 6.9, col= "red")
```

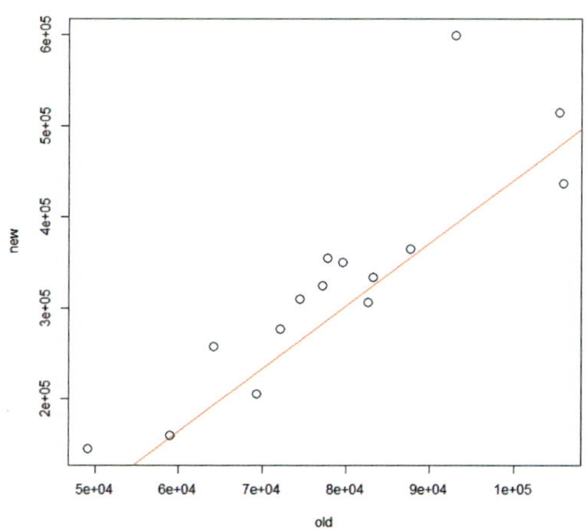

(d) curve: 곡선을 추가할 때 사용하며, "curve(**표현식**, **시작점**, **끝점**)" 또는 "curve(**함수**, **시작점**, **끝점**)"의 형식이다.

```
> X <- seq(-pi, pi, 0.1)
> Y <- sin(x)
> plot(X, Y, pch= 1, cex= 1.5)
> curve(cos, -3.14, 3.14, add= TRUE, lty= 2, lwd= 2)
```

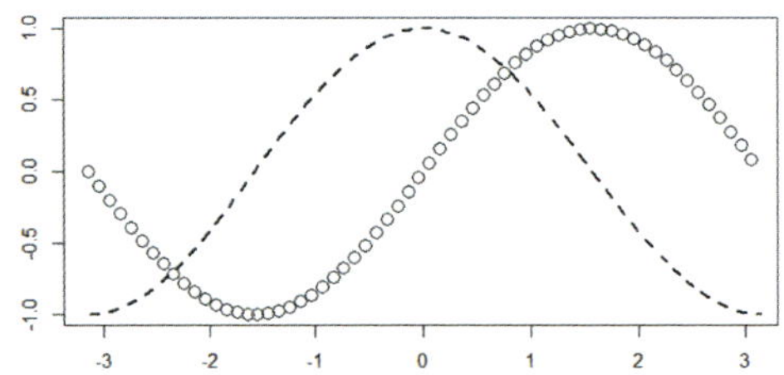

(e) polygon: "ploygon(**자료**, **옵션**)"의 형식이며, 측정된 순서의 자료들을 꼭짓점으로 하는 다각형을 그릴 수 있다.

```
> n <- 3
> X <- c(0:n, n:0)
> Y <- c(c(0, rnorm(n)), c(0, rnorm(n)))
> plot(X, Y, type= "p")
> polygon(X, Y, border= "red")
> text(X, Y, pos= 4, cex= 1.5)
```

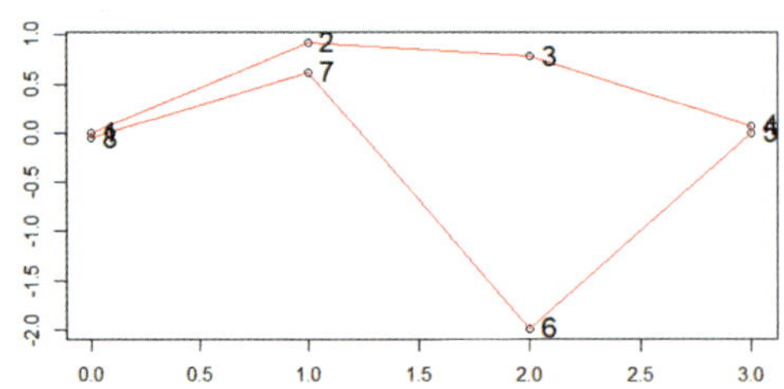

5.2.4 행렬로 저장된 자료의 산점도

함수 "matplot( )", "matlines( )", "matpoints( )"를 이용한다.

```
> X <- seq(-2, 2, 0.01)
> Y <- matrix(c(cosh(X), sinh(X), tanh(X)), ncol= 3)
> matplot(X, Y, main= "쌍곡선 함수(cosh, sinh, tanh)", type= 'l',
+         wd= c(3,3,5), col= c("black", "blue", "red"))
> abline(h= 0, v= 0)
```

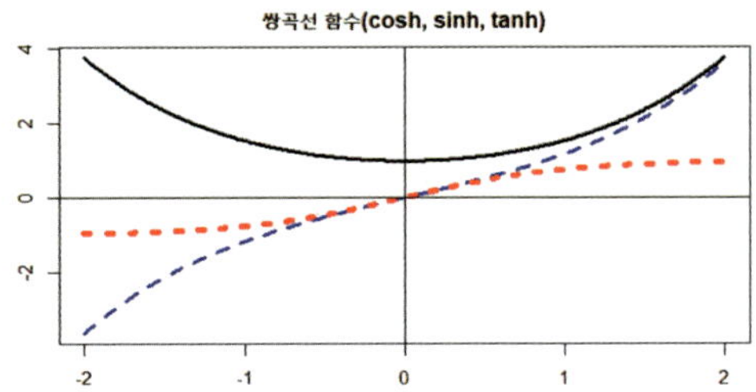

세 변수 이상의 변수 사이의 관계도는 행렬산점도(scatterplot matrix)를 이용한다.

```
> Df <- data.frame(xvar= 1:20 + rnorm(20, sd= 3),
+                  yvar= 1:20 + rnorm(20, sd= 3),
+                  zvar= 1:20 + rnorm(20, sd= 3))
> Df
         xvar      yvar       zvar
1  -0.8793614  3.756932  0.5064292
2   2.5509300  4.346409  1.2399150
.  .  .  .  .  .  .  .  .  .
19 21.4636636 22.300076 20.7091589
20 21.7817040 22.289527 19.5948362
> plot(Df[ , 1:3])
```

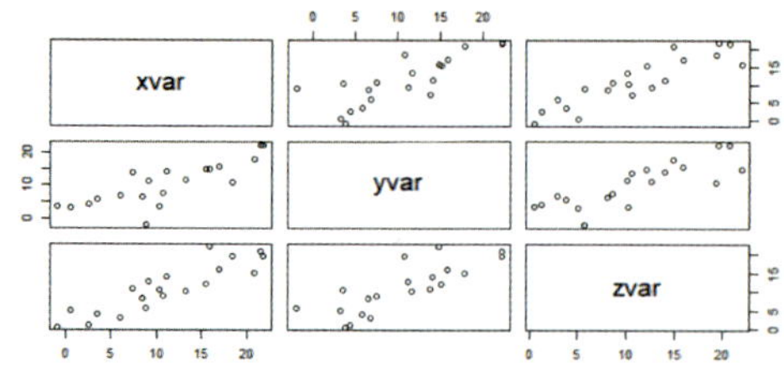

패키지 car의 함수 "scatterplotMatrix( )"를 이용하면 필요한 정보를 추가적으로 표현할 수 있다.

```
> library(car)
> scatterplotMatrix(Df[ , 1:3])
```

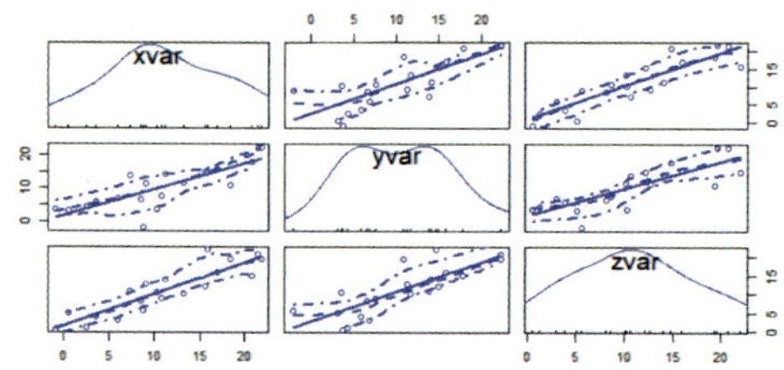


```
> scatterplotMatrix(Df[ , 1:3], smooth= FALSE )
```

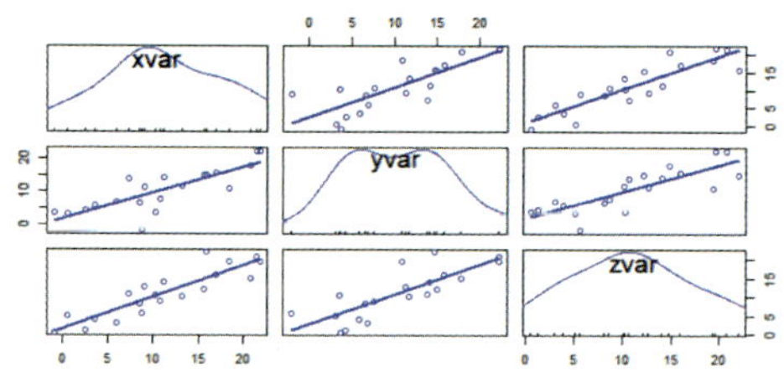

06 격자그림(Lattice)

패키지 lattice는 다른 패키지 grid와 함께 자료들을 격자 구조적 그래프로 시각화 할 수 있는 도구이다.

일반적인 함수의 형식은 “xyplot(y ~ x | f*g, data)”이다. 여기서, 표현하고자 하는 좌표점들의 값을 함수적 기호인 “~”를 이용하여, y축을 앞으로, x축을 뒤로 한다. “|”은 조건을 의미하며, “f*g”는 옵션으로 필요에 따라 추가하거나 변형하여 사용한다. 물론 조건이 없는 그래프도 그릴 수 있다. 그리고 마지막으로 그리고자 하는 자료를 나열한다.

몇 가지 대표적인 함수에 대한 부분만 언급하기로 한다. 나머지는 R에서 “help”를 이용하여 다양한 예제들을 살펴보기 바란다.

6.1 히스토그램

함수 “histogram( )”을 사용한다. 아래의 예는 패키지 MASS에 있는 자료 car93에 대하여, 변수 “Cylinders”의 수에 따른 변수 “Price”의 히스토그램을 그려주는 과정이다. 변수 “Cylinders” 6가지에 대한 변수 “Price”의 각각의 값에 따른 히스토그램 6개를 2×3의 형식으로 그려주고 있다.

```
> library(lattice)
> library(MASS)
> histogram( ~ Price | Cylinders, data= Cars93)
```

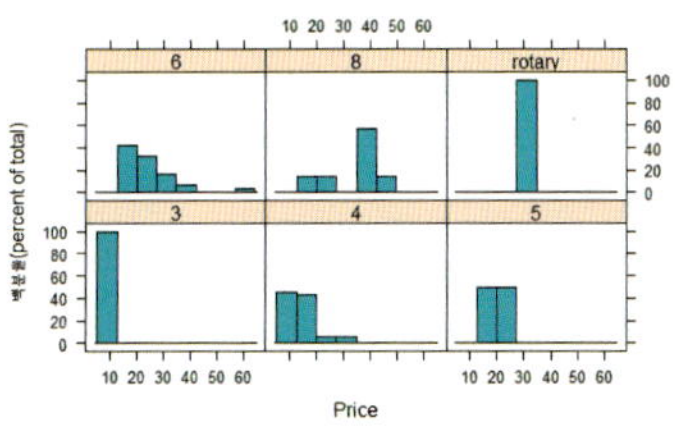

6.2 상자그림

함수 "bwplot( )"를 사용한다. 변수 "Cylinders"의 수에 따른 변수 "Price"의 상자그림을 그려주는 과정이다. 변수 "Cylinders" 6가지에 대한 변수 "Price"의 값 각각의 상자그림 6개를 2×3의 형식으로 그려주고 있다.

```
> bwplot( ~ Price | Cylinders, data= Cars93)
```

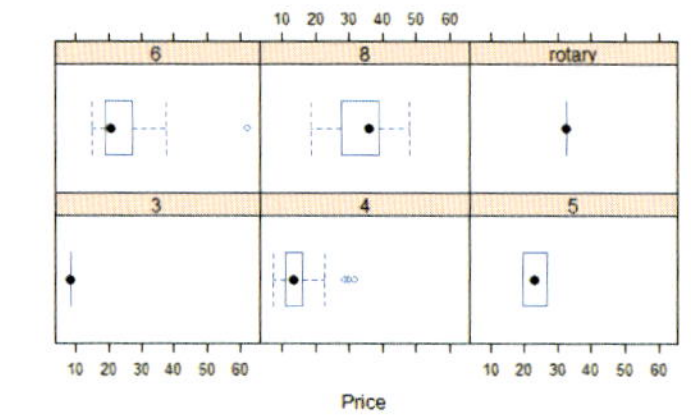

6.3 산점도

함수 "xyplot( )"을 사용한다. 변수 "Type"에 따른 변수 "MPG.highway"와 변수 "Fuel.tank.capacity"의 산점도를 그려주는 과정이다. 변수 "Type"의 값 6개에 대한 각각의 산점도 6개를 2×3의 형식으로 그려주고 있다.

```
> with(Cars93, xyplot( MPG.highway ~ Fuel.tank.capacity | Type))
```

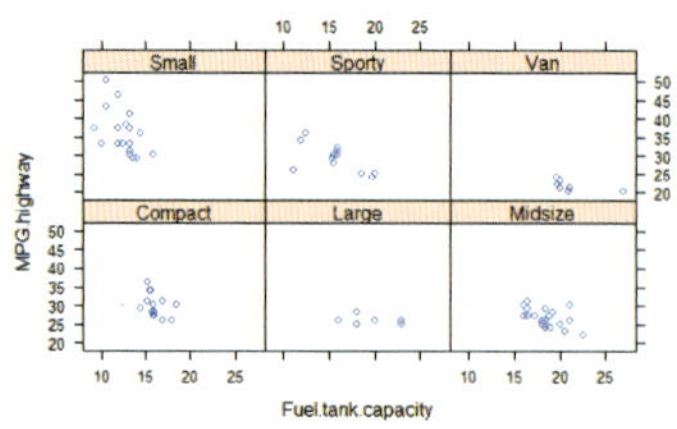

다음과 같이 판넬(Panel)함수를 이용하여 다양한 그래프를 그릴 수 있다. 사용자 정의 함수인 “plot.regression( )”는 두 개의 함수 “panel.xyplot( )”와 “panel.lmline( )”을 이용하여 한 판에 2개를 겹쳐서 그래프를 그리게 된다. 이를 이용하여 함수 “xyplot( )”에서 옵션 “panel= ”을 이용하면 아래와 같이 사용자가 원하는 그래프를 그릴 수 있다.

```
> plot.regression= function(x,y)
+  { panel.xyplot(x,y)+ panel.lmline(x,y, col= 2) }
> with(Cars93, xyplot(MPG.highway ~ Fuel.tank.capacity |
+      Type, panel= plot.regression))
```

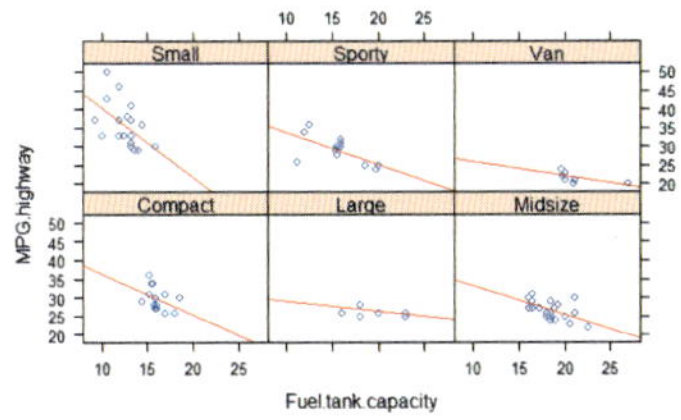

6.4 3차원 산점도

다변량 분석에서는 다차원(3차원) 그래프가 필수적이다. 함수 “cloud( )”는 변수 “Species”에 따른 3개의 변수들 “Sepal.Length”, “Petal.Length”, “Petal.Width”의 3차원 그래프를 다음과 같이 그릴 수 있다.

```
> cloud(Sepal.Length ~ Petal.Length * Petal.Width | Species, data= iris,
+       screen= list(x= -90, y= 70), distance= .4, zoom= .6)
```

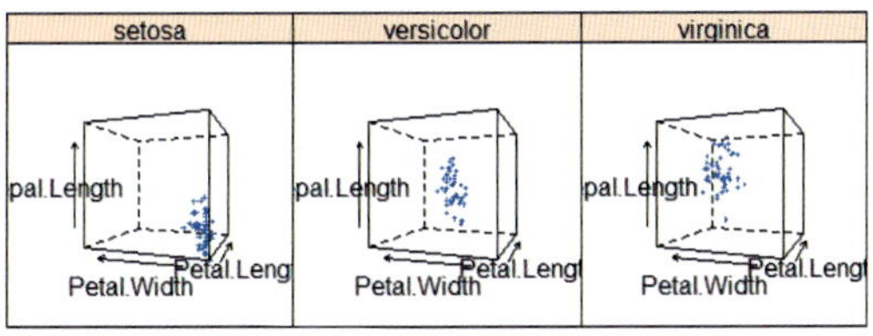

6.5 산점도행렬

다변량 분석에서는 여러 변수 사이의 상관 정도를 파악하는 것이 필수적이다. 함수 "splom( )"을 이용하면 각 변수 사이의 상관도를 행렬화한 그래프를 그릴 수 있다. 옵션에 따라 다음과 같이 점들을 색상으로 구별하여 사용자의 판단에 도움을 줄 수도 있다.

```
> super.sym <- trellis.par.get("superpose.symbol")
> splom(~iris[1:4], groups= Species, data= iris, panel= panel.superpose,
+       key= list(title= "Three Varieties of Iris", columns= 3,
+       points= list(pch= super.sym$pch[1:3], col= super.sym$col[1:3]),
+       text= list(c("Setosa", "Versicolor", "Virginica"))))
```

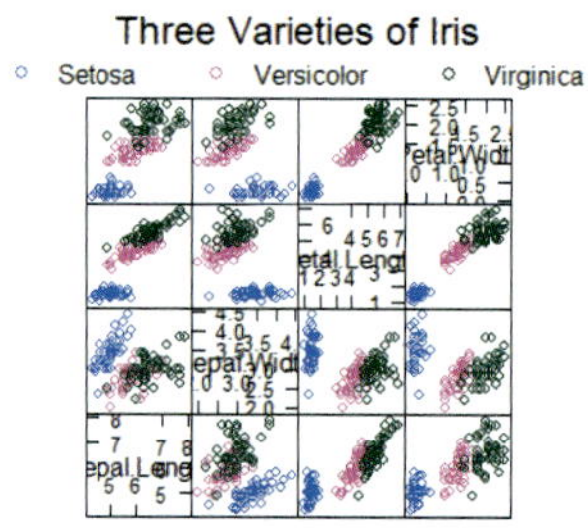

산점도 행렬(scatter plot matrix)

패키지 car에서 제공하는 함수 "scatterplotMatrix( )"도 다변량 자료들의 시각화에 편리하다. 대각에는 각 자료들의 밀도함수를 그리고, 각 자료들의 산점도를 한 화면에 나타냄으로써 변수 사이의 특징들을 살펴볼 수 있다.

```
> library(car)
> scatterplotMatrix(iris[ , 1:4], smooth= FALSE)
```

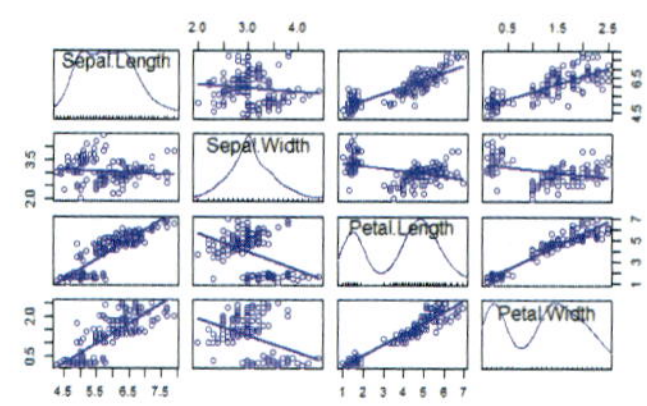

07 특정 패키지의 존폐 여부 및 종료된 패키지 설치 방법

(1) 특정 패키지(예를 들어 "UsingR")의 기초 정보 확인

- https://cran.r-project.org/web/packages/UsingR/index.html

(2) 서비스 종료된 목록 확인

- https://cran.r-project.org/src/contrib/Archive/

(3) 서비스 종료된 패키지 설치

(a) 다운로드 링크(인터넷 연결 필수):

install.packages("https://cran.r-project.org/src/contrib/Archive/ [**패키지명**] / [**원하는 버전 파일명**] .tar.gz", repos=NULL, type="source")

(b) 함수 "wget( )"을 이용하여 tar.gz 파일 다운로드 후 설치

예) /home에 저장했다면

install.packages("/home/ [**파일명**] .tar.gz", repos=NULL, type= "source")

2장

ggplot2 활용 자료 시각화

ggplot은 R에서 기본적인 그래픽 도구 및 lattice와 함께 세 번째 그래픽 도구로서 널리 사용되고 있다. 패키지 ggplot2를 설치 후 지정하여 사용할 수 있다.

```
> library(ggplot2)
```

01 함수 qplot( )

패키지 ggplot에서부터 제공된 함수 "qplot( )"은 다양한 그래프를 그릴 수 있도록 해준다. 함수 "qplot( )"의 방식은 R의 기본 그래픽 시스템의 함수 "plot( )"과 매우 유사하다. 함수 "qplot( )"에서의 그래프는 미적 요소인 aesthetics(크기, 모양, 색상 등)과 기하적 요소인 geoms(점, 선 등)으로 구성된다.

R의 기본 패키지 datasets에 있는 자료 mtcars는 자동차의 기초 정보들인 11개의 변수에 대하여 32종의 차종에 대한 자료로 구성되어 있다.

```
> data(mtcars)
> str(mtcars)
'data.frame':   32 obs. of  11 variables:
 $ mpg : num  21 21 22.8 21.4 18.7 18.1 14.3 24.4 22.8 19.2 ...
 $ cyl : num  6 6 4 6 8 6 8 4 4 6 ...
 $ disp : num  160 160 108 258 360 ...
 $ hp : num  110 110 93 110 175 105 245 62 95 123 ...
 $ drat : num  3.9 3.9 3.85 3.08 3.15 2.76 3.21 3.69 3.92 3.92 ...
 $ wt : num  2.62 2.88 2.32 3.21 3.44 ...
 $ qsec : num  16.5 17 18.6 19.4 17 ...
 $ vs : num  0 0 1 1 0 1 0 1 1 1 ...
 $ am : num  1 1 1 0 0 0 0 0 0 0 ...
 $ gear : num  4 4 4 3 3 3 3 4 4 4 ...
 $ carb : num  4 4 1 1 2 1 4 2 2 4 ...
```

첫 번째는 옵션에서 “colour= cyl”를 사용하여 표현된 점들을 색상으로 구별한 것이고, 두 번째는 옵션에서 “size= cyl”를 사용하여 표식의 크기로 구별한 것이다. 마지막은 두 옵션의 중복 사용으로 색상과 크기로 구별하여 나타낸 것이다.

```
> qplot(mpg, wt, data= mtcars, colour= cyl)
> qplot(mpg, wt, data= mtcars, size= cyl)
> qplot(mpg, wt, data= mtcars, size= cyl, colour= cyl)
```

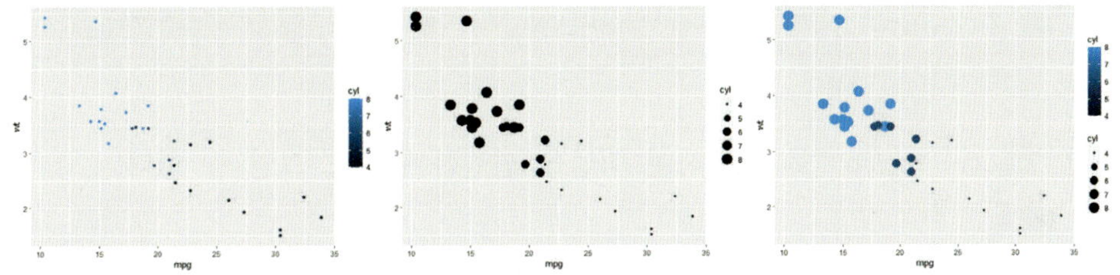

두 변수 “vs”와 “am”에 따른 변수 “mpg”와 “wt”의 산점도 4개를 격자구조로 된 분할도로 그릴 수도 있다.

```
> qplot(mpg, wt, data= mtcars, facets= vs ~ am)
```

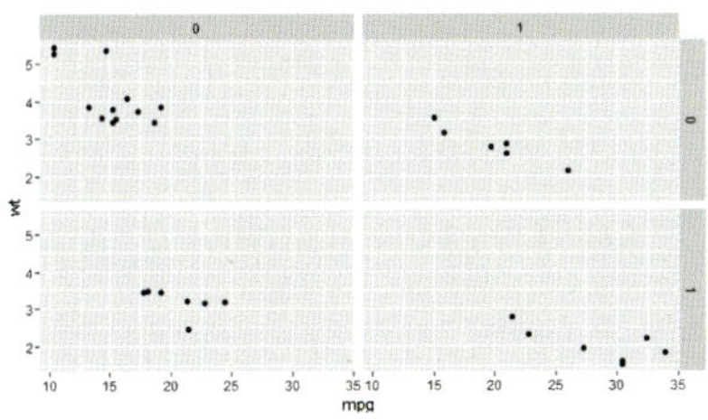

함수 “qplot( )”은 아래와 같이 막대그래프 또는 히스토그램도 그려준다. 사용자가 지정하지 않으면 자료의 속성을 판단하여 산점도, 히스토그램 등 적당한 그래프를 자동으로 결정하여 결과를 제공하는 편리함이 있다. 자료의 막대그래프를 변수 “gear”에 따라 분할하여 그릴 수 있고, 이때 막대의 개수(“bins”)와 너비(“binwidth”)에 대한 옵션을 사용하여 자료를 요약할 수 있다.

```
> qplot(mpg, data= mtcars)
> qplot(mpg, data= mtcars, facets= gear ~., binwidth= 0.1)
> qplot(mpg, data= mtcars, facets= gear ~., binwidth= 1)
> qplot(mpg, data= mtcars, facets= gear ~., bins= 30)
```

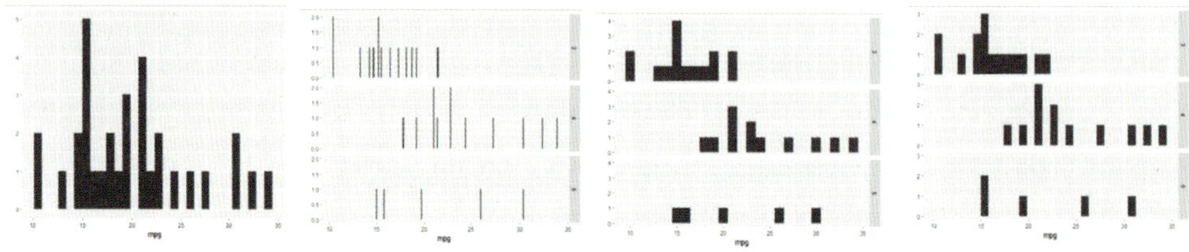

옵션 “geom= "path"”를 선택하여 점들을 연결하는 선도 그릴 수 있다.

```
> qplot(mpg, wt, data= mtcars, geom= "path")
```

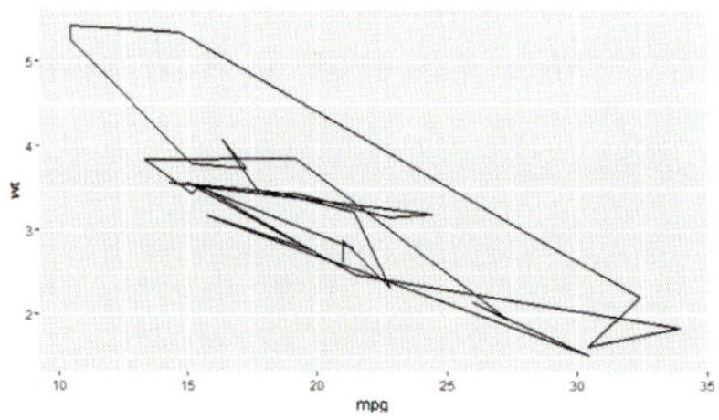

다음은 함수 “qplot( )”을 이용하여 상자그림을 그리는 예이다. 첫 번째는 옵션 “geom= c("boxplot")”으로 상자그림의 기본형이고, 두 번째는 옵션에서 “jitter”를 추가하여 자료들의 구성을 조금 더 자세하게 볼 수 있다. 세 번째는 옵션에 “rug”를 추가하면 좌표축에 자료의 값들을 표시하여 시각적 효과를 높이게 되고, 마지막은 옵션에 “jitter”와 “rug”를 추가하여 두 가지 효과를 동시에 추가 해준다.

```
> qplot(factor(cyl), wt, data= mtcars, geom= c("boxplot"))
> qplot(factor(cyl), wt, data= mtcars, geom= c("boxplot", "jitter"))
> qplot(factor(cyl), wt, data= mtcars, geom= c("boxplot", "rug"))
> qplot(factor(cyl), wt, data= mtcars, geom= c("boxplot", "rug", "jitter"))
```

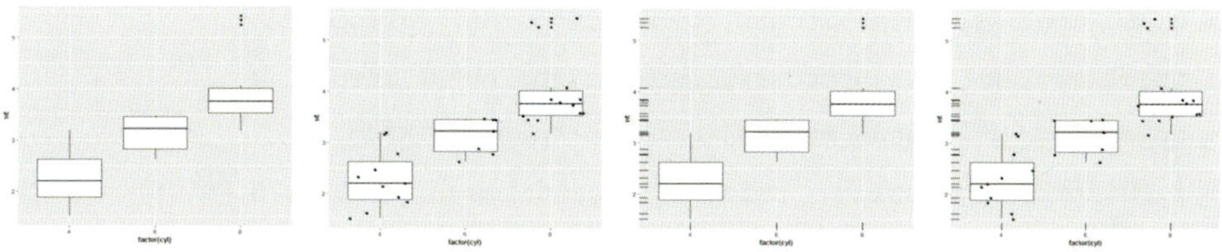

함수 “qplot( )”을 이용하여 점도표도 나타낼 수 있다. 기본형과 옵션에 “binwidth= 0.783”을 사용한 결과가 같은데, 이는 자료의 범위를 30으로 나눈 수를 기본 값으로 사용하기 때문이다. 이를 확인한 결과도 아래와 같음을 볼 수 있다.

```
> qplot(mpg, data= mtcars, geom= "dotplot")
> qplot(mpg, data= mtcars, geom= "dotplot", binwidth= 0.783)
> Range <- max(mtcars$mpg) - min(mtcars$mpg)
> Binwhdth <- round(Range/30, 3)
> Binwhdth
[1] 0.783
```

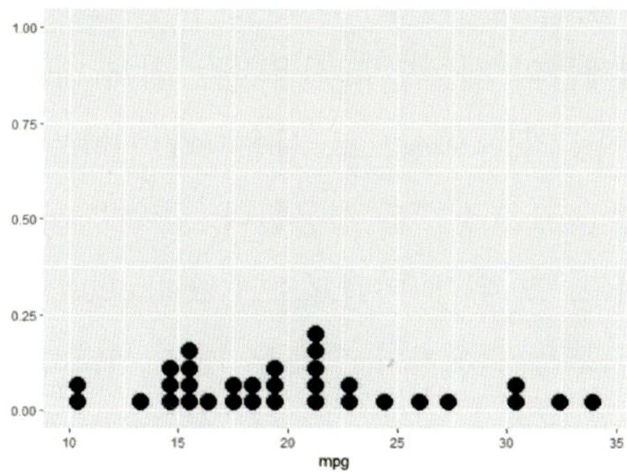

함수 “qplot( )”을 이용하여 산점도와 회귀선과 관련된 다양한 그래프도 그릴 수 있다. 첫 번째는 두 변수 (mpg, wt)에 대한 산점도를 그리고 그 위에 비선형 회귀선과 신뢰구간(smooth)까지 표현한 것이고, 두 번째는 산점도와 각 점들을 계단함수(step)를 이용하여 연결한 것이다. 세 번째는 각 변수의 분포를 볼 수 있도록 옵션 “rug”를 이용하여 각 축에 표현하여 나타낸 것이다. 마지막은 자료의 산점도에 quantile regression을 추가한 것으로 기본 값 0.25, 0.5, 0.75에 대한 3개의 선을 표현하여 준다.

```
> qplot(mpg, wt, data= mtcars, geom= c("point", "smooth"))
> qplot(mpg, wt, data= mtcars, geom= c("point", "step"))
> qplot(mpg, wt, data= mtcars, geom= c("point", "rug"))
> # Quantile regression - default : quantiles= c(0.25, 0.5, 0.75)
> qplot(mpg, wt, data= mtcars, geom= c("point", "quantile"))
```

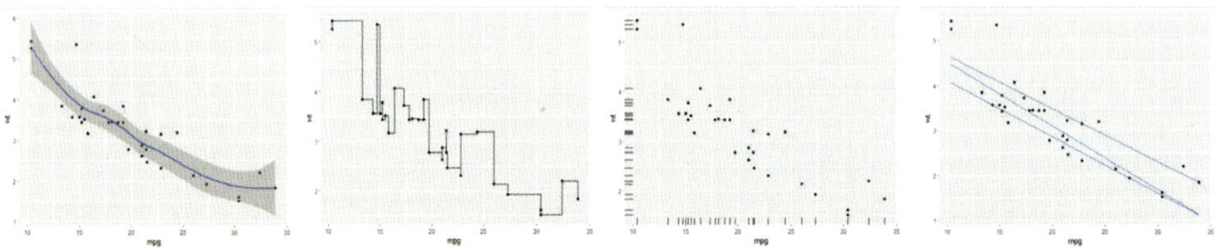

02 함수 ggplot( )

패키지 ggplot2를 만든 Hadley Wichham은 "기본 그래픽 시스템은 그림을 그리기 위해 좋은 툴이지만 ggplot2는 데이터를 이해하는 데 좋은 시각화 도구이다."라고 하였다. 다양하고 풍부한 예제들의 제공으로 사용자는 쉽게 사용할 수 있으며, 기존의 그래픽 도구들에서 제공하는 기능 이상으로 사용자가 원하는 다양한 그래프를 그릴 수 있다. 기본적으로 함수 "`ggplot( )`"을 사용한다. 함수 "`ggplot( )`"은 주어진 자료에 대하여 좌표계를 설정하고, 그 위에 미적요소인 aesthetics(크기, 모양, 색상)와 기하적 요소인 geoms(점, 선 등)들을 사용자가 원하는 것을 선택하여 사용할 수 있도록 하고 있다. 함수 "`qplot( )`"과 함수 "`ggplot( )`"의 간단한 비교로 패키지 ggplot2의 주요 함수 "`ggplot( )`"의 편리성과 응용성을 살펴보기로 하자.

패키지 ggplot2에 있는 자료 diamonds는 다이아몬드 54,000여 개에 대하여 크기, 색상, 연마, 가격 등의 정보를 포함하고 있다. diamonds와 관련된 시연은 자료의 수를 2,000개로 줄인 자료 Diamonds를 이용하기로 한다. 또한 추출 시 독자들이 같은 자료를 이용하여 같은 결과를 공유할 수 있도록 난수 시드 함수 "`set.seed( )`"에서 시드 값을 1004로 제한하였다.

```
> library(ggplot2)
> set.seed(1004)
> Diamonds <- diamonds[sample(nrow(diamonds), 2000), ]
> str(Diamonds)
tibble [2,000 x 10] (S3: tbl_df/tbl/data.frame)
... 이하생략 ...
```

다음은 자료 Daimonds의 여러 가지 시각화 과정에서 필요한 요약통계량 값들을 패키지 plyr을 이용하여 구한 결과이다. 변수 cut(연마)와 변수 color(색상)에 따라 구분된 관찰 수(N), 다이아몬드 평균 가격(MeanPr), 최댓값(MaxPr), 최솟값(MinPr), 가격의 합(SumPr), 표준편차(SdPr), 표준오차(SePr), 95% 신뢰구간 관련 값(CiPr) 등을 구하였다.

```
> library(plyr)
> Alpha <- 0.05  # for 95% c.i.
> SDiamonds <- ddply(Diamonds, .(cut, color), summarise, N= length(price),
+                    MeanPr= round(mean(price), 1), MaxPr= max(price),
+                    MinPr= min(price), SumPr= sum(price),
+                    SdPr= round(sd(price), 2), SePr= round(SdPr/sqrt(N), 2),
+                    CiPr= round(qt(1-Alpha/2,N-1)*SePr, 2))
```

함수 "qplot( )"과 "ggplot( )"은 사용하는 방식에 차이가 있을 뿐, 다음과 같이 각각 같은 결과의 그래프를 보여주게 된다. 변수 "carat"을 x축, 변수 "price"를 y축으로 하는 산점도의 예이다.

```
> qplot(data= Diamonds, x= carat, y= price, geom= "point")

> ggplot(Diamonds, aes(carat, price)) + geom_point()
```

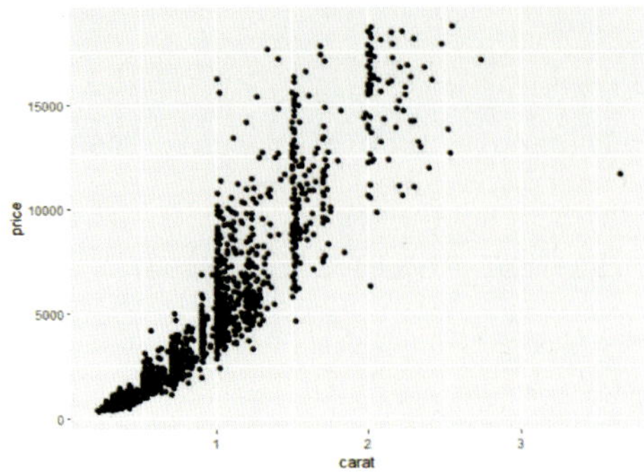

옵션 "geom= "line"" 또는 "geom_line( )"은 점들을 연결한 선그래프를 제공한다.

```
> qplot(data= Diamonds, x= carat, y= price, geom= "line")

> ggplot(Diamonds, aes(carat, price)) + geom_line()
```

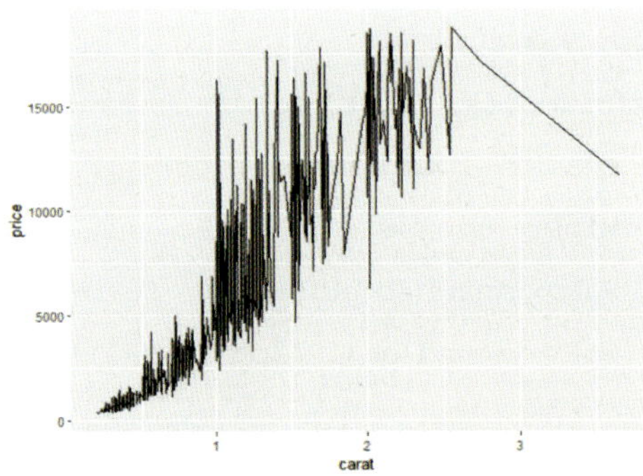

옵션 "geom= c("point", "line")" 또는 "geom_line( ) + geom_point( )"는 점과 점들을 입력 순서대로 연결한 선을 같이 나타낸다.

```
> qplot(data= Diamonds, x= carat, y= price, geom= c("point", "line"))

> ggplot(Diamonds, aes(carat, price)) + geom_line() + geom_point()
```

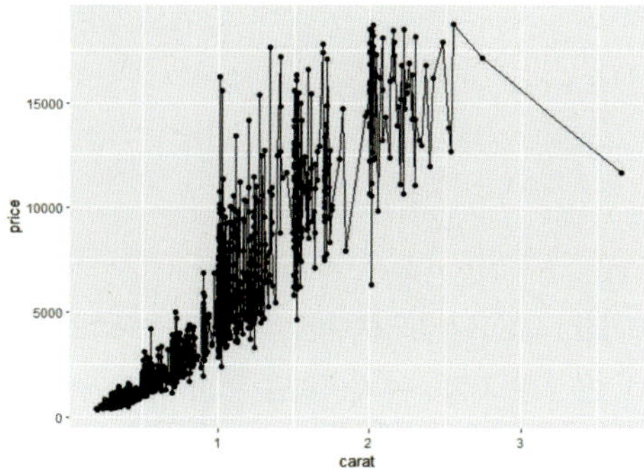

함수 "apropos("^geom_")"를 사용하면 패키지 ggplot2에서 제공되는 "geom"으로 시작하는 개체들의 종류를 볼 수 있다. 현시점에서는 아래와 같이 53가지가 있으며 상황에 따라 추가되고 있다.

```
> apropos("^geom_")
 [1] "geom_abline"      "geom_area"              "geom_bar"        "geom_bin_2d"
 [5] "geom_bin2d"       "geom_blank"             "geom_boxplot"    "geom_col"
 [9] "geom_contour"     "geom_contour_filled"    "geom_count"      "geom_crossbar"
[13] "geom_curve"       "geom_density"           "geom_density_2d"
                                                          "geom_density_2d_filled"
[17] "geom_density2d"   "geom_density2d_filled"  "geom_dotplot"    "geom_errorbar"
[21] "geom_errorbarh"   "geom_freqpoly"          "geom_function"   "geom_hex"
[25] "geom_histogram"   "geom_hline"             "geom_jitter"     "geom_label"
[29] "geom_line"        "geom_linerange"         "geom_map"        "geom_path"
[33] "geom_point"       "geom_pointrange"        "geom_polygon"    "geom_qq"
[37] "geom_qq_line"     "geom_quantile"          "geom_raster"     "geom_rect"
[41] "geom_ribbon"      "geom_rug"               "geom_segment"    "geom_sf"
[45] "geom_sf_label"    "geom_sf_text"           "geom_smooth"     "geom_spoke"
[49] "geom_step"        "geom_text"              "geom_tile"       "geom_violin"
[53] "geom_vline"
```

NOTE

숫자를 표현하는 방법은 일반표기법(standard notation 또는 고정표기법; fixed notation)과 지수표기법(exponential notation 또는 과학표기법; scientific notation)이 있다. R에서는 지수표기법이 기본이다.

```
> options("scipen")
$scipen
[1] 0
```

큰 수에 대하여 자연스러운 표현인 고정표기법으로 수를 나타내기 위해서는 아래와 같이 옵션 “"scipen"= 100”처럼 일반적으로 적당히 큰 수를 지정하여 사용하면 된다.

```
> options("scipen"= 100)
```

2.1 막대그래프

자료 diamonds에서 추출하여 만든 자료 Diamonds의 변수 carat에 대하여, “geom_bar( )”를 사용하면 막대그래프를 표현할 수 있다. 기본은 관측치의 수인 “count”로 되어 있다. 옵션 stat= 'bin'을 사용하면 자료의 범주를 나눈 값으로 하는 적절한 개수의 막대를 이용한 막대그래프를 그릴 수 있다. 막대의 개수를 지정할 수도 있고(예: bins= 10), 막대의 너비를 지정(예: binwidth= 0.1)할 수도 있다.

```
> Bg1 <- ggplot(data= Diamonds, aes(carat))
> Bg1 + geom_bar()        # or   Bg1 + geom_bar(stat= 'count')
> Bg1 + geom_bar(stat= 'bin')
> Bg1 + geom_bar(stat= 'bin', bins= 10 )
> Bg1 + geom_bar(stat= 'bin', binwidth= 0.1 )
```

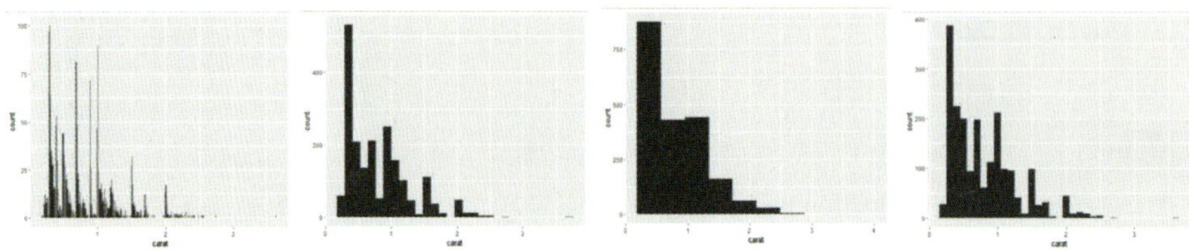

x축에 표현할 변수 “cut”과 같이 범주형 자료인 경우 일반적인 막대그래프가 된다. 범주의 수가 많은 변수 “carat”의 경우에는 범주의 수를 자동으로 결정하거나 사용자에 의하여 결정된 범주에 따른 빈도를 계산하여 막대의 높이로 표현하게 된다.

```
> ggplot(data= Diamonds, aes(cut)) + geom_bar()
```

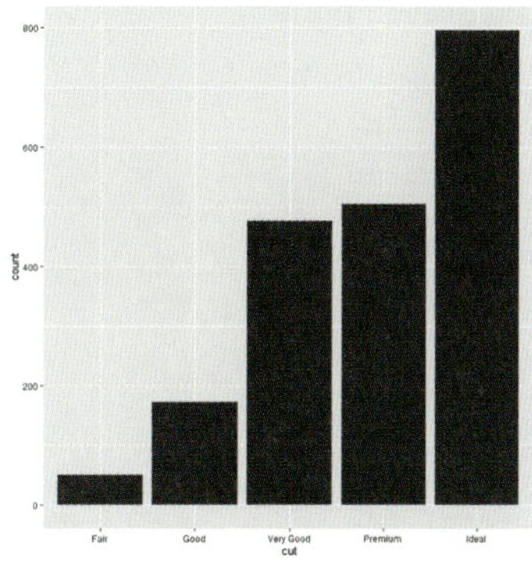

변수 “cut”에 따른 변수 “price”의 값을 y축으로 나오게 하는 옵션으로 “aes(x= cut, y= price)” 또는 “aes(cut, price)”를 사용해도 된다. 옵션 “stat= 'identity'”은 y축의 높이를 데이터의 값으로 하게 된다. 옵션 “aes(fill= cut)”은 변수 “cut”에 따라 색상을 구별하게 한다. 옵션 “aes(fill= color)”은 변수 “cut”에 의해 구분이 된 각각의 막대를 변수 “color”에 따라 색상이 구별되도록 한다.

```
> Bg2 <- ggplot(data= Diamonds, aes(x= cut, y= price))
> # or Bg2 <- ggplot(data= Diamonds, aes(cut, price))
> Bg2 + geom_bar(stat= "identity")
> Bg2 + geom_bar(aes(fill= cut), stat= "identity")
> Bg2 + geom_bar(aes(fill= color), stat= "identity")
```

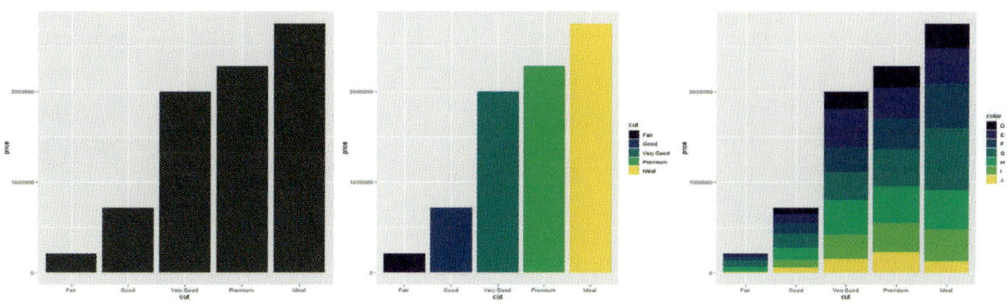

옵션 “colour= "white"”는 측정 자료 구분을 위한 경계선으로 흰색(white)을 사용한 것이고, 함수 “theme(legend.position= "none")”는 범례를 생략하게 한다.

```
> Bg2 + geom_bar(aes(fill= color), colour= "white", stat= "identity")
> Bg2 + geom_bar(aes(fill= color), colour= "white", stat= "identity") +
+       theme(legend.position= "none")
```

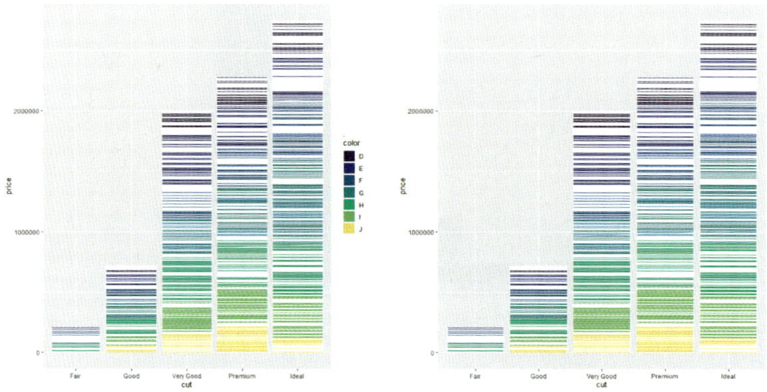

옵션 “position= "stack"”은 기본형으로서 생략해도 된다(첫 번째와 두 번째 그래프는 동일하다). 옵션 “position= "fill"”은 막대의 높이가 모두 동일하도록 전체 높이로 표현하므로 자료들의 구성 비율을 확인할 수 있게 한다.

```
> Bg2 + geom_bar(aes(fill= color), colour= "white", stat= "identity")
> Bg2 + geom_bar(aes(fill= color), colour= "white", stat= "identity",
+               position= "stack")
> Bg2 + geom_bar(aes(fill= color), colour= "white", stat= "identity",
+               position= "fill")
```

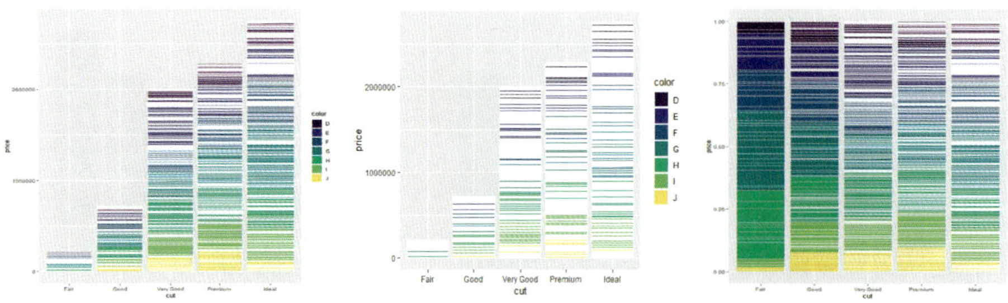

다음의 예제에서는 모두 함수 “aes( )”에서 옵션 “fill= color”인 경우로 막대의 색은 모두 변수 “color”에 의해 채워진다. 옵션 “position= "dodge"”은 각 측정값을 변수 color에 따라 구분하여 나란히 보이게 하고, 옵션 “position= "identity"”는 측정값을 계속 반복하여 표현한다. 따라서 각 범주의 최댓값은 각 막대의 최대 높이로 볼 수 있으며 막대의 색의 구분은 큰 의미가 없기도 하다. 옵션 “position= "jitter"”는 측정값들을 나란히 하여 중복되지 않게 하는 방법이다. 자료의 수가 많은 경우 그 효과를 보지 못하는 경우도 있게 된다.

```
> Bg2 + geom_bar(aes(fill= color), colour= "white", stat= "identity",
+                position= "dodge")
> Bg2 + geom_bar(aes(fill= color), colour= "white", stat= "identity",
+                position= "identity")
> Bg2 + geom_bar(aes(fill= color), colour= "white", stat= "identity",
+                width=0.05, position= "jitter")
```

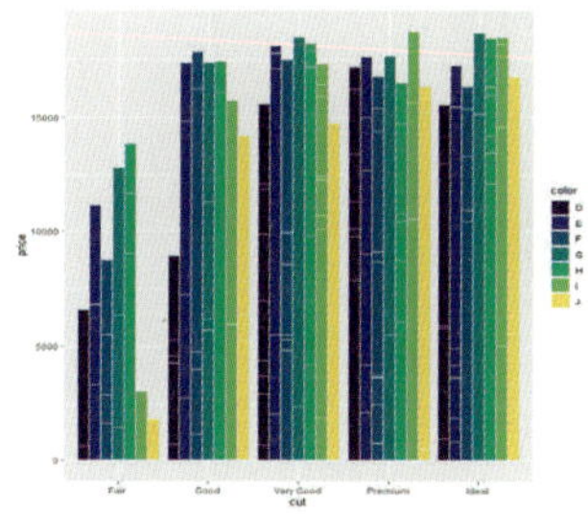
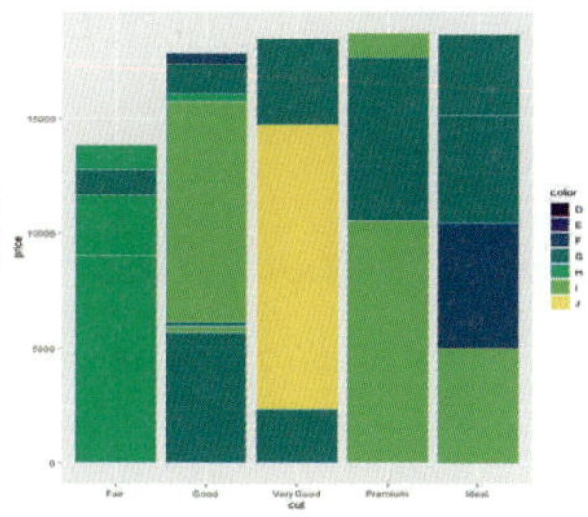
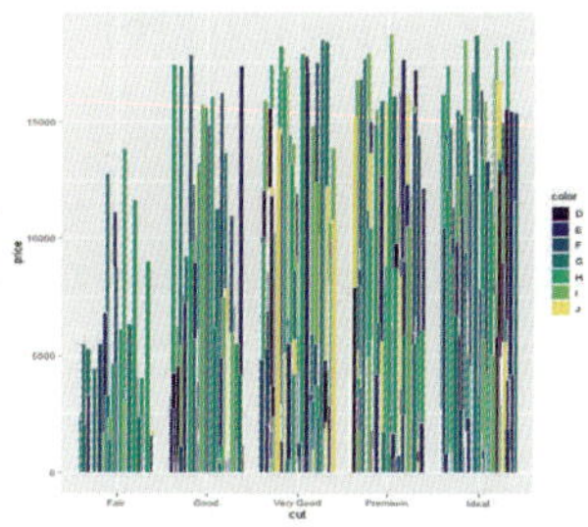

함수 “coord_flip( )”를 이용하면 가로로 나타낼 수 있다. 옵션 “position= "dodge"”을 추가하면 가로 형태에서, 각 측정값을 변수 color에 따라 구분하여 나란히 보이게 한다. 전체 제목, 각 축의 레이블도 조정할 수 있다.

```
> Bg2 + geom_bar(aes(fill= color), stat= "identity") + coord_flip()
> Bg2 + geom_bar(aes(fill= color), colour= "white", stat= "identity",
+                position= "dodge") +
+       coord_flip()
> Bg2 + geom_bar(aes(fill= color), width= .5, stat= "identity") +
```

```
+       theme(legend.position= "none") +
+       labs(title= "연마(Cut)에 따른 가격(누적)", x= "연마(Cut)", y= "가격")
```

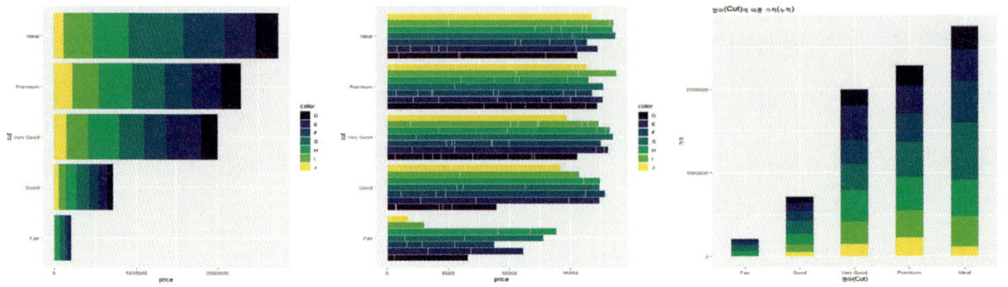

연속형 변수인 carat을 기준으로 한 막대그래프는 변수 carat의 값의 범위를 분할하여 각 범주화를 하고, 각각의 분할된 구간에 포함된 도수를 계산하여 막대의 높이로 나타낸다. 이때 옵션 "stat= "bin""을 사용하면 기본적으로 각 소구간의 수를 30개로 설정한 막대그래프를 생성하고, 옵션을 생략하거나 "stat= "count""로 하면 각 범주(변수 carat)의 값에 해당하는 도수를 그대로 나타낸다.

```
> Bg2 <- ggplot(data= Diamonds, aes(x= carat))
> Bg2 + geom_bar(stat= "bin")    # Num of bins = 30
> Bg2 + geom_bar(stat= "count")
> Bg2 + geom_bar()
```

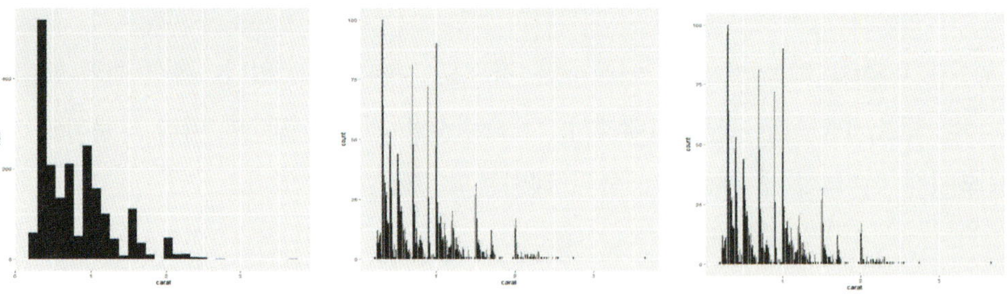

범주 축(변수 cut)과 값의 축(변수 price)을 정하면 기본적으로 범주에 해당되는 값의 누적 값을 나타내는 누적막대그래프를 그리게 된다. 옵션 "fill= color"의 사용으로 색상 구별은 변수 color의 값에 따라 구별된다. 기하적 요소인 함수 "geom_bar( )"

에서 옵션 “stat= "identity"”를 사용하면 변수에 따라 세분화된 누적그래프가 된다. 함수 “geom_hline( )”를 이용하여 원하는 위치에 색상과 형태 등 원하는 유형으로 선을 추가할 수 있다.

```
> Bg3 <- ggplot(data= Diamonds, aes(x= cut, y= price, fill= color))
> Bg3 + geom_bar(stat= "identity") + geom_hline(aes(yintercept= 1200000))
> Bg3 + geom_bar(position= position_dodge(), stat= "identity") +
+       geom_hline(aes(yintercept= 12000))
> Bg3 + geom_bar(position= position_dodge(), stat= "identity") +
+       geom_hline(aes(yintercept= 12000), colour= "red", linetype= "dashed")
```

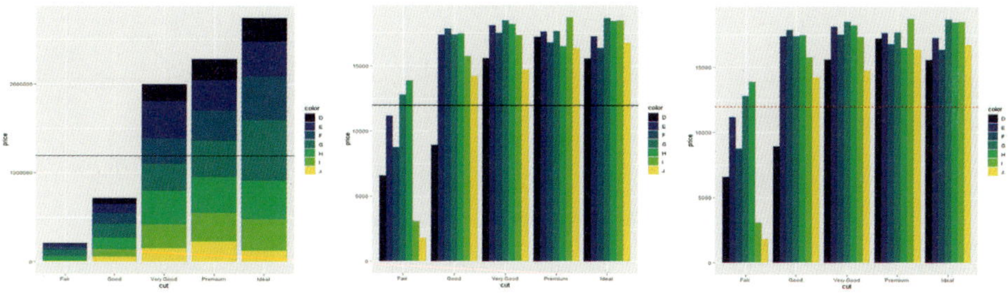

범주 축의 변수들의 표현에 대한 순서는 기본적으로 변수의 알파벳순 또는 크기순으로 나타나게 된다. 그러나 경우에 따라서는 원하는 순서대로 표현할 필요가 있다. 다음의 가상자료를 이용하여 범주의 순서에 따른 표현을 살펴보기로 한다. 변수 Name은 문자로, 변수 Val은 난수생성함수인 “sample( )”를 이용하여 1~10 사이의 임의의 수로 하여 자료 Df를 생성하였다.

```
> library(dplyr);      library(forcats)
> Name= c("동", "서", "남", "북", "남동", "남서", "북동", "북서")
> Df <- data.frame(Name, Val= sample(seq(1, 10), 8))
> str(Df)
'data.frame':    8 obs. of  2 variables:
 $ Name: chr  "동" "서" "남" "북" ...
 $ Val : int  10 6 8 1 3 5 4 2
```

함수 "geom_bar( )"에서 옵션 "alpha= .6"은 음영 처리의 정도를 나타내고 0~1 사이로 제한되어 있다. "width= .4"는 막대의 너비를 결정하는 것이다. 모두 함수 "coord_flip( )"를 사용하여 가로로 보이도록 하였고, 함수 "theme_bw( )"는 테마 설정으로 흰 바탕으로 보이게 하도록 한 것이다.

(1) 첫 번째에서 함수 "scale_x_discrete(limits= Name)"의 사용은 자료의 입력순서로 나타나게 되고, (2) 생략을 하면 기본적으로 알파벳순으로 범주축이 나타나게 된다. (3) 함수 "xlab("")"의 사용은 x축(범주축)의 레이블을 나타나지 않게 하고, 함수 "mutate( )", "fct_reorder(Name, Val)"은 변수 Val의 값의 크기에 따라 정렬되도록 한 것이며, (4) 마지막 그래프는 "desc(Val)"로 하면 변수 Val의 순서가 거꾸로 하여 나타나게 된다.

```
> Df %>% ggplot(aes(x= Name, y= Val)) +
+       geom_bar(stat= "identity", fill= "skyblue", alpha= .6, width= .4) +
+       scale_x_discrete(limits= Name) + coord_flip() + theme_bw()
> Df %>% ggplot(aes(x= Name, y= Val)) +
+       geom_bar(stat= "identity", fill= "skyblue", alpha= .6, width= .4) +
+       coord_flip() + theme_bw()
> Df %>% mutate(Name= fct_reorder(Name, Val)) %>%
+       ggplot(aes(x= Name, y= Val)) +
+       geom_bar(stat= "identity", fill= "skyblue", alpha= .6, width= .4) +
+       coord_flip() + xlab("") + theme_bw()
> Df %>% mutate(Name= fct_reorder(Name, desc(Val))) %>%
+       ggplot(aes(x= Name, y= Val)) +
+       geom_bar(stat= "identity", fill= "skyblue", alpha= .6, width= .4) +
+       coord_flip() + xlab("") + theme_bw()
```

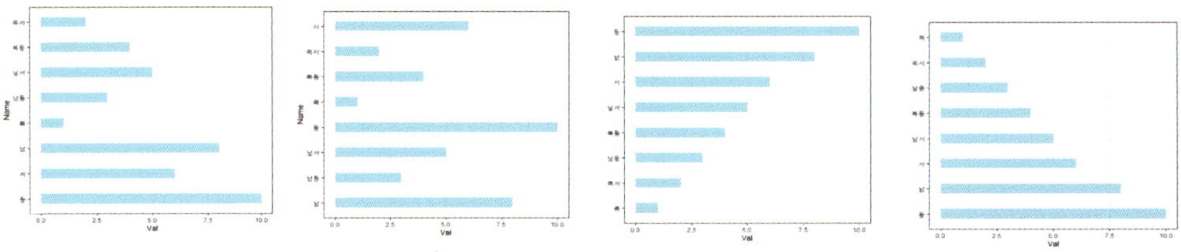

아래는 위에서 진행한 과정을 세로형으로 진행한 것이다.

```
> Df %>% ggplot(aes(x= Name, y= Val)) + geom_bar(stat= "identity") + xlab("")
> Df %>% ggplot(aes(x= Name, y= Val)) + geom_bar(stat= "identity") +
+       scale_x_discrete(limits= Name) + xlab("")
> Df %>% mutate(Name= fct_reorder(Name, Val))  %>%
+      ggplot(aes(x= Name, y= Val)) + geom_bar(stat= "identity") + xlab("")
> Df %>% mutate(Name= fct_reorder(Name, desc(Val)))  %>%
+      ggplot(aes(x= Name, y= Val)) + geom_bar(stat= "identity") + xlab("")
```

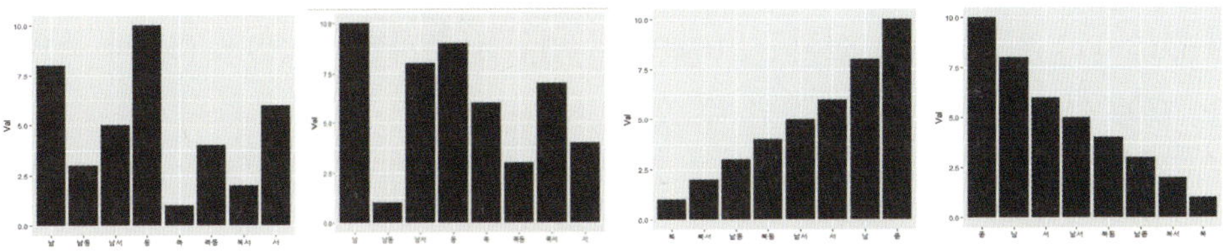

함수 "geom_segment( )"와 "geom_point( )"를 이용하여 막대의 표현을 아래와 같이 표현할 수 있는데 이를 막대사탕그래프(Lollipop chart)라고도 한다.

```
> Df %>% arrange(Val) %>% mutate(name= factor(Name, levels= Name)) %>%
+      ggplot(aes(x= Name, y= Val)) + geom_segment(aes(xend= Name, yend= 0))
+      geom_point(size= 4, color= "gold") + theme_bw() + xlab("")
> Df %>% arrange(Val) %>% mutate(name= factor(Name, levels= Name)) %>%
+      ggplot(aes(x= Name, y= Val)) + geom_segment(aes(xend= Name, yend= 0))
+      geom_point(size= 4, color= "gold") + scale_x_discrete(limits= Name) +
+      theme_bw() + xlab("")
> Df %>% arrange(Val) %>% mutate(Name= fct_reorder(Name, Val)) %>%
+      ggplot(aes(x= Name, y= Val)) + geom_segment(aes(xend= Name, yend= 0))
+      geom_point(size= 4, color= "gold") + theme_bw() + xlab("")
> Df %>% arrange(Val) %>% mutate(Name= fct_reorder(Name, desc(Val))) %>%
+      ggplot(aes(x= Name, y= Val)) + geom_segment(aes(xend= Name, yend= 0))
+      geom_point(size= 4, color= "gold") + theme_bw() + xlab("")
```

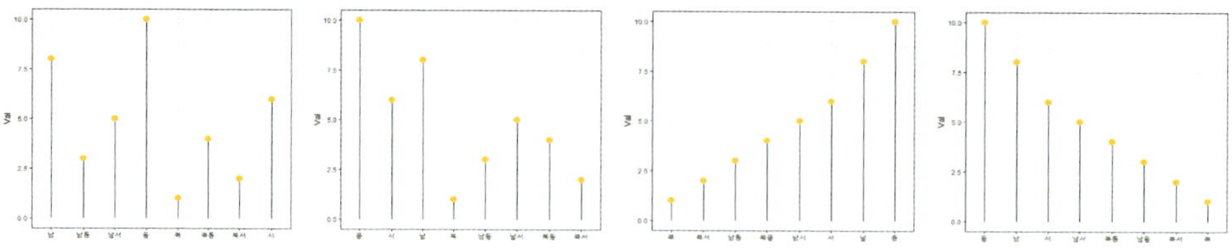

요약통계량 값들을 구하여 구성한 자료 SDiamonds의 변수들을 이용하여 다양한 막대그래프를 표현할 수 있다. 범주 축을 변수 cut으로, 값의 축을 평균값인 변수 MeanPr로 하였다. 각각의 막대에 함수 "geom_errorbar( )"를 이용하여 (1) 표준오차의 값(SePr) 범위를, (2) 신뢰구간(CiPr)의 범위를 추가할 수 있다. (3) 각 축의 레이블, 제목 그리고 색상 등을 꾸밀 수 있다.

```
> # 막대그래프에서의 표준오차 표현
> ggplot(SDiamonds, aes(x= cut, y= MeanPr, fill= color)) +
+   geom_bar(position=position_dodge(), stat= "identity") +
+   geom_errorbar(aes(ymin= MeanPr-SePr, ymax= MeanPr+SePr),
+                 width=.2, position= position_dodge(.9))
> # 막대그래프에서의 95%의 신뢰구간 표현
> ggplot(SDiamonds, aes(x= cut, y= MeanPr, fill= color)) +
+   geom_bar(position= position_dodge(), stat= "identity") +
+   geom_errorbar(aes(ymin= MeanPr-CiPr, ymax= MeanPr+CiPr),
+                 width= .2, position= position_dodge(.9))
> # 막대그래프에서 축이름, 제목 등 그래프 꾸미기
> ggplot(SDiamonds, aes(x= cut, y= MeanPr, fill= color)) +
+   geom_bar(position= position_dodge(), stat= "identity",
+            colour= "black", size= .3) +
+   geom_errorbar(aes(ymin= MeanPr-SePr, ymax= MeanPr+SePr),
+                 size= .3, width= .4, position= position_dodge(.9)) +
+   xlab("연마(Cut)") + ylab("평균 가격") +
+   scale_fill_hue(name= "색상(color)", c("D", "E", "F", "G", "H", "I", "J")) +
+   ggtitle("연마/색상에 따른 다이아몬드 가격") + theme_bw()
```

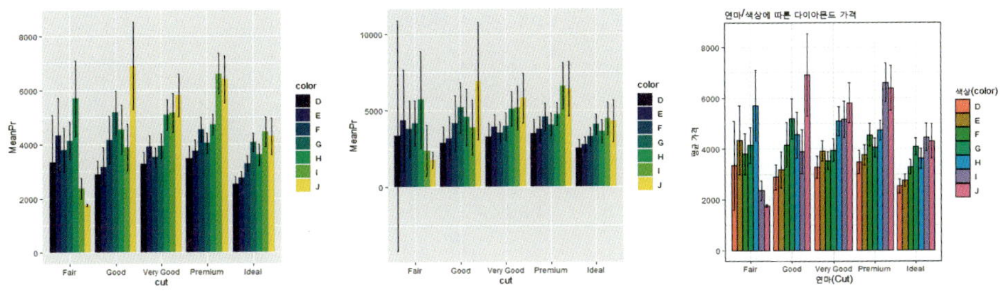

2.2 선그래프 (line graphs)

자료의 값들에 대하여 좌표 위에 지정된 점들을 이어 선으로 표현하는 선그래프는 함수 "geom_line( )"를 이용한다. 다양한 방식으로 같은 그래프를 그릴 수 있다. 다음은 앞에서 구성한 자료 SDiamonds의 변수 cut과 MeanPr에 대하여, 옵션 "group= color"를 사용하여 변수 color에 따라 구별한 선그래프이다.

```
> library(ggplot2)
> ggplot(data= SDiamonds, aes(x= cut, y= MeanPr, group= color)) +
+   geom_line(size= 1)

> ggplot(data= SDiamonds, aes(x= cut, y= MeanPr)) +
+   geom_line(aes(group= color), size= 1)
```

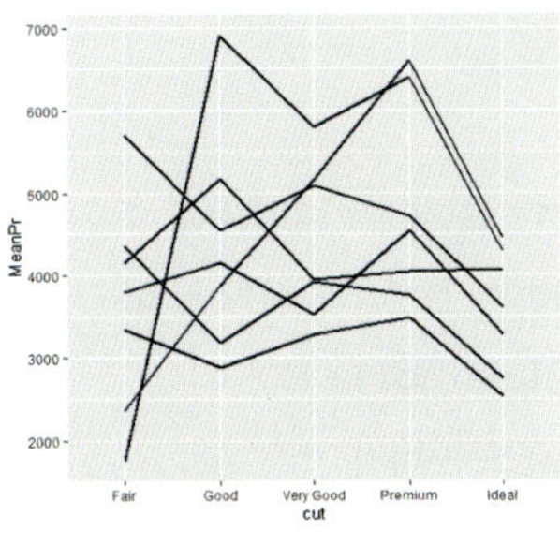

옵션 "colour= color"는 변수 color에 따라 색상을 구별하게 된다.

```
> ggplot(data= SDiamonds, aes(x= cut, y= MeanPr,
+   group= color, colour= color)) + geom_line(size= 1)

> ggplot(data= SDiamonds, aes(x= cut, y= MeanPr)) +
+   geom_line(aes(group= color, colour= color), size= 1)
```

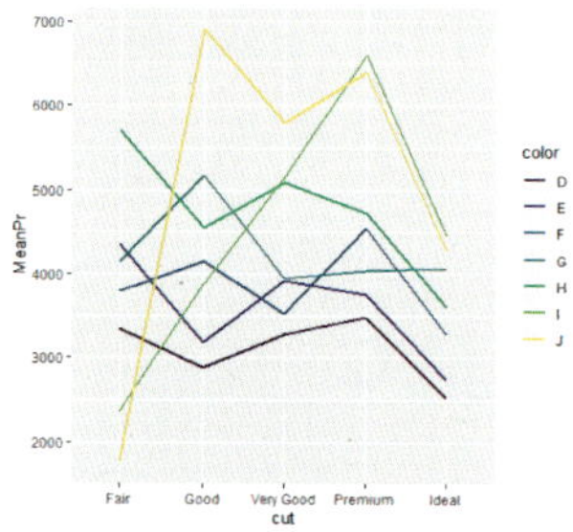

(1) 함수 "geom_point( )"에서 옵션 "size= 3"을 사용하여 크기가 3인 점을 추가할 수 있고, (2) 함수 "aes( )"에서 옵션 "shape= color"로 7개의 범주를 가진 변수 color에 따른 표식을 추가하고, 함수 "scale_shape_manual( )"의 옵션 "values= c(1:7)"로 표식의 모양을 결정할 수 있다. (3) 색상, 제목 등을 꾸미고 범례의 위치도 결정한 예이다.

```
> # 점 추가
> ggplot(data= SDiamonds, aes(x= cut, y= MeanPr, group= color,
+                                   colour= color)) +
+   geom_line(size= 1) + geom_point(size= 3)
> # 굵은선, 표식 보양 및 크기 설정
> ggplot(data= SDiamonds,
+     aes(x= cut, y= MeanPr, group= color, colour= color, shape= color)) +
+   geom_line(size= 1) + geom_point(size= 5) +
+   scale_shape_manual(values= c(1:7))
> # 선의 구별, 범례의 위치 등 그래프 꾸미기
> ggplot(data= SDiamonds,
+       aes(x= cut, y= MeanPr, group= color, shape= color, colour= color)) +
+   geom_line(aes(linetype= color), size= 1) +  geom_point(size= 4) +
```

```
+    ylim(1000, max(SDiamonds$MaxPr-10000)) +
+    scale_colour_hue(name= "color", l= 70) +
+    scale_shape_manual(name= "color", values= c(14:20)) +
+    scale_linetype_discrete(name= "color") + xlab("연마(Cut)") +
+    ylab("평균 가격") + ggtitle("Diamonds 가격") + theme_bw() +
+    theme(legend.position= c(.92, .73))
```

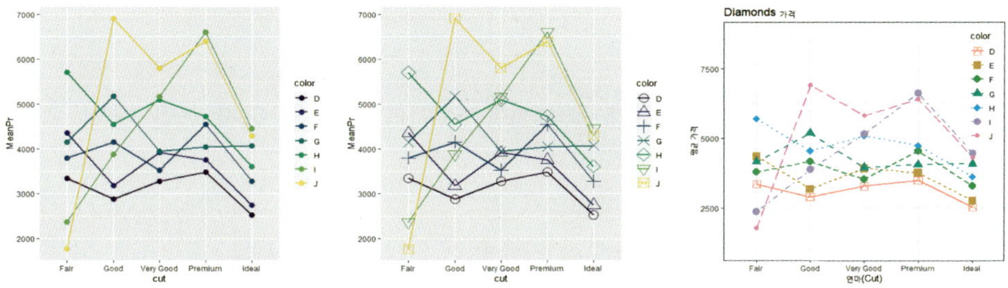

막대그래프에서와 같이 선그래프에서도 선을 연결시키는 점에서의 오차막대를 추가할 수 있다. 많은 범주가 있는 경우 중첩되어 정확하게 구분할 수 없는 경우에 함수 "geom_point( )"에서 옵션 "position= position_dodge(0.5)"를 사용하여 해결할 수 있다.

```
> ggplot(SDiamonds, aes(x= cut, y= MeanPr, group= color, colour= color,
+                            shape= color)) +
+  geom_errorbar(aes(ymin= MeanPr-SePr, ymax= MeanPr+SePr),
+                   width= .2) +
+  geom_line(size= 1) + geom_point(size= 5) +
+  scale_shape_manual(values= c(1:7))
> Pd <- position_dodge(0.5)       # move them .5 to the left and right
> ggplot(SDiamonds, aes(x= cut, y= MeanPr, group= color,
+                            colour= color, shape= color)) +
+   geom_errorbar(aes(ymin= MeanPr-SePr, ymax= MeanPr+SePr),
+                   width= 0.4, position= Pd) +
+   geom_line(position= Pd, size= 1) +
+   geom_point(position= Pd, size= 5) +
```

```
+   scale_shape_manual(values= c(1:7))
```

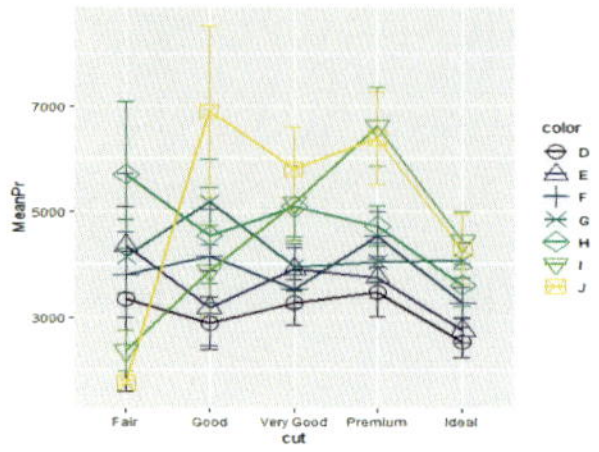

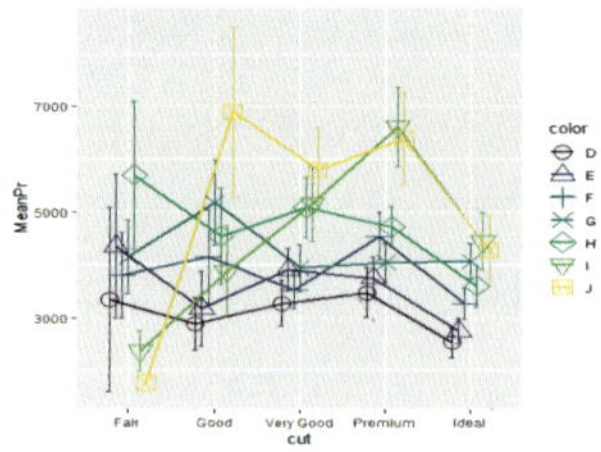

신뢰구간도 추가할 수 있고, 그래프의 제목, 축이름, 범례의 위치 등을 꾸밀 수 있다.

```
> ggplot(SDiamonds, aes(x= cut, y= MeanPr, group= color,
+                         colour= color, shape= color)) +
+   geom_errorbar(aes(ymin= MeanPr-CiPr, ymax= MeanPr+CiPr),
+                       width= .2, position= Pd) +
+   geom_line(position= Pd, size= 1) +
+   geom_point(position= Pd, size= 5) +
+   scale_shape_manual(values= c(1:7))
> ggplot(SDiamonds, aes(x= cut, y= MeanPr, group= color,
+                         colour= color, shape= color)) +
+  geom_errorbar(aes(ymin= MeanPr-SePr, ymax= MeanPr+SePr),
+                 colour= "black", width= .1, position= Pd) +
+  geom_line(position= Pd) +
+  geom_point(position= Pd, size= 3, fill= "white") +
+  xlab("연마(Cut)") + ylab("가격($)") +
+  scale_colour_hue(name= "color",
+                    labels= c("D", "E", "F", "G", "H", "I", "J"), l= 50) +
+  ggtitle("연마/색상에 따른 가격") + theme_bw() +
+  theme(legend.justification= c(1,0), legend.position= c(.98, .5))
```

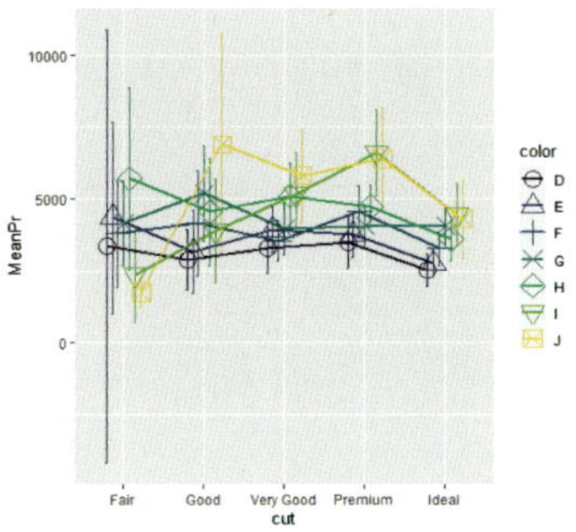

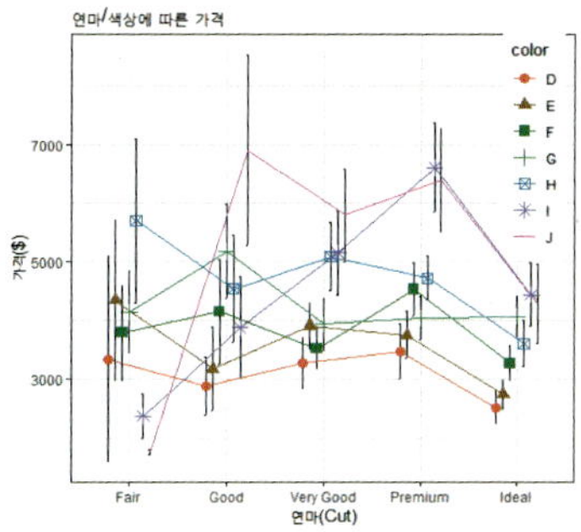

다음은 함수 "geom_area( )"를 이용하여 변수 Time [1, 2, 3, 4, 5, ...]에 따른 값(변수 Value)의 합을 변수 Group의 E→D→C→B→A 순서대로 선그래프를 누적하여 그린 누적 영역 차트이다. 변수 Group의 순서를 임의로 변경[E, A, B, D, C]하여 바꿀 수 있다.

```
> library(dplyr)
> Time <- as.numeric(rep(seq(1,5), each= 5))
> set.seed(1004)
> Value <- runif(25, 10, 100)
> Group <- rep(LETTERS[1:5], times= 5)
> Df <- data.frame(Time, Value, Group)
> ggplot(Df, aes(x= Time, y= Value, fill= Group)) + geom_area()
> Df$Group <- factor(Df$Group, levels= c("E", "A", "B", "D", "C"))
> ggplot(Df, aes(x= Time, y= Value, fill= Group)) + geom_area()
```

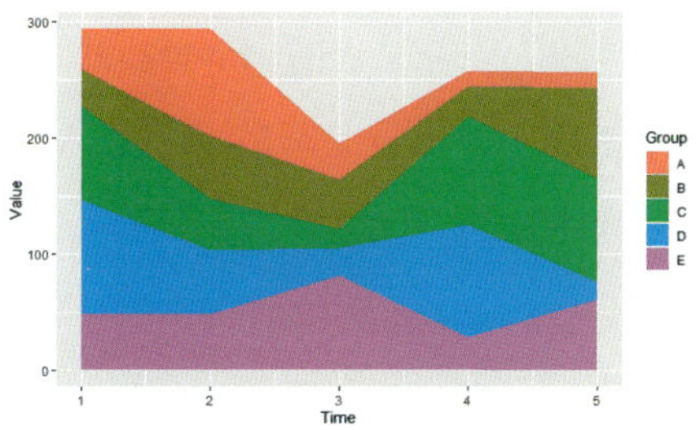

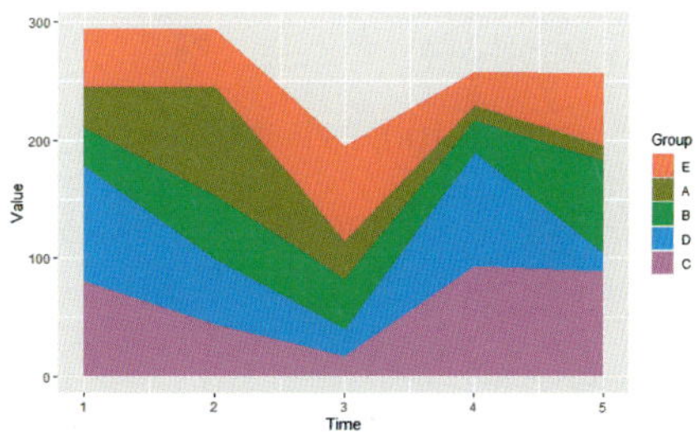

다음은 상대누적 영역 차트로 값의 축을 100%로 하기 위하여 상대도수를 의미하는

새 변수 Percentage에 대하여 함수 "geom_area()"를 사용한 것이다. 두 번째 그래프는 옵션 "colour= "white""으로 선과 선 사이를 흰색으로 구분하고, 패키지 viridis에서 제공되는 색상으로 구분한 것이다.

```
> Df1 <- Df  %>%  group_by(Time, Group) %>%
+                summarise(N= sum(Value)) %>%
+                mutate(Percentage= N/sum(N))
> ggplot(Df1, aes(x= Time, y= Percentage, fill= Group)) +
+   geom_area(alpha= 0.6 , size= 1, colour= "black")

> library(viridis)
> ggplot(Df1, aes(x= Time, y= Value, fill= Group)) +
+   geom_area(alpha= 0.8, size= .5, colour= "white") +
+   scale_fill_viridis(discrete= T) + ggtitle("채워 넣기 ...")
```

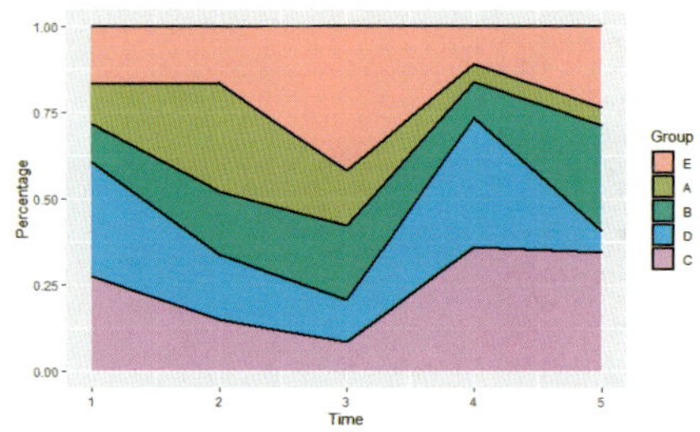

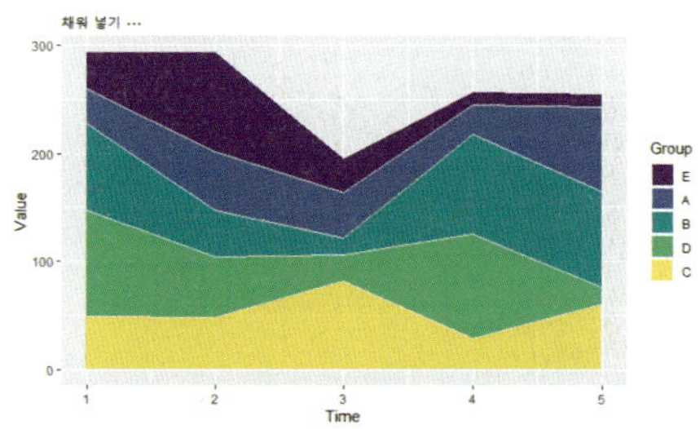

2.3 히스토그램 및 밀도그래프

막대그래프와 유사한 히스토그램을 그려보기 위하여, 인자형 변수 Part와 표준정규분포를 따르는 난수 100개와 평균이 1이고 표준편차가 1인 정규분포를 따르는 난수 100개로 이루어진 변수 Rnorm으로 구성된 데이터프레임인 Df를 생성하였다.

```
> library(ggplot2)
> set.seed(1004)
> Df <- data.frame(Part= factor( rep(c("A","B"), each= 100) ),
+                   Rnorm= c(rnorm(100), rnorm(100, mean= 1)))
```

옵션 “binwidth= .5”은 한 막대(bin)의 너비를 0.5로 제한하는 것이다. (1) 기본적인 히스토그램이고, (2) 옵션 “colour= "black"”은 경계선을 검은색으로, 옵션 “fill= "white"”은 각 막대를 흰색으로 채우는 것이다. (3) 함수 “geom_density( )”를 이용하여 히스토그램의 분포를 따르는 연속형 분포로 가정되었을 때의 밀도함수 그래프를 같이 그린 것이고, (4) 히스토그램과 밀도함수를 동시에 나타낸 것이다.

```
> Bg1 <- ggplot(Df, aes(x= Rnorm))
> Bg1 + geom_histogram(binwidth= .5)
> Bg1 + geom_histogram(binwidth= .5, colour= "black", fill= "white")
> Bg1 + geom_histogram(aes(y= ..density..), binwidth= .5,
+                          colour= "black", fill= "white") +
+       geom_density(alpha= 0.2, fill= "skyblue")
```

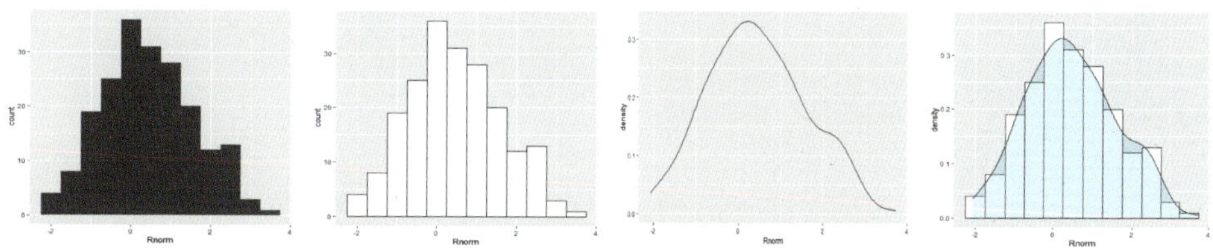

옵션 “fill= Part”로 변수 Part에 따라 구분된 히스토그램을 나타내고자 하며, (1) 옵션 “position= "identity"”를 사용하면 값의 축(y축)에 도수(count)가 표시된다. (2) 함수 “geom_density( )”는 밀도함수를 추가하게 된다. (3) 옵션 “position= "dodge"”는 변수 Part의 값으로 구별되지만 각 막대가 붙어서 표시되고, (4) 옵션 “position= "dodge2"”는 막대가 서로 떨어져 표시된다.

```
> Bg2 <- ggplot(Df, aes(x= Rnorm, fill= Part))
> Bg2 + geom_histogram(binwidth= .5, alpha= .5, position= "identity")
> Bg2 + geom_histogram(aes(y= ..density..), binwidth= .5,
+                              alpha= .5, position= "identity") +
+       geom_density(alpha= 0.4)
> Bg2 + geom_histogram(binwidth= .5, position= "dodge")
> Bg2 + geom_histogram(binwidth= .5, position= "dodge2")
```

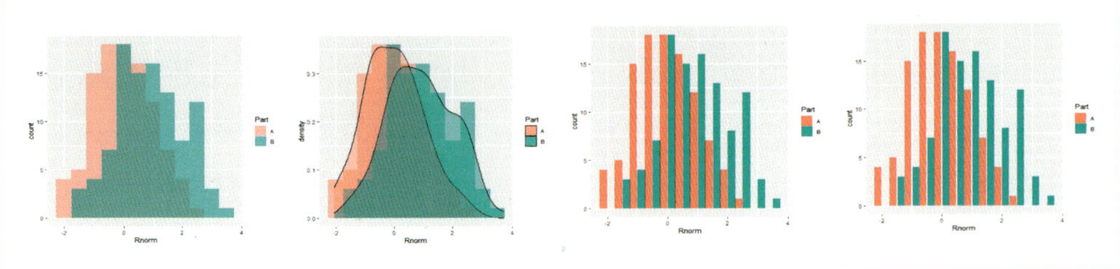

패키지 plyr의 함수 “ddply( )”를 이용하여 위에서 생성한 변수 Rnorm의 변수 Part의 값 A, B에 따른 각각의 평균과 분산을 구하여, 각각 새로운 변수 Mean, Var 라고 지정하였다.

```
> # 패키지 이용 자료 일부의 통계량 구하기
> library(plyr)
> SDf <- ddply(Df, "Part", summarise, Mean= mean(Rnorm), Var= var(Rnorm))
> SDf
  Part         Mean      Var
1    A -0.003045572 1.012225
2    B  0.904495438 1.235987
```

(1) 함수 “geom_histogram( )”과 “geom_vline( )”을 이용하여 히스토그램을 그리고, 특정 위치에 수직선을 넣을 수 있다. (2) 함수 “geom_density( )”와 “geom_vline( )”을 이용하여 밀도함수 그래프를 그리고, 특정 위치에 수직선을 넣을 수 있다. (3) 함수 “facet_grid( )”의 옵션 “Part ~ .”에 의하여 그림과 같이 변수 Part에 의하여 구분된 종의 분할도를 나타낸다. 만일 횡의 분할도를 나타내고자 하면 옵션을 “. ~Part”로 하면 된다. (4) 분할도 각 그래프의 특정 위치에 수직선을 추가할 수 있다.

```
> ggplot(Df, aes(x= Rnorm, fill= Part)) +
+   geom_histogram(binwidth= .5, alpha= .5, position= "identity") +
+   geom_vline(data= SDf, aes(xintercept= Mean, colour= Part),
+              linetype= "dashed", size= 1)
```

```
> ggplot(Df, aes(x= Rnorm, colour= Part)) + geom_density() +
+   geom_vline(data= SDf, aes(xintercept= Mean, colour= Part),
+              linetype= "dashed", size= 1)
> ggplot(Df, aes(x= Rnorm)) +
+   geom_histogram(binwidth= .5, colour= "black", fill= "white") +
+   facet_grid(Part ~ .)  # 종의 분할도    # facet_grid(. ~Part)  # 횡의 분할도
> ggplot(Df, aes(x= Rnorm)) +
+   geom_histogram(binwidth= .5, colour= "black", fill= "white") +
+   facet_grid(Part ~ .) +
+   geom_vline(data= SDf, aes(xintercept= Mean), linetype= "dashed",
+              size= 1, colour= "red")
```

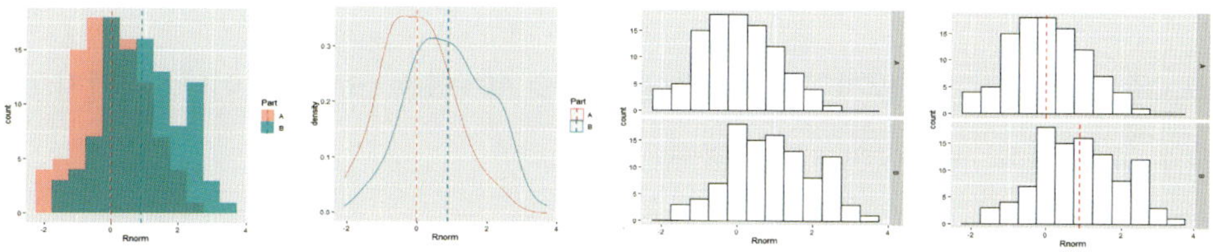

100개의 난수 생성 자료에 대하여 (1) 제목을 추가하였으며, 기본적인 히스토그램으로서 값의 축(y축)은 도수(count)가 된다. (2) 제목에서 줄 바꿈하는 예이다. (3) 제목의 기본적인 위치에 대하여 크기 및 색상을 조정해 본 것이고, (4) 제목의 위치를 변경해 본 것이다.

```
> set.seed(1004)
> Df <- data.frame(Rnorm= rnorm(100))
> Bg2 <- ggplot(data= Df, aes(x= Rnorm)) +
+          geom_histogram(fill= "skyblue", alpha= 0.8)
> Bg2 + ggtitle("생성자료의 히스토그램") + theme_minimal()
> Bg2 + ggtitle("생성자료의 \n히스토그램") + theme_minimal()
> Bg2 + ggtitle("생성자료의 히스토그램") + theme_minimal() +
+       theme(plot.title= element_text(family= '', face= 'bold',
+                                      colour= 'purple', size= 26))
> Bg2 + ggtitle("생성자료의 히스토그램") + theme_minimal() +
```

```
+       theme(plot.title= element_text(hjust= 1, vjust= 0.5, face= 'bold',
+                                        colour= 'purple', size= 26))
```

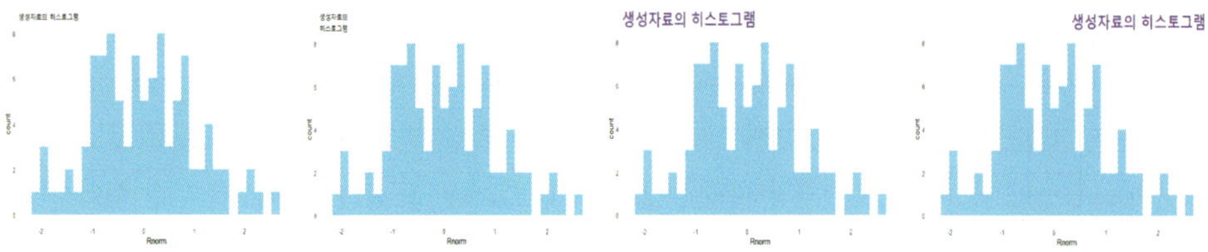

2.4 점도표

점도표는 자료의 수가 많지 않은 경우에 활용할 수 있는 요약방법이다. 패키지 datasets에 있는 자료 warpbreaks를 이용하기로 한다.

```
> library(ggplot2)
> data(warpbreaks)
> str(warpbreaks)
'data.frame':    54 obs. of  3 variables:
 $ breaks : num  26 30 54 25 70 52 51 26 67 18 ...
 $ wool   : Factor w/ 2 levels "A","B": 1 1 1 1 1 1 1 1 1 1 ...
 $ tension: Factor w/ 3 levels "L","M","H": 1 1 1 1 1 1 1 1 1 2 ...
```

함수 "geom_dotplot( )"를 이용하여 점도표를 그릴 수 있으며, 옵션은 점을 쌓는 방식에 따라 "up"(기본), "down", "center", "centerwhole" 등이 있다. 변수 tension을 범주 축으로 하고 y축은 변수 breaks로 변수 breaks의 값을 높이로 하여 점으로 표현하게 된다. 중복 관찰된 값들을 펼쳐 보이게 하는 것이다. 옵션 "binwidth= "으로 점으로 크기를 정할 수 있다.

```
> Bg1 <- ggplot(warpbreaks, aes(x= tension, y= breaks))
> Bg1 + geom_dotplot(binaxis= "y", stackdir= "center", binwidth= 2)
> Bg1 + geom_dotplot(binaxis= "y", stackdir= "centerwhole", binwidth= 2)
> Bg1 + geom_dotplot(binaxis= "y", binwidth= 2)
> Bg1 + geom_dotplot(binaxis= "y", stackdir= "up", binwidth= 2)
> Bg1 + geom_dotplot(binaxis= "y", stackdir= "down", binwidth= 2)
```

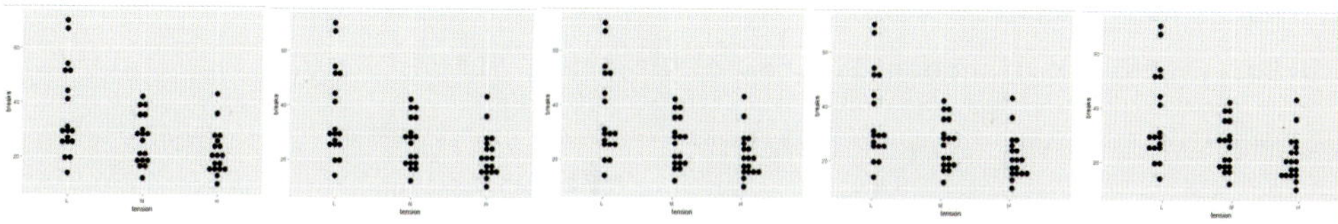

옵션 “fill= tension”으로 변수 tension에 따라 점의 색을 구별하여 (1) 기본형으로, (2) 범례를 없애거나, (3) 가로축의 점도표를 그릴 수도 있다.

```
> Bg2 <- ggplot(warpbreaks, aes(x= tension, y= breaks, fill= tension))
> Bg2 + geom_dotplot(binaxis= "y", stackdir= "center", binwidth= 2)
> Bg2 + geom_dotplot(binaxis= "y", stackdir= "center", binwidth= 2) +
+        theme(legend.position= "none")
> Bg2 + geom_dotplot(binaxis= "y", stackdir= "center", binwidth= 2) +
+        theme(legend.position= "none") + coord_flip()
```

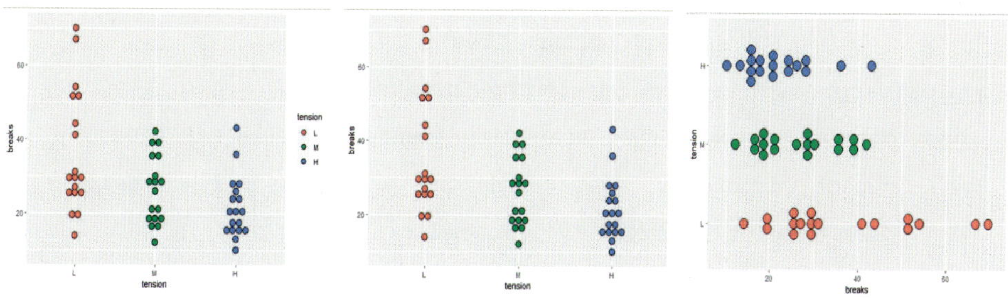

(1) 점도표의 기본형에, (2) 점의 크기 및 점의 축적에 대한 옵션을 추가하였고, (3) 가로 형태로 해 본 것이고, (4) 범주 축의 표현을 원하는 순서로 지정한 것이다.

```
> Bg3 <- ggplot(warpbreaks, aes(x= tension, y= breaks)) +
+         geom_dotplot(binaxis= 'y', stackdir= 'center')
> Bg3
> ggplot(warpbreaks, aes(x= tension, y= breaks)) +
+   geom_dotplot(binaxis= 'y', stackdir= 'center', stackratio= 1.5,
+                dotsize= 1.2)
> Bg3 + coord_flip()
> Bg3 + scale_x_discrete(limits= c("H", "M", "L")
```

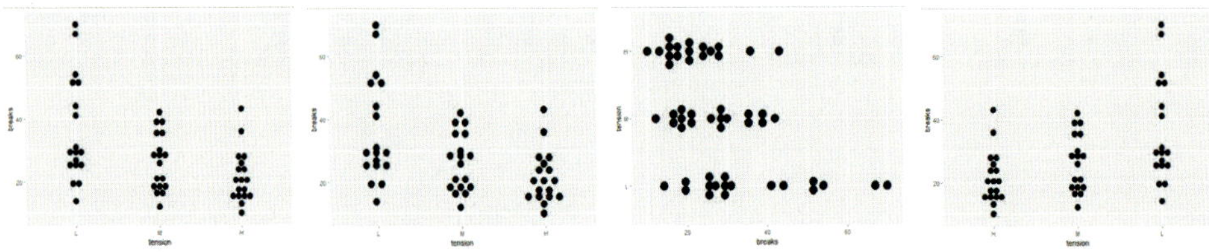

점도표의 기본형(Bg3)에 (1) 평균값을 모양, 크기 색상을 지정하여 추가한 것이고, (2) 중앙값을 모양, 크기 색상을 지정하여 추가한 것이고, (3) 옵션 "fill= "#FFAAD4""는 단일 색을 표현한 것이고, (4) 옵션 "fill= tension"으로 변수 tension에 따른 색상을 구별한 것이다.

```
> Bg3 + stat_summary(fun.y= mean, geom= "point", shape= 18, size= 8, color= "red")
> Bg3 + stat_summary(fun.y= median, geom= "point", shape= 18,
+                    size= 8, color= "red")
> ggplot(warpbreaks, aes(x= tension, y= breaks)) +
+   geom_dotplot(binaxis= 'y', stackdir= 'center', fill= "#FFAAD4")
> Bg4 <- ggplot(warpbreaks, aes(x= tension, y= breaks, fill= tension)) +
+         geom_dotplot(binaxis= 'y', stackdir= 'center')
> Bg4
```

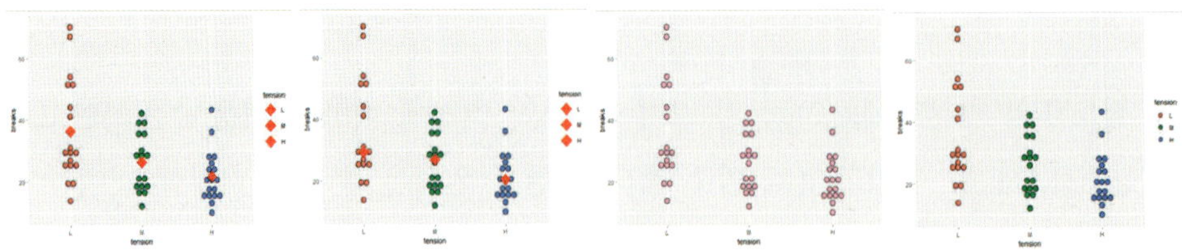

(1) 표식 점의 색상을 정한 것이고, (2) 옵션 "palette= "Dark2""로 지정한 결과이다. (3) 함수 "scale_fill_grey( )"를 사용하여 회색 기반으로 한 결과이다. (4) 변수의 순서를 "H", "M", "L"로 지정한 대로 결과이다.

```
> Bg4 + scale_fill_manual(values= c("blue", "grey", "red"))
> Bg4 + scale_fill_brewer(palette= "Dark2")
> Bg4 + scale_fill_grey() + theme_classic()
> Bg4 + scale_x_discrete(limits= c("H", "M", "L"))
```

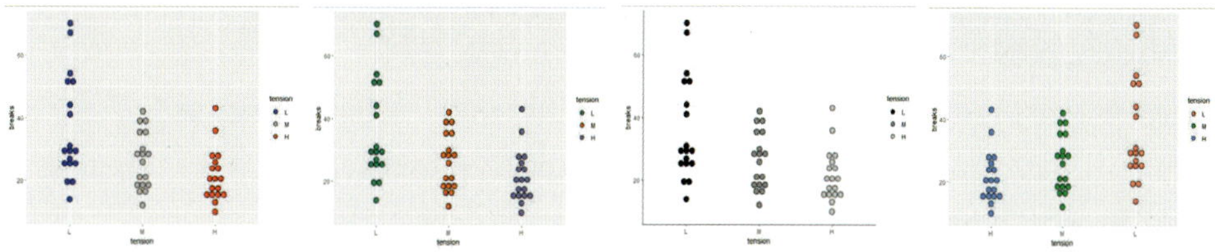

(1) 옵션 "fill= wool"의 사용으로 변수 wool에 따른 색상을 구별할 수 있으며, (2) 옵션 "position= position_dodge(0.8)"의 사용으로 중첩을 피하여 시각적 효과를 높일 수 있다.

```
> ggplot(warpbreaks, aes(x= tension, y= breaks, fill= wool)) +
+   geom_dotplot(binaxis= 'y', stackdir= 'center')
> ggplot(warpbreaks, aes(x= tension, y= breaks, fill= wool)) +
+   geom_dotplot(binaxis= 'y', stac`dir= 'center',
+                position= position_dodge(0.8))
```

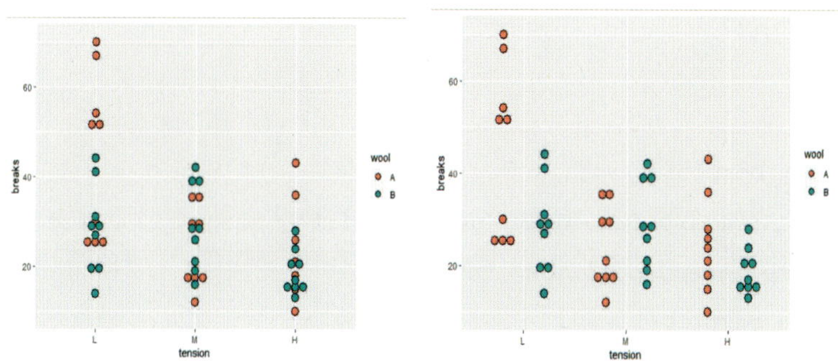

2.5 상자그림

패키지 ggplot2에서 상자그림은 함수 “geom_boxplot( )”을 이용한다. (1) 변수 tension을 범주 축으로 하고, 변수 breaks를 값의 축으로 한 기본적인 상자그림이다. (2) 옵션 “fill= tension”을 사용한 변수 tension에 의한 색상을 구별한 기본형(Bg1)의 상자그림이다. (3) 범례를 제외하도록 “theme(legend.position= "none")”를 사용하였으며, (4) 함수 “coord_flip( )”는 가로(수평) 형으로 나타나게 한다.

```
> library(ggplot2)
> ggplot(warpbreaks, aes(x= tension, y= breaks)) + geom_boxplot()
> Bg1 <- ggplot(warpbreaks, aes(x= tension, y= breaks, fill= tension))
> Bg1 + geom_boxplot()
> Bg1 + geom_boxplot() + theme(legend.position= "none")
> Bg1 + geom_boxplot() + theme(legend.position= "none") + coord_flip()
```

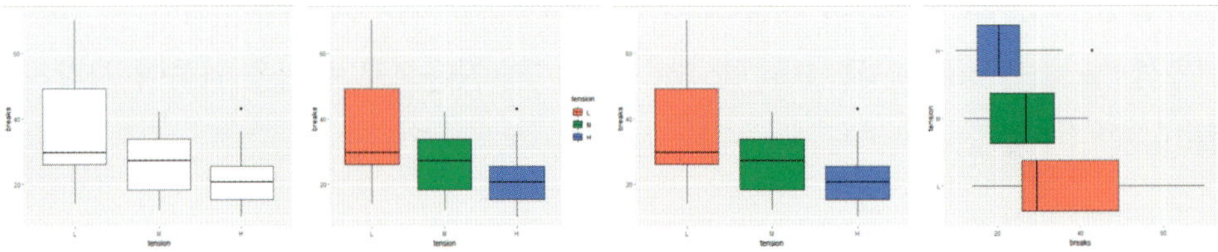

(1) 함수 “stat_summary( )”의 옵션 “fun= mean”을 이용하여 평균값을 구하고, 크기(size=), 모양(shape=), 점(geom= "point")을 추가한 것이다. (2) 평균, 최솟값, 최댓값을 추가한 예이다. (3) 제목 등을 꾸밀 수 있으며, 범주의 축에 나타나는 순서도 정할 수 있다.

```
> Bg1 + geom_boxplot() +
+       stat_summary(fun= mean, geom= "point", shape= 23, size= 5) +
+       theme(legend.position= "none")
> Bg1 + geom_boxplot() +
```

```
+       stat_summary(fun= mean, geom= "point", shape= 23, size= 4) +
+       stat_summary(fun= min, geom= "point", shape= 25, size= 3) +
+       stat_summary(fun= max, geom= "point", shape= 24, size= 5) +
+       theme(legend.position= "none")
> Bg2 <- ggplot(warpbreaks, aes(x= tension, y= breaks)) +
+        geom_boxplot() + ggtitle("인장 강도에 따른 고장 횟수") +
+        theme(plot.title= element_text(lineheight= 1.5, face= "bold"))
> Bg2 + scale_x_discrete(limits= c("H","M","L"))
```

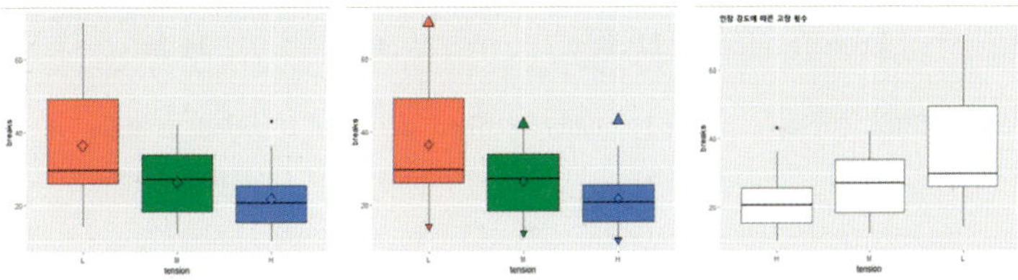

ggplot2에서 제공되는 "stat_*"는 다음과 같다.

```
> apropos("stat_")
 [1] "stat_bin"          "stat_bin_2d"            "stat_bin_hex"
 [4] "stat_bin2d"        "stat_binhex"            "stat_boxplot"
 [7] "stat_contour"      "stat_contour_filled"    "stat_count"
[10] "stat_density"      "stat_density_2d"        "stat_density_2d_filled"
[13] "stat_density2d"    "stat_density2d_filled"  "stat_ecdf"
[16] "stat_ellipse"      "stat_function"          "stat_identity"
[19] "stat_qq"           "stat_qq_line"           "stat_quantile"
[22] "stat_sf"           "stat_sf_coordinates"    "stat_smooth"
[25] "stat_spoke"        "stat_sum"               "stat_summary"
[28] "stat_summary_2d"   "stat_summary_bin"       "stat_summary_hex"
[31] "stat_summary2d"    "stat_unique"            "stat_ydensity"
[34] "update_stat_defaults"
```

다음은 옵션 "shape= "의 지정된 결과이다.

0 □	1 ○	2 △	3 +	4 ×
square	circle	triangle point up	plus	cross
5 ◇	6 ▽	7 ⊠	8 ✳	9 ⊕
diamond	triangle point down	square cross	star	diamond plus
10 ⊕	11 ✡	12 ⊞	13 ⊗	14 ⊠
circle plus	triangles up and down	square plus	circle cross	square and triangle down
15 ■	16 ●	17 ▲	18 ◆	19 ●
filled square	filled circle	filled triangle point-up	filled diamond	solid circle

20 •	21 ●	22 ■	23 ◆	24 ▲	25 ▼
bullet (smaller circle)	filled circle blue	filled square blue	filled diamond blue	filled triangle point-up blue	filled triangle point down blue

NOTE

21 ~ 25까지는 사용자가 색상을 선택할 수 있다.

인자형 변수 tension의 표현은 입력순서인 "L" "M" "H"를 반대로 하고자 할 때는 함수 "rev(Dlevels)"를 이용하여 적용하면 "H" "M" "L"의 순서로 전환된다.

```
> Dlevels <- levels(warpbreaks$tension)
> Dlevels
[1] "L" "M" "H"
> DRlevels <- rev(Dlevels)
> DRlevels
[1] "H" "M" "L"
```

다음은 범주축에 대한 여러 가지 경우이다. (1) 옵션 "limits= DRlevels"를 적용하면 "H" "M" "L"의 순서대로 나타난다. 빈도를 계산하여 막대의 높이로 표현하게 된다. (2) 범주축의 표현을 사용자가 원하는 것으로 변경할 수 있다. (3) 함수 "scale_x_discrete( )"에서 옵션 "breaks= NULL"을 사용하여 그래프에 범주축의 격자구조선을 나타나지 않게 할 수 있다. (4) 옵션 “axis.ticks= element_blank( )”은 값의 위치를 알려주는 작은 막대(tick)를 각각의 축에 표시하지 않고, 옵션 “axis.text.x= element_blank()”은 범주 축의 자료의 값들을 나타나지 않게 한다.

```
> Bg2 + scale_x_discrete(limits= DRlevels)
> # Bg2 + scale_x_discrete(limits= rev(levels(warpbreaks$tension)))
+ # 위와 동일
> Bg2 + scale_x_discrete(breaks= c("H", "M", "L"), labels= c("High",
+                         "Middle", "Low"))
> Bg2 + scale_x_discrete(breaks= NULL)
> Bg2 + theme(axis.ticks= element_blank(), axis.text.x= element_blank())
```

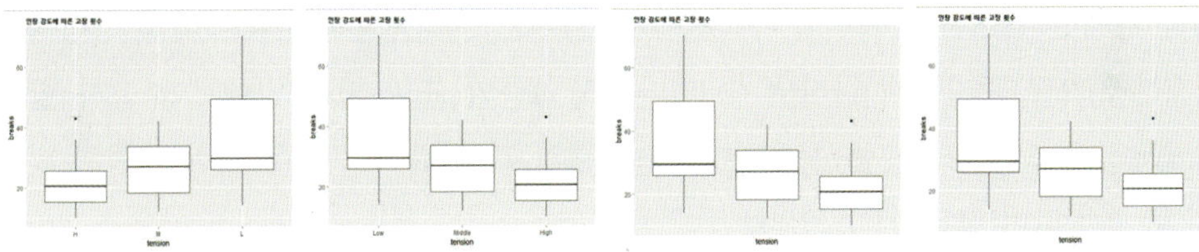

다음은 값의 축인 연속형(수치형) 변수와 관련된 부분이다. (1) 옵션 “expand_limits(y= 0)”을 이용하여 표시하고자 하는 범위를 사용자가 원하는 값으로 할 수 있다. 이 경우는 하한 값만 0으로 제한한 경우이다. (2) “expand_limits(y= c(0,80))”, “ylim(0, 80)” 및 “scale_y_continuous(limits= c(0, 80))”은 모두 y축의 범위를 0에서 80까지로 제한한 것이다. (3) “scale_y_continuous(limits= c(30,50))”과 같이 특정 범위로 확정할 수도 있다. 하한을 30, 상한을 50으로 하면, 이 범위를 벗어난 자료에 대한 정보를 추가적으로 제공하며, 제한된 범위에 있는 자료들만 그림에 표현하게 된다.

```
> Bg2 + expand_limits(y= 0)
> Bg2 + expand_limits(y= c(0,80))
> # Bg2 + ylim(0, 80)                                # 위와 동일
> # Bg2 + scale_y_continuous(limits= c(0, 80))       # 위와 동일
```

```
> Bg2 + ylim(30,50)
Warning message:
Removed 42 rows containing non-finite values (stat_boxplot).
> # Bg2 + scale_y_continuous(limits= c(30,50))      # 위와 동일
```

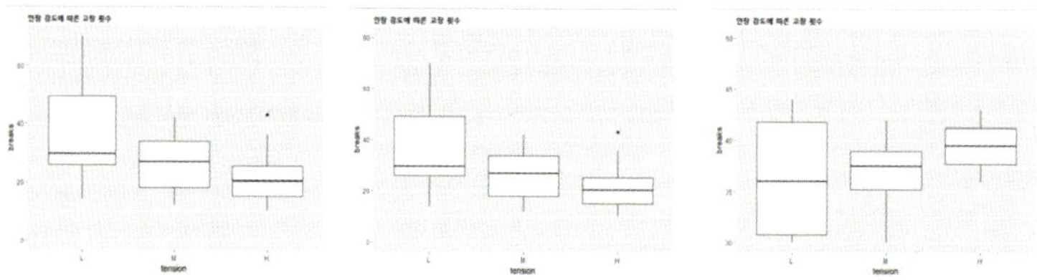

(1) 함수 "coord_cartesian( )"을 사용하여 사용자가 원하는 범위(현재는 30~50)의 영역만 확대하여 표현할 수 있으며, (2) 특정 구간(현재는 40~50)을 특정 간격(현재는 2)으로 증가하게 나타낼 수 있다. (3) y축의 표현 값을 반대로 하고자 할 때 "scale_y_reverse( )"를 사용한다. (4) y축의 표현 값의 구간을 원하는 범위 및 간격으로 특정하여 조절할 수 있다.

```
> Bg2 + coord_cartesian(ylim= c(30,50))
> Bg2 + coord_cartesian(ylim= c(30,50)) +
+        scale_y_continuous(breaks= seq(40,50, 2))
> Bg2 + scale_y_reverse()
> Bg2 + scale_y_continuous(breaks= c(10, 30, 50, 55, 70))
```

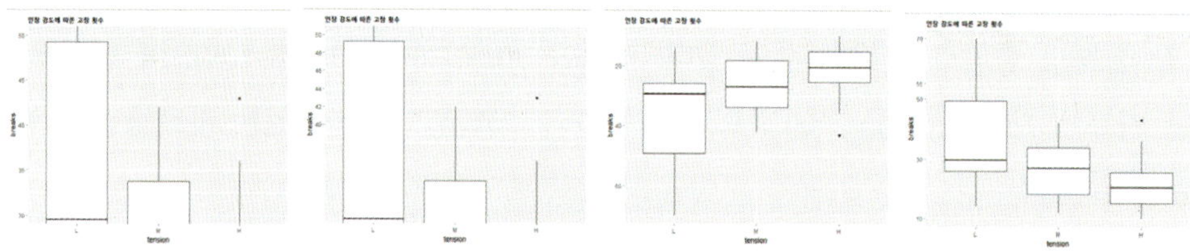

(1) 함수 "scale_y_continuous(breaks= NULL)"로 y축의 범위를 제거할 수 있고, (2) x축의 표식(tick)과 y축의 값을 생략하지만 그리드는 잔존하는 경우이고, (3) y축의 이름을 변경할 수 있다.

```
> Bg2 + scale_y_continuous(breaks= NULL)
> Bg2 + theme(axis.ticks= element_blank(), axis.text.y= element_blank())
> Bg2 + theme(axis.title.x= element_blank()) + ylab("고장 (횟수)")
```

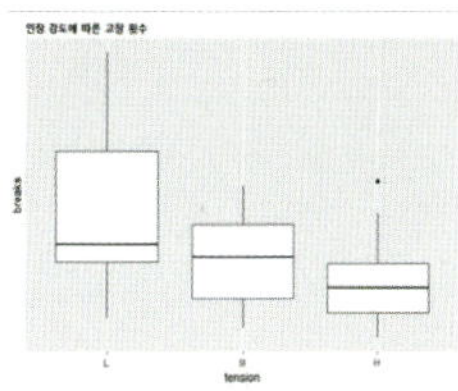

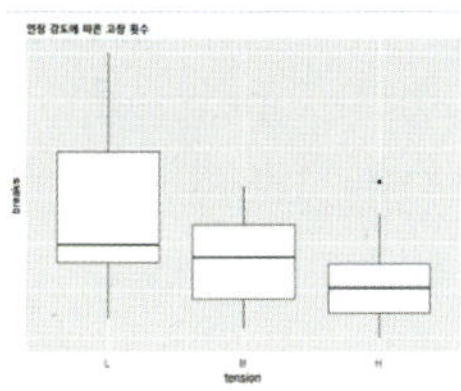

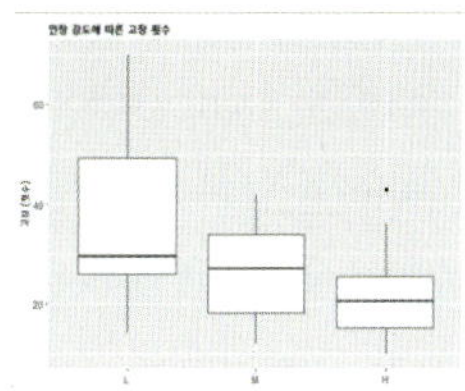

다음은 시간을 나타내는 형식으로 값을 변경하는 함수이다.

```
> TimeHMS <- function(x) {h <- floor(x/60)
+                          m <- floor(x %% 60)
+                          s <- round(60*(x %% 1))
+                          lab <- sprintf('%02d:%02d:%02d', h, m, s)
+                          lab <- gsub('^00:', '', lab)
+                          lab <- gsub('^0', '', lab)  }
```

NOTE

(1) `%02d` : %(명령의 시작), 0(빈칸에 채워질 문자), 2(빈칸의 수), d(10진수, 정수)
즉, 십진법의 수를 빈칸이 있으면 0을 두 개까지 넣겠다.
참고로 %.2f는 소수점 이하 2자리까지 출력한다.

(2) `gsub( )` : 찾아 바꾸기 함수(sub : substitute, g : global(전영역)을 의미)
형식은 gsub(찾을 것, 바꿀 것, 열 지정)이고,
"^"는 첫 문자, "$"는 끝문자를 나타낸다.

(1) 축의 이름의 색, 굵기, 크기 등을 지정할 수 있으며 범주 축의 값을 회전시키거나 크기 등을 변경할 수 있다. (2) 옵션 "`labels= percent`"를 이용하면 y축의 표현을 실수가 아닌 퍼센트(%)로 표현하게 되며, (3) 위에서 정의한 시간으로의 변환함수와 관련된 옵션 "`label= TimeHMS`"에 의하여 y축을 시간의 형식으로 표현할 수 있다.

```
> Bg2 + theme(axis.title.x= element_text(face= "bold", colour= "#990000",
+                                         size= 20),
+            axis.text.x= element_text(angle=90, vjust= 0.5, size= 16))
> library(scales)
> Bg2 + scale_y_continuous(labels= percent) +
+       scale_x_discrete(labels= abbreviate)
> Bg2 + scale_y_continuous(label= TimeHMS)
```

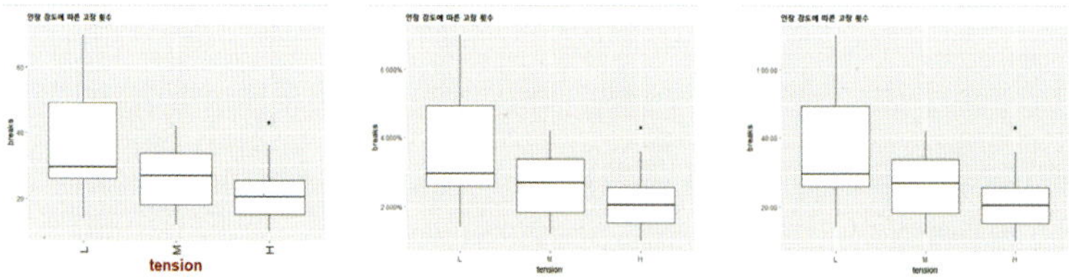

(1) 각 축의 보조선(grid)을 모두 나타나지 않게 하였고, (2) 축의 주요 보조선만 나타낸 경우이다. (3) y축의 보조선만 나타내고, (4) x축의 보조선만 나타나게 할 수 있다.

```
> Bg2 + theme(panel.grid.minor= element_blank(),
+             panel.grid.major= element_blank())
> Bg2 + theme(panel.grid.minor= element_blank())
> Bg2 + theme(panel.grid.minor.x= element_blank(),
+             panel.grid.major.x= element_blank())
> Bg2 + theme(panel.grid.minor.y= element_blank(),
+             panel.grid.major.y= element_blank())
```

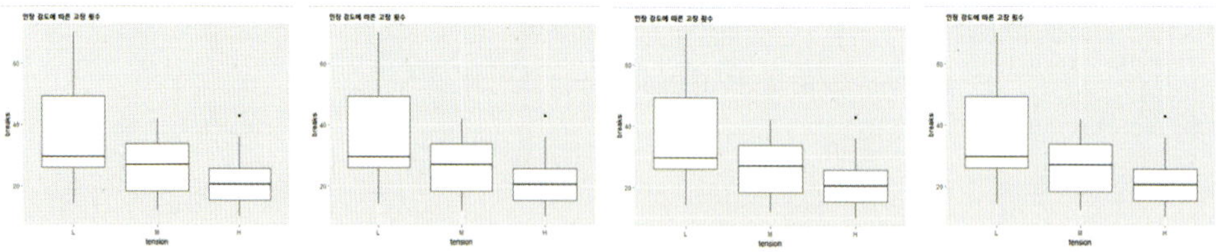

자료 warpbreak의 변수 `tension`의 값 L, M, H를 각각 Low, Middle, High로 변경하고, 변수명을 `Tension`으로 변경하였다.

```
> levels(warpbreaks$tension)[levels(warpbreaks$tension)== "L"] <- "Low"
> levels(warpbreaks$tension)[levels(warpbreaks$tension)== "M"] <- "Middle"
> levels(warpbreaks$tension)[levels(warpbreaks$tension)== "H"] <- "High"
> names(warpbreaks)[names(warpbreaks)== "tension"]  <- "Tension"
```

(1) 변수 Tension에 의해 색상을 구별하여 나타낸 것이고, 범례가 변수 Tension의 값인 Low, Middle, High로 나타나게 된다. (2) 범례의 색상, 크기, 굵기 등을 조정할 수 있다. (3) 범례를 나타나지 않게 하는 여러 가지 함수들로 "guides(fill= FALSE)", "scale_fill_discrete(guide= FALSE)" 및 "theme(legend.position = "none")" 등이 있다. (4) 범례의 표현을 사용자가 원하는 순서대로 할 수 있다.

```
> Bg3 <- ggplot(data= warpbreaks,
+               aes(x= 'Tension', y= breaks, fill= 'Tension')) +
+         geom_boxplot()
> Bg3
> Bg3 + theme(legend.title= element_text(colour= "blue", size= 16, face= "bold"))
> Bg3 + guides(fill= FALSE)
> Bg3 + scale_fill_discrete(guide= FALSE)
> Bg3 + theme(legend.position= "none")
> Bg3 + theme(legend.title= element_text(colour= "blue", size= 16, face= "bold")) +
+       scale_fill_discrete(breaks= c("High","Middle","Low"))
```

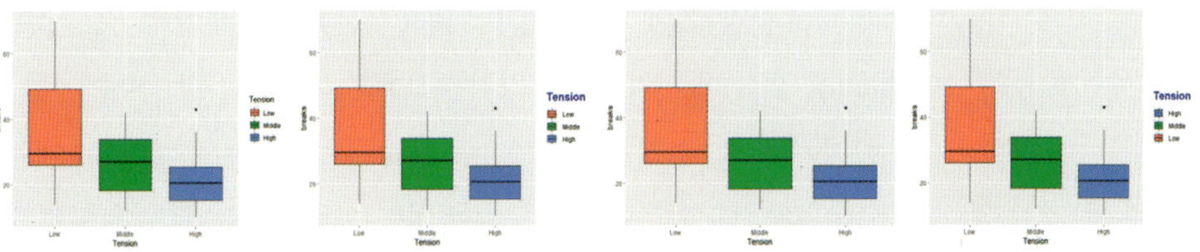

패키지 ggplot2에 있는 자료 mpg는 11개의 변수(class(차종), hwy(고속도로 연비), . . .)에 대하여 234개의 값으로 구성되어 있다. 함수 "ddply( )"를 이용하여 다음과 같이 변수 class에 따른 변수 hwy에 대한 통계량들을 구할 수 있다.

```
> data(mpg)
> library(plyr)
> Smpg <- ddply(mpg, .(class), summarise,
+              N= length(hwy),        Mean= round(mean(hwy), 1),
+              Max= max(hwy),         Min= min(hwy),
+              Median= median(hwy),   Mad= mad(hwy),
+              Sum= sum(hwy),         Sd= round(sd(hwy), 2),
+              Var= round(var(hwy),2))
> Smpg
       class  N Mean Max Min Median    Mad  Sum   Sd   Var
1    2seater  5 24.8  26  23   25.0 1.4826  124 1.30  1.70
2    compact 47 28.3  44  23   27.0 2.9652 1330 3.78 14.30
3    midsize 41 27.3  32  23   27.0 1.4826 1119 2.14  4.56
4    minivan 11 22.4  24  17   23.0 1.4826  246 2.06  4.25
5     pickup 33 16.9  22  12   17.0 1.4826  557 2.27  5.17
6 subcompact 35 28.1  44  20   26.0 4.4478  985 5.38 28.89
7        suv 62 18.1  27  12   17.5 2.2239 1124 2.98  8.87
```

다음은 범주축의 변수들의 표현 순서를 함수적 연산결과에 따라 나타내는 방법에 대한 것이다. (1) 패키지 dplyr의 함수 "mutate( )"는 설정된 변수를 추가(또는 대체)하는 것이다. 패키지 forcats의 함수 "fct_reorder(class, hwy, .fun= 'median'))"는 변수 class의 순서를 변수 hwy에 대하여, 옵션 ".fun= 'median'"의 사용으로 변수 hwy의 median(중앙값)에 의한 올림차순(기본)으로 재설정하는 것이다. (2) 변수 hwy의 median(중앙값)에 의한 내리차순으로 하고자 할 때는 옵션에 ".desc= TRUE"을 사용한다. (3) 함수적 옵션 "fun= 'length'"는 변수 hwy에의 관측 수를 기준으로 정렬하여 나타내고 싶을 때 사용한다. 이때 사용되는 옵션의 값은 이 외에도 mean(평균), mad(절댓값의 중앙값), min(최솟값), max(최댓값), sd(표준편차), var(분산), sum(합), IQR(사분위수 범위) 등이 있다.

```
> library(forcats);   library(dplyr)
> mpg %>%
+   mutate(class= fct_reorder(class, hwy, .fun= 'median')) %>%
+   ggplot(aes(x= class, y= hwy, fill= class)) + geom_boxplot() +
+   xlab("class") + theme(legend.position= "none")
> mpg %>%
+   mutate(class= fct_reorder(class, hwy, .fun= 'median', .desc= TRUE)) %>%
+   ggplot(aes(x= class, y= hwy, fill= class)) + geom_boxplot() +
+   xlab("class") + theme(legend.position= "none")
> mpg %>%
+   mutate(class= fct_reorder(class, hwy, .fun= 'length' )) %>%
+   ggplot(aes(class, hwy, fill= class)) + geom_boxplot() +
+   xlab("class") + theme(legend.position= "none")
```

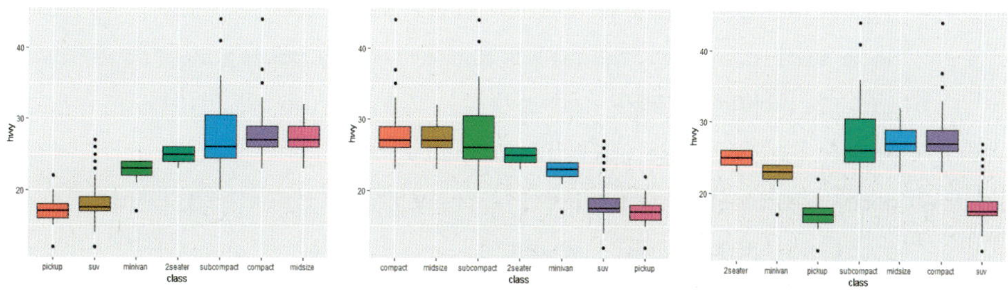

2.6 바이올린 그래프

상자그림과 유사하지만 가운데 부분을 자료의 수에 따라 넓게 또는 좁게 하여 자료의 시각적 효과를 높인 것이다. 사용 방법은 상자그림과 유사하며, 함수 "geom_violin( )"를 이용한다. 변수 Name과 Value로 자료 Df를 생성하였다.

```
> library(ggplot2);    library(forcats);    library(dplyr)
> # create a dataset
```

```
> set.seed(1004)
> Name <- c(rep("A",500), rep("B",500), rep("C",300), rep("D",100))
> Value <- c(rnorm(500,20,5), rnorm(500,13,1), rnorm(300,18,1),
+           rnorm(100,8,4))
> Df <- data.frame(Name, Value)
```

함수 "geom_violin( )"에서 옵션 (1) "scale= "area""는 기본형으로 모든 바이올린 그래프의 면적을 동일하게 나타낸다. (2) "scale= "count""는 관측수에 비례하여 면적이 다르게 나타나게 된다. (3) "scale= "width""는 각 범주에 대하여 너비를 같게 표현한다.

```
> Df %>% ggplot(aes(x= Name, y= Value, fill= Name)) +
+        geom_violin(scale= "area") + theme(legend.position= "none") +
+        ggtitle("바이올린 그래프 : area")
> Df %>% ggplot(aes(x= Name, y= Value, fill= Name)) +
+        geom_violin(scale= "count") + theme(legend.position= "none") +
+        ggtitle("바이올린 그래프 : count")
> Df %>% ggplot(aes(x= Name, y= Value, fill= Name)) +
+        geom_violin(scale= "width") + theme(legend.position= "none") +
+        ggtitle("바이올린 그래프 : width")
```

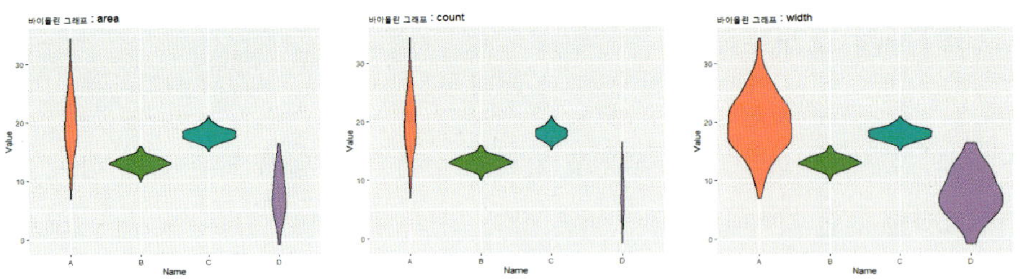

상자그림에서와 마찬가지로 범주축 변수의 순서를 원하는 대로 변경하여 사용할 수 있다. (1) 순서가 지정되어 있지 않아 기본형인 자료의 순으로 나타나고, (2) "Name= fct_reorder(Name, Value, .fun= 'median')"을 사용하면 자료의 중앙값의 크기

순으로 나타나고, (3) "aes(reorder(Name, desc(Value))"를 사용하면 자료의 중앙값의 크기에 대한 역순으로 나타나게 된다.

```
> Df %>% ggplot(aes(x= Name, y= Value, fill= Name)) + geom_violin() +
+        theme(legend.position= "none") + ggtitle("바이올린 그래프 : 자료순")
> Df %>% mutate(Name= fct_reorder(Name, Value, .fun= 'median')) %>%
+        ggplot(aes(Name, Value, fill= Name)) + geom_violin() +
+        xlab("Name") + theme(legend.position= "none") +
+        ggtitle("바이올린 그래프 : 자료의 값의 순서")
> Df %>% mutate(Name= fct_reorder(Name, Value, .fun= 'median')) %>%
+        ggplot(aes(reorder(Name, desc(Value)), y= Value, fill= Name)) +
+        geom_violin() + xlab("Name") + theme(legend.position= "none") +
+        ggtitle("바이올린 그래프 : 자료값의 역순")
```

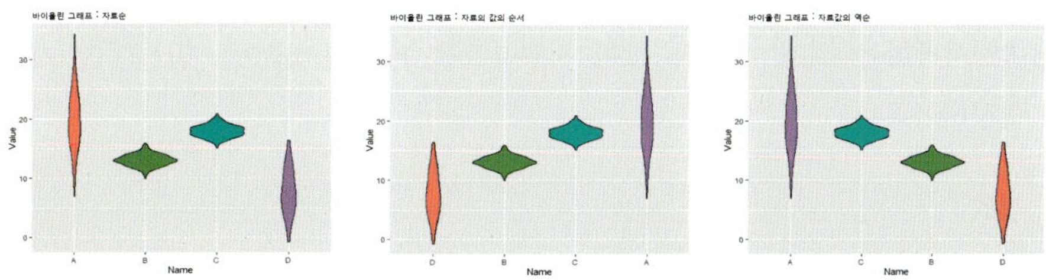

위의 과정을 함수 "coord_flip( )"를 사용하면 가로형으로 나타나게 할 수 있다.

```
> Df %>% ggplot(aes(x= Name, y= Value, fill= Name)) + geom_violin() +
+        coord_flip() + theme(legend.position= "none") +
+        ggtitle("바이올린 그래프 : 자료순")
> Df %>% mutate(Name= fct_reorder(Name, Value, .fun= 'median')) %>%
+        ggplot(aes(Name, Value, fill= Name)) + geom_violin() +
+        xlab("Name") + coord_flip() + theme(legend.position= "none") +
+        ggtitle("바이올린 그래프 : 자료의 값의 순서")
> Df %>% mutate(Name= fct_reorder(Name, Value, .fun= 'median')) %>%
```

```
+   ggplot(aes(reorder(Name, desc(Value)), y= Value, fill= Name)) +
+   geom_violin() + xlab("Name") +  theme(legend.position= "none") +
+   coord_flip() + ggtitle("바이올린 그래프 : 자료값의 역순")
```

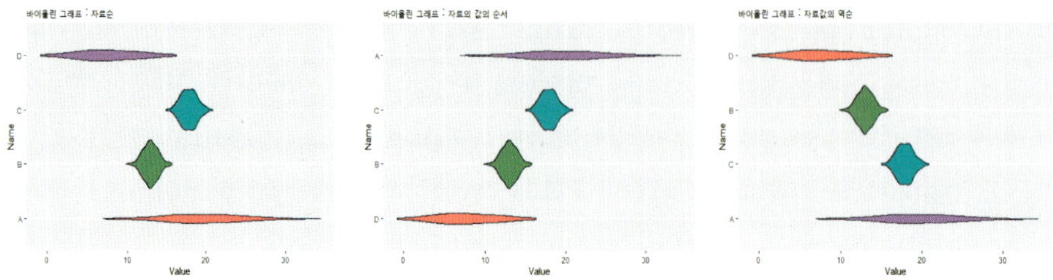

2.7 산점도 (scatter diagram)

산점도의 시각화를 위해 아래와 같이 정규분포를 따르는 난수로 만들어진 가상자료 Df를 생성하였다.

```
> library(ggplot2)
> set.seed(1004)
> Df <- data.frame(Part= rep(c("A", "B"), each= 20),
+                  X= 1:40 + rnorm(40, sd= 5),
+                  Y= 11:50 + rnorm(40, sd= 5))
> str(Df)
'data.frame':   40 obs. of  3 variables:
 $ Part: chr  "A" "A" "A" "A" ...
 $ X   : num  -2.04 5.84 2.18 3.86 5.07 ...
 $ Y   : num  7.16 13.82 9.34 20.15 15.46 ...
```

함수 "ggplot( )"에서 "aes(x= X, y= Y)"를 사용하여 직교좌표의 x축과 y축에 좌표값 (X, Y)를 표시하게 된다. 산점도는 함수 "geom_point( )"를 이용한다. (1) 옵션 "shape= 1"은 빈원(hollow circle)을 나타나게 하고, (2) 옵션에서 "shape= 1"를

생략한 "geom_point( )"의 결과는 "shape= 16"과 같다. (3) 함수 "geom_smooth( )"의 옵션 "method= lm"은 선형의 회귀선과 신뢰구간을 동시에 표시해 준다. (4) 옵션 "se= FALSE"는 회귀선만 나타나게 한다. (5) 옵션 없이 함수 "geom_smooth( )"만 사용하면 비선형의 회귀선과 신뢰구간을 나타낸다.

```
> ggplot(Df, aes(x= X, y= Y)) + geom_point(shape= 1)
> ggplot(Df, aes(x= X, y= Y)) + geom_point()
> ggplot(Df, aes(x= X, y= Y)) + geom_point(shape= 1) + geom_smooth(method= lm)
> ggplot(Df, aes(x= X, y= Y)) + geom_point(shape= 1) +
+   geom_smooth(method= lm, se= FALSE)
> ggplot(Df, aes(x= X, y= Y)) + geom_point(shape= 1) + geom_smooth()
```

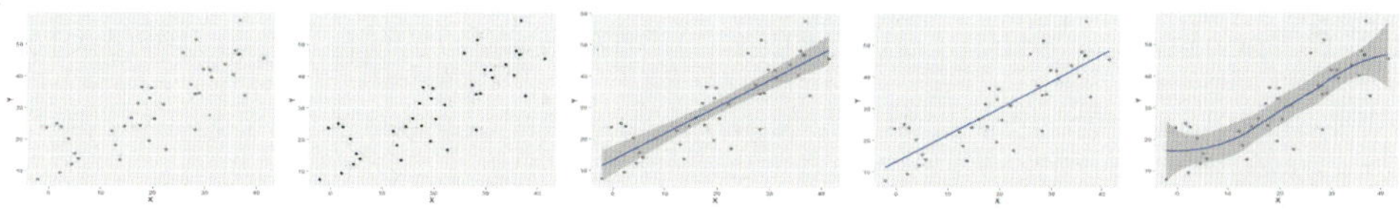

(1) 옵션 "color= Part"는 변수 "Part"에 따라 색으로 구별하게 되고, (2) 변수 "Part"에 의해 구분된 자료들 각각에 해당되는 구간에서만 선형회귀선을 신뢰구간 없이 나타내었고, 함수 "scale_colour_hue()"는 그림판의 밝기를 정할 수 있게 한다. (3) 옵션 "fullrange= T"은 변수 "Part"에 의해 구분된 자료들 각각의 선형회귀선을 전체 자료영역에 대하여 신뢰구간 없이 나타낸 것이다. (4) 변수 "Part"에 의해 구분된 자료들 각각의 표현을 "1(=circle)"과 "4(=cross)"로 구별하여 나타낸 것이다.

```
> ggplot(Df, aes(x= X, y= Y, color= Part)) + geom_point(shape= 1)
> ggplot(Df, aes(x= X, y= Y, color= Part)) + geom_point(shape= 1) +
+   scale_colour_hue(l= 30) + geom_smooth(method= lm, se= FALSE)
> ggplot(Df, aes(x= X, y= Y, color= Part)) + geom_point(shape= 1) +
+   scale_colour_hue(l= 50) +
+   geom_smooth(method= lm, se= FALSE, fullrange= T)
> ggplot(Df, aes(x= X, y= Y, shape= Part)) + geom_point() +
+   scale_shape_manual(values= c(1,4))
```

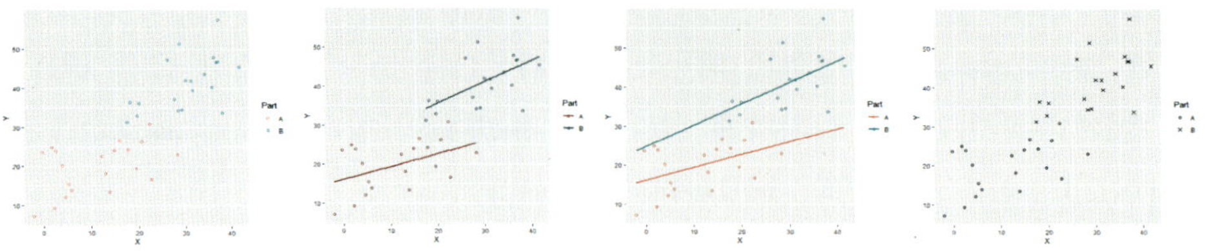

중첩된 자료의 경우 일반적인 그래프는 자료가 어느 정도 밀집되어 있는지 알 수 없다. 이러한 경우 지터(jitter)를 이용하여 해결할 수 있다. 위에서 생성한 자료 Df의 변수 X, Y의 값을 함수 "round( )"를 이용하여 중첩되도록 새로운 변수 Xn, Yn을 생성하였다. (1) 자료의 중첩된 정도를 시각적으로 표현하기 위하여 불투명도(opacity)를 표현할 수 있는 옵션 "alpha= 1/4"의 결과이다. 인자 값은 0에서 1 사이의 값이다. (2) 옵션 "position= position_jitter( )"에서 x축은 1만큼, y축은 2만큼 이동된 위치에 표시하도록 한 것이다. (3) 특정 위치(예: y절편값 = 37)에 수평선 추가한 경우이고, (4) 직선도 추가할 수 있으며 모양, 색상 등을 조정할 수 있다. (5) 패키지 dplyr의 함수 "summarise( )"을 이용하여 변수 "Part"에 따른 변수 X의 평균값, 변수 Y의 최솟/최댓값을 생성하고, 생성된 값들을 산점도에 추가하였다.

```
> Df$Xn <- round(Df$X/10)*10
> Df$Yn <- round(Df$Y/10)*10
> ggplot(Df, aes(x= Xn, y= Yn)) + geom_point(shape= 19, size= 5, alpha= 1/4)
> ggplot(Df, aes(x= Xn, y= Yn)) +
+    geom_point(shape= 1, position= position_jitter(width= 1, height= 2))
> ggplot(Df, aes(x= X, y= Y, colour= Part)) + geom_point() +
+    geom_hline(aes(yintercept= 37))
> ggplot(Df, aes(x= X, y= Y, colour= Part)) + geom_point() +
+    geom_hline(aes(yintercept= 37)) +
+    geom_vline(aes(xintercept= 22), colour= "#BB0000", linetype= "dashed")
> library(dplyr)
> Lines <- Df %>% group_by(Part) %>%
+            summarise(x= mean(X), ymin= min(Y), ymax= max(Y))
```

```
> ggplot(Df, aes(x= X, y= Y,  colour= Part)) + geom_point() +
+   geom_hline(aes(yintercept= 37)) +
+  geom_linerange(aes(x= x, y= NULL, ymin= ymin, ymax= ymax), data= Lines)
```

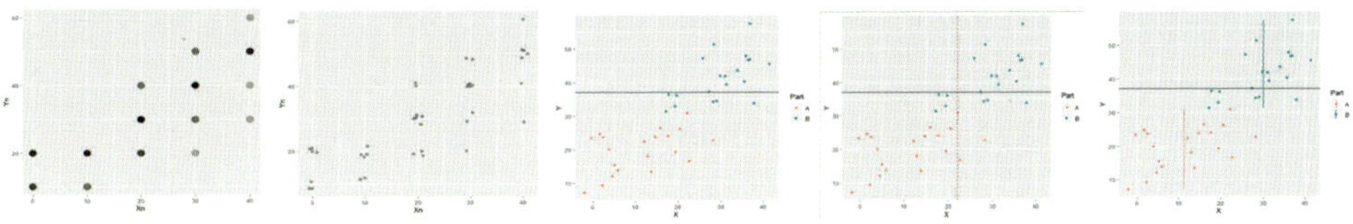

정규분포의 난수생성함수 "rnorm( )"를 이용하여 지수함수 모양을 따르는 난수들을 생성하여 자료 Df2로 하였다. (1) 원자료 Df2의 변수 X와 Y에 대한 산점도이다. (2) 패키지 scales의 함수 "scale_y_continuous( )"에서 옵션 "trans= log2_trans( )"를 이용하여 y축의 표현단위를 log2로 하여 직선처럼 보이게 할 수 있다. (3) 함수 "coord_trans( )"에서 옵션 "y= "log2""은 y축의 값에 따라 간격이 조정되어 보이게 할 수 있다.

```
> set.seed(1004)
> N <- 100
> Df2 <- data.frame(X= (1:N + rnorm(N, sd= 5))/20,
+                   Y= 2*2^((1:N + rnorm(N, sd= 5))/20))
> ggplot(Df2, aes(X, Y)) + geom_point()
> library(scales)     ## Need the scales package
> ggplot(Df2, aes(X, Y)) + geom_point() +
+   scale_y_continuous(trans= log2_trans())
> ggplot(Df2, aes(X, Y)) + geom_point() + coord_trans(y= "log2")
```

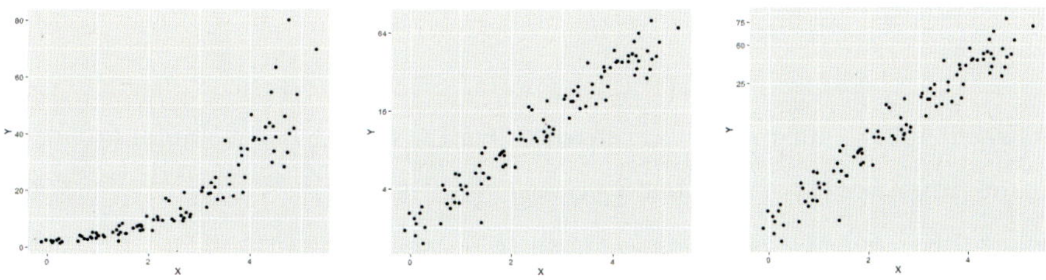

정규분포의 난수생성함수 "rnorm( )"를 이용하여 조금 더 극단적인 지수함수 모양을 따르는 난수들을 생성하여 구성한 자료 Df10에 대한, (1) 원자료의 산점도이고, (2) 함수 "scale_y_log10( )"를 적용한 선형 산점도이다. (3) 옵션 "breaks= "와 함수 "trans_breaks( )"로 y축의 값을 지수를 이용하여 표현할 수 있다.

```
> set.seed(1004)
> N <- 100
> Df10 <- data.frame(X= (1:N + rnorm(N, sd= 5))/20,
+                    Y= 10*10^((1:N + rnorm(N, sd= 5))/20) )
> ggplot(Df10, aes(X, Y)) + geom_point()
> ggplot(Df10, aes(X, Y)) + geom_point() + scale_y_log10()
> ggplot(Df10, aes(X, Y)) + geom_point() +
+   scale_y_log10(breaks= trans_breaks("log10", function(x) 10^x),
+                 labels= trans_format("log10", math_format(10^.x)))
```

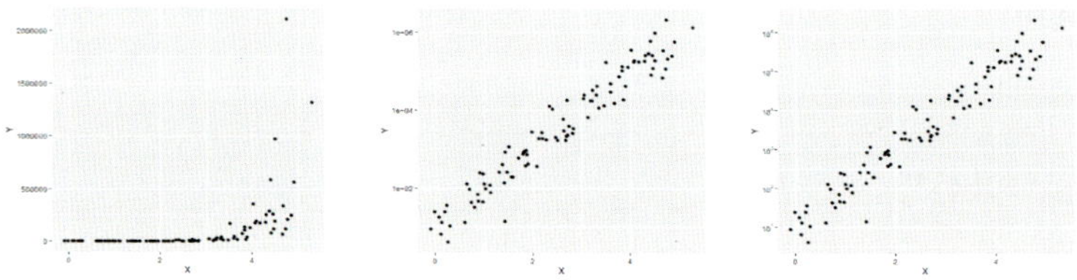

범위가 다른 두 균등분포의 난수를 생성하여 구성한 자료 Dfu에 대하여 (1) 기본적인 산점도로 현재 제공된 판(Panel)의 크기에 자동적으로 각 축의 단위가 결정된다. (2) 함수 "coord_fixed( )"는 동일한 축의 단위가 사용되도록 한다. (3) 옵션 "ratio = 1/3"를 이용하여 축의 비율을 변경하여 사용할 수도 있다. 현재는 x축과 y축의 비율이 3 : 1로 제한된 경우이다.

```
> set.seed(1004); Dfu <- data.frame(X= runif(40,0,10), Y= runif(40,0,30) )
> ggplot(Dfu, aes(X, Y)) + geom_point()
> ggplot(Dfu, aes(X, Y)) + geom_point() + coord_fixed()
> ggplot(Dfu, aes(X, Y)) + geom_point() + coord_fixed(ratio= 1/3)
```

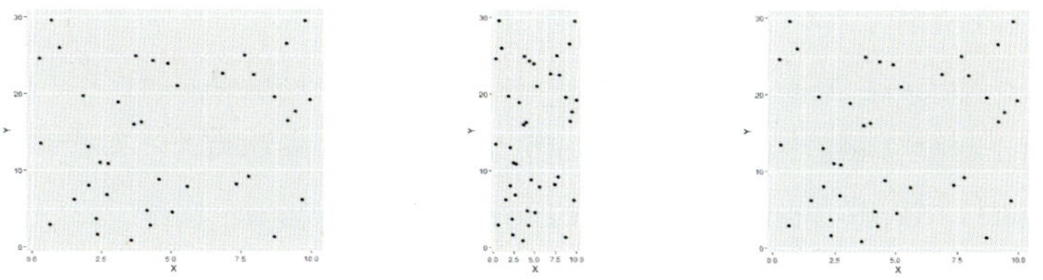

패키지 datasets에 있는 자료 mtcars의 일부로 구성한 새로운 자료 Mtcars에 대하여, (1) 변수 wt와 mpg의 기본적인 산점도이고 (2) 함수 "geom_text( )"를 이용하여 각 자료의 좌표 근처에 자료에 대한 정보를 추가한 것이고, (3) 함수 "geom_label( )"을 이용하여 각 자료의 좌표 근처에 자료에 대한 정보를 추가한 것이다. (4) 특정 좌표의 위치에만 필요한 내용을 표현할 수 있다.

```
> Mtcars <- head(mtcars, 30)
> Bg1 <- ggplot(Mtcars, aes(x= wt, y= mpg)) + geom_point();     Bg1
> Bg1 + geom_text(label= rownames(Mtcars), nudge_x= 0.25, nudge_y= 0.25,
+                 check_overlap= T)
> Bg1 + geom_label(label= rownames(Mtcars), nudge_x= 0.3, nudge_y= 0.3)
> Bg1 + geom_label(label= "확인!!" , x= 3.3, y= 25.5,
+                  label.padding= unit(0.55, "lines"),
+                  label.size= 0.5, color= "black", fill= "skyblue" )
```

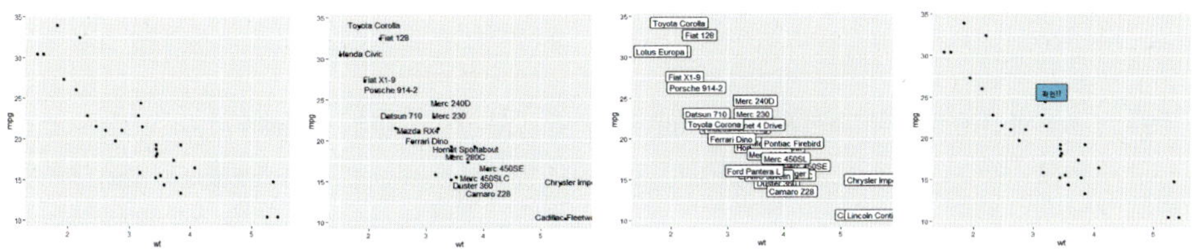

rownames으로 비어 있던 열의 이름을 carName으로 하고 (1) 함수 "filter( )"를 이용하여 특정 조건을 만족하는 자료를 제한하여 정보를 표현할 수 있다. (2) 표현하고자 하는 내용을 자료화 하여 특정 위치에 색상, 크기 등을 자유롭게 표현할 수 있다. (4) 옵션 "angle= 45"을 이용하여 원하는 방향으로 회전도 가능하다.

```
> library(tibble)
> Mtcars2 <- Mtcars %>% rownames_to_column(var= "carName")
> ggplot(Mtcars2, aes(x= wt, y= mpg)) + geom_point() +
+   geom_label(data= Mtcars2 %>% filter(mpg < 20 & wt < 3),
+              aes(label= carName))
> Annot <- data.frame(X= c(3, 3.5), Y= c(17, 25),
+                     Label= c("Group1", "Group2"))
> Bg1 + geom_text(data= Annot, aes(x= X, y= Y, label= Label),
+                 color= "blue", size= 7, angle= 0, fontface= "bold" )
> Bg1 + annotate("text", x= c(3, 3.5), y= c(17, 25),
+                label=  c("Group1","Group2"),  color= "blue",
+                size= 5, angle= 45, fontface= "bold")
```

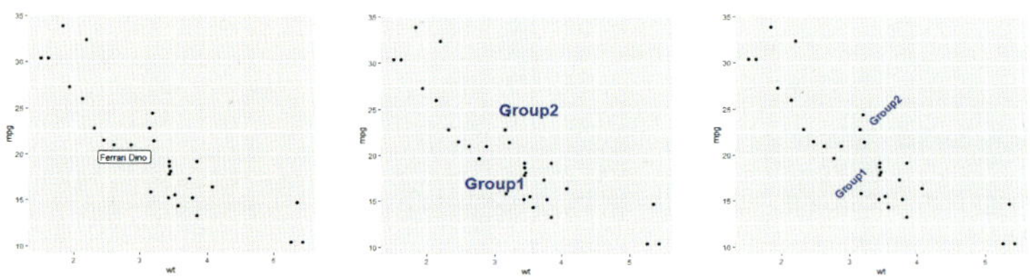

(1) 함수 “geom_label( )”의 옵션들을 조정하여 원하는 내용을 표현할 수 있다.
(2) 함수 “annotate( )”를 이용하여 산점도의 특정 부분을 별도록 표시할 수 있다.
(3) 특정 위치에 선분 등 기하적 요소를 추가할 수 있다.

```
> Bg1 + geom_label(data= Annot, aes(x= X, y= Y, label= Label),
+                  color= "blue", size= 7, angle= 45, fontface= "bold" )
> Bg1  + annotate("rect", xmin= c(2,3), xmax= c(3,4), ymin= c(20,10),
+                  ymax= c(30,20), alpha= 0.2, color= "blue", fill= "blue")
> Bg1  + annotate("segment", x= 2, xend= 4, y= 27.5, yend= 15,
+                  colour= "blue", size= 1, alpha= 0.8)
```

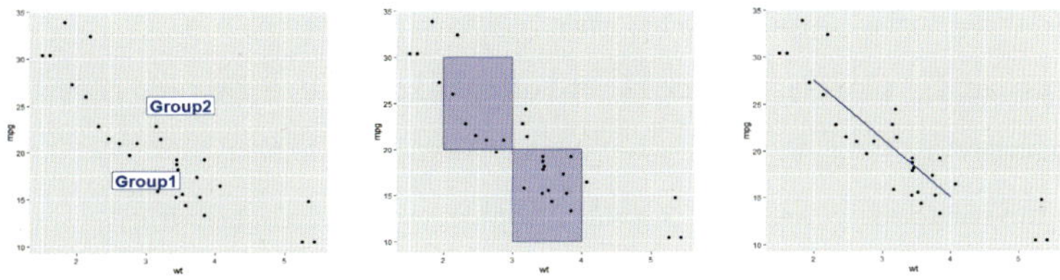

(1) 옵션 “arrow= arrow( )”로 화살표도 삽입할 수 있다. (2) 함수 “geom_hline( )”와 “geom_vline”은 특정 위치에 수평선, 수직선을 추가해준다. (3) 특정 위치에 점, 선 등 다양한 기하적 요소들을 추가할 수 있다.

```
> Bg1 + annotate("segment", x= 2, xend= 4, y= 27.5, yend= 15,
+                 colour= "blue", size= 1, alpha= 0.8, arrow= arrow())
> Bg1 + geom_hline(yintercept= 22, color= "skyblue", size= 2) +
+       geom_vline(xintercept= 3.2, color= "pink", size= 2)
> Bg1 + annotate("pointrange", x= 3.5, y= 20, ymin= 12, ymax= 28,
+                 colour= "skyblue", size= 2, alpha= 0.4)  +
+       annotate("pointrange", x= 3.5, y= 20, xmin= 2, xmax= 5,
+                 colour= "skyblue", size= 2, alpha= 0.9)
```

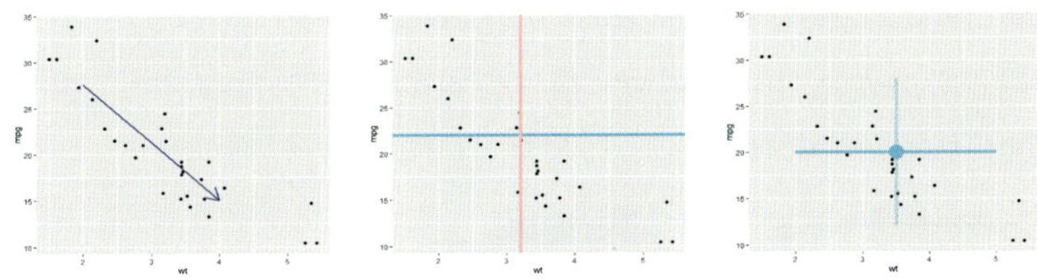

‘주변산점도(marginal plot)’는 산점도의 주변(margin, x축, y축 등)에 필요한 정보를 추가하여 시각적 효과를 높인 산점도이다. (1) 함수 “geom_rug( )”는 각 축에 각 축의 자료 분포를 나타내어 준다. 패키지 ggExtra의 함수 “ggMarginal( )”은 각 축의 맞은 편에 (2) 옵션 “type= "histogram"”는 히스토그램을, (3) 옵션 “type= "density"”은 밀도함수그래프를, (4) 옵션 “type= "boxplot"”은 상자그림을 나타나도록 한다.

```
> ggplot(data= iris, aes(Sepal.Length, Petal.Length)) +
+   geom_point() + geom_rug(col= "blue", alpha= 0.5, size= 1.5)
> library(ggExtra)
> Bg2 <- ggplot(iris, aes(x= Sepal.Length, y= Petal.Length,
+                          color= Species, size= Species)) +
+       geom_point() + theme(legend.position= "none")
> ggMarginal(Bg2, type= "histogram")
> ggMarginal(Bg2, type= "density")
> ggMarginal(Bg2, type= "boxplot")
```

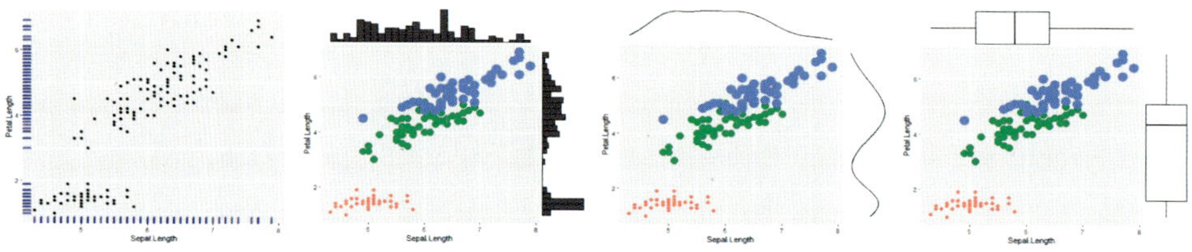

(1) 주변 그래프의 크기도 조정할 수 있고, (2) 주변 그래프의 자세한 속성들을 제어할 수도 있다. (3) 한 축에만 주변 그래프를 그릴 수도 있다.

```
> ggMarginal(Bg2, type= "histogram", size= 10)
> ggMarginal(Bg2, type= "histogram", fill= "slateblue", xparams= list(bins= 10))
> ggMarginal(Bg2, margins= 'x', color= "purple", size= 4)
```

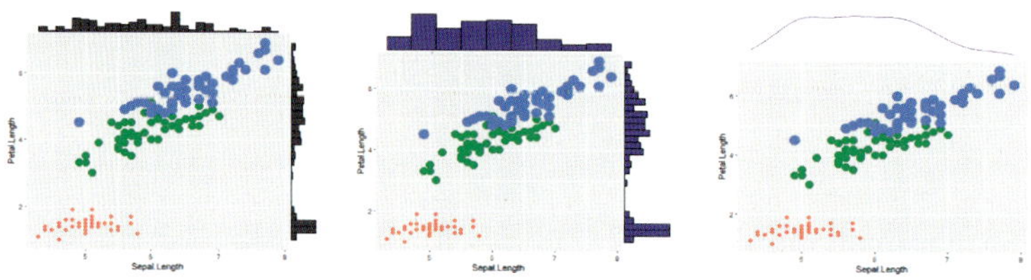

(1) 축의 이름을 명시하지 않으면 기본적인 산점도는 각 축의 변수 이름을 축의 이름으로 표현한다. (2) 축의 범위를 제한할 수 있다. 제한된 범위에 자료가 있으면 그 부분에 대한 정보를 “Warning message:”처럼 알려준다. (3) 함수 “theme( )”에서 옵션 “axis.title= ”은 모든 축을 동시에 영향을 주게 되고, (4) 옵션 “axis.

title.x= "는 x축만 영향을 끼친다.

```
> Bg3 <- ggplot(iris, aes(x= Sepal.Length, y= Petal.Length)) + geom_point()
> Bg3
> Bg3 + xlab("Sepal.Length") + xlim(5,7)
Warning message:
Removed 34 rows containing missing values (geom_point).
> Bg3 + theme(axis.title= element_text(angle= 45, color= "red",
+                                       size= 15, face= 3))
> Bg3 + theme(axis.title.x= element_text(angle= 45, color= "red",
+                                         size= 15, face= 3))
```

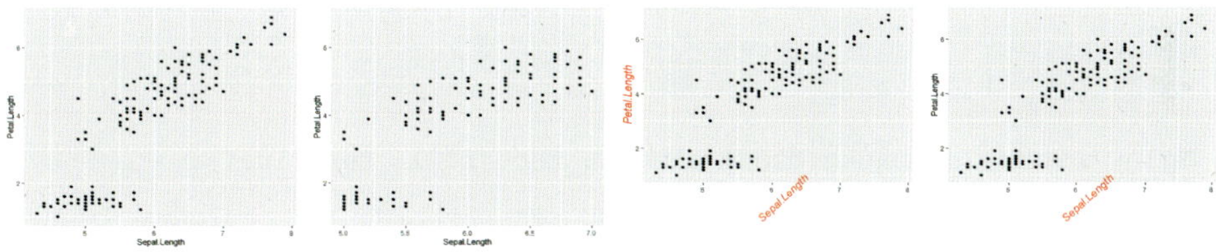

(1) 옵션 "axis.text= "은 축의 값의 회전, 색상, 크기, 굵기 정도를 조절한 것이고, (2) 옵션 "axis.ticks= "은 각 좌표축에서 값의 위치에 대한 표식(tick)에 대한 제어도 할 수 있다. (3) 옵션 "axis.line= "으로 각 축의 선에 대한 제어도 가능하다. (4) 이들을 모두 병행하여 사용할 수도 있다.

```
> Bg3 + theme(axis.text= element_text(angle= 90, color= "blue",
+                                      size= 15, face= 3))
> Bg3 + theme(axis.ticks= element_line(size= 2, color= "red"),
+             axis.ticks.length= unit(.3, "cm"))
> Bg3 + theme(axis.line= element_line(size= 3, colour= "blue", linetype= 2))
> Bg3 + theme(axis.title= element_text(color= "red", size= 15, face= 2),
+             axis.line= element_line(size= 3, colour= "green",
+                                      linetype= 2),
+             axis.text= element_text(angle= 90, color= "blue",
+                                      size= 15, face= 2))
```

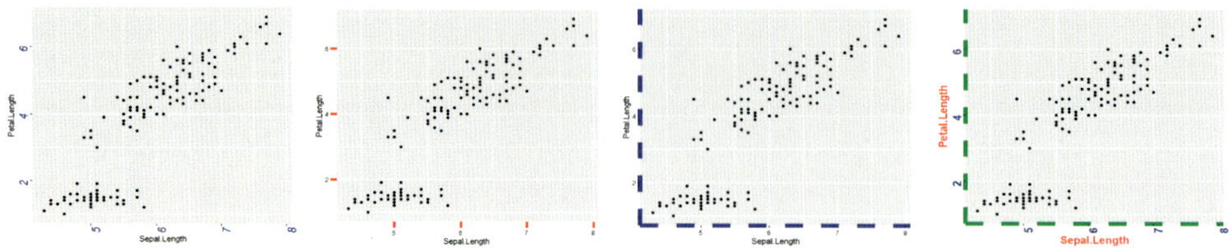

(1) 옵션 "`plot.background=` "은 그림판 전체의 바탕 및 경계 등의 색상 등을 제어하고, 옵션 "`panel.background=` "은 그래프가 그려지는 부분(panel)의 바탕색("`fill= "pink"`") 및 경계선("`colour= "blue")`")을 제어한다. (3) 옵션 "`panel.grid.major.y=` "은 y축의 **주 그리드**(major grid) 부분에 대한 제어이고, "`panel.grid.minor.y=` "은 y축의 **보조 그리드**(minor grid) 부분에 대한 제어이다.

```
> Bg3 + theme(plot.background= element_rect(fill= "skyblue"),
+             panel.background= element_rect(fill= "pink", colour= "blue"))
> Bg3 + theme(panel.grid.major= element_line(colour= "red"),
+             panel.grid.minor= element_line(colour= "blue",
+                                            linetype= "dotted",
+                                            size= 0.4))
> Bg3 + theme(panel.grid.major.y= element_blank(),
+             panel.grid.minor.y= element_blank())
```

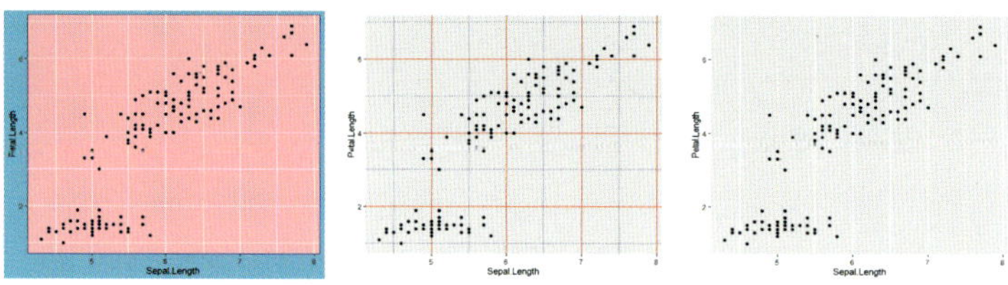

다음은 범례에 대한 부분이다. (1) 기본은 판넬(pannel) 밖 우측에 나타나며, (2) 옵션 "`legend.position= "none"`"의 사용으로 나타나지 않게 할 수 있으며, (3) 옵션 "`legend.position= "bottom"`"은 그래프 하단의 정해진 위치에 오게 하고, (4) 옵션 "`legend.position= c(.95, .55)`"과 같이 특정 위치를 정할 수도 있다.

```
> Bg4 <- ggplot(iris, aes(Sepal.Length, y= Petal.Length,
+                          colour= Species, shape= Species)) +
+         geom_point()
> Bg4
> Bg4 + theme(legend.position= "none")
> Bg4 + theme(legend.position= "bottom")
> Bg4 + theme(legend.position= c(.95, .55), legend.justification= c("right", "top"),
+           legend.box.just= "right", legend.margin= margin(6, 6, 6, 6))
```

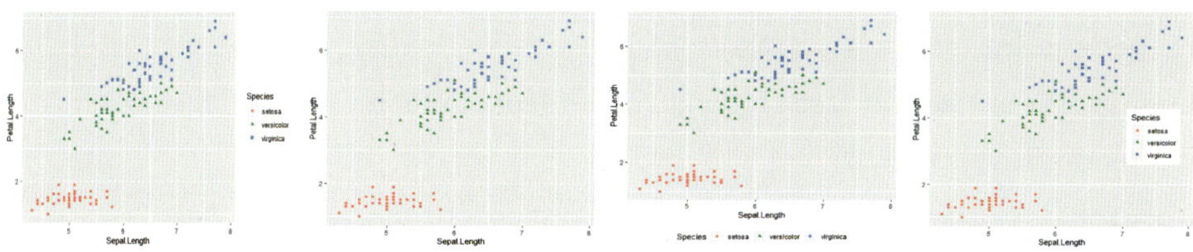

(1) 옵션 “`legend.box.background=` ”는 범례 부분의 바탕색, 경계선 등을 정하고, 옵션 “`legend.box.margin=` ”은 여백을 정할 수 있다. (2) 옵션 “`legend.key=` ”은 범례의 표식(key)을 정할 수 있게 한다. (3) 옵션 “`legend.text=` ”는 범례의 표시 내용에 대한 부분을 결정할 수 있게 한다.

```
> Bg4 + theme(legend.box.background= element_rect(color= "red", size= 1),
+              legend.box.margin= margin(30, 20, 10, 1))
> Bg4 + theme(legend.key= element_rect(fill= "white", colour= "black"))
> Bg4 + theme(legend.text= element_text(size= 10, colour= "blue",
+                                       face= "bold"))
```

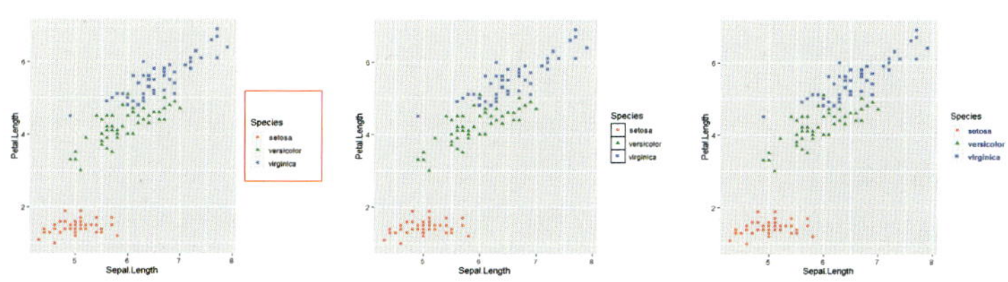

(1) 옵션 “`color= Species`”의 사용은 변수 `Species`에 따라 색상을 구별하여 표

시하게 한다. (2) 옵션을 "alpha= Species"는 색상에 의한 구별이 아닌 음영처리를 이용하여 변수의 각각의 값에 의한 시각적 구별을 하게 한다. (3) 옵션 "shape= Species"는 자료의 값들을 표현하는 표식자에 의한 구별을 하도록 해준다. (4) 위에서 언급된 모든 옵션들을 병행하여 사용할 수도 있다.

```
> ggplot(iris, aes(x= Sepal.Length, y= Sepal.Width, color= Species)) +
+   geom_point(size= 4)
> ggplot(iris, aes(x= Sepal.Length, y= Sepal.Width, alpha= Species)) +
+   geom_point(size= 4, color= "blue")
> ggplot(iris, aes(x= Sepal.Length, y= Sepal.Width, shape= Species)) +
+   geom_point(size= 4)
> ggplot(iris, aes(x= Sepal.Length, y= Sepal.Width, shape= Species,
+                   alpha= Species, size= Species, color= Species)) +
+   geom_point()
```

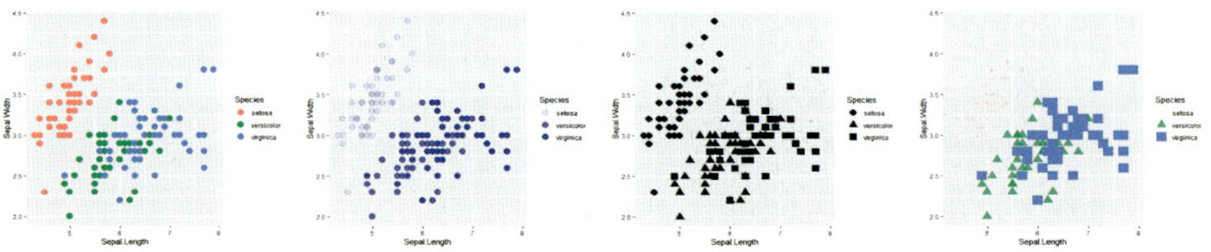

풍선 그래프(bubble chart)는 일반적인 산점도에 자료의 정보에 따라 표식자의 크기를 다르게 나타내는 방법이다. 패키지 gapminder에서 제공된 자료 gapminder에는 연도/국가/인구수/기대수명 등에 대한 정보가 있다. 함수 "filter( )"와 "select( )"를 이용하여 전체 자료 중에서 2007년도의 자료로 한정하고, 변수 year를 제거하여 자료 Df5를 구성하였다.

```
> library(gapminder)
> str(gapminder)
> Df5 <- gapminder %>% filter(year== "2007") %>% dplyr::select(-year)
> str(Df5)
```

(1) 기본적인 풍선 그래프로 표식의 크기를 변수 "pop"에 따라 달라지도록 한 것이며 그에 따른 범례가 나타난다. (2) 함수 `scale_size( )`를 이용하여 크기의 범위를 결정할 수 있다. (3) 추가적으로 변수 `continent`에 따른 색상을 구별하도록 총 4차원적인 정보를 제공하도록 한 것이다. (4) 더 보기 좋게 그래프를 꾸밀 수 있다.

```
> ggplot(Df5, aes(x= gdpPercap, y= lifeExp, size= pop)) + geom_point(alpha= 0.8)
> ggplot(Df5, aes(x= gdpPercap, y= lifeExp, size= pop)) + geom_point(alpha= 0.5)
> Df5 %>% arrange(desc(pop)) %>% mutate(country= factor(country, country)) %>%
+      ggplot(aes(x= gdpPercap, y= lifeExp, size= pop)) +
+      geom_point(alpha= 0.5) + scale_size(range= c(.1, 15), name= "인구수(M)")
> Df5  %>% arrange(desc(pop)) %>% mutate(country= factor(country, country)) %>%
+      ggplot(aes(x= gdpPercap, y= lifeExp, size= pop, color= continent)) +
+      geom_point(alpha= 0.5) + scale_size(range= c(.1, 15), name= "인구수")
> library(viridis)
> Df5 %>% arrange(desc(pop)) %>% mutate(country= factor(country, country)) %>%
+      ggplot(aes(x= gdpPercap, y= lifeExp, size= pop, fill= continent)) +
+      geom_point(alpha= 0.5, shape= 21, color= "black") +
+      scale_size(range= c(.1, 24), name= "인구수") +
+      scale_fill_viridis(discrete= TRUE, guide= FALSE, option= "A") +
+      theme(legend.position= "bottom") + ylab("기대수명") +
+      xlab("1인당 GDP") + theme(legend.position= "none")
```

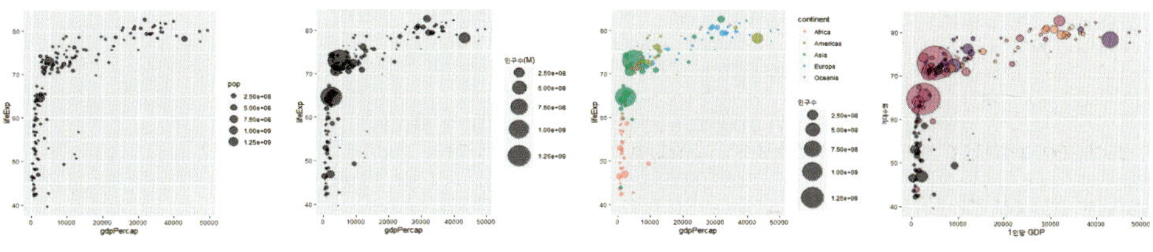

Web에서 직접 읽어온 시계열 자료 Df6를 그대로 사용하거나, 상황에 따라서는 이를 시스템에 저장 후 사용하기도 한다. 변수 `date`에 함수 "`as.Date( )`"를 적용하여 날자로 표현될 수 있도록 하였다. (1) 전체 자료 중 마지막 30개로 제한하여 "`geom_point( )`" 사용으로 산점도를, "`geom_line( )`" 사용으로 점들을 잇도록 표현한 것이다. (2) 옵션 "`shape= 21,`"으로 표식의 모양을 결정하고, 이에 크기/색상 등을 조정하였다.

패키지 babynames에 있는 자료 babynames에 대하여 함수 “filter( )”를 이용하여 특정한 이름과 조건을 만족하는 것으로 제한하여 그 자료를 Df7로 하였다. (3) 자료 Df7의 변수 Olivia와 Emma에 대하여, 자료 값들을 좌표 값으로 하는 산점도에 각 점들을 잇는 선을 추가하여 나타낸 것이다. (4) 좌표 값에 해당되는 변수 year의 값을 표시하고, 화살표로 나타냄으로써 자료의 시간적 변화를 볼 수 있도록 하였다.

```
> Df6 <- read.table("https://raw.githubusercontent.com/holtzy/data_to_viz
+                    /master/Example_dataset/3_TwoNumOrdered.csv", header=T)
> # write.csv(Df6, file= "./Data_ggplot2/3_TwoNumOrdered.csv", row.names= F)
> # Df6 <- read.csv("./Data_ggplot2/3_TwoNumOrdered.csv")
> Df6$date <- as.Date(Df6$date)
> Df6 %>% tail(30) %>% ggplot(aes(x= date, y= value)) + geom_line() +
+     geom_point()
> Df6 %>% tail(30) %>% + ggplot(aes(x= date, y= value)) +
+       geom_line( color= "grey") +
+       geom_point(shape= 21, color= "black", fill= "green", size= 4) +
+       ggtitle("bitcoin 가격")
> library(babynames); library(ggrepel); library(tidyr)
> Df7 <- babynames %>% filter(name %in% c("Olivia", "Emma")) %>%
+          filter(sex== "F") %>% select(year, name, n) %>%
+          spread(key= name, value= n, -1)
> Df7 %>% ggplot(aes(x= Olivia, y= Emma, label= year)) +
+          geom_point(color= "red") +
+          geom_segment(color= "blue", size= 0.3,
+                       aes(xend= c(tail(Olivia, n= -1), NA),
+                           yend= c(tail(Emma, n= -1), NA)))
> TempDate <- Df7 %>% sample_frac(0.5)
> Df7 %>% ggplot(aes(x= Olivia, y= Emma, label= year)) +
+          geom_point(color= "red") +
+          geom_text_repel(data= TempDate,
+                          size= 3, color= "blue") +
+          geom_segment(color= "blue", size= 0.3,
+                       aes(xend= c(tail(Olivia, n= -1), NA),
```

```
+                          yend= c(tail(Emma, n= -1), NA)), +
+                          arrow= arrow(length= unit(0.2,"cm")))
```

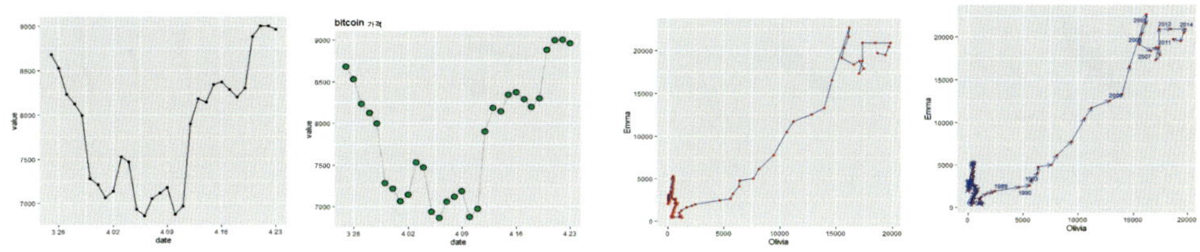

2.8 부분도 (Facets)

그룹(집단, 요인) 간 자료의 분포 형태, 변화 추이 등을 비교 분석하기에 유용한 방법으로, 비교하려는 축을 기준으로 면을 분할하여 그래프를 그리는 방법의 하나인 격자 구조이다. 함수 "facet_grid( )"와 "facet_wrap( )"을 사용할 수 있다.

다음은 함수 "facet_grid( )"를 사용하여 분할도를 그린 예이다. (1) 자료 Diamonds의 변수 carat과 변수 price에 대한 산점도이다. (2) 옵션 "alpha= "는 자료의 투명도를 의미하며 값의 범위는 [0,1]이다. 자료의 수가 많은 경우 자료의 밀집 정도를 파악할 수 있다. (3) "cut ~ ."는 변수 cut를 기준으로 그림이 행으로 분할된 부분도가 나타나며, 변수 cut의 범주에 따라 5개로 자동 분할된다. (4) ". ~ cut"는 변수 cut를 기준으로 그림판을 열로 분할된 부분도가 나타나며, 변수 cut의 범주에 따라 5개로 자동 분할된다.

```
> library(ggplot2)
> ggplot(Diamonds, aes(x= carat, y= price)) + geom_point(shape= 1)
> ggplot(Diamonds, aes(carat, price)) + geom_point(alpha= 1/5)
> ggplot(Diamonds, aes(carat, price)) + geom_point(shape= 1) +
+         facet_grid(cut ~ .)
> ggplot(Diamonds, aes(carat, price)) + geom_point(shape= 1) +
+         facet_grid(. ~ cut)
```

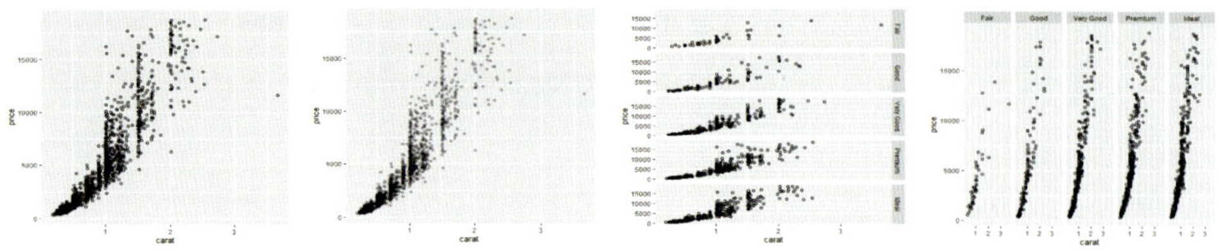

(1) 변수 color를 행으로, 변수 cut를 열로 한 분할도로 변수 color의 범주가 7, 변수 cut의 범주가 5이므로, 크기가 7×5인 분할도가 된다. 나머지 2개의 그래프는 함수 "facet_wrap( )"을 사용한 경우로, 분할의 수를 "ncol= " 또는 "nrow= "를 이용하여 사용자가 지정하면 된다. (2) 8개의 범주를 가진 변수 clarity에 대하여 옵션 "ncol= 2"이므로 열의 수가 2이고 행의 수는 자동으로 4가 된다. (3) 8개의 범주를 가진 변수 clarity에 대하여 옵션 "nrow= 2"이므로 행의 수가 2이고 열의 수는 자동으로 4가 된다.

```
> ggplot(Diamonds, aes(carat, price)) + geom_point(shape= 1) +
+    facet_grid(color ~ cut)
> ggplot(Diamonds, aes(carat, price)) + geom_point(shape= 1) +
+    facet_wrap( ~ clarity, ncol= 2)
> ggplot(Diamonds, aes(carat, price)) + geom_point(shape= 1) +
+    facet_wrap( ~ clarity, nrow= 2)
```

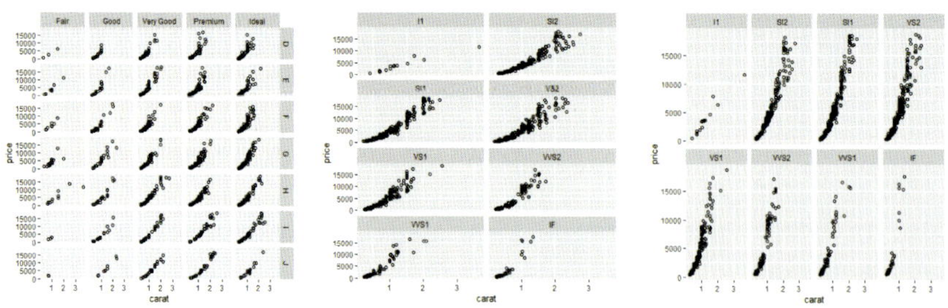

패키지 reshape2의 자료 tips를 사용한 분할도의 예이다. 변수 total_bill과 새롭게 생성한 tip/total_bill에 대한 산점도에 대하여, (1) 변수 sex를 행으로, 변수 day를 열로 한 분할도이다. (2) 함수 "theme( )"를 이용하여 그래프를 제어한 예이다.

```
> library(reshape2)
> data(tips)
> ggplot(tips, aes(x= total_bill, y= tip/total_bill)) +
+   geom_point(shape= 1) + facet_grid(sex ~ day)
> ggplot(tips, aes(x= total_bill, y= tip/total_bill)) +
+   geom_point(shape= 1) + facet_grid(sex ~ day) +
+   theme(strip.text.x= element_text(size= 8, angle= 75),
+         strip.text.y= element_text(size= 12, face= "bold"),
+         strip.background= element_rect(colour= "red", fill= "skyblue"))
```

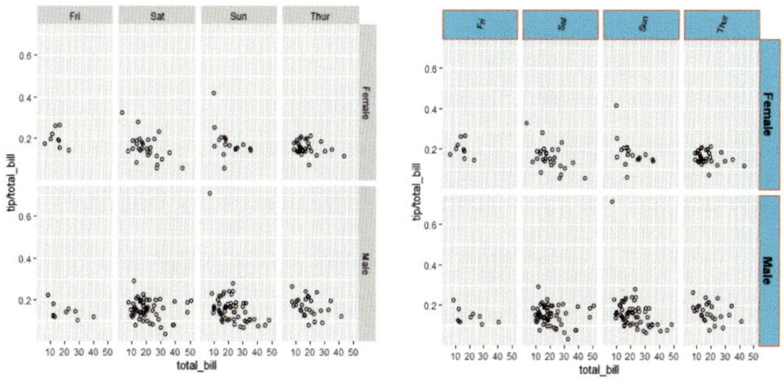

앞에서도 사용한 적이 있었던 자료 Df에 대하여, 변수 X의 평균, 변수 Y의 최솟값 및 변수 Y의 최댓값을 갖는 자료 SDf를 생성하였다.

```
> set.seed(1004)
> Df <- data.frame(Part= rep(c("A", "B"), each= 20),
+                  X= 1:40 + rnorm(40, sd= 5), Y= 11:50 + rnorm(40, sd= 5) )
> library(dplyr)
> SDf <- Df %>% group_by(Part) %>%
+         summarise(x= mean(X), ymin= min(Y), ymax= max(Y))
> SDf
```

(1) 변수 Part에 의한 부분도이고, (2) 함수 "geom_hline( )"에서 옵션 "yintercept= 37"은 y축의 37 위치에 수평선을 넣은 것이다. (3) x축의 각 범주별로 위

에서 지정한 값 SDfVlines의 위치에 수직선을 각각 넣은 것이다. (4) 자료 SDf의 값들을 이용하여 각 범주의 최솟값과 최댓값 사이로 제한하여 변수 X의 평균값에 해당하는 위치에 수직선을 추가한 경우이다.

```
> ggplot(Df, aes(x= X, y= Y, colour= Part)) + geom_point() + facet_grid(. ~ Part)
> ggplot(Df, aes(x= X, y= Y, colour= Part)) + geom_point() + facet_grid(. ~ Part) +
+   geom_hline(aes(yintercept= 37))
> SDfVlines <- data.frame(Part= SDf$Part, Xval= c(10, 11.5))
> ggplot(Df, aes(x= X, y= Y, colour= Part)) + geom_point() + facet_grid(. ~ Part) +
+   geom_hline(aes(yintercept= 37)) +
+   geom_vline(aes(xintercept= Xval), data= SDfVlines,
+              colour= "red", linetype= "dashed")
> ggplot(Df, aes(x= X, y= Y, colour= Part)) + geom_point() +
+   facet_grid(. ~ Part) + geom_hline(aes(yintercept= 37)) +
+   geom_linerange(aes(x= x, y= NULL, ymin= ymin, ymax= ymax), data= SDf)
```

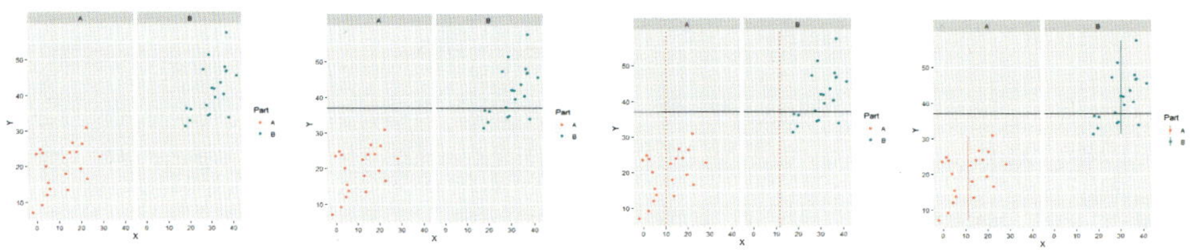

패키지 babynames에 있는 자료 babynames에 대하여 함수 "filter( )"를 이용해 특정한 이름과 조건을 만족하는 것으로 제한하여, 함수 facet_wrap( )을 이용해 변수 Name에 의한 부분도를 그린 예이다. 마지막의 옵션 "scale= "free_y""은 y축의 값의 범위를 각 그래프마다 다르게 하는 것이다.

```
> library(babynames);     library(viridis)
> Name <- c("Liam", "Noah", "Oliver", "Elijah", "William", "James",
+           "Benjamin", "Lucas", "Henry")
> BabyMmale <- babynames %>% filter(name %in% Name) %>% filter(sex== "M")
```

```
> BabyMmale %>% ggplot(aes(x= year, y= n, group= name, fill= name)) +
+     geom_area() + scale_fill_viridis(discrete= TRUE) +
+     theme(legend.position= "none") + ggtitle("애기 이름 선호도") +
+     xlab("연도") + ylab("") +
+     theme(legend.position= "none", panel.spacing= unit(0, "lines"),
+           strip.text.x= element_text(size= 8),
+           plot.title= element_text(size= 13)) +
+     facet_wrap(~name, scale= "free_y")
```

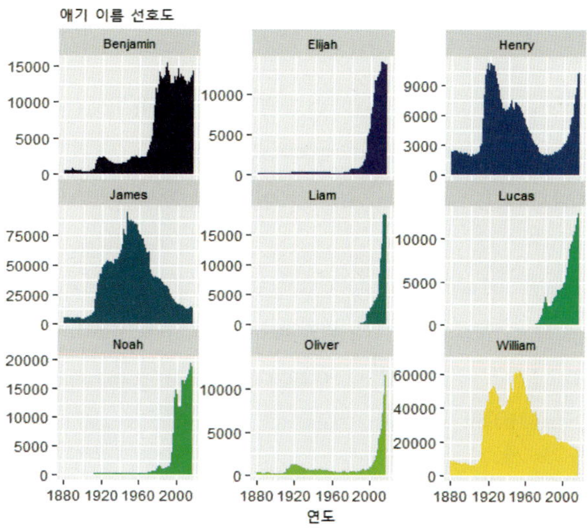

2.9 평행좌표그래프 (Parallel coordinates chart)

평행좌표그래프는 자료의 열(column)들을 비교하여 유사성을 찾는 데 유용한 방법으로, x축으로 지정한 열들의 값을 y축에 표현하고 이것들을 선으로 이은 그래프이다. 즉, y축만 표시한 산점도를 여러 개 붙이고 이것들을 선으로 연결한 모습이다. 패키지 GGally의 함수 "ggparcoord( )"를 이용한다.

다음은 패키지 datasets에 있는 자료 iris를 이용한 평행좌표 그래프의 예이다. iris는 붓꽃(iris)의 특징을 나타내는 4개의 변수와 종(Species)을 5번째 변수로 하여 구성된 자료이다. (1) 가장 기본적인 형식으로서, 옵션 "column= 1:4"는 사용될 열을 지정,

옵션 "groupColumn= 5"는 5번째 변수인 Species를 지정한 것이다. 그래프 결과는 변수 Species의 범주 3가지 특성에 대하여 4개의 변수들을 x축으로 한 좌표에 수치적으로 표현되고, 색상에 의해 구별되어 나타나는 것을 볼 수 있다. (2) 옵션 "splineFactor= TRUE"는 각 점들을 잇는 방식을 Spline 보간법에 의해 점들의 연결선을 직선이 아닌 곡선의 모양으로 하게 된다. (3) 옵션 "showPoints= TRUE"는 자료의 값들의 점을 표현하도록 한 것이고, 옵션 "alphaLines= 0.3"은 나타나는 선의 음영 부분의 정도를 표시하게 하며 0부터 1의 값으로 제한된다. 함수 "scale_color_viridis( )"으로 색상을 변경하여 나타낼 수도 있다.

```
> library(GGally)            # ggplot2 를 자동으로 추가한다.
> ggparcoord(iris, columns= 1:4, groupColumn= 5)
> ggparcoord(iris, columns= 1:4, groupColumn= "Species", splineFactor= TRUE)
> library(viridis)
> ggparcoord(iris, columns= 1:4, groupColumn= 5, showPoints= TRUE,
+            title= "붓꽃(IRIS)의 평행좌표 그래프", alphaLines= 0.3) +
+            xlab("") + ylab("") + scale_color_viridis(discrete= TRUE) +
+            theme(plot.title= element_text(size=10))
```

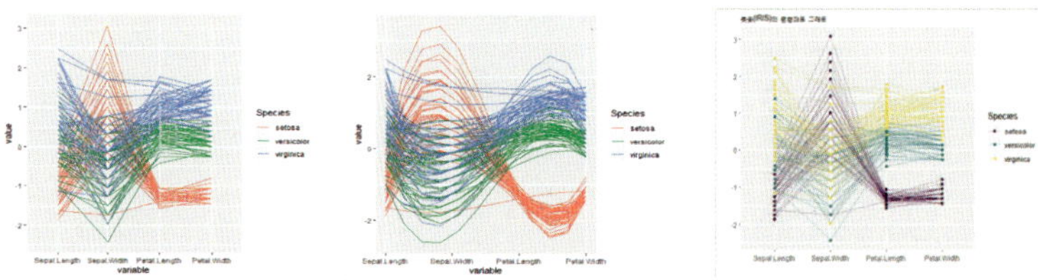

행의 각 속성은 선 위에 점으로 표시되어 평행좌표그래프와 선그래프의 모양이 유사하지만, 데이터를 그래프로 변환하는 방법은 많이 차이가 있다. 직교좌표 위에 자료의 값을 그대로 표현하는 선그래프와는 다르게 평행좌표그래프는 각 변수 사이의 측정 단위가 다른 경우 변수의 값을 그대로 표현하는 것은 적절치 않다. 따라서 각 변수 간의 상대적 비교 표현을 가능하게 하려면 일종의 획일화(표준화) 과정이 필요하다. 이때 사용되는 옵션이 "scale= "이다. 6가지의 방법을 제공하고 있으며, 기본형은 "std"로 각각이 변수들을 표준화 변수로 변환하여 평행좌표그래프를 그리는 방법이다. (1) 옵션 “scale= "std"”를 이용한 결과이고, (2) 옵션 “scale= "robust"”를 이용한 결과이며, (3) 옵션 “scale= "uniminmax"”를 이용한 결과이다.

```
> MyTheme <-  theme(legend.position= "none",
+                   plot.title= element_text(size= 13))
> ggparcoord(iris, columns= 1:4, groupColumn= 5, order= "anyClass",
+             scale= "std", showPoints= TRUE,
+             title= "표준화 척도", alphaLines= 0.3) +
+       scale_color_viridis(discrete= TRUE) + MyTheme + xlab("")
> ggparcoord(iris, columns= 1:4, groupColumn= 5, order= "anyClass",
+             scale= "robust", showPoints= TRUE,
+             title= "robust", alphaLines= 0.3) +
+   scale_color_viridis(discrete= TRUE) + MyTheme + xlab("")
> ggparcoord(iris, columns= 1:4, groupColumn= 5, order= "anyClass",
+             scale= "uniminmax", showPoints= TRUE,
+             title= "척도 변환(Min: 0 ~> Max: 1", alphaLines= 0.3) +
+       scale_color_viridis(discrete= TRUE) + MyTheme + xlab("")
```

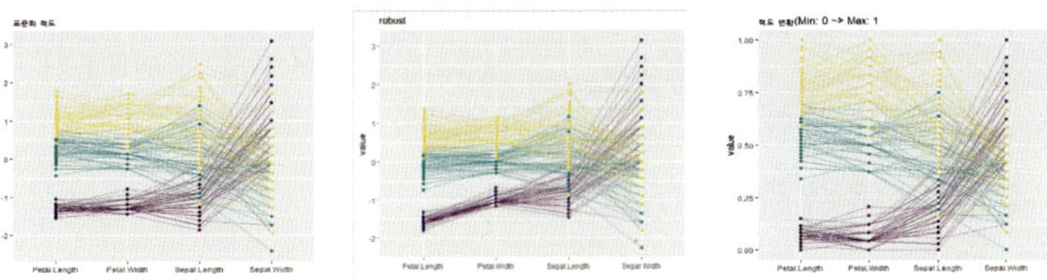

(1) 옵션 “scale= "globalminmax"”를 이용한 결과이고, (2) 옵션 “scale= "center"”를 이용한 결과이며, (3) 옵션 “scale= "centerObs"”를 이용한 결과이다. 6가지 옵션에 따른 결과들이 일치하지는 않지만, 거의 유사한 것을 볼 수 있다.

```
> ggparcoord(iris, columns= 1:4, groupColumn= 5, order= "anyClass",
+            scale= "globalminmax", showPoints= TRUE,
+            title= "측정 척도 사용", alphaLines = 0.3) +
+      scale_color_viridis(discrete= TRUE) + MyTheme + xlab("")
```

```
> ggparcoord(iris, columns= 1:4, groupColumn= 5, order= "anyClass",
+            scale= "center", showPoints= TRUE,
+            title= "중심값 기준 척도변환", alphaLines= .8) +
+      scale_color_viridis(discrete= TRUE) + MyTheme + xlab("")
> ggparcoord(iris, columns= 1:4, groupColumn= 5, order= "anyClass",
+            scale= "centerObs", showPoints= TRUE,
+            title= "중심관찰값 기준 척도 변환", alphaLines= 0.3) +
+      scale_color_viridis(discrete= TRUE) + MyTheme + xlab("")
```

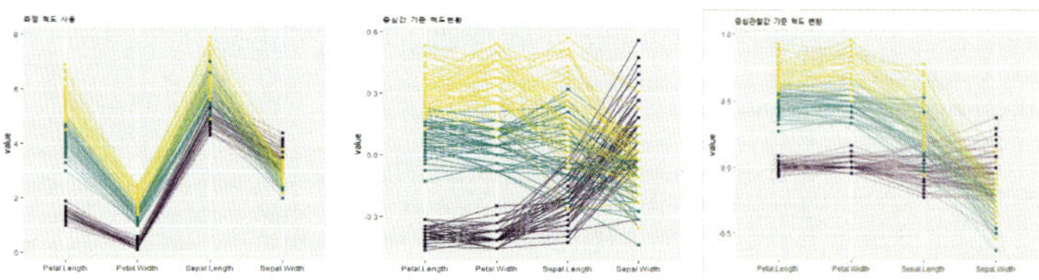

자료 중에 결측값(missing value)이 있는 경우, 평행좌표그래프에서 그 결측값을 어떻게 처리할지는 중요한 사항이다. 이에 대한 옵션이 “`missing= " "`”이다. 일반적인 방법으로서 다음의 5가지가 제안되어 있다.

a) exclude: 결측값이 포함되어 있는 행의 모든 자료를 제외
b) mean: 평균값으로 대체
c) median: 중앙값으로 대체
d) min10: 하위 10%에 해당하는 값으로 대체
e) random: 관측값 중 무작위 값으로 대체

옵션 “`order= ""`”은 변수들을 x축에 나타나는 순서를 정하는 방법으로 기본형은 “`columns`”이다. (1) 옵션 인자 “`anyClass`”는 F-통계량의 최댓값을 이용하고, (2) 옵션 인자 “`allClass`”는 ANOVA로부터 계산된 F-통계량의 값을 이용한다. (3) 옵션 인자 “`skewness`”는 왜도(sample skewness)를 이용하고, (4) 옵션 인자 “`Outlying`”는 진단적 측정치(scagnostic measure)인 이상치를 이용한다. 이때는 별도의 패키지 scagnostic가 필요하다.

```
> ggparcoord(iris, columns= 1:4, groupColumn= "Species", order= "anyClass") +
+      scale_color_brewer(palette= "Set2")
> ggparcoord(iris, columns= 1:4, groupColumn= "Species", order= "allClass") +
+      scale_color_brewer(palette= "Set1")
> ggparcoord(iris, columns= 1:4, groupColumn= "Species", order= "skewness") +
+      scale_color_brewer(palette= "Set2")
> library(scagnostics)
> ggparcoord(iris, columns= 1:4, groupColumn= "Species", order= "Outlying") +
+   scale_color_brewer(palette= "Set2")
```

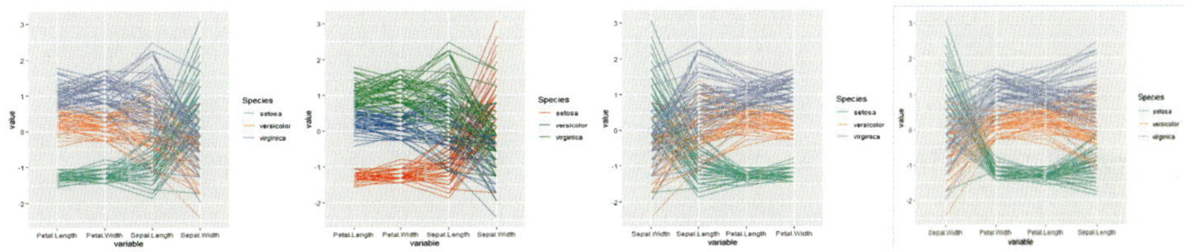

NOTE

패키지 scagnostics는 패키지 rJava가 정상적으로 설치되었을 때 기동된다. 실행 시 오류가 발생하면 다음의 사이트에서 java를 다운받아 설치 후 다시 RStudio를 시작하면 된다. https://www.java.com/ko/download/manual.jsp

2.10 막대사탕 차트 (Lollipop chart)

막대사탕 차트(Lollipop Chart)는 막대그래프의 일종으로 지표 간의 크기를 비교하기 위한 목적으로 사용하는 시각화 기법이다. 사용될 자료는 함수 "sin( )"과 난수생성 함수 "rnorm( )"를 이용하여 생성하였다.

```
> set.seed(1004)
> X <- seq(0, 2*pi, length.out= 100)
> Df1 <- data.frame(x= X, Y= sin(X) + rnorm(100, sd= 0.2))
```

(1) 자료 Df1에 대하여 함수 "geom_segment( )"를 이용하여 x축으로부터 자료의 값까지 선분으로 나타나내 것이다. (2) 변수 MyColor가 추가된 자료 Df2에 대하여 옵션 "color= MyColor"를 이용하여 색으로 구별한 것이다.

```
> library(ggplot2);     library(dplyr)
> ggplot(Df1, aes(x= X, y= Y)) +
+   geom_segment(aes(x= X, xend= X, y= 0, yend= Y), size= 1.3, alpha= 0.8) +
+   theme_light() + xlab("") + ylab("")
+   theme(legend.position= "none", panel.border= element_blank())
> Df2 <- Df1 %>% mutate(MyColor= ifelse(Y>0, "blue", "red"))
> ggplot(Df2, aes(x= X, y= Y)) +
+   geom_segment(aes(x= X, xend= X, y= 0, yend= Y, color= MyColor),
+                       size= 1.3, alpha= 0.8) +
+   theme_light() + theme(legend.position= "none",
+                              panel.border= element_blank()) +
+   xlab("") + ylab("")
```

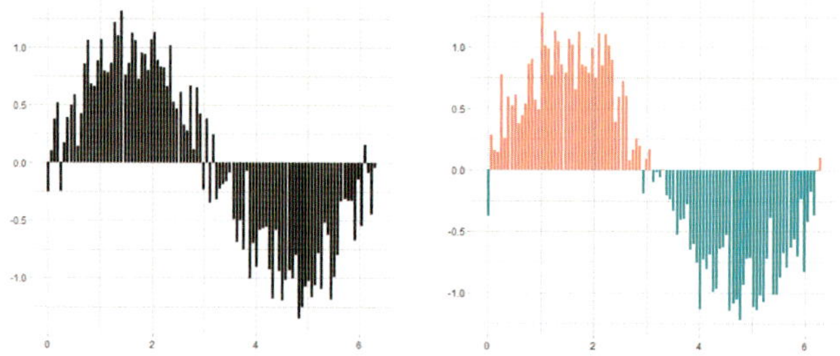

(1) 함수 "rowwise( )"는 행 단위 연산을 할 수 있도록 한다. 현재 단계에서는 반드시 필요한 것은 아니지만, 각 행의 수치형 자료의 경우 양과 음의 구별된 표시를 해주게 된다(Df3 %>% rowwise( )를 시행해 보기 바란다). 두 변수 Val1, Val2의 평균 MyMean을 구하여 추가하고, 함수 "arrange( )"를 이용하여 크기순으로 정렬하고, 함수 "factor( )"를 이용하여 변수 X를 요인(factor)화하여 대체한다. 그래프는 수정된 변수 X의 순서대로 나타나게 된다. 함수 "coord_flip( )"으로 가로(횡)로 나타낸 것이다. (2) 두 변수가 모두 수치형인 경우로 x축의 변수의 값이 생략될 수 있으며, (3) 범주형 변수와 수치형 변수와의 막대사탕 차트로 x축의 변수의 값이 모두 나열된다.

```
> set.seed(1004)
> Val1 <- rnorm(10)
> Df3 <- data.frame(X= LETTERS[1:10], Val1, Val2= Val1 + rnorm(10, 2, 1))
> Df4 <- Df3 %>% rowwise() %>% mutate(MyMean= mean(c(Val1, Val2))) %>%
+         arrange(MyMean) %>% mutate(X= factor(X))
> ggplot(Df4) +
+   geom_segment(aes(x= X, xend= X, y= Val1, yend= Val2),
+                color= "blue", size= 1) +
+   geom_point(aes(x= X, y= Val1), color= "green", size= 2.5 ) +
+   geom_point(aes(x= X, y= MyMean), color= "black", shape= 18, size= 2 ) +
+   geom_point(aes(x= X, y= Val2), color= "red", size= 2.5 ) +
+   coord_flip()+ theme(legend.position= "none") + xlab("") + ylab("")
> set.seed(1004)
> Df5 <- data.frame(X= seq(1,20), Y= abs(rnorm(20)))
> ggplot(Df5, aes(x= X, y= Y)) + geom_point() +
+     geom_segment(aes(x= X, xend= X, y= 0, yend= Y))
> set.seed(1004)
> Df6 <- data.frame(X= LETTERS[1:10], Y= abs(rnorm(10)))
> ggplot(Df6, aes(x= X, y= Y)) + geom_point() +
+     geom_segment(aes(x= X, xend= X, y= 0, yend= Y))
```

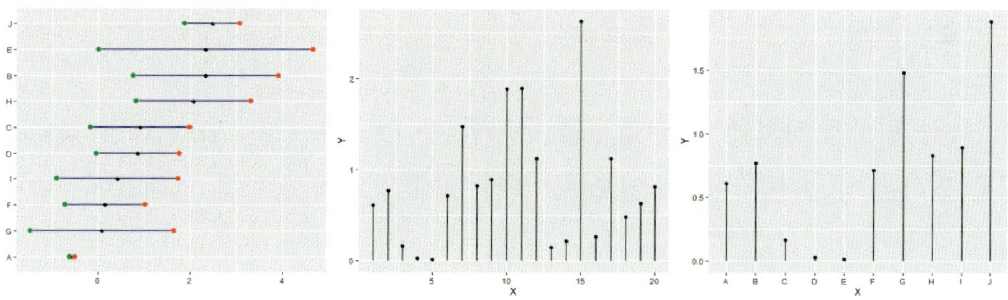

(1) 함수 “geom_point( )”의 옵션 “size= 4”, “shape= 21” 등을 이용하여 표식을 다양하게 조정할 수 있다. (2) 함수 “geom_segment( )”의 옵션 “linetype= "dotdash"”으로 선의 모양을 정할 수 있다. (3) 함수 “coord_flip( )”으로 가로(수평)로 할 수 있다.

```
> ggplot(Df6, aes(x= X, y= Y)) +
+   geom_segment(aes(x= X, xend= X, y= 0, yend= Y)) +
+   geom_point(size= 4, color= "blue", fill= alpha("gold", 0.3),
+              alpha= 0.7, shape= 21, stroke= 2)
> ggplot(Df6, aes(x= X, y= Y)) +
+   geom_segment(aes(x= X, xend= X, y= 0, yend= Y), size= 1,
+                color= "blue", linetype= "dotdash" ) +
+   geom_point(size= 3, color= "black")
> ggplot(Df6, aes(x= X, y= Y)) +
+   geom_segment(aes(x= X, xend= X, y= 0, yend= Y), color= "skyblue") +
+   geom_point(color= "blue", size= 4, alpha= 0.6) +
+   theme_light() + coord_flip() +
+   theme(panel.grid.major.y= element_blank(),
+         panel.border= element_blank(), axis.ticks.y= element_blank())
```

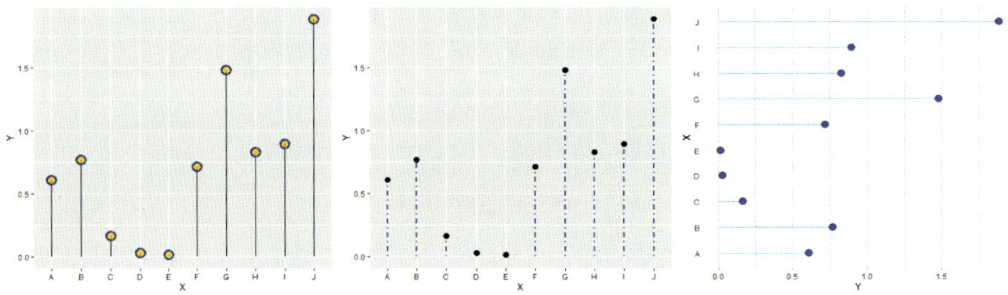

(1) 특정 위치에 자료에 대한 정보를 추가할 수 있으며, (2) x축에 해당하는 변수의 순서를 원하는 대로 변경할 수 있으며, 그에 맞게 자료의 정보를 그래프에 추가할 수 있다.

```
> ggplot(Df6, aes(x= X, y= Y)) +
+   geom_segment(aes(x= X, xend= X, y= 0, yend= Y),
+                color= ifelse(Df6$X %in% c("A","D"), "gold", "blue"),
+                size= ifelse(Df6$X %in% c("A","D"), 1.3, 0.7)) +
```

```
+   geom_point(color= ifelse(Df6$X %in% c("A","D"), "gold", "blue"),
+               size= ifelse(Df6$X %in% c("A","D"), 5, 3)) +
+   coord_flip() + theme(legend.position= "none") + xlab("") + ylab("Y") +
+   ggtitle("Group A & Goup D ?") +
+   annotate("text", x= grep("D", Df6$X), y= Df6$Y[which(Df6$X== "D")] + 0.2,
+           label= "Group D", color= "black", size= 4 , angle= 0,
+           fontface= "bold", hjust= 0) +
+   annotate("text", x= grep("A", Df6$X), y= Df6$Y[which(Df6$X== "A")] + 0.2,
+           label= paste("Group A \n (Val= ", Df6$Y[which(Df6$X== "A")] %>%
+           round(2),")", sep= "" ),
+           color= "black", size= 4, angle= 0, fontface= "bold", hjust= 0)
> Df7 <- Df6 %>% arrange(Y) %>% mutate(X= factor(X, X))
> ggplot(Df7, aes(x= X, y= Y)) +
+   geom_segment(aes(x= X, xend= X, y= 0, yend= Y),
+               color= ifelse(Df7$X %in% c("A","D"), "gold", "blue"),
+               size= ifelse(Df7$X %in% c("A","D"), 1.3, 0.7)) +
+   geom_point(color= ifelse(Df7$X %in% c("A","D"), "gold", "blue"),
+               size= ifelse(Df7$X %in% c("A","D"), 5, 3)) +
+   coord_flip() + theme(legend.position= "none") + xlab("") + ylab("Y") +
+   ggtitle("Group A & Goup D ?") +
+   annotate("text", x= grep("D", Df7$X), y= Df7$Y[which(Df7$X== "D")] + 0.2,
+           label= "Group D", color= "black", size= 4 , angle= 0,
+           fontface= "bold", hjust= 0) +
+   annotate("text", x= grep("A", Df7$X), y= Df7$Y[which(Df7$X== "A")] + 0.2,
+           label= paste("Group A \n (Val= ", Df7$Y[which(Df7$X== "A")] %>%
+           round(2),")", sep= "" ),
+           color= "black", size= 4, angle= 0, fontface= "bold", hjust= 0)
```

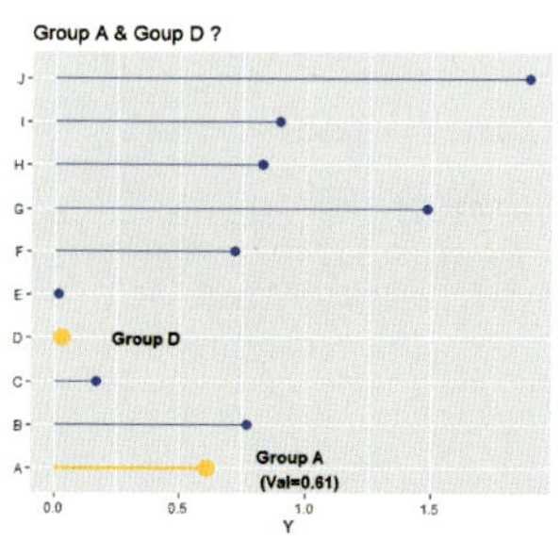

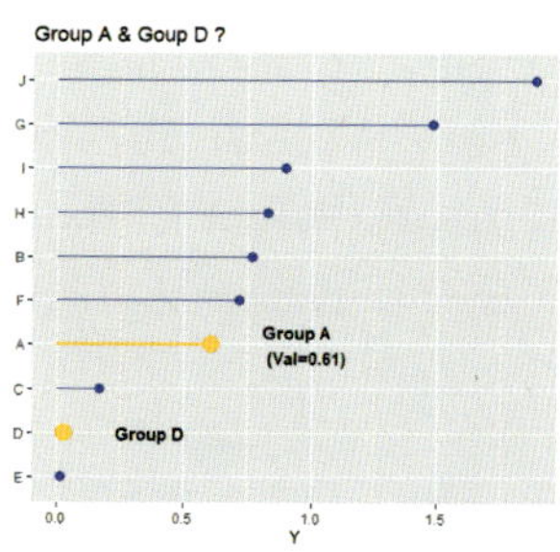

2.11 원형 막대그래프 (Circular Barplot)

수평선 위에 그려진 막대그래프를 원주 위에 동그랗게 막대그래프로 그린 것으로 자료 사이의 비교가 수월한 시각화 방법이다. 범주 축을 원주 위에 나타내야 하므로 막대그래프에서 막대의 너비를 결정하는 절차와 같이 이를 각도의 개념으로 결정하여 구분하는 절차가 필요하다.

```
> library(ggplot2);    library(tidyverse)
> Df1 <- data.frame(Individual= paste("# ", seq(1,40), sep= ""),
+                   Value= sample(seq(10,100), 40, replace= T))
> EmptyBar <- 10
> ToAdd <- matrix(NA, EmptyBar, ncol(Df1))
> colnames(ToAdd) <- colnames(Df1)
> Df1a <- rbind(Df1, ToAdd)
> Df1a$Id <- seq(1, nrow(Df1a))
> Label <- Df1a
> NumberOfBar <- nrow(Label)
> Angle <- 90 - 360 * (Label$Id-0.5) / NumberOfBar
> Label$Hjust <- ifelse(Angle < -90, 1, 0)
> Label$Angle <- ifelse(Angle < -90, Angle + 180, Angle)
> ggplot(Df1a, aes(x= as.factor(Id), y= Value)) +
+   geom_bar(stat= "identity", fill= alpha("blue", 0.3)) +
+   ylim(-100, 120) + theme_minimal() +
+   theme(axis.text= element_blank(), axis.title= element_blank(),
+         panel.grid= element_blank(), plot.margin= unit(rep(-1,4), "cm")) +
+   coord_polar(start= 0) +
+   geom_text(data= Label,
+             aes(x= Id, y= Value+10, label= Individual, hjust= Hjust),
+             color= "black", fontface= "bold", alpha= 0.6, size= 2.5,
+             angle= Label$Angle, inherit.aes= FALSE )
```

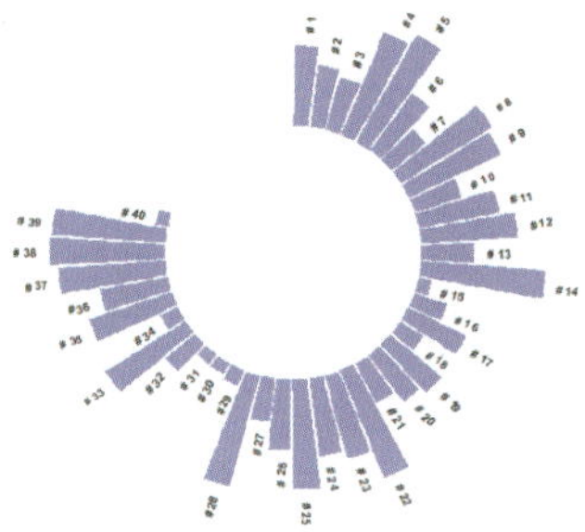

변수 Group에 따라 분류하고 값의 크기에 따라 정렬하여 원형 막대그래프를 그린 것이다.

```
> Df2 <- data.frame(Individual= paste( "# ", seq(1,40), sep= ""),
+                    Group= factor(c(rep('A', 14), rep('B', 12), rep('C', 8),
+                   rep('D', 6))),Value= sample(seq(10,100), 40, replace= T))
> EmptyBar <- 4
> ToAdd <- data.frame(matrix(NA, EmptyBar*nlevels(Df2$Group), ncol(Df2)))
> colnames(ToAdd) <- colnames(Df2)
> ToAdd$Group <- rep(levels(Df2$Group), each= EmptyBar)
> Df2a <- rbind(Df2, ToAdd)
> Df2b <- Df2a %>% arrange(Group, Value)
> Df2b$Id <- seq(1, nrow(Df2b))
> Label <- Df2b
> NumberOfBar <- nrow(Label)
> Angle <- 90 - 360 * (Label$Id-0.5) / NumberOfBar
> Label$Hjust <- ifelse(Angle < -90, 1, 0)
> Label$Angle <- ifelse(Angle < -90, Angle+180, Angle)
> ggplot(Df2b, aes(x= as.factor(Id), y= Value, fill= Group)) +
+   geom_bar(stat= "identity", alpha= 0.5) + ylim(-100, 120) +
+   theme_minimal() +
+   theme(legend.position= "none", axis.text= element_blank(),
+         axis.title= element_blank(), panel.grid= element_blank(),
```

```
+         plot.margin= unit(rep(-1,4), "cm")) +
+   coord_polar() +
+   geom_text(data= Label,
+             aes(x= Id, y= Value+10, label= Individual, hjust= Hjust),
+             color= "black", fontface= "bold", alpha= 0.6,
+             size= 2.5, angle= Label$Angle, inherit.aes= FALSE)
```

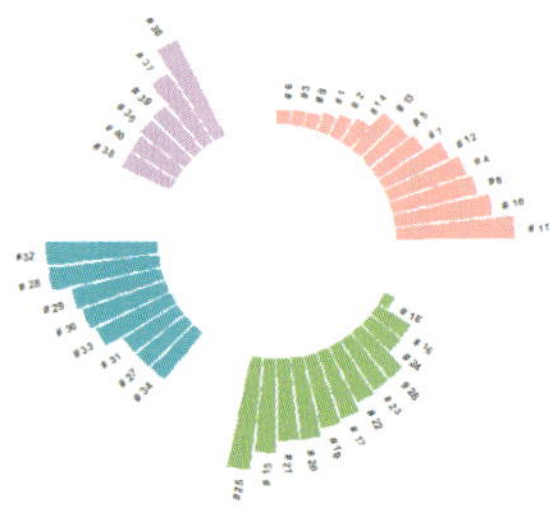

위의 그래프에서 각 범주의 축의 값을 넣고, 변수의 값을 축에 넣는 방법이다.

```
> EmptyBbar <- 4
> ToAdd <- data.frame(matrix(NA, EmptyBar*nlevels(Df2$Group), ncol(Df2)) )
> colnames(ToAdd) <- colnames(Df2)
> ToAdd$Group <- rep(levels(Df2$Group), each= EmptyBar)
> Df3 <- rbind(Df2, ToAdd)
> Df4 <- Df3 %>% arrange(Group, Value)
> Df4$Id <- seq(1, nrow(Df4))
> Label <- Df4
> NumberOfBar <- nrow(Label)
> Angle <- 90 - 360 * (Label$Id - 0.5) / NumberOfBar
> Label$Hjust <- ifelse(Angle < -90, 1, 0)
> Label$Angle <- ifelse(Angle < -90, Angle + 180, Angle)
> BaseData <- Df4 %>% group_by(Group) %>%
+                    summarize(Start= min(Id), End= max(Id) - EmptyBar) %>%
+                     rowwise() %>% mutate(Title= mean(c(Start, End)))
> Grid <- BaseData;     Grid$End <- Grid$End[c(nrow(Grid), 1:nrow(Grid)-1)] + 1
> Grid$Start <- Grid$Start - 1;     Grid <- Grid[-1,]
```

```
> ggplot(Df4, aes(x= as.factor(Id), y= Value, fill= Group)) +
+   geom_bar(aes(x= as.factor(Id), y= Value, fill= Group),
+            stat= "identity", alpha= 0.5) +
+   geom_segment(data= Grid, aes(x= End, y= 100, xend= Start, yend= 100),
+                colour= "grey", alpha= 1, size= 0.3, inherit.aes= FALSE) +
+   geom_segment(data= Grid, aes(x= End, y= 75, xend= Start, yend= 75),
+                colour= "grey", alpha= 1, size= 0.3, inherit.aes= FALSE) +
+   geom_segment(data= Grid, aes(x= End, y= 50, xend= Start, yend= 50),
+                colour= "grey", alpha= 1, size= 0.3, inherit.aes= FALSE) +
+   geom_segment(data= Grid, aes(x= End, y= 25, xend= Start, yend= 25),
+                colour= "grey", alpha= 1, size= 0.3, inherit.aes= FALSE) +
+   annotate("text", x= rep(max(Df2$Id),4), y= c(25, 50, 75, 100),
+            label= c("25%", "50%", "75%", "100%"), color= "blue", size= 3,
+            angle= 0, fontface= "bold", hjust= 1) +
+   geom_bar(aes(x= as.factor(Id), y= Value, fill= Group),
+            stat= "identity", alpha= 0.5) +
+   ylim(-100, 120) + theme_minimal() +
+   theme(legend.position= "none", axis.text= element_blank(),
+         axis.title= element_blank(), panel.grid= element_blank(),
+         plot.margin= unit(rep(-1,4), "cm")) + coord_polar() +
+   geom_text(data= Label,
+             aes(x= Id, y= Value+10, label= Individual, hjust= Hjust),
+             color= "black", fontface= "bold", alpha= 0.6, size= 2.5,
+             angle= Label$Angle, inherit.aes= FALSE) +
+   geom_segment(data= BaseData, aes(x= Start, y= -5, xend= End, yend= -5),
+              colour= "black", alpha= 1, size= 1, inherit.aes= FALSE) +
+   geom_text(data= BaseData, aes(x= Title, y= -18, label= Group),
+             hjust= c(1,1,0,0), colour= "black", alpha= 0.8, size= 4,
+             fontface= "bold", inherit.aes= FALSE)
```

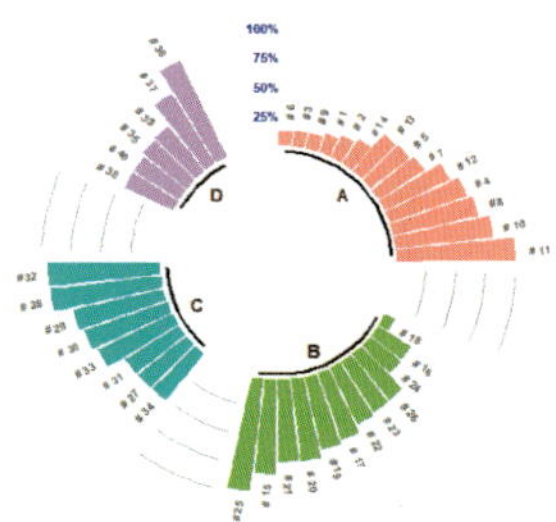

2.12 방사형그래프 (Radar chart)

방사형그래프(Radar Chart)는 어떤 측정 목표에 대한 평가 항목이 여러 개일 때, 항목 수에 따라 원을 같은 간격으로 나누고, 중심으로부터 일정 간격으로 동심으로 척도를 재는 칸을 나누어 각 평가항목의 정량화된 점수에 따라 그 위치에 점을 찍고 평가 항목 사이에 점을 이어 선으로 만든 후 항목 간 균형을 한눈에 볼 수 있도록 해주는 그래프이다. 여러 측정 목표를 함께 겹쳐 놓아 비교하기에도 편리하고, 각 항목 간 비율뿐만 아니라 균형과 경향을 직관적으로 알 수 있어 편리하다. 레이다의 표시장치와 닮아서 레이다 차트(Radar chart)라고 하며, 거미줄을 닮아 거미줄 차트(Spider chart)라고도 한다.

패키지 fmsb의 함수 "adarchart( )"를 사용하며 간단히 그릴 수 있다. (1) 기본형으로 그린 예이고, (2) 축의 값을 정하고 색상 등을 제어할 수 있다.

```
> library(ggplot2);   library(fmsb)
> set.seed(1004)
> Df1 <- as.data.frame(matrix(sample(2:100, 5, replace= T), ncol= 5))
> colnames(Df1) <- c("수학" , "영어" , "통계" , "음악" , "R코딩")
> Df2 <- rbind(rep(100,5), rep(0,5), Df1)
> radarchart(Df2)
> radarchart(Df2, axistype= 4, pcol= "blue", pfcol= "skyblue", plwd= 3,
+            cglcol= "grey", cglty= 1, axislabcol= "grey",
+            caxislabels= seq(20,100,20), cglwd= 0.8, vlcex= 1.2)
```

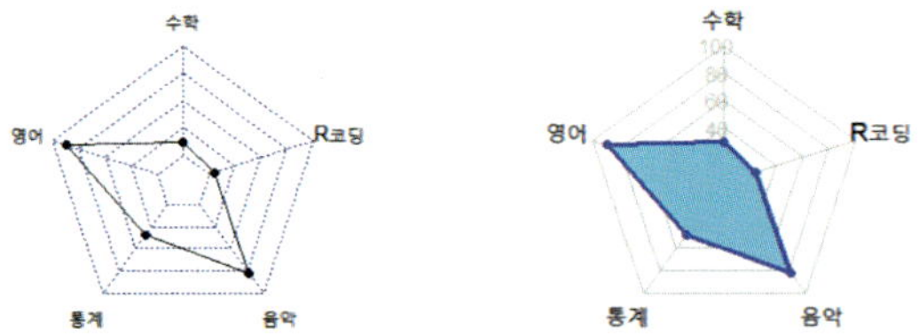

아래의 방사형그래프를 다른 것과 마찬가지로 범례, 색상 등을 추가한 결과이다.

```
> set.seed(1004)
> Df3 <- as.data.frame(matrix(sample(5:100, 15, replace= F), ncol= 5))
> colnames(Df3) <- c("수학" , "영어" , "통계" , "음악" , "R코딩")
> rownames(Df3) <- paste("Stu" , letters[1:3] , sep= "-")
> Df4 <- rbind(rep(100,5), rep(0,5), Df3)
> radarchart(Df4)
> ColorBorder= c(rgb(0.7,0.6,0.9,0.9), rgb(0.1,0.2,0.1,0.7), rgb(0.4,0.4,0.7,0.4))
> ColorIn= c(rgb(0.7,0.6,0.9,0.4), rgb(0.1,0.2,0.1,0.2), rgb(0.4,0.4,0.7,0.1))
> radarchart(Df4, axistype= 1, pcol= ColorBorder, pfcol= ColorIn, plwd= 4, plty= 1,
+           cglcol= "grey", cglty= 1, axislabcol= "grey",
+           caxislabels= seq(20,100,20), cglwd= 0.8, vlcex= 0.8)
> legend(x= 0.8, y= 1.3, legend= rownames(Df4[-c(1,2),]), bty= "n",
+        pch= 20, col= ColorBorder, text.col= "grey", cex= 1.2, pt.cex= 3)
> library(RColorBrewer);  library(scales)
> Colour <- brewer.pal(3, "OrRd") ;  colorBorder <- Colour;
> ColorIn <- alpha(Colour, 0.5)
> radarchart(Df4[-c(1,2),], axistype= 0, maxmin= F, pcol= ColorBorder,
+             pfcol= ColorIn, plwd= 4, plty= 1, cglcol= "grey", cglty= 1,
+             axislabcol= "black", cglwd= 0.8, vlcex= 0.8)
> legend(x= 0.8, y= 1.3, legend= rownames(Df4[-c(1,2),]), bty= "n", pch= 20,
+        col= ColorBorder, text.col= "grey", cex= 1.2, pt.cex= 3)
```

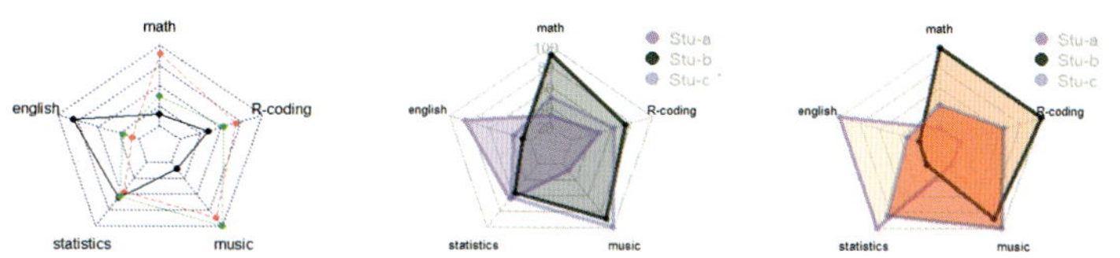

다음은 펭귄의 종에 따른 부리/날개/체질량에 관련된 자료의 방사형그래프를 그린 예이다.

```
> #devtools::install_github("ricardo-bion/ggradar", dependencies= TRUE)
> library(ggradar);     library(palmerpenguins);     library(dplyr);
> library(tidyverse);     library(scales)
> data("penguins", package= "palmerpenguins")
> Df <- penguins %>% drop_na() %>% group_by(species) %>%
+         summarise(BL= mean(bill_length_mm), BD= mean(bill_depth_mm),
+                   FL= mean(flipper_length_mm), BM= mean(body_mass_g)) %>%
+         ungroup() %>% mutate_at(vars(-species), rescale)
> Df %>% ggradar(grid.label.size = 5, axis.label.size = 5, group.point.size = 3) +
+   labs(title= "펭귄의 종에 따른 부리/날개/체질량") +
+   theme(legend.position= c(0.98, 0.7), legend.justification = c(1, 0),
+         legend.text= element_text(size = 10),
+         legend.background= element_blank(),
+         plot.background= element_rect(fill= "#f4efe1", color= "#f4efe1"),
+         panel.background= element_rect(fill= "#fbf9f4", color= "#fbf9f4"),
+         plot.title= element_text(size= 20, face= "bold", color= "#2a475e"))
```

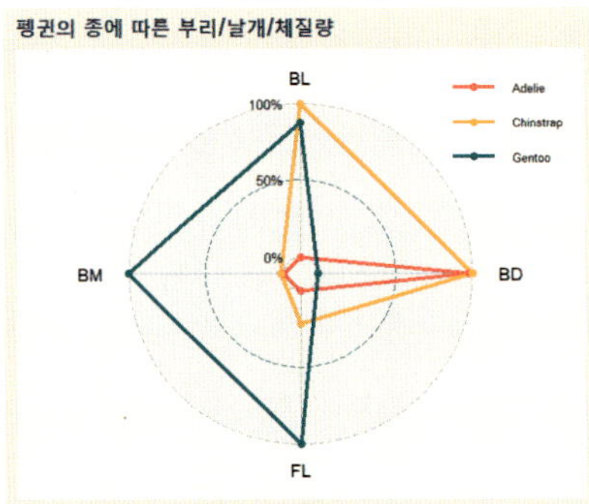

2.13 벤 다이어그램 (Venn Daigram)

벤 다이어그램(Venn diagram)은 겹치는 원 또는 기타 모양을 사용하여 두 개 이상의 항목 집합 간의 논리적 관계를 설명한다. 다음의 그래프는 기본적인 (1) 2차원적 벤 다이어그램, (2) 3차원적 벤 다이어그램, (3) 4차원적 벤 다이어그램이다.

```
> library(ggplot2)
> library(ggVennDiagram)
> set.seed(1004)
> X2 <- list(A= sample(1:10,8), B= sample(3:15,10))
> X3 <- list(A= sample(1:10,8), B= sample(3:15,10), C= sample(2:15,8))
> X4 <- list(A= sample(1:10,8), B= sample(3:15,10), C= sample(2:15,8),
+            D= sample(3:18,9))
> # 2D Venn diagram
> ggVennDiagram(X2)
> # 3D Venn diagram
> ggVennDiagram(X3)
> # 4D Venn diagram
> ggVennDiagram(X4)
```

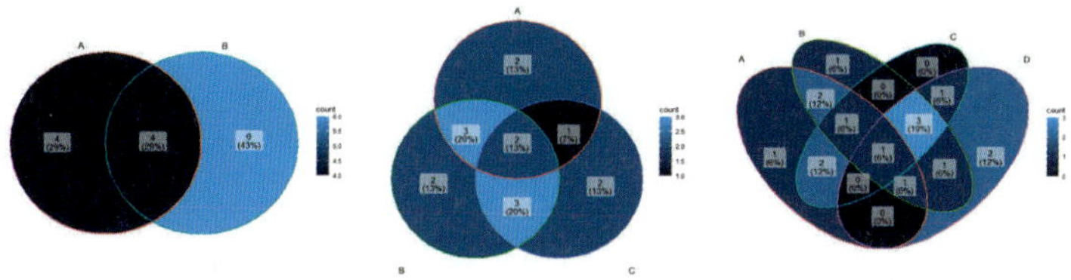

다음은 3차원적 벤 다이어그램으로 (1) 색상 채우기, (2) 각 그룹의 이름 바꾸기, (3) 자료의 백분율로 표현하기, (4) 도수로 표현한 것이다.

```
> ggVennDiagram(X3) + scale_fill_gradient(low= "skyblue", high= "blue")
> ggVennDiagram(X3, category.names= c("Group 1", "Group 2", "Group 3"))
> ggVennDiagram(X3, label= "percent")
> ggVennDiagram(X3, label= "count")
```

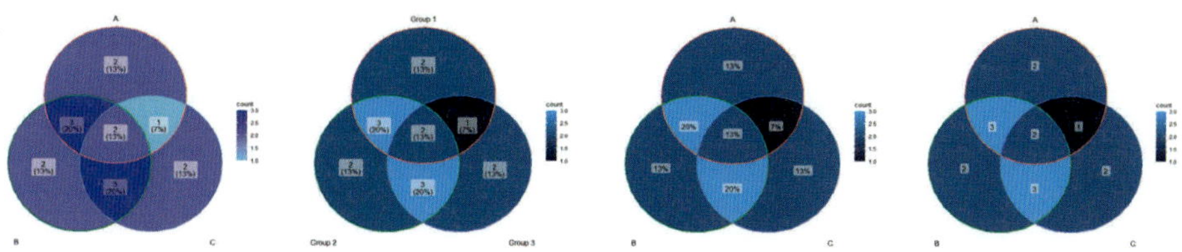

다음은 3차원적 벤 다이어그램으로 (1) 자료의 이름을 없애기, (2) 자료의 값을 보이는 음영을 0으로 처리한 것이다. (3) 자료의 이름 상자 테두리의 색상, 범례의 위치 등을 조정한 것이고, (4) 자료의 값에 따라 색상을 구별한 결과이다.

```
> ggVennDiagram(X3, label= "none")
> ggVennDiagram(X3, label_alpha= 0)
> ggVennDiagram(X3) + guides(fill= guide_legend(title= "Title")) +
+   theme(legend.title= element_text(color= "red"), legend.position= "bottom")
> ggVennDiagram(X3, color= 1, lwd= 0.7) +
+   scale_fill_gradient(low= "blue", high= "red") +
+                         theme(legend.position= "none")
```

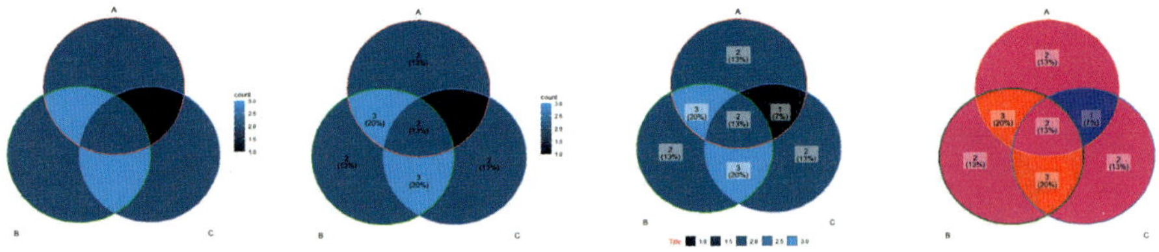

다음은 5차원적 벤 다이어그램을 기본형으로 한 경우로, 자료 값의 표현을 조정하거나 색상 등을 조정하여 원하는 결과를 얻을 수 있다.

```
> set.seed(1004)
> Ele <- paste("Ele", 1:1000, sep= "")
> X5 <- list(A= sample(Ele, 300), B= sample(Ele, 525), C= sample(Ele, 440),
+            D= sample(Ele, 350), E= sample(Ele, 550))
> ggVennDiagram(X5)
> ggVennDiagram(X5, label_alpha= 0)
> ggVennDiagram(X5, label_alpha= 0,
+                category.names= c("G1","G2","G3", "G4", "G5")) +
+   ggplot2::scale_fill_gradient(low= "blue",high= "yellow")
```

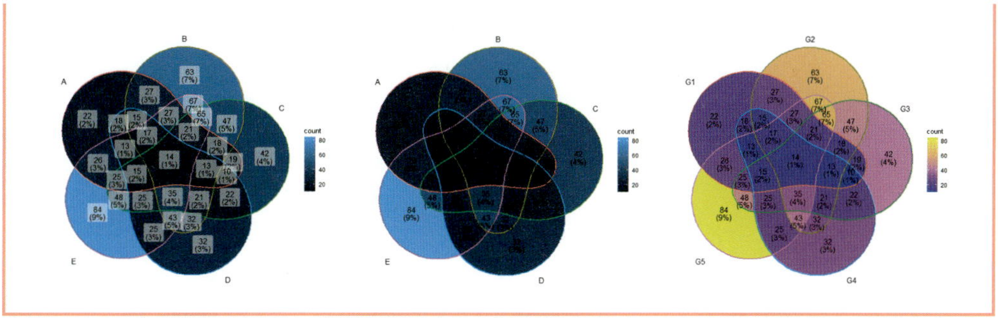

3장
plotly를 활용한 동적 그래프

패키지 plotly는 캐나다에 본사를 두고 있는 컴퓨팅 기술 회사 plotly에서 제공하는 온라인 데이터 분석 및 시각화 툴이다. plotly는 R뿐만 아니라 Python, MATLAB 등에서 사용 가능한 과학 그래프 라이브러리를 제공한다. 여기서는 오프라인에서 사용하는 것으로 제한하여 설명하기로 한다.

사용자는 우선 패키지 plotly를 설치하고, 아래와 같이 plotly의 버전도 살펴보기를 권장한다.

```
> library(plotly);      packageVersion('plotly')
```

01 기본 그래프

1.1 첫 걸음

시연에 사용된 자료들은 R 또는 연관된 사이트에서 제공된 자료를 사용하였다. 먼저 패키지 ggplot2에 있는 자료 midwest를 사용하였다. 자료 midwest는 변수 28개에 대하여 총 관측수 437개로 구성되어 있다.

그래프 작성은 함수 "plot_ly( )"를 사용하며, 사용될 자료, 하고자 하는 내용과 선택사항들을 나열하는 방식이다. 즉, 자료는 midwest를 사용하였고, 그래프의 모양은 해당 범주형 변수 "percollege"에 대한 상자그림(box plot)이고, 변수 "state"에 대하여 색상을 구분한 경우이다.

```
> str(midwest)
> plot_ly(midwest, x= ~percollege, color= ~state, type= "box")
```

RStudio에서 위 함수를 사용한 결과는 "Viewer" 창에 아래의 왼쪽 그래프와 같은 결과물을 제시한다. 그래프 위의 원하는 위치에 마우스를 놓으면 오른쪽과 같이 해당되는 그래프 값에 대한 정보가 추가적으로 나타나게 된다. 범례는 기본 선택으로 되어 있음을 볼 수 있다. 범례는 보통 토글 키(toggle key)로 한 번 누르면 해당되는 자료가 사라져 안 보이게 되고 해당 범례의 값은 흐리게 보이게 된다. 다시 한 번 그 해당 범례의 값을 선택하면 해당 범례는 진하게 변경되며 해당 그래프가 다시 나타나도록 설정되어 있다.

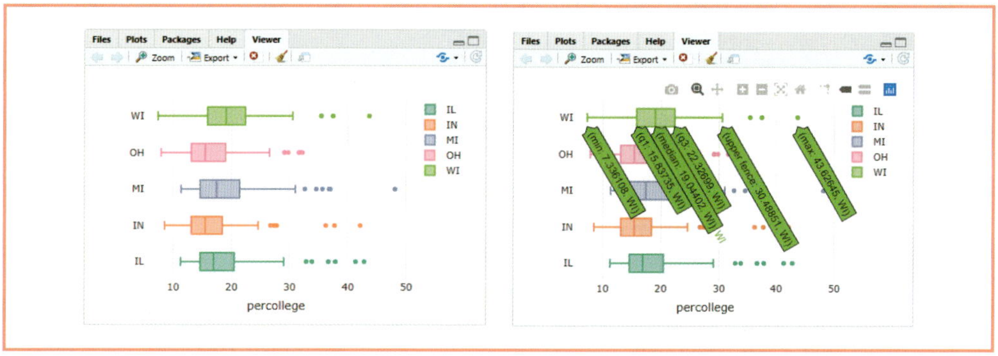

결과를 RStudio에서 사용하는 것 외에 문서에 복사하거나 Web 문서로 저장하여 사용할 수 있다. 메뉴 "Viewer"에서 "Export"를 클릭하면 나타나는 다음의 3가지 방법을 활용하면 된다. "Save as image..."는 그림파일로 저장하여 사용하고자 할 때 사용하며, 형식은 "PNG", "JPEG", "BMP"가 있다. "Copy to Clipboard..."는 클립보드에서 이미지를 관리할 수 있도록 하며, 클립보드에서는 상호작용이 유효하다. 그리고 마지막으로 "Save as Web Page..."는 "HTML" 형식의 Web 문서로 저장하여 상호작용을 유지하면서 저장할 수 있게 해 준다.

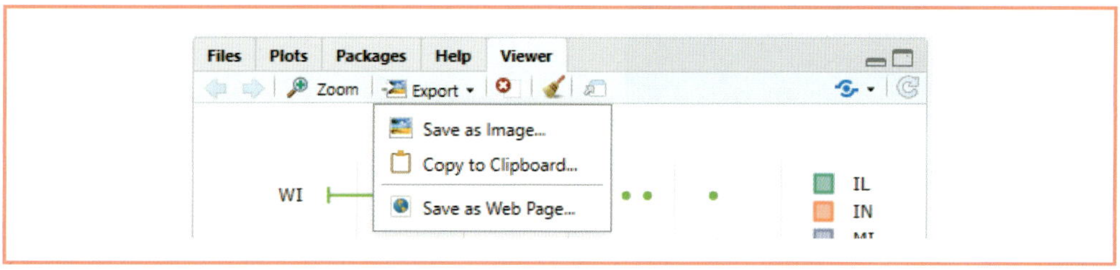

https://plot.ly/r/reference에서 패키지 plotly가 제공하는 40여 가지의 그래프 유형을 볼 수 있다.

(A) 기본형(Simple): scatter, scattergl, bar, pie, heatmap, contour, table

(B) 분포(Distributions):

box, violin, histogram, histogram2d, histogram2dcontour

(C) 금융(Finance): ohlc, candlestick, waterfall, funnel, funnelarea

(D) 3차원(3D):

scatter3d, surface, mesh, cone, streamtube, volume, isosurface

(E) 지도(Maps):

scattergeo, choropleth, scattermapbox, choroplethmapbox, densitymapbox

(F) 기타(Specialized):

scatterpolar, scatterpolargl, barpolar, scatterternary,

sunburst, sankey, spolm, parallelcoordinates,

parallelcategories, carpet, scattercarpet, contourcarpet

다음은 패키지 ggplot2에 있는 자료 economics로서, 6개의 변수와 574개의 관측치로 구성되어 있다. 변수 "pop"에 대한 히스토그램과 변수 "date"를 x축으로, 변수 "pop"를 y축으로 한 선그래프를 각각 나타낸 것이다.

```
> str(economics)
> plot_ly(economics, type= "histogram", x= ~pop)
> plot_ly(economics, type= 'scatter', mode= 'lines', x= ~date, y= ~pop)
```

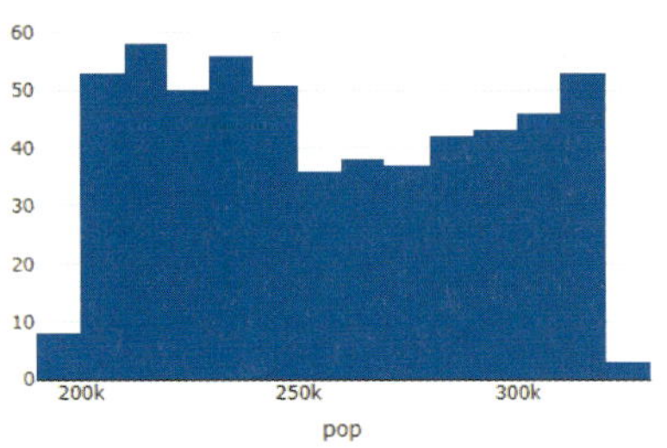

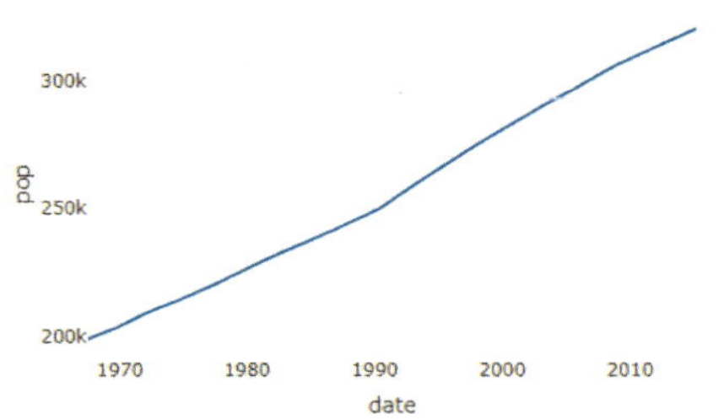

다음은 패키지 datasets에 있는 자료 volcano로 87×61 크기의 행렬자료이다. 첫 번째는 히트 맵(heat map)으로, $(x,y)=(i,j)$에서의 행렬의 값 a_{ij}에 대하여 색상으로 값의 크기를 표현하는 방식이다. 두 번째는 표층(surface)으로, 3차원적으로 나타내는 방법이다. 마우스를 좌표 내 임의의 점에 위치하여 왼쪽 버튼을 클릭한 후 움직이면서 사용자가 원하는 방향의 그래프를 볼 수 있다.

```
> str(volcano)
num [1:87, 1:61] 100 101 102 103 104 105 105 106 107 108 ...
> plot_ly(z= ~volcano, type= "heatmap");  plot_ly(z= ~volcano, type= "surface")
```

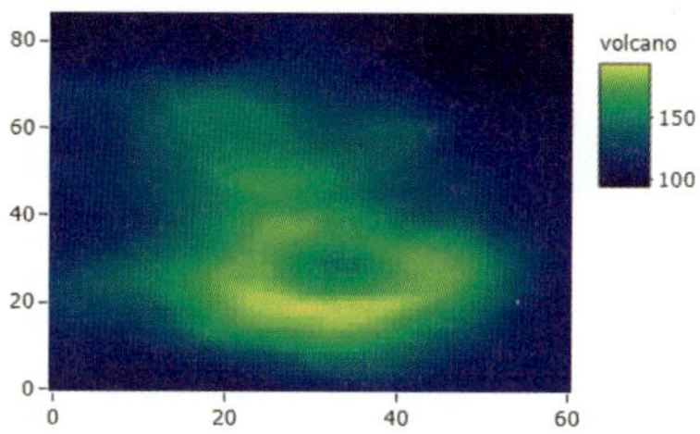

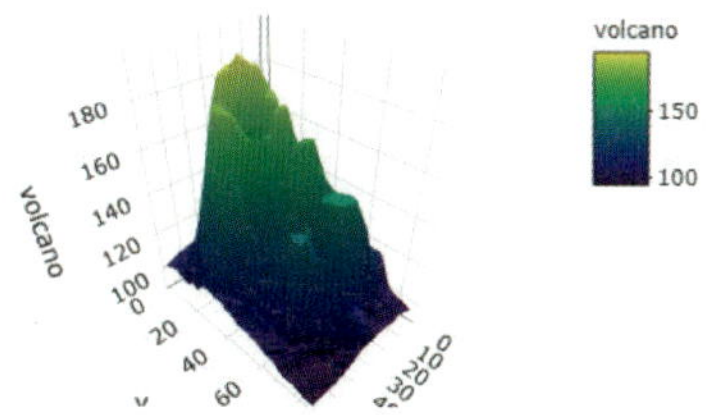

자료 economics의 변수 “date”를 x축으로, 연산된 변수 “unemploy/pop”를 y축으로 한 선그래프를 그리는 예이다. 첫 번째는 함수 “add_lines( )”를 사용한 일반적인 방법이다. 같은 그래프를 연쇄 연산자(chain operator) 또는 파이프 연산자(pipe operator) “%>%”(단축키: shift+ctrl+M)를 사용하여 나타낼 수도 있다. 연산자 “%>%”는 보다 더 효율적으로 그래프를 그릴 수 있도록 해 준다.

```
> add_lines(plot_ly(economics, x= ~date,  y= ~unemploy/pop))
> economics %>%
+   plot_ly(x= ~date, y= ~unemploy/pop) %>% add_lines()
```

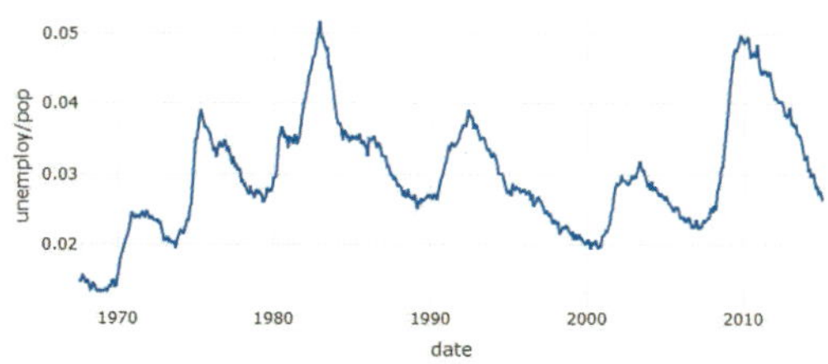

패키지 plotly에서 사용될 수 있는 함수 "add_**( )"는 아래와 같이 27가지가 제공되고 있다(버전에 따라 변동). "add_"로 시작하는 것만 찾기 위해서는 찾고자 하는 문구 앞에 "^"를 넣어준다.

```
> apropos("^add_")
 [1] "add_annotations"    "add_area"           "add_bars"
 [4] "add_boxplot"        "add_choropleth"     "add_contour"
 [7] "add_data"           "add_fun"            "add_heatmap"
[10] "add_histogram"      "add_histogram2d"    "add_histogram2dcontour"
[13] "add_image"          "add_lines"          "add_markers"
[16] "add_mesh"           "add_paths"          "add_pie"
[19] "add_polygons"       "add_ribbons"        "add_scattergeo"
[22] "add_segments"       "add_sf"             "add_surface"
[25] "add_table"          "add_text"           "add_trace"
```

파이프 연산자("%>%")를 활용하여 두 개의 선그래프를 함께 그릴 수도 있다. x축을 변수 "date"로 하고, 첫 번째는 변수 "uempmed"를 검은 선으로 그리고, 두 번째는 변수 "psavert"를 빨간 선으로 표현한 예이다.

```
> plot_ly(economics, x= ~date, color= I("black")) %>%
+   add_lines(y= ~uempmed) %>%
+   add_lines(y= ~psavert, color= I("red"))
```

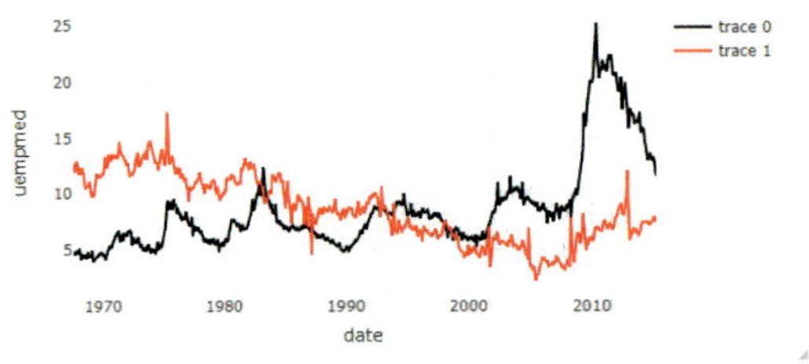

자료 iris에 대하여 함수 "plot_ly( )"를 이용하여 x축 변수로 "Sepal.Width"를,

y축 변수로 “Sepal.Length”를 사용한 그래프 결과를 변수 “Bg”로 하였다. 그려진 그래프 “Bg”에 함수 “add_markers( )”를 사용하여 점의 표현을 변수 “Species”의 값(setosa, versicolor, virginica)에 따라 다르게 표현하도록 한 것이다. 여기서는 사용자가 그 표시 모양을 지정하지 않은 경우로서, 패키지 plotly에서 자동으로 구분하여 나타낸 것이다. 함수 “add_paths( )”를 이용하여 변수 “Species”별로 측정순서에 따라 선을 연결할 수 있다.

```
> Bg <- plot_ly(iris, x= ~Sepal.Width, y= ~Sepal.Length)
> add_markers(Bg, symbol= ~Species)
> add_paths(Bg, linetype= ~Species)
```

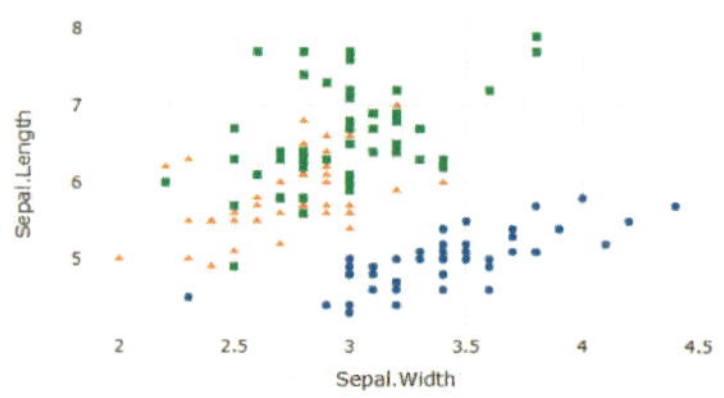

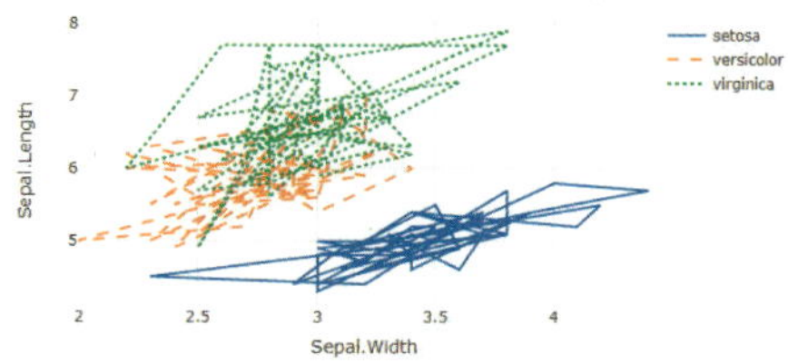

1.2 산점도 (Scatter Plot)

자료 iris의 변수 “Sepal.Length”를 x축으로, 변수 “Petal.Length”를 y축으로 하는 산점도를 그리기 위해서는 “type= 'scatter'”를 사용하며, 옵션 “mode= 'markers'”는 표식을 이용하여 표현하고자 할 때 사용하는 것이다. 이것 외에 “mode= 'lines'”는 선으로 표현하고, “mode= 'markers+lines'”는 표식과 선을 동시에 표현하고자 할 때 사용한다. 또한 다음의 “mode= 'markers+lines+text'”는 표식, 선 및 사용자가 지정하는 문장도 표시하여 준다. 기본적인 산점도에 옵션들을 추가하여 목적에 맞게 다양하게 꾸밀 수 있다. 표식에 대한 옵션으로 크기(size = 10)와 투명도를 포함한 색상(color = 'rgba(255, 182, 193, .9))을 사용하고, 표식의 둘레에 대한 옵션으로 투명도를 포함한 색상(rgba(152, 0, 0, .8))과 두께(width = 2)를 설정한 예이다. 투명도는 0과 1 사이의 값으로 제한된다. 또한 함수 “layout( )”를 이용하여 제목 및 각 축에 대한 이름 및 표시들을 조절할 수 있다.

```
> plot_ly(data= iris, type= 'scatter', mode= 'markers', x= ~Sepal.Length,
+         y= ~Petal.Length)
> plot_ly(data= iris, type= 'scatter', mode= 'markers',
+         x= ~Sepal.Length, y= ~Petal.Length,
+         marker= list(size= 10, color= 'rgba(255, 182, 193, .9)',
+                      line= list(color= 'rgba(152, 0, 0, .8)',
+                      width= 2))) %>%
+   layout(title= 'Styled Scatter', yaxis= list(zeroline= FALSE),
+          xaxis= list(zeroline= FALSE))
```

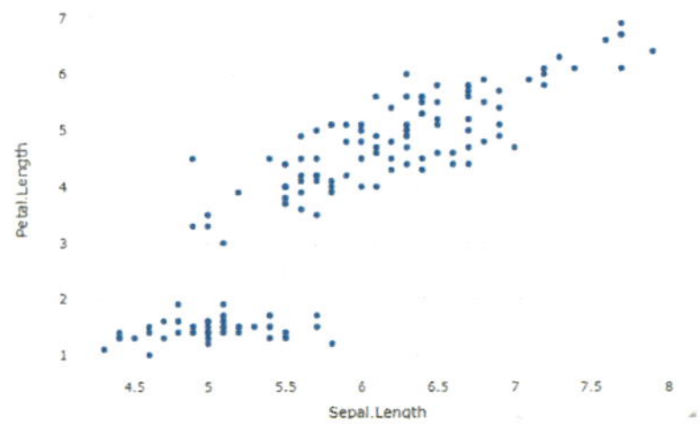

옵션 "color= ~Species"는 변수 "Species"에 따라 색상을 구별하여 표시하게 된다. 사용자가 원하는 색상으로 하고자 할 때는 아래와 같이 옵션 "colors= "Set1""을 사용하면 된다. https://plotly.com/python/builtin-colorscales/에서 색상에 대한 정보 볼 수 있다.

```
> plot_ly(data= iris, type= 'scatter', mode= 'markers',
          x= ~Sepal.Length, y= ~Petal.Length, color= ~Species)
> plot_ly(data= iris, type= 'scatter', mode= 'markers', x= ~Sepal.Length,
+         y= ~Petal.Length, color= ~Species, colors= "Set1")
```

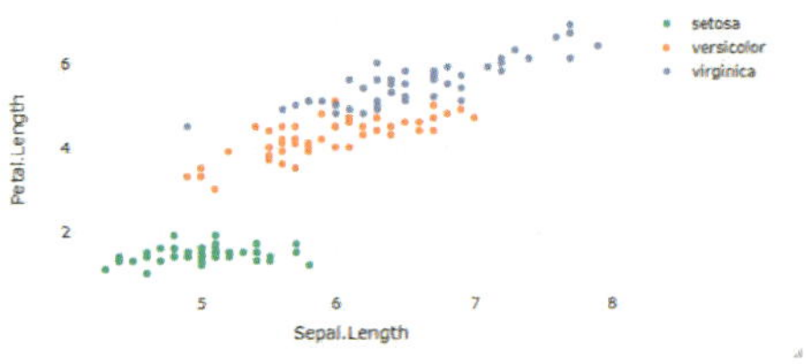

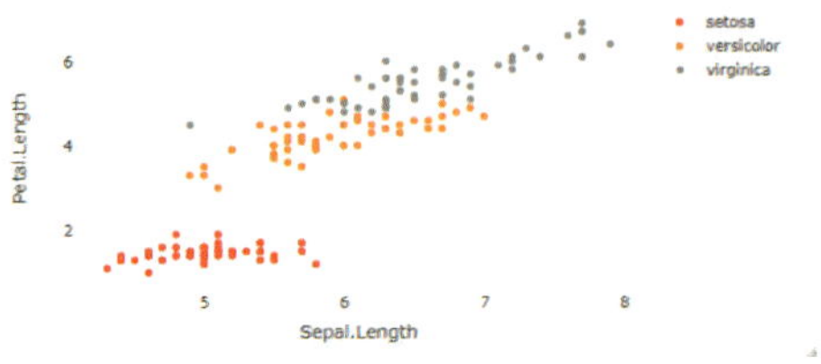

표식의 색상을 사용자가 원하는 값으로 구성하여 사용할 수도 있다. 또한 범례의 표시의 기본형을 사용자가 원하는 이름으로 변경하여 표시할 수 있다.

```
> Pal <- c("red", "blue", "green")
> plot_ly(data= iris, type= 'scatter', mode= 'markers',
+         x= ~Sepal.Length, y= ~Petal.Length, color= ~Species, colors= Pal)
> Pal <- c("red", "blue", "green")
> Pal <- setNames(Pal, c("virginica", "setosa", "versicolor"))
> plot_ly(data= iris, type= 'scatter', mode= 'markers', x= ~Sepal.Length,
+         y= ~Petal.Length, color= ~Species, colors= Pal)
```

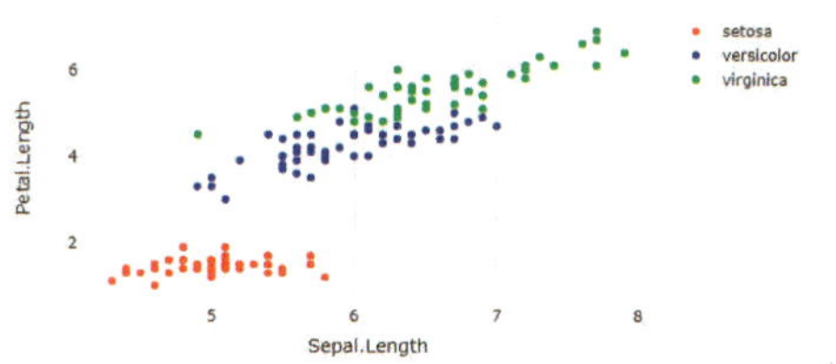

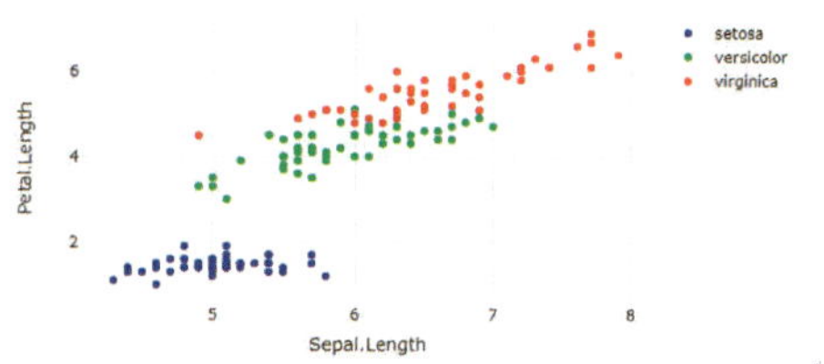

옵션 "symbols= c('circle','x','o')"를 이용하여 표식을 사용자가 원하는 circle, x, o으로 나타낼 수 있다.

```
> plot_ly(data= iris, x= ~Sepal.Length,
+         y= ~Petal.Length, type= 'scatter', mode= 'markers',
+         symbol= ~Species, symbols= c('circle', 'x', 'o'),
+         color= I('black'), marker= list(size= 10))
```

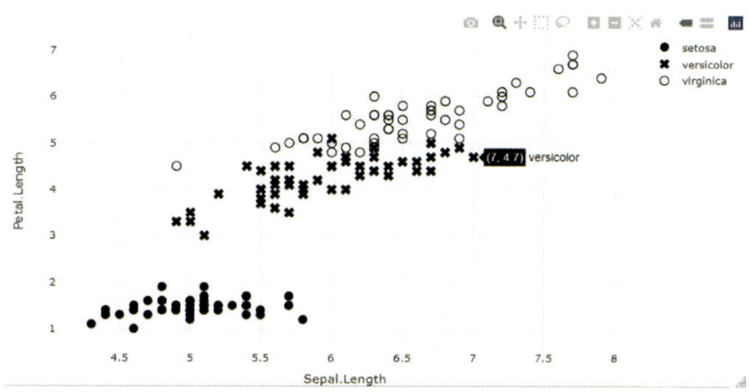

자료 Df는 패키지 ggplot2에 있는 약 50,000여 개로 구성된 자료 diamonds에서 1,000개를 임의추출한 표본이다. 변수 "price"로 색상을 구별한 그래프 결과에서 마우스를 한 위치에 놓으면 화면과 같이 호버(hover)가 나타나며 기본적인 자료의 정보인 좌표 값이 나타난다. 아래와 같이 호버의 표시 내용을 변경할 수 있다.

```
> set.seed(1004);      Df <- diamonds[sample(nrow(diamonds), 1000), ]
> plot_ly(Df, x= ~carat, y= ~price, type= 'scatter', mode= 'markers', color= ~price )
> plot_ly(Df, x= ~carat, y= ~price, type= 'scatter', mode= 'markers',
+          text= ~paste("가격: ", price, '$<br>연마:', cut), color= ~carat)
```

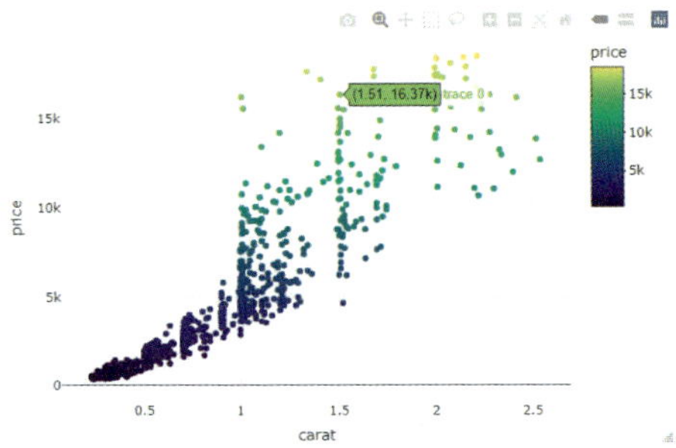

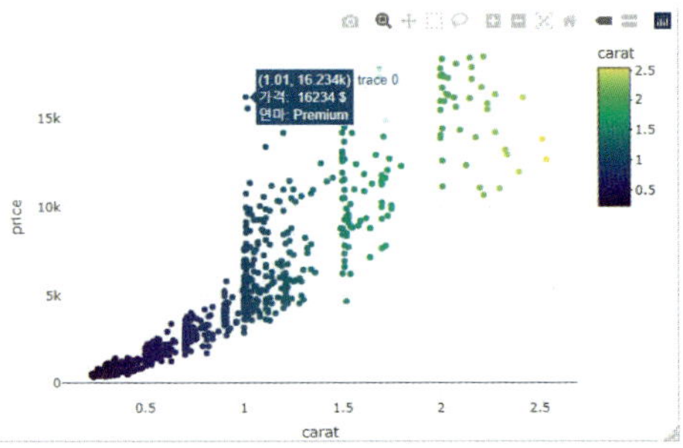

1.3 선그래프 (Line Plot)

정규분포로부터 임의의 난수 100개를 추출하여 선그래프를 그린 예이다. 선그래프에서 자취(trace)를 선을 연결하여 그리기 위해서는 옵션에서 "mode= 'lines'"를 사용하면 된다.

```
> set.seed(1004)
> X <- c(1:100)
> Rand_y <- rnorm(100, mean= 0)
> Df1 <- data.frame(X, Rand_y)
> plot_ly(Df1, x= ~X, y= ~Rand_y, type= 'scatter', mode= 'lines')
```

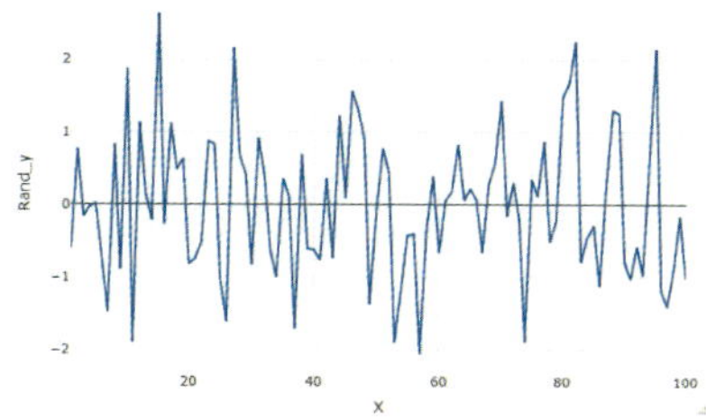

아래는 자취를 선, 선과 표식으로 또는 표식으로만 하는 경우를 한 개의 면에 같이 나타낸 예이다. 정규분포의 임의의 난수생성에서 평균만 5, 0 , -5인 경우로 분류하여 생성된 "Tr0", "Tr1", "Tr2"를 표현하였다. 또한 함수 "add_trace( )"를 이용하여 같은 그래프를 그릴 수 있다.

```
> set.seed(1004)
> Tr0 <- rnorm(100, mean= 5)
> Tr1 <- rnorm(100, mean= 0)
> Tr2 <- rnorm(100, mean= -5)
> X <- c(1:100)
> Df2 <- data.frame(X, Tr0, Tr1, Tr2)
> plot_ly(Df2, x= ~X) %>%
+   add_trace(y= ~Tr0, name= 'Tr0', type= 'scatter', mode= 'lines') %>%
+   add_trace(y= ~Tr1, name= 'Tr1', type= 'scatter', mode= 'lines+markers') %>%
+   add_trace(y= ~Tr2, name= 'Tr2', type= 'scatter', mode= 'markers')
```

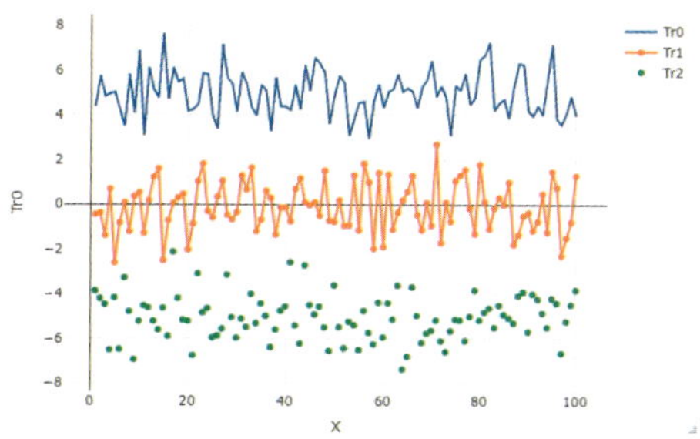

다음은 임의로 생성한 자료 Df3을 함수 "add_trace( )"를 이용하여 한 면에 같이

그리고, 함수 “layout( )”를 사용하여 제목 및 각 축의 이름을 지정하여 표시한 예이다. 자취(trace)의 기본형인 선 이외에도 옵션 “dash= ”를 사용하여 다양하게 표현할 수 있다. 또한 옵션 “line= ”을 사용하면 선의 색상 및 두께 등을 사용자가 원하는 것으로 선택할 수 있다. 숫자형인 변수 “Month”를 인자형으로 변환하여 사용한다. 만일 변수 “Month”가 January, February, ... 등과 같이 문자로 표현되어 있는 경우 그래프에서 기본적인 표현 방법은 알파벳 순서로 나타낸다. 따라서 입력 순서대로 표현하기 위해서는 옵션 “levels= Df3[["Month"]]”을 추가해주면 된다.

```
> Month <- c('January', 'February', 'March', 'April', 'May', 'June', 'July',
+            'August', 'September', 'October', 'November', 'December')
```

```
> High_2000 <- c(32.5, 37.6, 49.9, 53.0, 69.1, 75.4, 76.5, 76.6, 70.7, 60.6, 45.1, 29.3)
> Low_2000 <- c(13.8, 22.3, 32.5, 37.2, 49.9, 56.1, 57.7, 58.3, 51.2, 42.8, 31.6, 15.9)
> High_2007 <- c(36.5, 26.6, 43.6, 52.3, 71.5, 81.4, 80.5, 82.2, 76.0, 67.3, 46.1, 35.0)
> Low_2007 <- c(23.6, 14.0, 27.0, 36.8, 47.6, 57.7, 58.9, 61.2, 53.3, 48.5, 31.0, 23.6)
> High_2014 <- c(28.8, 28.5, 37.0, 56.8, 69.7, 79.7, 78.5, 77.8, 74.1, 62.6, 45.3, 39.9)
> Low_2014 <- c(12.7, 14.3, 18.6, 35.5, 49.9, 58.0, 60.0, 58.6, 51.7, 45.2, 32.2, 29.1)
> Df3 <- data.frame(Month, High_2000, Low_2000, High_2007,
+                   Low_2007, High_2014, Low_2014)
> Df3$Month <- factor(Df3$Month, levels= Df3[["Month"]])
> plot_ly(Df3, x= ~Month, y= ~High_2014, name= 'High 2014', type= 'scatter', mode= 'lines',
+         line= list(color= 'rgb(205, 12, 24)', width= 4)) %>%
+    add_trace(y= ~Low_2014, name= 'Low 2014',
+              line= list(color= 'rgb(22, 96, 167)', width= 4)) %>%
+    add_trace(y= ~High_2007, name= 'High 2007',
+             line= list(color= 'rgb(205, 12, 24)', width= 4, dash= 'dash')) %>%
+    add_trace(y= ~Low_2007, name= 'Low 2007',
+              line= list(color= 'rgb(22, 96, 167)', width= 4, dash= 'dash')) %>%
+    add_trace(y= ~High_2000, name= 'High 2000',
+              line= list(color= 'rgb(205, 12, 24)', width= 4, dash= 'dot')) %>%
+    add_trace(y= ~Low_2000, name= 'Low 2000',
+              line= list(color= 'rgb(22, 96, 167)', width= 4, dash= 'dot')) %>%
```

```
+     layout(title= "<br>뉴욕의 최고/최저 평균 기온",
+            xaxis= list(title= "월"), yaxis= list(title= "온도(degrees F)"))
```

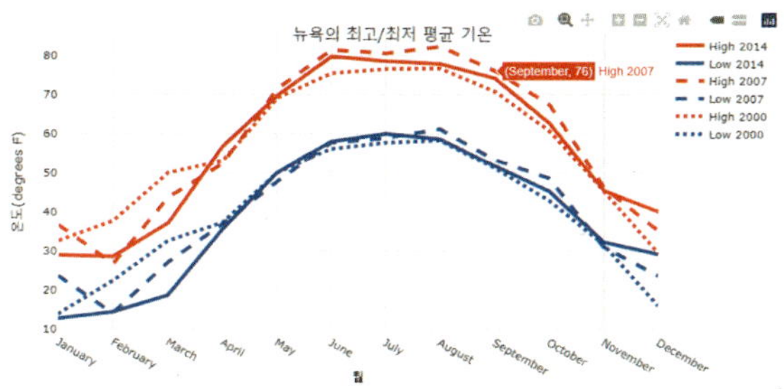

패키지 datasets에 있는 자료 ToothGrowth는 변수 "len", "supp", "dose"이다. 패키지 plyr의 함수 "ddply( )"를 사용하여 변수 "supp"와 "dose"에 대한 변수 "len"의 평균값 "Length"으로 새로운 자료 TG를 만들었다. 자료 TG에서 변수 "supp"로 구분하여 선그래프를 그린 예이다.

```
> library(plyr)
> TG <- ddply(ToothGrowth, c("supp", "dose"), summarise, Avg= mean(len))
> TG
  supp dose Length
1   OJ  0.5  13.23
2   OJ  1.0  22.70
3   OJ  2.0  26.06
4   VC  0.5   7.98
5   VC  1.0  16.77
6   VC  2.0  26.14
> plot_ly(TG, x= ~dose, y= ~Avg, type= 'scatter', mode= 'lines',
+          linetype= ~supp, color= I('black')) %>%
+   layout(title= '보충제 종류에 따른 기니피그의 치아 성장에 대한 비타민 C의 효과',
+            xaxis= list(title= '복용량(mg/day)'),
+            yaxis= list(title= '치아 길이'))
```

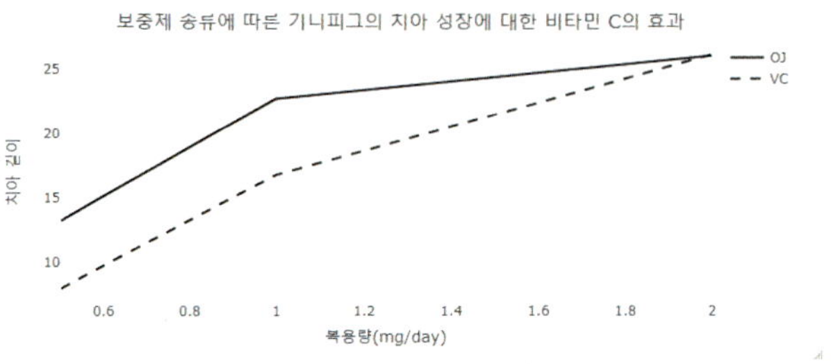

결측값(missing value)이 있는 자료의 선그래프는 결측 부분의 값을 생략하고 나머지 값들만 표현하는 것이 기본이다. 반면, 옵션 "connectgaps= TRUE"를 사용하면 결측값 전/후의 값들은 연결하는 방법으로 그래프를 나타낼 수 있다.

```
> X <- c(1:15);
> Y <- c(10, 20, NA, 15, 10, 5, 15, NA, 20, 10, 10, 15, 25, 20, 10)
> Df4 <- data.frame(X, Y)
> plot_ly(Df4, x= ~X, y= ~Y, name= "Gaps",
+          type= 'scatter', mode= 'lines') %>%
+    add_trace(y= ~Y-5, name= "<b>No</b> Gaps", connectgaps= TRUE)
```

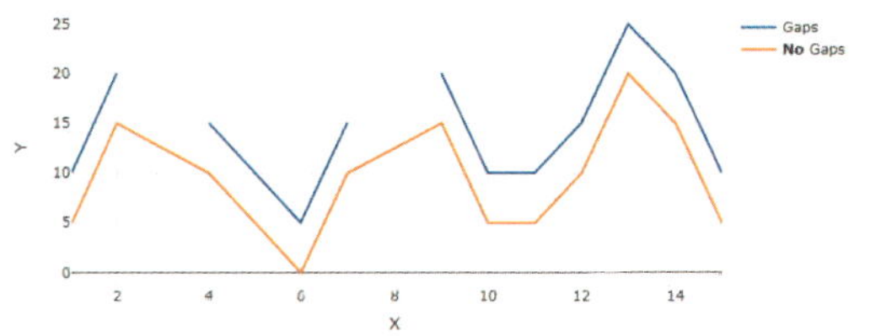

자료의 값들을 연결하는 방법을 옵션 "line= "에서 "shape= "의 값에 따라 여러 가지가 있다. "linear"는 직선으로, "spline"은 곡선으로, "vhv"는 먼저 수직적으로 연결하고, 그다음 수평적으로 연결한 후 다시 수직적으로 연결하는 방법이다. 첫 번째와 두 번째 자료의 좌표 (1,11), (2,13)인 경우로 먼저 수직적으로 $(13-11)/2 = 1$만큼 그리고, 좌표 (1,12)에서 좌표 (2,12)까지 수평선을 그린다. 마지막으로 좌표 (2,12)에서 좌표 (2,13)까지 수직선을 그리는 방법이다. 다음 번은 두 좌표의 수직적 평균값의 좌표인 (2,12.5)에서 시작한다. “hvh”는 시작점 (1,16)과 좌표점 (1,16),(2.18)의 수평적 평균값 (1.5, 16)까지의 수평선을 먼저 그리고, 그 점에서 다음 좌표 (2,18)의 수평적 이동점인 (1.5, 18)까지의 수직선을 그린다. 그리고 (1.5, 18)과 (2.5, 18)의 수평선을 그리는 방식이다. “vh”는 먼저 수직선을 그리고 난 후 수평선을 그리는 방식이다. 마지막으로 “hv”는 수평선을 먼저 그리고 난 후 수직선을 그리는 방식이다.

```
> X <- c(1:5);     Y <- c(1, 3, 2, 3, 1)
> plot_ly(x= ~X) %>%
+   add_lines(y= ~Y, name= "linear", line= list(shape= "linear")) %>%
+   add_lines(y= Y + 5, name= "spline", line= list(shape= "spline")) %>%
+   add_lines(y= Y + 10, name= "vhv", line= list(shape= "vhv")) %>%
+   add_lines(y= Y + 15, name= "hvh", line= list(shape= "hvh")) %>%
+   add_lines(y= Y + 20, name= "vh", line= list(shape= "vh")) %>%
+   add_lines(y= Y + 25, name= "hv", line= list(shape= "hv"))
```

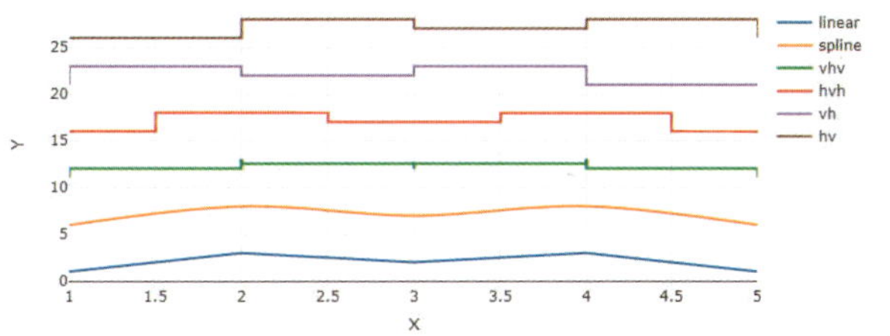

아래는 그래프를 더 세밀하게 꾸미는 작업을 진행한 예이다. 우선 변수 “X”, “Y_television”, “Y_internet” 3개로 구성된 자료 Df5에 대한 절차이다.

```
> X <- c(2001, 2002, 2003, 2004, 2005, 2006, 2007, 2008, 2009, 2010, 2011, 2013)
> Y_television <- c(74, 82, 80, 74, 73, 72, 74, 70, 70, 66, 66, 69)
> Y_internet <- c(13, 14, 20, 24, 20, 24, 24, 40, 35, 41, 43, 50)
> Df5 <- data.frame(X, Y_television, Y_internet)
```

x축과 y축에 대한 설정과 각 기준으로부터의 여백을 설정하는 값들로 Xaxix, Yaxis

및 Margin을 결정하였다.

```
> Xaxis <- list(title= "", showline= TRUE, showgrid= FALSE, showticklabels= TRUE,
+              linecolor= 'rgb(204, 204, 204)', linewidth= 2, autotick= FALSE,
+              ticks= 'outside', tickcolor= 'rgb(204, 204, 204)', tickwidth= 2,
+              ticklen= 5, tickfont= list(family= 'Arial', size= 12,
+              color= 'rgb(82, 82, 82)'))
> Yaxis <- list(title= "", showgrid= FALSE, zeroline= FALSE, showline= FALSE,
+              showticklabels= FALSE)
> Margin <- list(autoexpand= FALSE, l= 100, r= 100, t= 110)
```

각 자료의 처음과 마지막 값에 대해 주석처리를 하는 과정을 진행하였다. 4개 중 하나인 Television_1의 경우는

- xref= 'paper': x-reference로 그림판을 상대적 기준 값으로 사용
  [0, 1]의 값을 사용
- yref= 'y': y-reference로 y축의 값을 상대적 기준 값으로 사용
- x= 0.05: x축의 값 0.05에 위치
- y= Y_television[1]: y축 변수의 첫 번째 값인 "74"에 위치
- xanchor= 'right': x축 지점의 위치 선정으로 삽입문구의 "오른쪽"에 위치
- yanchor= 'middle': y축 지점의 위치 선정으로 삽입문구의 "중간"에 위치
- text= ~paste('Television', Y_television[1], '%'): 표시할 문장 정보
- font= list(....): 표시할 문자의 폰트, 크기, 색상 및 화살표 사용 유무 등

```
> Television_1 <- list(xref= 'paper', yref= 'y', x= 0.05, y= Y_television[1],
+                     xanchor= 'right', yanchor= 'middle',
+                     text= ~paste('Television ', Y_television[1], '%'),
+                     font= list(family= 'Arial', size= 16,
+                     color= 'rgba(67,67,67,1)'), showarrow= FALSE)
> Internet_1 <- list(xref= 'paper', yref= 'y', x= 0.05, y= Y_internet[1],
```

```
+                    xanchor= 'right', yanchor= 'middle',
+                    text= ~paste('Internet ', Y_internet[1], '%'),
+                    font= list(family= 'Arial', size= 16,
+                    color= 'rgba(49,130,189, 1)'), showarrow= FALSE)
> Television_2 <- list(xref= 'paper', x= 0.95, y= Y_television[12],
+                      xanchor= 'left', yanchor= 'middle',
+                      text= paste('Television ', Y_television[12], '%'),
+                      font= list(family= 'Arial', size= 16,
+                      color= 'rgba(67,67,67,1)'),  showarrow= FALSE)
> Internet_2 <- list(xref= 'paper', x= 0.95, y= Y_internet[12],
+                     xanchor= 'left', yanchor= 'middle',
+                     text= paste('Internet ', Y_internet[12], '%'),
+                     font= list(family= 'Arial', size= 16,
+                     color= 'rgba(49,130,189, 1)'), showarrow= FALSE)
> plot_ly(Df5, x= ~X) %>%
+   add_trace(y= ~Y_television, type= 'scatter', mode= 'lines',
+             line= list(color= 'rgba(67,67,67,1)', width= 2)) %>%
+   add_trace(y= ~Y_internet, type= 'scatter', mode= 'lines',
+             line= list(color= 'rgba(49,130,189, 1)', width= 4)) %>%
+   add_trace(x= ~c(X[1], X[12]), y= ~c(Y_television[1], Y_television[12]),
+             type= 'scatter', mode= 'markers',
+             marker= list(color= 'rgba(67,67,67,1)', size= 8)) %>%
+   add_trace(x= ~c(X[1], X[12]), y= ~c(Y_internet[1], Y_internet[12]),
+             type= 'scatter', mode= 'markers',
+             marker= list(color= 'rgba(49,130,189, 1)', size= 12)) %>%
+   layout(title= "뉴스 출처", xaxis= Xaxis, yaxis= Yaxis, margin= Margin,
+             autosize= FALSE, showlegend= FALSE,
+             annotations= Television_1) %>%
+   layout(annotations= Internet_1) %>% layout(annotations= Television_2) %>%
+   layout(annotations= Internet_2)
```

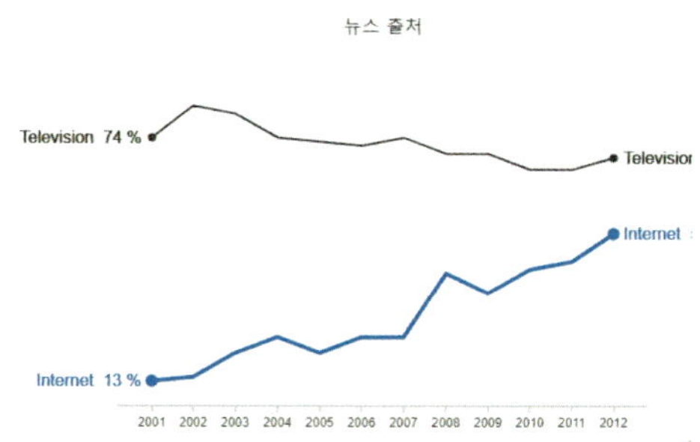

변수 "Month", "High_2014", "Low_2014"로 구성된 자료 Df6에서 두 변수 "High_2014"와 "Low_2014"의 평균인 새로운 변수 "Average_2014"를 추가하였고, 인자형 변수 "Month"의 수준(level)을 입력된 순서로 지정한 시각화할 자료 Df6를 구성하였다.

```
> Month <- c('January', 'February', 'March', 'April', 'May', 'June', 'July',
+            'August', 'September', 'October', 'November', 'December')
> High_2014 <- c(28.8, 28.5, 37.0, 56.8, 69.7, 79.7, 78.5, 77.8, 74.1,
+                62.6, 45.3, 39.9)
> Low_2014 <- c(12.7, 14.3, 18.6, 35.5, 49.9, 58.0, 60.0, 58.6, 51.7,
+               45.2, 32.2, 29.1)
> Df6 <- data.frame(Month, High_2014, Low_2014)
> Df6$Average_2014 <- rowMeans(Df6[ , c("High_2014", "Low_2014")])
> Df6$Month <- factor(Df6$Month, levels= Df6[["Month"]])
```

변수 "High_2014"를 y축으로 하는 선그래프의 색을 옵션 "color= 'transparent'"을 사용하여 투명하게 하였다. 함수 "add_trace( )"를 사용하여 두 번째 변수 "Low_2014"를 축으로 하며 옵션 "fill= 'tonexty'"를 이용하여 두 변수 사이에 투명도를 0.2로 하여 색상(fillcolor= 'rgba(0, 100, 80, 0.2)')을 채워 놓았다. (옵션 "fill= "에는 이외에도 "fill= 'tozeroy'"와 "fill= 'toself'"도 상황에 맞게 사용할 수 있다.) 마지막으로 두 변수의 평균값인 변수 "Average_2014"를 함수

"add_trace( )"를 사용하여 선그래프를 추가하였다. 함수 "layout( )"를 이용하여 제목, 축 제목 등의 세세한 항목들을 나타내었다.

```
> Margin <- list(autoexpand= FALSE, l= 40, r= 40, t= 40)
> plot_ly(Df6, x= ~Month, y= ~High_2014, type= 'scatter', mode= 'lines',
+         line= list(color= 'transparent'), showlegend= FALSE,
+         name= 'High 2014') %>%
+   add_trace(y= ~Low_2014, type= 'scatter', mode= 'lines', fill= 'tonexty',
+             fillcolor= 'rgba(0,100,80,0.2)', line= list(color= 'transparent'),
+             showlegend= FALSE, name= 'Low 2014') %>%
+   add_trace(x= ~Month, y= ~Average_2014, type= 'scatter', mode= 'lines',
+             line= list(color= 'rgb(0,100,80)'), name= 'Average') %>%
+   layout(title= "뉴욕의 평균, 최고 및 최저 온도",
+         paper_bgcolor= 'rgb(255,255,255)', margin= Margin,
+         plot_bgcolor= 'rgb(229,229,229)',
+         xaxis= list(title= "월", gridcolor= 'rgb(255,255,255)',
+                     showgrid= TRUE, showline= FALSE,
+                     showticklabels= TRUE, tickcolor= 'rgb(127,127,127)',
+                     ticks= 'outside', zeroline= FALSE),
+                     yaxis= list(title= "온도(화씨 F)",
+                     gridcolor= 'rgb(255,255,255)', showgrid= TRUE,
+                     showline= FALSE, showticklabels= TRUE,
+                     tickcolor= 'rgb(127,127,127)',
+                     ticks= 'outside', zeroline= FALSE))
```

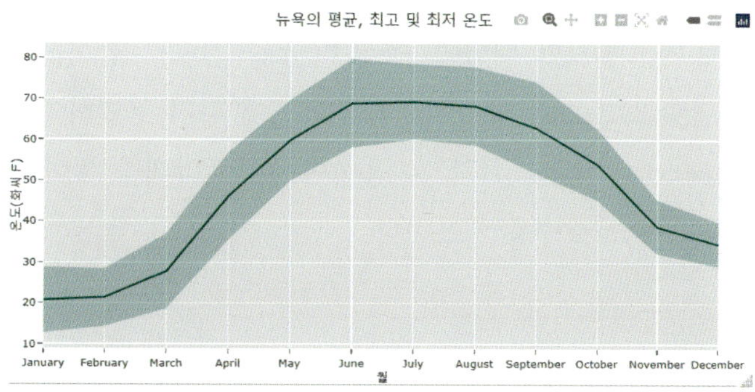

다음은 패키지 ggplot2에 있는 자료 diamonds에 대하여, 함수 "tapply( )", "unlist( )"와 "lapply( )"를 이용하여 변수 "cut"에 따른 밀도함수의 값으로 생성된 자료 Df의 그래프이다. 옵션 "color= ~cut"를 사용하여 변수 "cut"에 의한 색상을 구분하였다.

```
> Dens <- with(diamonds, tapply(price, INDEX= cut, density))
> Df7 <- data.frame(X= unlist(lapply(Dens, "[[", "x")),
+                   Y= unlist(lapply(Dens, "[[", "y")),
+                   cut= rep(names(Dens), each= length(Dens[[1]]$x)))
> plot_ly(Df7, x= ~X, y= ~Y, color= ~cut) %>% add_lines()
```

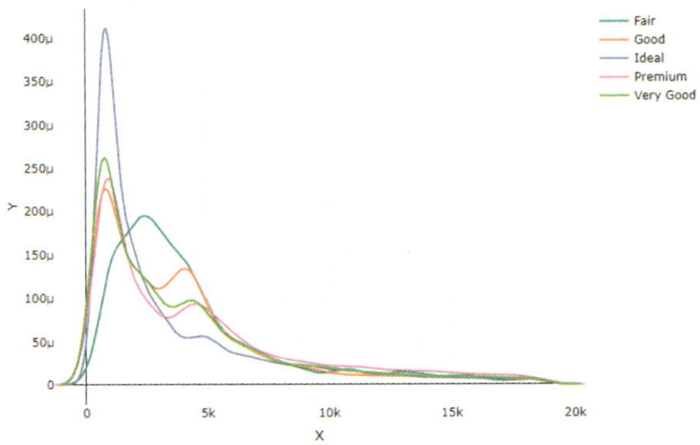

1.4 막대그래프 (Bar Charts)

아래와 같이 생성된 자료 Df1에 대하여, 옵션 "type= 'bar'"를 사용하면 막대그래프를 그릴 수 있다. 변수 "SF_Zoo"와 변수 "LA_Zoo"에 따라 구별하여 나란하게 표시하고자 때 옵션 "barmode= 'group'"을 이용하며, 이들 막대를 쌓아서 표현하고자 하면 옵션 "barmode= 'stack'"을 사용한다.

```
> Animals <- c("giraffes", "orangutans", "monkeys")
> SF_Zoo <- c(20, 14, 23);     LA_Zoo <- c(12, 18, 29)
> Df1 <- data.frame(Animals, SF_Zoo, LA_Zoo)
```

```
> plot_ly(Df1, x= ~Animals, y= ~SF_Zoo, type= 'bar', name= 'SF Zoo')
> plot_ly(Df1, x= ~Animals, y= ~SF_Zoo, type= 'bar', name= 'SF Zoo') %>%
+          add_trace(y= ~LA_Zoo, name= 'LA Zoo') %>%
+          layout(yaxis= list(title= 'Count'), barmode= 'group')
> plot_ly(Df1, x= ~Animals, y= ~SF_Zoo, type= 'bar', name= 'SF Zoo') %>%
+          add_trace(y= ~LA_Zoo, name= 'LA Zoo') %>%
+          layout(yaxis= list(title= 'Count'), barmode= 'stack')
```

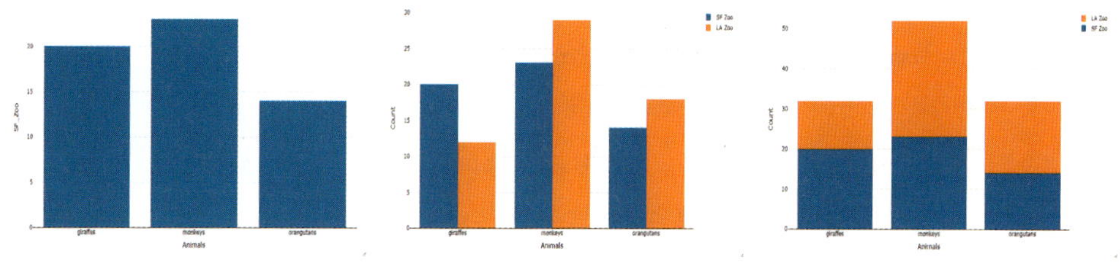

변수 4개로 구성된 자료 Df2를 다음과 같이 생성하여 사용하기로 하자. 여기서 변수 "Text"는 아래의 그래프에서 호버(hover)에 표시하고자 하는 값이다.

```
> X <- c('Product A', 'Product B', 'Product C')
> Y <- c(20, 14, 23)
> Y2 <- c(16,12,27)
> Text <- c('27% market share', '24% market share', '19% market share')
> Df2 <- data.frame(X, Y, Y2, Text)
```

옵션 "text= Text"은 위에서 설정한 변수 "Text"의 값을 호버(hover)에 표시하여 준다. 그래프에서 파악하고자 하는 부분에 마우스를 가져다 놓으면 아래의 그림처럼 위에서 지정한 변수 "Text"에 해당되는 값이 나타난다.

막대그래프의 값(레이블, label) 표시 유무는 옵션 "textposition= "을 사용한다. 가능한 값으로는 auto, outside, inside, none 등이 있다.

```
> plot_ly(Df2, x= ~X, y= ~Y, type= 'bar', text= Text,
+          marker= list(color= 'rgb(158,202,225)',
+                        line= list(color= 'rgb(8,48,107)',
+                                    width= 1.5))) %>%
+   layout(title= "January 2013 Sales Report", xaxis= list(title= ""),
+          yaxis= list(title= ""))
> Df2 %>% plot_ly() %>%
+   add_trace(x= ~X, y= ~Y, type= 'bar', text= Y, textposition= 'auto',
+              marker= list(color= 'rgb(158,202,225)',
+                            line= list(color= 'rgb(8,48,107)',
+                                        width= 1.5))) %>%
+   add_trace(x= ~X, y= ~Y2, type= 'bar', text= Y2, textposition= 'auto',
+              marker= list(color= 'rgb(58,200,225)',
+                            line= list(color= 'rgb(8,48,107)',
+                                        width= 1.5))) %>%
+   layout(title= "January 2013 Sales Report",
+          barmode= 'group', xaxis= list(title= ""),
+          yaxis= list(title= ""))
```

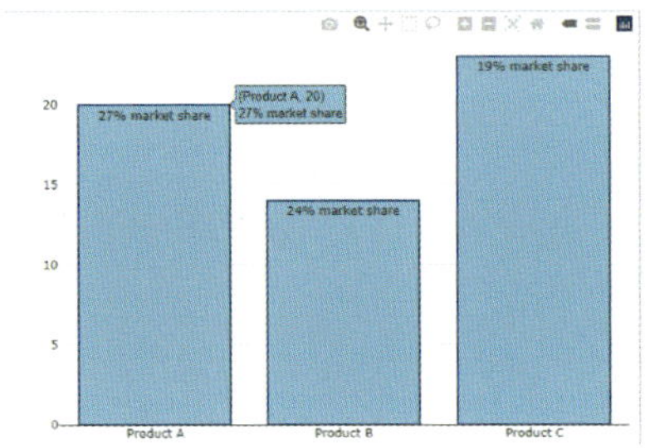

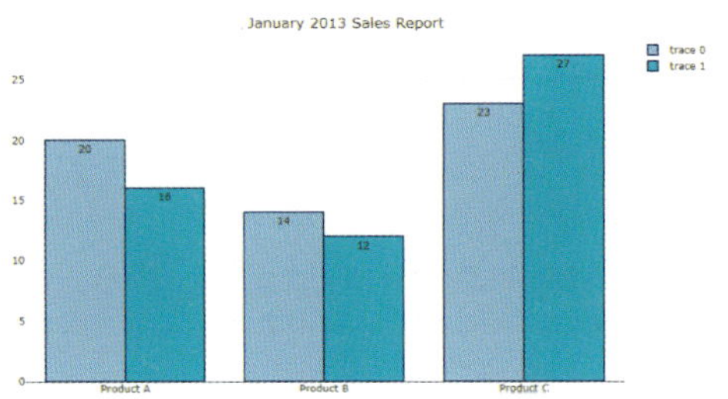

다음 결과는 축에 표시되는 변수의 값, 즉 레이블의 표현을 나타낸 것이다. 일반적으로 가로 또는 세로를 사용하며, 이 외에도 기준 축으로부터 기울어진 정도로 표현하고자 할 때는 함수 "layout( )"에서 옵션 "tickangle= "을 사용하여 표현할 수 있다.

```
> X <- c('January','February','March','April','May','June','July',
+        'August','September','October','November','December')
```

```
> Y1 <- c(20, 14, 25, 16, 18, 22, 19, 15, 12, 16, 14, 17)
> Y2 <- c(19, 14, 22, 14, 16, 19, 15, 14, 10, 12, 12, 16)
> Df3 <- data.frame(X, Y1, Y2)
> Df3$X <- factor(Df3$X, levels= Df3[["X"]])
> plot_ly(Df3, x= ~X, y= ~Y1, type= 'bar', name= '제품-1',
+         marker= list(color= 'rgb(49,130,189)')) %>%
+   add_trace(y= ~Y2, name= '제품-2',
+             marker= list(color= 'rgb(204,204,204)')) %>%
+   layout(xaxis= list(title= "", tickangle= 45), yaxis= list(title= ""),
+          margin= list(b= 100), barmode= 'group')
```

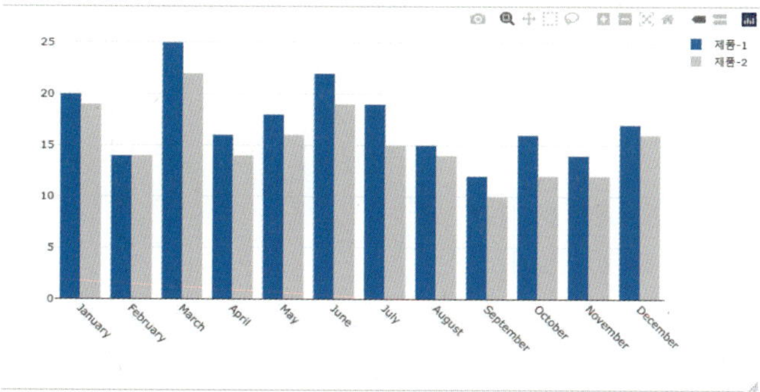

막대그래프의 막대마다 색상을 다르게 표현할 수 있다.

```
> X <- c('Feature A', 'Feature B', 'Feature C', 'Feature D', 'Feature E')
> Y <- c(20, 14, 23, 25, 22)
> Df4 <- data.frame(X, Y)
> plot_ly(Df4, x= ~X, y= ~Y, type= 'bar', color= I("black")) %>%
+   layout(title= "Features", xaxis= list(title= ""), yaxis= list(title= ""))
> Color <- c('rgba(120, 4,24,1)', 'rgba(222, 45,38,0.5)', 'rgba(57,3,7,1)',
+            'rgba(156,36,89,1)', 'rgba(204,204,20,1)')
> plot_ly(Df4, x= ~X, y= ~Y, type= 'bar', marker= list(color= Color)) %>%
+   layout(title= "<br>색상 구별", xaxis= list(title= ""), yaxis= list(title= ""))
```

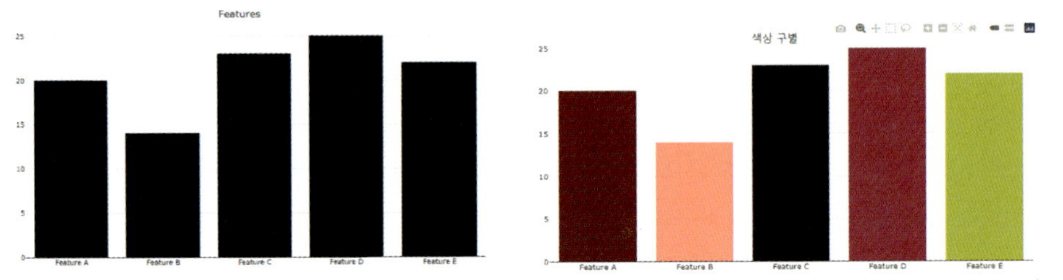

옵션 "width= "을 사용하여 막대의 너비를 조절할 수 있으며, 옵션 "base= "를 이용하면 x축의 위와 아래에 또는 특정한 위치에서 막대를 표시할 수 있다. 옵션 "name = "은 범례의 표현을 사용자가 원하는 값으로 나타나게 해 준다.

```
> X <- c(1, 2, 3, 5.5, 10);   Y <- c(10, 8, 6, 4, 2)
> Width <- c(0.8, 0.8, 0.8, 3.5, 4)
> Data <- data.frame(X, Y, Width)
> plot_ly(Data) %>% add_bars(x= ~X, y= ~Y, width= ~Width  )
> plot_ly() %>%
+   add_bars(x= c("2016", "2017", "2018"), y= c(500,600,700),
+            base= c(-500,-600,-700), marker= list(color= 'red'),
+            name= 'expenses' ) %>%
+   add_bars(x= c("2016", "2017", "2018"), y= c(300,400,700), base= 0,
+            marker= list(color= 'blue'), name= 'revenue')
```

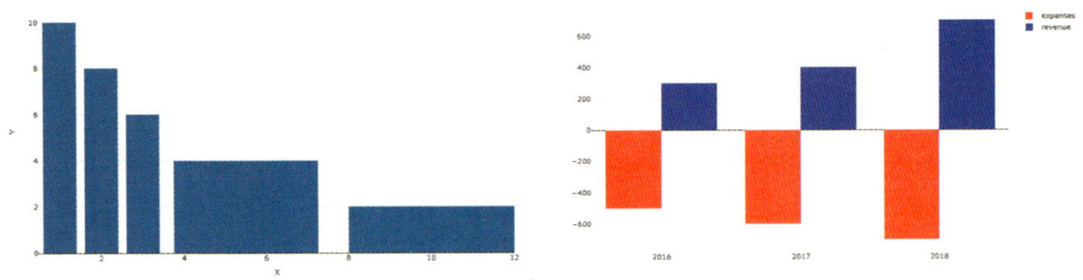

아래의 그래프는 패키지 ggplot2에 있는 자료 diamonds를 사용한 막대그래프의 예이다. 패키지 dplyr에서 제공되는 함수 "count()"에서 "count(cut, clarity)"은

변수 “cut”에 따른 변수 “clarity”의 도수를 구하게 된다. 그 결과 빈도수의 이름은 “n”이 된다. 함수 “plot_ly( )”의 인자 “x= ~cut, y= ~n”은 변수 “cut”를 범주 축으로 하여 x축에, 변수 “n”의 값을 막대 높이로 하여 그리는 막대그래프를 그리게 한다. 이때 또한 옵션 “color= ~clarity”를 사용한 결과는 변수 “cut”에 따른 변수 “clarity”의 막대그래프를 그리게 되고, 색상도 구별하여 표시하게 된다.

```
> library(dplyr)
> ggplot2::diamonds %>%  count(cut, clarity) %>%
+   plot_ly(x= ~cut, y= ~n, type= 'bar', color= ~clarity)
```

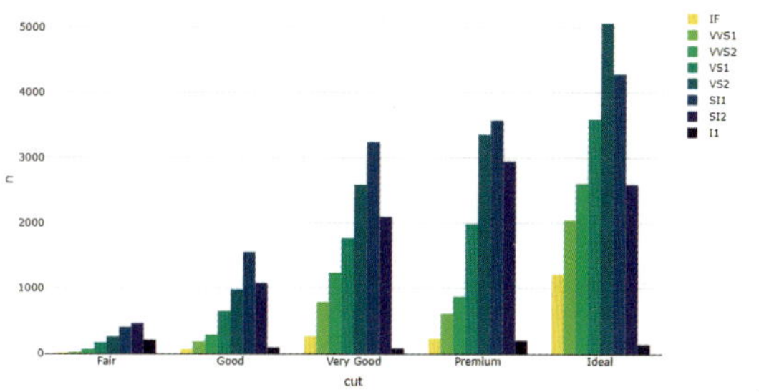

대륙별 인구수에 대한 자료 Population.csv를 읽어 자료 Df6로 하고, 변수 “Asia”와 “Total”, 이 두 개의 자료에 대한 막대그래프를 나타낸 것이다. 변수 “Year”를 x축으로 하고, 변수 “Total”를 y축으로 하는 막대를 그리고, 다음 변수 “Asia”의 막대를 나란히 하였다. 함수 “layout( )”의 옵션 “legend= list(x= 0, y= 1, ...”을 사용하여 범례의 위치도 좌표 $(0,1)$인 좌측 상단에 위치하고, 옵션 “bargap= 0.15”를 사용하여 변수 “Year”의 값에 대한 막대의 간격을 0.15로 하였다.

```
> Df6 <- read.csv("./Data_Plotly/Population.csv", header = TRUE)
> str(Df6)
'data.frame' :    12 obs. of  7 variables:
 $ Year       : int 1952 1957 1962 1967 1972 1977 1982 1987 1992 1997 ...
 $ Asia       : int 1395 1563 1696 1906 2151 2385 2610 2871 3133 3383 ...
 $ Europe     : int 418 438 460 481 501 517 531 543 558 569 ...
```

```
 $ Africa    : int 238 265 297 335 380 433 499 575 659 744 ...
 $ Americas  : int 345 387 433 481 529 578 630 683 739 797 ...
 $ Oceania   : int 11 12 13 15 16 17 18 20 21 22 ...
 $ Total     : int 2407 2664 2900 3217 3577 3930 4289 4691 5111 5515 ...
> plot_ly(Df6, x= ~Year, y= ~Total, type= 'bar', name= '세계인구',
+         marker= list(color= 'rgb(55, 83, 109)')) %>%
+   add_trace(y= ~Asia, name= '아시아', marker= list(color= 'rgb(26, 118, 255)')) %>%
+   layout(title= '<br>아시아 인구 현황',
+         xaxis= list(title= "",
+                     tickfont= list(size= 14, color= 'rgb(107, 107, 107)')),
+         yaxis= list(title= '인구수(백만)',
+                     titlefont= list(size= 16, color= 'rgb(107, 107, 107)'),
+         tickfont= list(size= 14, color= 'rgb(107, 107, 107)')),
+         legend= list(x= 0, y= 1, bgcolor= 'rgba(255, 255, 255, 0)',
+                     bordercolor= 'rgba(255, 255, 255, 0)'),
+         barmode= 'group', bargap= 0.15)
```

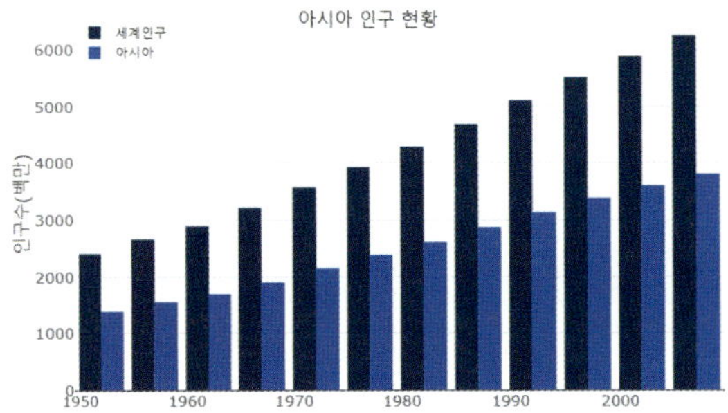

다음은 수익(Revenue)과 경비(Costs)에 따른 이익(Profit)의 표를 한눈에 파악할 수 있는 일명 **폭포 차트**(Waterfall Bar Chart)의 예이다.

Revenue			Costs			Profit
Product	Service	Total	Fixed	Variable	Total	
430	260	690	120	200	320	370

6개의 변수를 갖는 자료 Df7을 생성하고, 특히 변수 "X"는 인자형으로 그의 수준을 입력한 그대로 하기 위하여 함수 "factor( )"를 사용하였다.

```
> X <- c('Product<br>Revenue','Services<br>Revenue','Total<br>Revenue',
+        'Fixed<br>Costs','Variable<br>Costs','Total<br>Costs',
+        'Total<br>Profit')
> Y <- c(400, 660, 660, 590, 400, 400, 340)
> Base <- c(0, 430, 0, 570, 370, 370, 0) ;  Revenue <- c(430, 260, 690, 0, 0, 0, 0)
> Costs <- c(0, 0, 0, 120, 200, 320, 0) ; Profit <- c(0, 0, 0, 0, 0, 0, 370)
> Text <- c('$430K', '$260K', '$690K', '$-120K', '$-200K', '$-320K', '$370K')
> Df7 <- data.frame(X, Base, Revenue, Costs, Profit, Text)
> Df7$X <- factor(Df7$X, levels = Df7[["X"]])
```

아래의 왼쪽 그래프는 완성된 폭포 차트의 과정을 이해할 수 있도록 한 중간 단계로 누적 막대가 아닌 나란한 막대로 값들을 표현한 것이다. 우선 색의 투명도를 0으로 한 (color = 'rgba(1, 1, 1, 0)') 변수 "Base"의 막대를 그린 후, 함수 "add_trace()"를 이용하여 변수 "Revenue", "Costs", "Profit"의 값을 추가하였다. 오른쪽 그래프는 함수 "layout()"에서 옵션 "barmode= 'stack'"를 사용해 막대를 누적하여 나타나도록 하였다. 마지막으로 함수 "add_annotations()"에서 옵션 "text= Text"를 이용하여 막대의 값(Text)을 값 변수 "Y"의 값에 위치하도록 하였다.

```
> Bg <- plot_ly(Df7, x= ~X, y= ~Base, type= 'bar',
+               marker= list(color= 'rgba(1, 1, 1, 0.1)')) %>%
+        add_trace(y= ~Revenue,
+                  marker= list(color= 'rgba(55, 128, 191, 0.7)',
+                               line= list(color= 'rgba(55, 128, 191, 0.5)',
+                               width= 2))) %>%
+        add_trace(y= ~Costs,
+                  marker= list(color= 'rgba(219, 64, 82, 0.7)',
+                               line= list(color= 'rgba(219, 64, 82, 0.5)',
```

```
+                           width= 2))) %>%
+       add_trace(y= ~Profit,
+                 marker= list(color= 'rgba(50, 171, 96, 0.7)',
+                              line= list(color= 'rgba(50, 171, 96, 0.5)',
+                              width= 2)))
> Bg
> Bg %>%
+   layout(title= 'Annual Profit - 2015', xaxis= list(title= ""),
+          yaxis= list(title= ""), barmode= 'stack',
+          paper_bgcolor= 'rgba(245, 246, 249, 1)',
+          plot_bgcolor= 'rgba(245, 246, 249, 1)',
+          showlegend= FALSE) %>%
+   add_annotations(text= Text, x= X, y= Y, xref= "x", yref= "y",
+                   font= list(family= 'Arial', size= 14,
+                   color= 'rgba(245, 246, 249, 1)'),
+                   showarrow= FALSE)
```

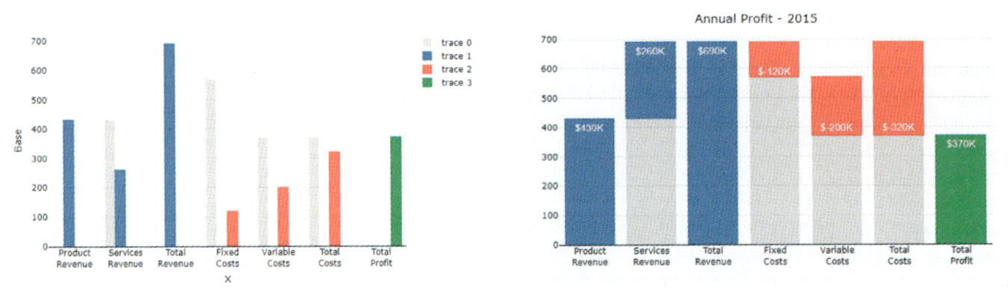

아래의 예는 앞에서 수직 막대로서 다루었던 자료에 대해 수평방향으로 나타나내는 방법으로 옵션 "orientation= 'h'"를 사용한다. 수평방향으로도 누적 막대를 나타낼 수 있다.

```
> Animals <- c('giraffes', 'orangutans', 'monkeys')
> SF_Zoo <- c(20, 14, 23);  LA_Zoo <- c(12, 18, 29)
> Df1 <- data.frame(Animals, SF_Zoo, LA_Zoo)
> plot_ly(Df1, x= ~SF_Zoo, y= ~Animals, type= 'bar', orientation= 'h')
> plot_ly(Df1, x= ~SF_Zoo, y= ~Animals, type= 'bar',
```

```
+          orientation= 'h', name= 'SF Zoo',
+          marker= list(color= 'rgba(246, 78, 139, 0.6)',
+                       line= list(color= 'rgba(246, 78, 139, 1.0)',
+                                  width= 3))) %>%
+   add_trace(x= ~LA_Zoo, name= 'LA Zoo',
+             marker= list(color= 'rgba(58, 71, 80, 0.6)',
+                          line= list(color= 'rgba(58, 71, 80, 1.0)',
+                                     width= 3))) %>%
+   layout(barmode= 'stack', xaxis= list(title= ""), yaxis= list(title= ""))
```

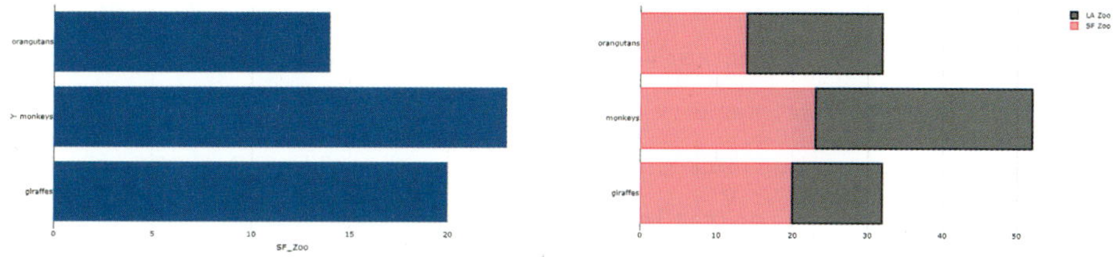

다음은 수평축으로 그린 막대그래프의 다른 예로 범주 변수 “Y”의 값에 따른 5개의 값 “X1”, “X2”, “X3”, “X4”, “X5”를 누적하여 표현한 결과이다. 결과의 좌측 그래프는 다섯 개의 변수들을 누적하여 표현하기 전으로 함수 “add_trace()”들만 사용하여 나란히 표현한 것이다. 다음 우측은 함수 “layout()”에서 옵션 “barmode= 'stack'”을 사용하여 누적막대로 표현하도록 하였으며, 함수 “add_annotations( )”을 이용하여 각 축과 변수들에 대한 표현을 꾸미는 작업을 진행하였다. 특히 마지막 함수 “add_annotations( )”에서는 옵션 “text= Top_labels”를 사용하여 레이블을 표현할 때, 그들의 위치를 각 막대의 중앙에 위치하도록 각 변수들의 마지막 값들(29, 24, 15, 18, 14)을 활용한 산술식을 이용하였다.

```
> Y <- c('교수는 학생이 이해할 수 <br> 있도록 명확하게 강의하였다. ',
+        '교수는 성/인종/국가/종교 등에 <br> 대하여 차별하지 않았고
+        <br> 학생들의 인격을 존중하였다.',
+        '교수는 학생들의 질문, 의견 등에<br>적절하게 피드백(feedback)하였다. ',
+        '강의에 대하여 전반적으로 <br> 만족하며 다른 <br>학생들에게 추천하겠다.')
> X1 <- c(21, 24, 27, 29);   X2 <-c(30, 31, 26, 24);   X3 <- c(21, 19, 23, 15);
```

```
> X4 <- c(16, 15, 11, 18);     X5 <- c(12, 11, 13, 14)
> Df8 <- data.frame(Y, X1, X2, X3, X4, X5)
> Top_labels <- c('매우<br>그렇다', '그렇다', '보통이다.', '아니다.', '전혀아니다.')
> Df8$Y <- factor(Df8$Y, levels= Df8[["Y"]])
```

```
> Bg <- plot_ly(Df8, x= ~X1, y= ~Y, type= 'bar', orientation= 'h',
+               marker= list(color= 'rgba(38, 24, 74, 0.8)',
+                            line= list(color= 'rgb(248, 248, 249)',
+                                       width= 1))) %>%
+       add_trace(x= ~X2, marker= list(color= 'rgba(71, 58, 131, 0.8)')) %>%
+       add_trace(x= ~X3, marker= list(color= 'rgba(122, 120, 168, 0.8)')) %>%
+       add_trace(x= ~X4, marker= list(color= 'rgba(164, 163, 204, 0.85)')) %>%
+       add_trace(x= ~X5, marker= list(color= 'rgba(190, 192, 213, 1)')) %>%
+       layout(xaxis= list(title= ""), yaxis= list(title= ""))
> Bg
> Bg %>%
+   layout(xaxis= list(title= "", showgrid= FALSE, showline= FALSE,
+                      showticklabels= FALSE, zeroline= FALSE,
+                      domain= c(0.15, 1)),
+          yaxis= list(title= "", showgrid= FALSE, showline= FALSE,
+                      showticklabels= FALSE, zeroline= FALSE),
+                      barmode= 'stack',
+                      paper_bgcolor= 'rgb(248, 248, 255)',
+                      plot_bgcolor= 'rgb(248, 248, 255)',
+                      margin= list(l= 120, r= 10, t= 140, b= 80),
+                      showlegend= FALSE) %>%
+   add_annotations(xref= 'paper', yref= 'y', x= 0.14, y= Y,
+                   xanchor= 'right', text= Y,
+                   font= list(family= 'Arial', size= 12,
+                              color= 'rgb(67, 67, 67)'),
+                   showarrow= FALSE, align= 'right') %>%
+   add_annotations(xref= 'x', yref= 'y', x= X1 / 2, y= Y,
+                   text= paste(Df8[,"X1"], '%'),
```

```
+                    font= list(family= 'Arial', size= 12,
+                               color= 'rgb(248, 248, 255)'),
+                    showarrow= FALSE) %>%
+    add_annotations(xref= 'x', yref= 'y', x= X1 + X2 / 2,
+                    y= Y, text= paste(Df8[,"X2"], '%'),
+                    font= list(family= 'Arial', size= 12,
+                               color= 'rgb(248, 248, 255)'),
+                    showarrow= FALSE) %>%
+    add_annotations(xref= 'x', yref= 'y', x= X1 + X2 + X3 / 2,
+                    y= Y, text= paste(Df8[,"X3"], '%'),
+                    font= list(family= 'Arial', size= 12,
+                               color= 'rgb(248, 248, 255)'),
+                    showarrow= FALSE) %>%
+    add_annotations(xref= 'x', yref= 'y',
+                    x= X1 + X2 + X3 + X4 / 2, y= Y,
+                    text= paste(Df8[,"X4"], '%'),
+                    font= list(family= 'Arial', size= 12,
+                               color= 'rgb(248, 248, 255)'),
+                    showarrow= FALSE) %>%
+    add_annotations(xref= 'x', yref= 'y',
+                    x= X1 + X2 + X3 + X4 + X5 / 2, y= Y,
+                    text= paste(Df8[,"X5"], '%'),
+                    font= list(family= 'Arial', size= 12,
+                               color= 'rgb(248, 248, 255)'),
+                    showarrow= FALSE) %>%
+    add_annotations(xref= 'x', yref= 'paper',
+                    x= c(29/ 2, 29 + 24 / 2, 29 + 24 + 15 / 2,
+                         29 + 24 + 15 + 18 / 2,
+                         29 + 24 + 15 + 19 + 14 / 2),
+                    y= 1.15, text= Top_labels,
+                    font= list(family= 'Arial', size= 12,
+                               color= 'rgb(67, 67, 67)'),
+                    showarrow= FALSE)
```

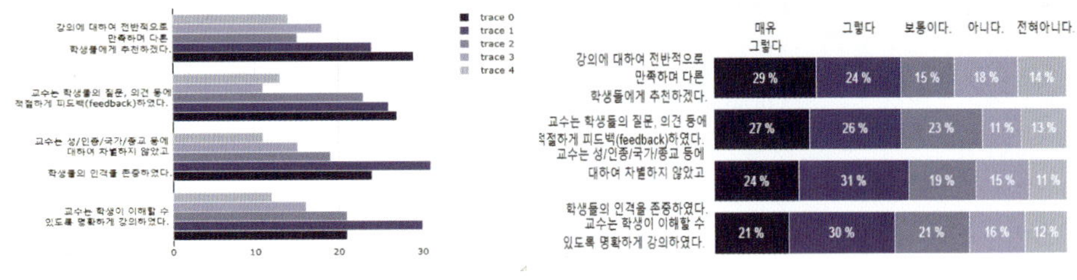

다음은 함수 "subplot( )"를 이용하여 한 면에 두 개의 그래프(여기서는 막대그래프와 선그래프)를 표현하는 방법이다. 우선 3개의 변수 "Y", "X_saving", "X_net_worth"를 갖는 자료 Df9를 생성하였다.

```
> Y <- c('일본', '영국', '캐나다', '네덜란드', '미국', '벨기에', '스웨덴', '스위스')
> X_saving <- c(1.4, 2.3, 4.9, 6.5, 7.5, 7.5, 15.2, 17.5)
> X_net_worth <- c(93453.9, 81666.6, 69889.6, 78381.5, 141395.3, 92969.0,
+                  66090.2, 122379.3)
> Df9 <- data.frame(Y, X_saving, X_net_worth)
```

먼저 변수 "X_saving"과 "reorder(Y, X_saving)"을 이용한 수평막대그래프를 임시로 "P1"이라 지정하였다. 여기서 "reorder(Y, X_saving)"은 다음 그래프와의 연속성을 위하여 지정한 것이다.

```
> P1 <- plot_ly(Df9, x= ~X_saving, y= ~reorder(Y, X_saving),
+               name= paste('가계 저축 ', '가계 가처분 소득 비율'),
+               type= 'bar', orientation= 'h',
+               marker= list(color= 'rgba(50, 171, 96, 0.6)',
+                            line= list(color= 'rgba(50, 171, 96, 1.0)',
+                                       width= 1))) %>%
+   layout(yaxis= list(showgrid= FALSE, showline= FALSE,
+                      showticklabels= TRUE, domain= c(0, 0.85)),
+          xaxis= list(zeroline= FALSE, showline= FALSE,
```

```
+                    showticklabels= TRUE, showgrid= TRUE)) %>%
+   add_annotations(xref= 'x1', yref= 'y', x= X_saving * 2.0 + 3, y= Y,
+                  text= paste(round(X_saving, 2), '%'),
+                  font= list(family= 'Arial', size= 12,
+                             color= 'rgb(50, 171, 96)'),
+                  showarrow= FALSE)
```

다음으로 옵션 "type= 'scatter'"와 "mode= 'lines+markers'"를 이용하여 표식과 선으로 표현되는 선그래프의 결과를 임시로 "P2"라 지정한 것이다.

```
> P2 <- plot_ly(Df9, x= ~X_net_worth, y= ~reorder(Y, X_saving),
+               name= '가계 순자산(백만$/수)',
+               type= 'scatter', mode= 'lines+markers',
+               line= list(color= 'rgb(128, 0, 128)')) %>%
+   layout(yaxis= list(showgrid= FALSE, showline= TRUE, showticklabels= FALSE,
+                     linecolor= 'rgba(102, 102, 102, 0.8)', linewidth= 2,
+                     domain= c(0, 0.85)),
+          xaxis= list(zeroline= FALSE, showline= FALSE, showticklabels= TRUE,
+                     showgrid= TRUE, side= 'top', dtick= 25000)) %>%
+   add_annotations(xref= 'x2', yref= 'y', x= X_net_worth, y= Y,
+                  text= paste(X_net_worth, 'M'),
+                  font= list(family= 'Arial', size= 12,
+                             color= 'rgb(128, 0, 128)'),
+                  showarrow= FALSE)
```

위에서 지정된 막대그래프 "P1"과 선그래프 "P2"를 한 면에 그릴 수 있도록 함수 "subplot( )"를 사용하였다. 함수 "layout( )"에서 제목, 여백 및 색상들을 지정하였고, 함수 "add_annotations( )"를 이용하여 필요한 문장을 좌표 $(-0.14, -0.15)$에서 시작하여 표현하도록 하였다. 옵션 "text= paste( )"의 넣고자 하는 문장을 아래와 같이 하면 결과 그래프와 같이 한 줄에 나타나게 할 수 있다.

```
> subplot(P1, P2) %>%
+   layout(title= '가계 저축률 & 가계순자산 [OECD 8개국]',
+          legend= list(x= 0.029, y= 1.038, font= list(size= 10)),
+          margin= list(l= 100, r= 20, t= 70, b= 70),
+          paper_bgcolor= 'rgb(248, 248, 255)',
+          plot_bgcolor= 'rgb(248, 248, 255)') %>%
+   add_annotations(xref= 'paper', yref= 'paper', x= -0.14, y= -0.15,
+                   text= paste('OECD (2015),
+                                Household savings (indicator),',
+                                'Household net worth (indicator).doi:',
+                                '10.1787/cfc6f499-en (Accessed on
+                                05 June 2015)'),
+                   font= list(family= 'Arial', size= 10,
+                              color= 'rgb(150,150,150)'),
+                   showarrow= FALSE)
```

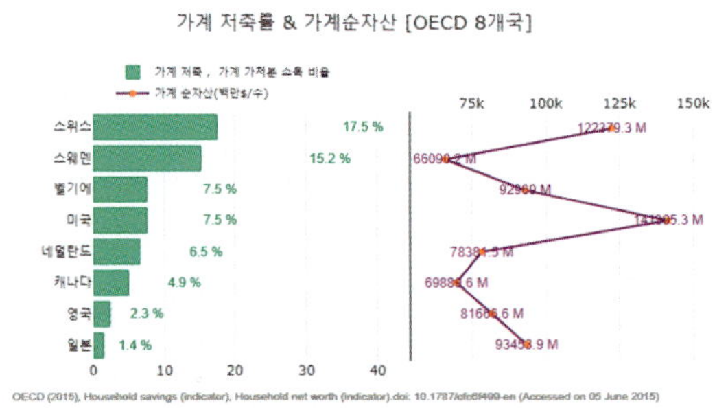

1.5 원그래프 (Pie Charts)

아래와 같이 가상 자료 Df1을 생성하였다. 이 자료에 대한 원그래프를 그리기 위해서는 함수 "plot_ly( )"에서 옵션 "type= 'pie'"를 사용한다. 함수 "layout( )"를 이용하여 다양하게 그래프를 꾸밀 수 있다. 범례는 기본적으로 나타나도록 되어 있으며, 옵션 "showlegend= FALSE"를 사용하면 범례를 나타나지 않게 할 수 있다.

```
> Df1 <- data.frame(Group= LETTERS[1:5],  Value= c(13, 7, 9, 21, 2))
> plot_ly(Df1, labels= ~Group, values= ~Value, type= 'pie') %>%
+   layout(title= '원형그래프')
```

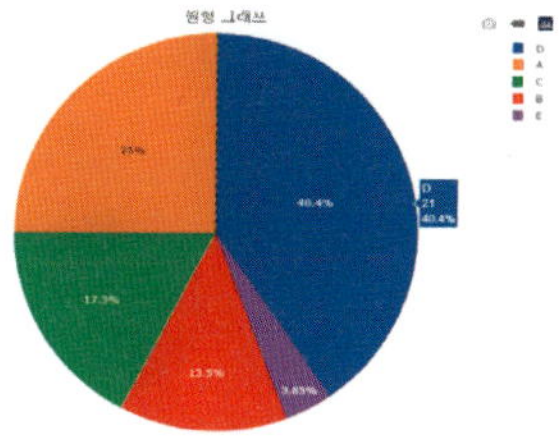

한 면에 원그래프를 중복하여 그리기 위해서는 함수 “add_pie( )”를 계속 사용하면 된다. 여기서는 한 면에 3개의 원그래프를 그리는 예이다. 패키지 dplyr에 있는 함수 “count( )”를 이용하면 패키지 ggplot2에 있는 자료 diamonds의 변수들 “cut”, “color”, “clarity”의 빈도수를 계산할 수 있다. 이때 빈도수의 이름은 “n”이 된다. 이 값을 사용하는 옵션은 “values= ~n”이다. 옵션 “domain= ...”를 이용하여 원하는 위치 및 크기로 나타낼 수 있다. 첫 번째 원그래프의 경우 옵션 “domain= list(x= c(0, 0.5), y= c(0, 0.5))”는 좌표 (0, 0)에서 (0.5, 0.5)의 정사각형에 내접하는 원그래프를 그리게 된다. 반면 좌표계가 정사각형이 아닌 조합인 경우는 경우에 따라 작은/큰 범위의 정사각형에 내접하는 원그래프를 그리게 된다. 또한 옵션 “textinfo= ...”은 표현되는 값의 종류로 “label”, “text”, “value”, “percent”, “none” 등이 단독 또는 아래와 같이 병합하여 사용하면 된다.

```
> library(dplyr)
> plot_ly( ) %>%
+   add_pie(data= count(diamonds, cut), labels= ~cut, values= ~n,
+           textinfo= 'label+percent',
+           name= "Cut", domain= list(x= c(0, 0.5), y= c(0, 0.5))) %>%
+   add_pie(data= count(diamonds, color), labels= ~color, values= ~n,
+           textinfo= 'label+value', name= "Color",
+           domain= list(x= c(0.5, 0.8), y= c(0.5, 0.8))) %>%
+   add_pie(data= count(diamonds, clarity), labels= ~clarity, values= ~n,
```

```
+             textinfo= "percent", name= "Clarity",
+             domain= list(x= c(0.8, 1), y= c(0.8, 1))) %>%
+    layout(title= "Pie Charts with Subplots", showlegend= FALSE)
```

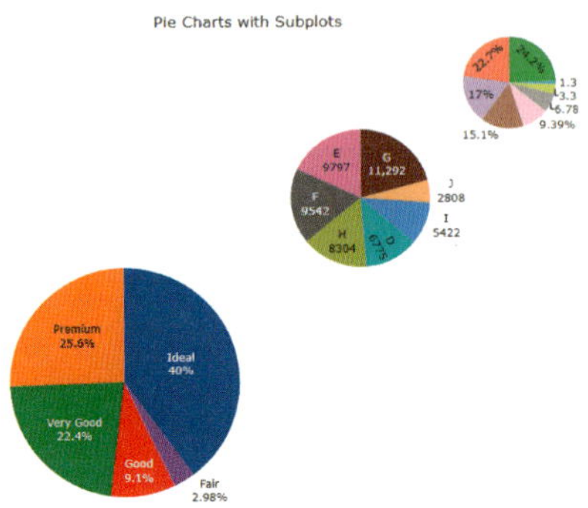

함수 “layout( )”에서 옵션 “grid= list(rows= 2, columns= 2)”은 그림판을 격자 구조로 2×2의 4개로 균등 분할하여 사용함을 의미한다. “add_pie( )”에서 사용되는 옵션 “domain= list(row= 0, column= 0))”은 첫 번째 행과 첫 번째 열의 위치에 원그래프를 표시하게 된다.

```
> plot_ly() %>%
+    add_pie(data= count(diamonds, cut), labels= ~cut, values= ~n,
+             textinfo= 'label+value', name= "Cut",
+             domain= list(row= 0, column= 0)) %>%
+    add_pie(data= count(diamonds, color), labels= ~color, values= ~n,
+             textinfo= 'label+value', name= "Color",
+             domain= list(row= 0, column= 1)) %>%
+    add_pie(data= count(diamonds, clarity), labels= ~clarity, values= ~n,
+             textinfo= 'label+value', name= "Clarity",
+             domain= list(row= 1, column= 0)) %>%
+    add_pie(data= count(diamonds, cut), labels= ~cut, values= ~n,
+             textinfo= 'label+percent', name= "Cut",
+             domain= list(row= 1, column= 1)) %>%
```

```
+   layout(title= "Pie Charts with Subplots", showlegend= F,
+           grid= list(rows= 2, columns= 2),
+           xaxis= list(showgrid= FALSE, zeroline= FALSE, showticklabels= FALSE),
+           yaxis= list(showgrid= FALSE, zeroline= FALSE, showticklabels= FALSE))
```

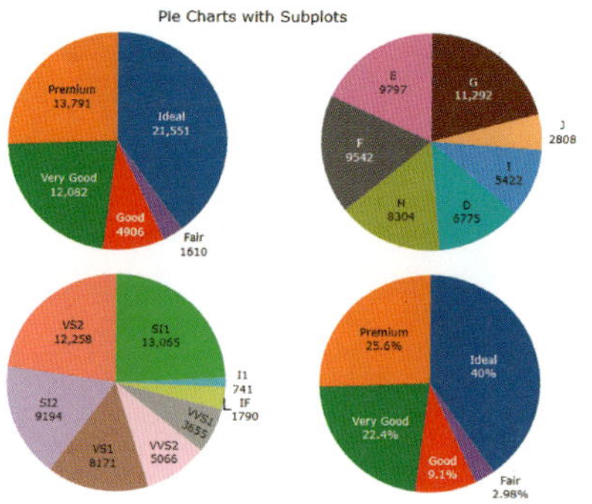

패키지 datasets에 있는 자료 mtcars의 행 이름 중 첫 글자부터 공백까지[자동차 제작사를 의미]를 잘라 그 이름을 변수 "manuf"라 하고, 원그래프와 비슷하지만 가운데 부분을 제거한 도우넛 그래프를 그린 예이다. 변수 "manuf"별 빈도수를 구하고, 각 조각의 표시를 레이블과 비율을 나타나도록 옵션 "textinfo= 'label+percent'"을 사용하였고, 가운데 빈 공간을 표현되도록 옵션 "hole= 0.4"를 사용하였다.

```
> mtcars$manuf <- sapply(strsplit(rownames(mtcars), " "), "[[", 1 )
> mtcars %>%
+   group_by(manuf) %>% summarize(count= n()) %>%
+   plot_ly(labels= ~manuf, values= ~count, textinfo= 'label+percent') %>%
+   add_pie(hole= 0.6) %>%
+   layout(title= "Donut charts using Plotly", showlegend= F)
```

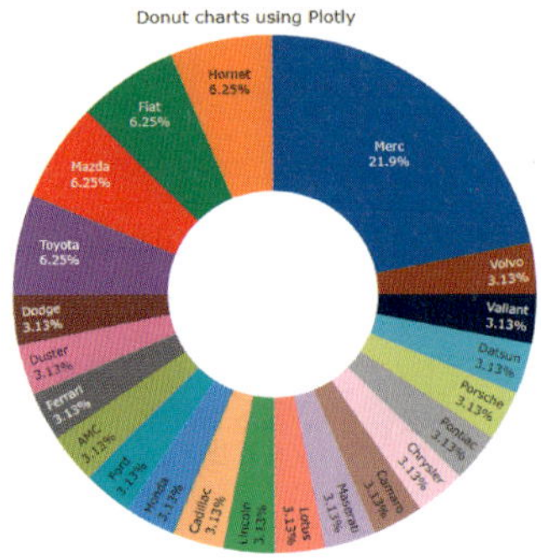

1.6 버블 차트 (Bubble Chart)

버블 차트는 일반 산점도에서 표식을 특정 변수값의 크기에 비례하여 크기를 다르게 표현한 그래프이다. 다음은 Web에 있는 자료인 school_earnings.csv를 이용하여 그 이름을 Data로 한 예이다. 아래와 같이 자료가 있는 Web 주소를 정확하게 작성하면 정상적으로 현재 작업공간으로 자료를 들여 올 수 있다. 다운 받은 자료 파일을 저장 후 읽어 들이는 방법을 사용한 예이다.

```
> Df1 <- read.csv('https://raw.githubusercontent.com/plotly/datasets
+                 /master/school_earnings.csv')
> write.table(Df1, file= "school_earnings.csv", sep= ",")
> Df1 <- read.csv("./Data_Plotly/school_earnings.csv")
```

자료 Data는 4개의 변수 "School", "Women", "Men", "Gap"으로 이루어진 21개의 관측값으로 구성되어 있다. 성별 간 수입의 차이(Men-Women)인 변수 "Gap"의 값에 따라 표식의 크기가 다르게 표현되도록 옵션 "size= ~Gap"을 사용하였다. 옵션 "text= ~School"은 호버(hover)의 표현에 변수 "School"의 값을 나타나게 한다. 옵션 "opacity= 0.5"는 표식의 투명정도를 결정한다. 가능한 수치 값의 범위는 구간 [0, 1]이다. 우측 그래프는 좌측 그래프에서 색상에 대한 옵션 "color= 'rgb(255,

65, 54)'"을 사용하여 변경한 것이다.

```
> plot_ly(Df1, x= ~Women, y= ~Men, text= ~School, type= 'scatter',
+         mode= 'markers', marker= list(size= ~Gap, opacity= 0.5)) %>%
+   layout(title= 'Gender Gap in Earnings per University',
+          xaxis= list(showgrid= FALSE), yaxis= list(showgrid= FALSE))
> plot_ly(Df1, x= ~Women, y= ~Men, text= ~School,
+         type= 'scatter', mode= 'markers',
+         marker= list(size= ~Gap, opacity= 0.5,
+                      color= 'rgb(255, 65, 54)')) %>%
+   layout(title= 'Gender Gap in Earnings per University',
+          xaxis= list(showgrid= FALSE), yaxis= list(showgrid= FALSE))
```

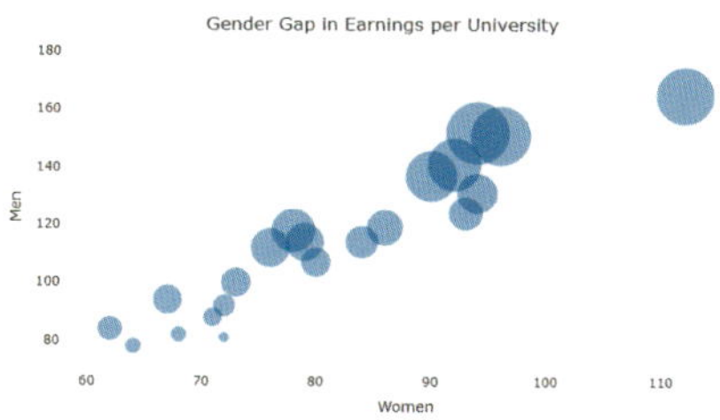

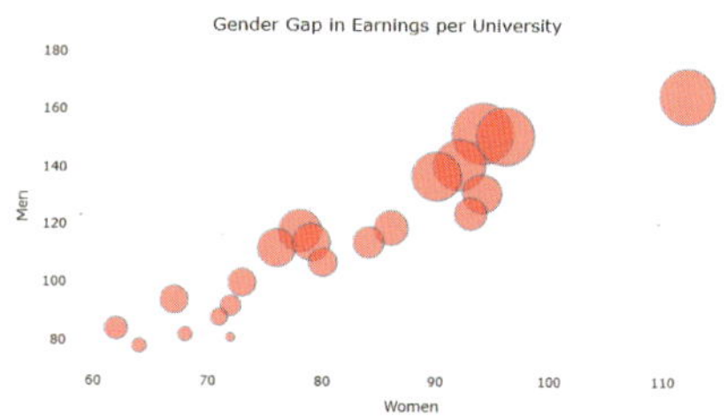

변수 "Colors"를 구성하는 과정에서 2번째 값만 나머지 20개와 다른 색상과 투명도를 갖도록 하였다. 옵션 "color= Colors"를 사용하여 위에서 지정한 변수 "Colors"의 색상으로 표현하였다. 우측 그래프에서 옵션 "color= ~Gap, colors= 'Reds'"는 지정된 색상 조합인 Reds를 사용하여 변수 "Gap"의 값에 따라 다르게 표현한 것이다.[참조: https://plotly.com/python/builtin-colorscales/]

```
> Colors <- c( )
> Colors[1:20] <- 'rgba(204,204,204,1)';    Colors[2] <- 'rgba(222,45,38,0.8)'
> plot_ly(Df1, x= ~Women, y= ~Men, text= ~School,
+         type= 'scatter', mode= 'markers',
+         marker= list(size= ~Gap, opacity= 0.5,
+                      color= Colors)) %>%
```

```
+    layout(title= 'Gender Gap in Earnings per University',
+            xaxis= list(showgrid= FALSE), yaxis= list(showgrid= FALSE))
> plot_ly(Df1, x= ~Women, y= ~Men, text= ~School, type= 'scatter',
+          mode= 'markers', color= ~Gap, colors= 'Reds',
+          marker= list(size= ~Gap, opacity= 0.5)) %>%
+   layout(title= 'Gender Gap in Earnings per University',
+           xaxis= list(showgrid= FALSE), yaxis= list(showgrid= FALSE))
```

아래는 각 대학이 위치한 미국의 각 주의 이름을 인자형으로 한 변수 “State”로 지정하였다.

```
> Data$State <- as.factor(c('Massachusetts', 'California', 'Massachusetts',
+                           'Pennsylvania', 'New Jersey', 'Illinois',
+                           'Washington DC', 'Massachusetts', 'Connecticut',
+                           'New York', 'North Carolina', 'New Hampshire',
+                           'New York', 'Indiana', 'New York', 'Michigan',
+                           'Rhode Island', 'California', 'Georgia',
+                           'California', 'California'))
```

위에서 지정한 변수 “State”의 값에 따라 색상을 표현하도록 “color= ~State”를 사용하였고, 옵션 “colors= 'Paired'”는 지정된 색상 조합인 Paired를 사용한 경우이다. 옵션 “sizemode= 'diameter'”는 표식크기에 대한 선택으로 이외에 “sizemode= 'area'”도 있다. 우측 그래프는 옵션 “sizes= c(10, 50)”을 추가한 경우로 이것은 최소 크기를 10, 최대 크기를 50으로 제한하게 된다.

```
> plot_ly(Data, x= ~Women, y= ~Men, text= ~School, type= 'scatter',
+         mode= 'markers', size= ~Gap, color= ~State, colors= 'Paired',
+         marker= list(opacity= 0.5, sizemode= 'diameter')) %>%
+   layout(title= 'Gender Gap in Earnings per University',
          xaxis= list(showgrid= FALSE), yaxis= list(showgrid= FALSE),
+         showlegend= FALSE)
> plot_ly(Df1, x= ~Women, y= ~Men, text= ~School, type= 'scatter',
+         mode= 'markers', size= ~Gap, color= ~State,
+         colors= 'Paired', sizes= c(10, 50),
+         marker= list(opacity= 0.5, sizemode= 'diameter')) %>%
+   layout(title= 'Gender Gap in Earnings per University',
+          xaxis= list(showgrid= FALSE), yaxis= list(showgrid= FALSE),
+          showlegend= FALSE)
```

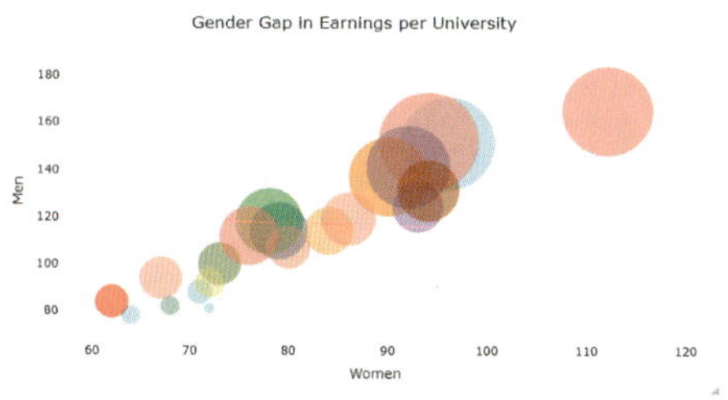

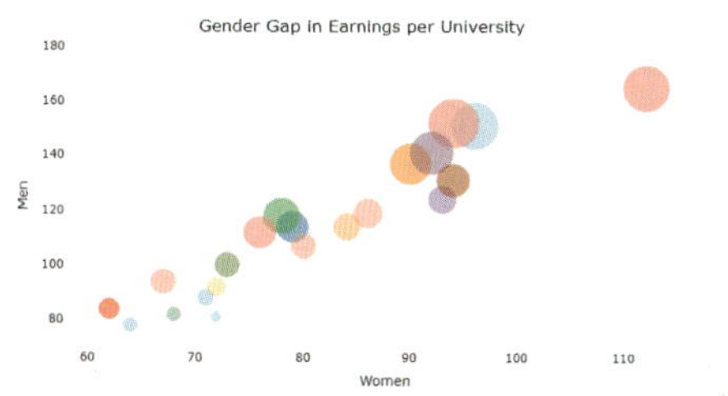

다음은 Web에 있는 자료인 gapminderDataFiveYear.csv를 이용하여 그 이름을 Df2로 한 예이다. 자료 Data는 6개의 변수 “country”, “year”, “Pop”, “continent”, “lifeExp”, “gdpPercap”으로 이루어진 1,704개의 관측값으로 구성되어 있다. 이 중에서 변수 “year”의 값이 2007인 경우로 제한을 하고, 변수 “continent”와 “country”의 순서대로 정렬한 것을 자료 Df2_2007로 하였다. 마지막으로 변수 “Size”를 추가한 것이다. 색상도 변수 “Colors”로 미리 지정하였다.

```
> Df2 <- read.csv("https://raw.githubusercontent.com/plotly/datasets
+                   /master/gapminderDataFiveYear.csv")
> Df2_2007 <- Df2[which(Df2$year== 2007),]
> Df2_2007 <- Df2_2007[order(Df2_2007$continent, Df2_2007$country),]
> Slope <- 2.666e-05
> Df2_2007$Size <- sqrt(Df2_2007$pop*Slope)
> Colors <- c('#4AC6B7', '#1972A4', '#965F8A', '#FF7070', '#C61951')
```

옵션 "sizes= c(min(Df2_2007$Size), max(Df2_2007$Size))"은 표식의 크기를 변수 "Size"의 값의 최솟/최댓값 범위로 제한한다. 호버(hover)의 표시는 옵션 "text= ~paste(...)"에 의해 그림과 같이 나타나도록 하였다. 마우스를 적당한 위치에 놓으면 아래 그림과 같이 해당 국가의 관련된 정보가 나타나는 것을 볼 수 있다. 함수 "layout( )"에서, 옵션 "range= "으로 x축과 y축의 범위를 제한하였고, 옵션 "legend= "을 이용하여 범례의 위치도 조정하였다.

```
> plot_ly(Df2_2007, x= ~gdpPercap, y= ~lifeExp, color= ~continent,
+         size= ~Size, colors= Colors, type= 'scatter', mode= 'markers',
+         sizes= c(min(Df2_2007$Size), max(Df2_2007$Size)),
+         marker= list(symbol= 'circle', sizemode= 'diameter',
+                      line= list(width= 2, color= '#FFFFFF')),
+         text= ~paste('Country:', country, '<br>Life Expectancy:',
+                      lifeExp, '<br>GDP:', gdpPercap,
+                      '<br>Pop.:', pop)) %>%
+   layout(title= '\n Life Expectancy v. Per Capita GDP, 2007',
+          xaxis= list(title= 'GDP per capita (2000 dollars)',
+                      gridcolor= 'rgb(255, 255, 255)',
+                      range= c(2, 5.2), type= 'log',
+                      zerolinewidth= 1, ticklen= 5,
+                      gridwidth= 2),
+          yaxis= list(title= 'Life Expectancy (years)',
                       gridcolor= 'rgb(255, 255, 255)',
```

```
+                        range= c(36, 92), zerolinewidth= 1,
+                        ticklen= 5, gridwith= 2),
+          paper_bgcolor= 'rgb(243, 243, 243)',
+          plot_bgcolor= 'rgb(243, 243, 243)',
+          legend= list(x= 0.8, y= 0.1,
+          bgcolor= 'rgba(255, 255, 255, 0)',
+          bordercolor= 'rgba(255, 255, 255, 0)') )
```

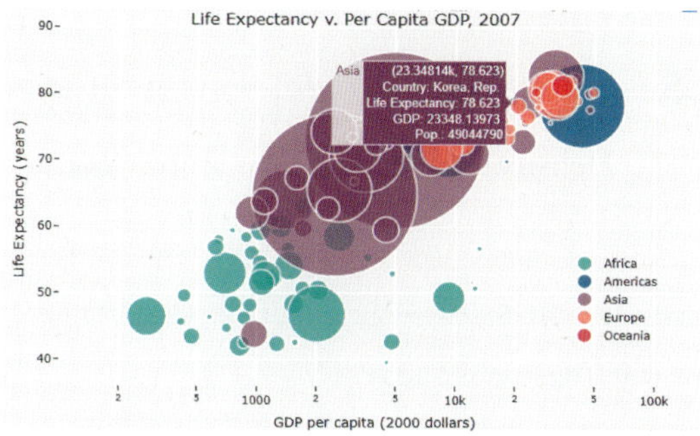

1.7 영역 채우기

패키지 ggplot2에 있는 자료 diamonds의 변수 "carat"에 대한 밀도함수를 함수 "density( )"를 이용하여 구하고 그 값을 Density라고 하였다. 옵션 "type= 'scatter'"와 "mode= 'lines'"를 이용하여 표현하였고, 옵션 "fill= 'tozeroy'"는 x축으로부터 y의 값까지 색을 채우게 한다.

```
> Density <- density(diamonds$carat)
> plot_ly(x= ~Density$x, y= ~Density$y, type= 'scatter',
+         mode= 'lines', fill= 'tozeroy') %>%
+   layout(xaxis= list(title= 'Carat'), yaxis= list(title= 'Density'))
```

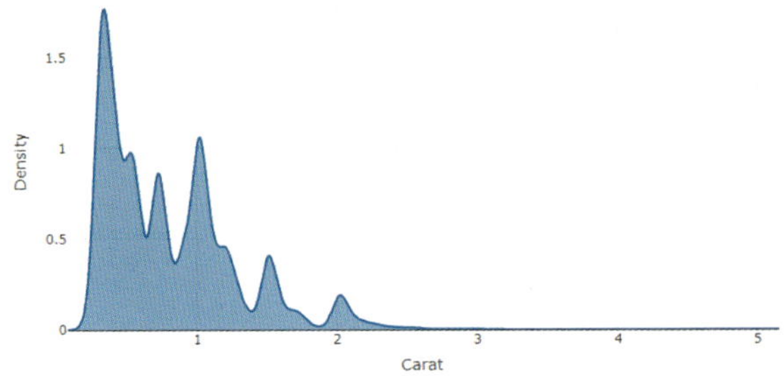

자료 diamond의 변수 “cut”의 값이 “Fair”와 “Ideal”일 때의 자료를 분리하여 각각의 밀도함수 값의 자료 Density1와 Density2를 생성하였다.

```
> Diamonds1 <- diamonds[which(diamonds$cut== "Fair"),]
> Density1  <- density(Diamonds1$carat)
> Diamonds2 <- diamonds[which(diamonds$cut== "Ideal"),]
> Density2  <- density(Diamonds2$carat)
```

먼저 밀도함수 Density1의 그래프를 나타내고, 함수 “add_trace( )”를 이용하여 밀도함수 Density2의 그래프를 추가하였다. 여기서, 색상과 범례에 대한 제한을 하지 않더라도 기본적으로 각각 구별하여 표현하게 된다.

```
> plot_ly(x= ~Density1$x, y= ~Density1$y, type= 'scatter', mode= 'lines',
+         name= 'Fair cut', fill= 'tozeroy') %>%
+  add_trace(x= ~Density2$x, y= ~Density2$y, name= 'Ideal cut',
+            fill= 'tozeroy') %>%
+  layout(xaxis= list(title= 'Carat'), yaxis= list(title= 'Density'))
```

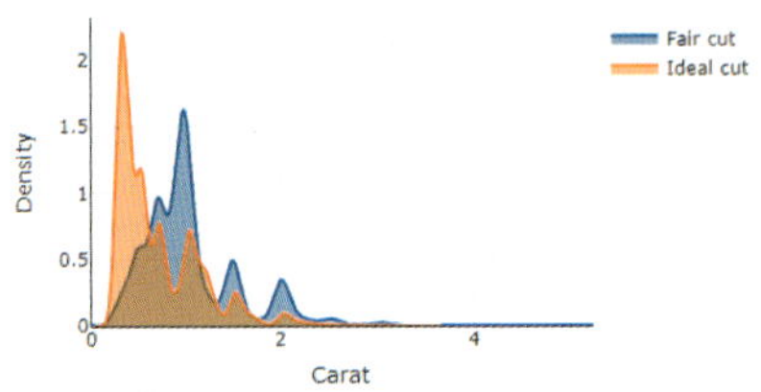

옵션 “fillcolor= 'rgba(168, 216, 234, 0.5)'”를 이용하여 색상을 지정할 수 있다. 왼쪽 그래프는 옵션 “line= list(width= 0.5)”을 사용하여 밀도함수의 경계선을 두께 0.5로 하여 표현한 경우이다. 경계선을 넣고 싶지 않을 때(우측의 그래프)는 단순히 그 옵션 자체를 생략하면 된다.

```
> plot_ly(x= ~Density1$x, y= ~Density1$y, type= 'scatter', mode= 'lines',
+         name= 'Fair cut', fill= 'tozeroy', fillcolor= 'rgba(168, 216, 234, 0.5)',
+         line= list(width= 0.5)) %>%
+   add_trace(x= ~Density2$x, y= ~Density2$y, name= 'Ideal cut', fill= 'tozeroy',
+             fillcolor= 'rgba(255, 212, 96, 0.5)') %>%
+   layout(xaxis= list(title= 'Carat'), yaxis= list(title= 'Density'))
> plot_ly(x= ~Density1$x, y= ~Density1$y, type= 'scatter', mode= 'none',
+         name= 'Fair cut', fill= 'tozeroy',
+         fillcolor= 'rgba(168, 216, 234, 0.5)') %>%
+   add_trace(x= ~Density2$x, y= ~Density2$y, name= 'Ideal cut',
+             fill= 'tozeroy', fillcolor= 'rgba(255, 212, 96, 0.5)') %>%
+   layout(xaxis= list(title= 'Carat'), yaxis= list(title= 'Density'))
```

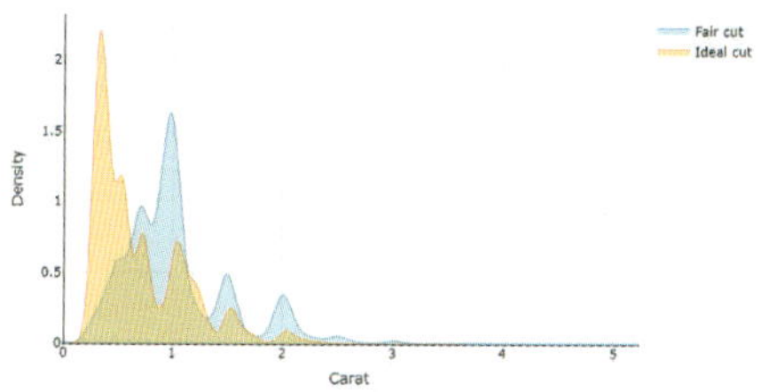

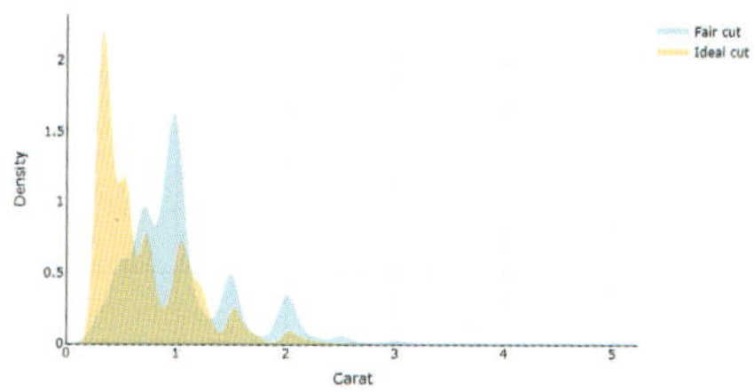

좌표 점들을 이은 삼각형 모양의 그래프에서 옵션 “fill= 'toself'”를 사용하여 지정된 색상으로 둘러싸인 부분 전체를 채우고, 호버에서 나타내는 정보도 왼쪽은 “hoveron= 'points+fills'”를, 오른쪽은 “hoveron= 'points'”를 활용한 예이다.

```
> plot_ly() %>%
+   add_trace(x= c(0,0.5,1,1.5,2), y= c(0,1,2,1,0), type= 'scatter',
+             mode= 'lines+markers', fill= 'toself', fillcolor= '#ab63fa',
```

```
+             hoveron= 'points+fills', marker= list(color= '#ab63fa'),
+             line= list(color= '#ab63fa'), text= "Points + Fills",
+             hoverinfo= 'text') %>%
+   add_trace(x= c(3,3.5,4,4.5,5), y= c(0,1,2,1,0), type= 'scatter',
+             mode= 'lines+markers', fill= 'toself', fillcolor= '#e763fa',
+             hoveron= 'points', marker= list(color= '#e763fa'),
+             line= list(color= '#e763fa'), text= "Points only",
+             hoverinfo= 'text') %>%
+   layout(title= "hover on <i>points</i> or <i>fill</i>",
+          xaxis= list(range= c(0,5.2)),
+          yaxis= list(range= c(0,3)))
```

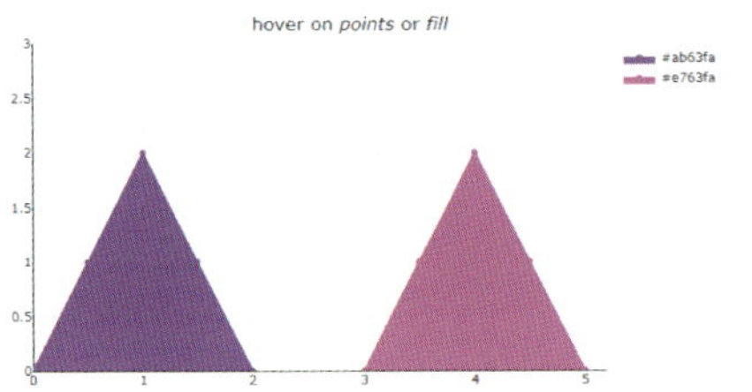

자료 USPersonalExpenditure에 행과 열의 위치를 바꾸는 전치(transpose)를 의미하는 함수 "t( )"를 적용하여 Df1a로 하였다.

```
> Df1 <- t(USPersonalExpenditure)
> Df1a <- data.frame("year"= rownames(Df1), Df1)
```

첫 번째 변수 "Food.and.Tobacco"의 값에 함수 "add_trace( )"를 이용하여 다음 변수들의 값을 누적시키는 예이다. 이때 사용되는 옵션은 "stackgroup= 'one'"으로 'one' 부분에 빈칸인 " "만 아니면 누적그래프가 나타나게 된다. 다음 옵션 "groupnorm= """을 사용하거나 아니면 생략하면 누적 값들을 y축에 표현을 한다. 반면 "groupnorm= "fraction""은 구간 [0, 1] 안에 누적하는 방식으로 하고, 옵션 "groupnorm= "percent""은 100% 구간에 표현하게 된다.

```
> plot_ly(Df1a, x= ~year, y= ~Food.and.Tobacco, name= '식비', type= 'scatter',
+         mode= 'none', stackgroup= 'one', groupnorm= "",
+         fillcolor= '#F5FF8D') %>%
+    add_trace(y= ~Household.Operation, name= '주거지 유지',
+              fillcolor= '#50CB86') %>%
+    add_trace(y= ~Medical.and.Health, name= '의료', fillcolor= '#4C74C9') %>%
+    add_trace(y= ~Personal.Care, name= '개인 관리', fillcolor= '#700961') %>%
+    add_trace(y= ~Private.Education, name= '사교육', fillcolor= '#312F44') %>%
+    layout(title= '범주별 지출현황', xaxis= list(title= "", showgrid= FALSE),
+           yaxis= list(title= "지출",  showgrid= FALSE))
> plot_ly(Df1a, x= ~year, y= ~Food.and.Tobacco, name= '식비', type= 'scatter',
+         mode= 'none', stackgroup= 'one', groupnorm= 'percent',
+         fillcolor= '#F5FF8D') %>%
+    add_trace(y= ~Household.Operation, name= '주거지 유지',
+              fillcolor= '#50CB86') %>%
+    add_trace(y= ~Medical.and.Health, name= '의료', fillcolor= '#4C74C9') %>%
+    add_trace(y= ~Personal.Care, name= '개인 관리', fillcolor= '#700961') %>%
+    add_trace(y= ~Private.Education, name= '사교육', fillcolor= '#312F44') %>%
+    layout(title= '범주별 지출현황', xaxis= list(title= "", showgrid= FALSE),
+           yaxis= list(title= "범주별 비율", showgrid= FALSE, ticksuffix= '%'))
```

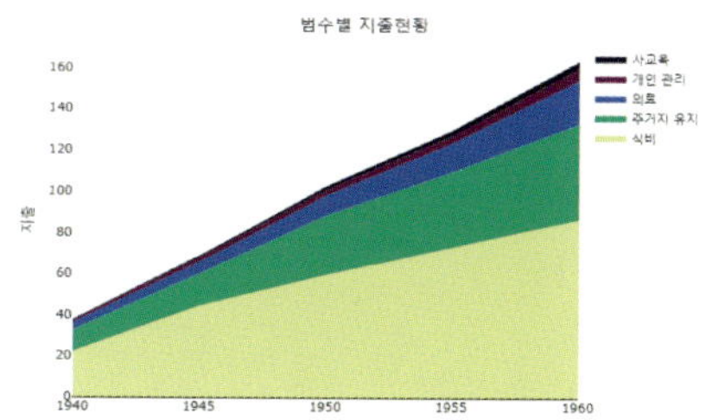

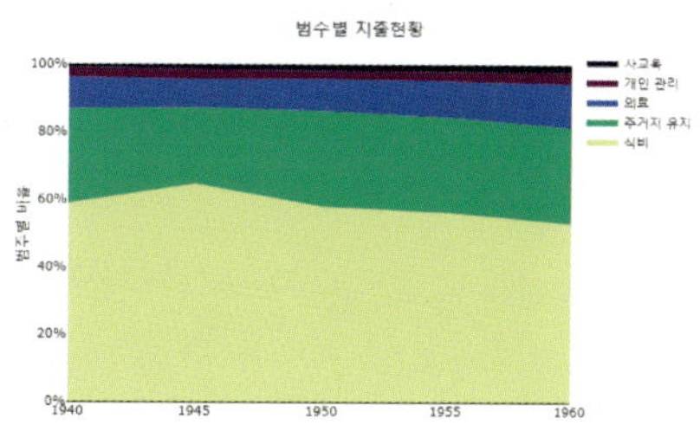

1.8 간트 차트 (Gantt Chart)

간트 차트는 보통 각 업무의 시작과 종료 시점을 한눈에 볼 수 있도록 나타내는 데 효율적인 그래프이다.

```
> Df1 <- read.csv("https://cdn.rawgit.com/plotly/datasets/master/GanttChart-updated.csv",
+              stringsAsFactors= F)
> Df1$Start <- as.Date(Df1$Start, format= "%m/%d/%Y")
> Client= "SeoulTech Stats"
> Cols <- RColorBrewer::brewer.pal(length(unique(Df1$Resource)), name= "Set3")
> Data$Color <- factor(Df1$Resource, labels= Cols)
```

업무의 연속적인 값들을 추가적으로 표현하기 위하여 함수 "for( ){...}"를 사용하였다. 먼저 빈 그래프인 "BP <- plot_ly( )"를 시작하고, 함수 "add_trace( )"를 사용하여 그래프를 추가하는 방법이다. 옵션 "hoverinfo= "text""는 사용자가 원하는 호버(hover)의 내용을 표현한다. 오른쪽 그래프는 함수 "layout( )"를 이용하여 그래프를 꾸민 예이다.

```
> Bg <- plot_ly()
> for(i in 1:(nrow(Df1) - 1))
+   {Bg <- add_trace(Bg, x= c(Df1$Start[i], Df1$Start[i] + Df1$Duration[i]),
+                    y= c(i, i), type= "scatter", mode= "lines",
+                    line= list(color= Df1$Color[i], width= 20),
+                    showlegend= F, hoverinfo= "text",
+                    text= paste("Task: ", Df1$Task[i], "<br>", "Duration: ",
+                                Df1$Duration[i], "days<br>", "Resource: ",
+                                Df1$Resource[i]))
+   }
> Bg
> layout(Bg, xaxis= list(showgrid= F, tickfont= list(color= "#e6e6e6")),
+        yaxis= list(showgrid= F, tickfont= list(color= "#e6e6e6"),
+                    tickmode= "array", tickvals= 1:nrow(Df1),
+                    ticktext= unique(Df1$Task), domain= c(0, 0.9)),
+        plot_bgcolor= "#333333", paper_bgcolor= "#333333")
```

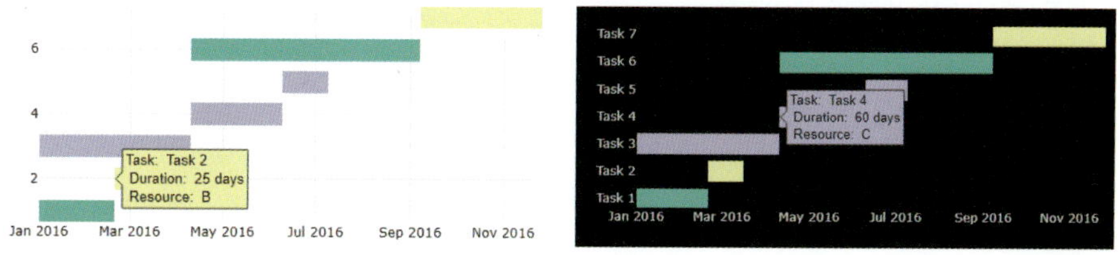

위에서 진행한 그래프에 추가적으로 표현하고자 하는 요소들의 위치, 폰트, 색상 등을 지정하고 사용할 수 있다.

```
> A <- list(xref= "paper", yref= "paper", x= 0.8, y= 0.1,
+           text= paste0("Total Duration: ",sum(Df1$Duration),"
+                        days<br>","Total Resources: ",
+                        length(unique(Df1$Resource)), "<br>"),
+           font= list(color= '#264E86', size= 12), ax= 0, ay= 0,
+                       align= "left", showarrow= FALSE)
> B <- list(xref= "paper", yref= "paper", x= 0.1, y= 1, xanchor= "left",
+           text= paste0("Gantt Chart: ", Client),
+           font= list(color= '#264E86', size= 20, family= "Times New Roman"),
+           ax= 0, ay= 0,  align= "left", showarrow= FALSE)
> Bg %>% layout(annotations= A) %>% layout(annotations= B)
```

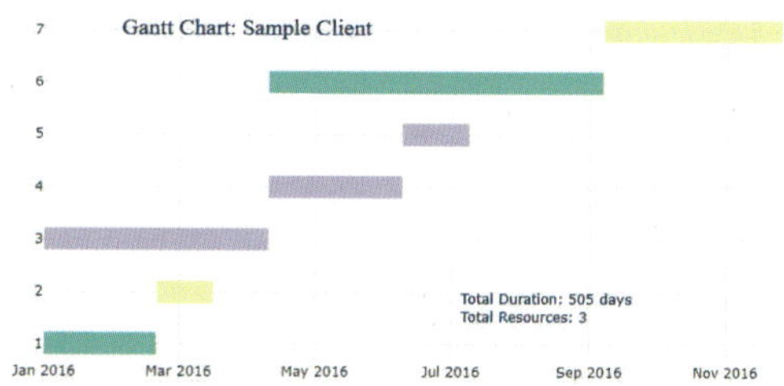

1.9 다중 차트 (Multiple Chart)

한 면에 다른 그래프를 표현하는 방법으로 함수 "add_trace( )"를 이용한다. 아래의 그래프는 막대그래프에 선그래프를 추가한 예이다. 자료 Airquality_sept를 사용한 처음의 "plot_ly(Airquality_sept)"는 좌표(또는 그림판)만 설정해 놓고 그 다음 막대그래프를 그리고, 그 위에 선그래프를 추가한 것이다. 마지막에 함수 "layout( )"를 사용하여 그래프의 제목, 범례 및 축의 이름 등을 삽입하였다.

```
> Airquality_sept <- airquality[which(airquality$Month== 9), ]
> Airquality_sept$Date <-  as.Date(paste(Airquality_sept$Month,
+                                    Airquality_sept$Day, 1973,
+                                    sep= "."), format= "%m.%d.%Y")
> plot_ly(Airquality_sept) %>%
+   add_trace(x= ~ Date, y= ~ Wind, type= 'bar', name= 'Wind',
+             marker= list(color= '#C9EFF9'), hoverinfo= "text",
+             text= ~ paste(Wind, ' mph')) %>%
+   add_trace(x= ~ Date, y= ~ Temp, type= 'scatter', mode= 'lines',
+             name= 'Temperature', yaxis= 'y2', line= list(color= '#45171D'),
+             hoverinfo= "text", text= ~ paste(Temp, '°F')) %>%
+   layout(title= c('<br>뉴욕시의 풍속과 온도'),
+          xaxis= list(title= ""), yaxis= list(side= 'left',
+          ]title= '풍속(mph)', showgrid= FALSE, zeroline= FALSE),
+          yaxis2= list(side= 'right', overlaying= "y", title= '온도(화씨)',
+                 showgrid= FALSE, zeroline= FALSE))
```

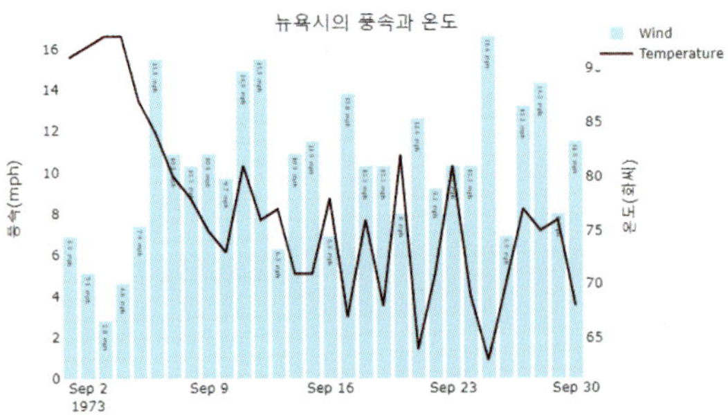

아래는 먼저 x축의 값 변수 "disp"만 있기 때문에 기본적인 막대그래프를 나타낸다. 그 위에 함수 "add_markers( )"를 이용하여 y축 변수 "mpg"를 사용으로 산점도로 변경된다. 함수 "add_lines( )"를 사용하여 선을 추가한 것이다.

```
> plot_ly(mtcars, x= ~disp, color= I("black")) %>%
+    add_markers(y= ~mpg, text= rownames(mtcars), showlegend= FALSE) %>%
+    add_lines(y= ~fitted(loess(mpg ~ disp)),
+              line= list(color= '#07A4B5'), name= "Loess Smoother",
+              showlegend= TRUE) %>%
+    layout(xaxis= list(title= 'Displacement (cu.in.)'),
+           yaxis= list(title= 'Miles/(US) gallon'),
+           legend= list(x= 0.80, y= 0.90))
```

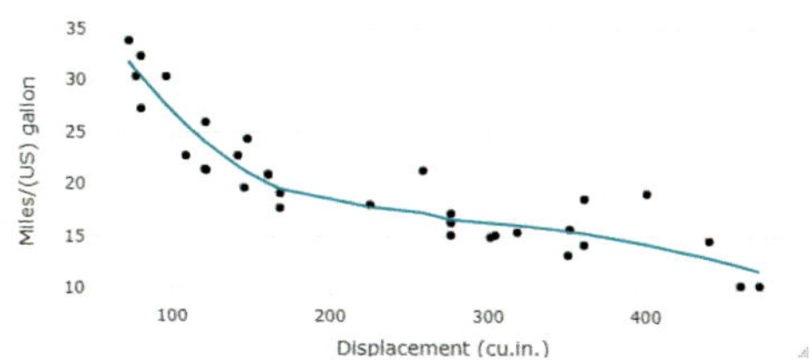

패키지 broom의 함수 "loess( )"를 이용하여 자료의 비선형회귀계수 및 필요한 통계량을 계산하고 그 값들을 함수 "add_ribbons( )"를 이용하여 색상이 추가된 띠를 그래프에 추가한 결과이다. 이전 버전과 다르게 "filter(!is.na(mpg))"가 필요하다.

```
> library(broom)
> Mtcars <- mtcars %>% filter(!is.na(mpg))
> M <- loess(mpg ~ disp, data= mtcars)
> plot_ly(mtcars, x= ~disp, color= I("black")) %>%
+   add_markers(y= ~mpg, text= rownames(mtcars), showlegend= FALSE) %>%
+   add_lines(y= ~fitted(loess(mpg ~ disp)),
+             line= list(color= 'rgba(7, 164, 181, 1)'),
```

```
+            name= "Loess Smoother") %>%
+   add_ribbons(data= augment(M, se_fit= TRUE),
+               ymin= ~.fitted - 1.96 * .se.fit,
+               ymax= ~.fitted + 1.96 * .se.fit,
+               line= list(color= 'rgba(7, 164, 181, 0.05)'),
+                         fillcolor= 'rgba(7, 164, 181, 0.2)',
+                         name= "95% ribbon") %>%
+   layout(xaxis= list(title= 'Displacement (cu.in.)'),
+          yaxis= list(title= 'Miles/(US) gallon'),
+          legend= list(x= 0.80, y= 0.90))
```

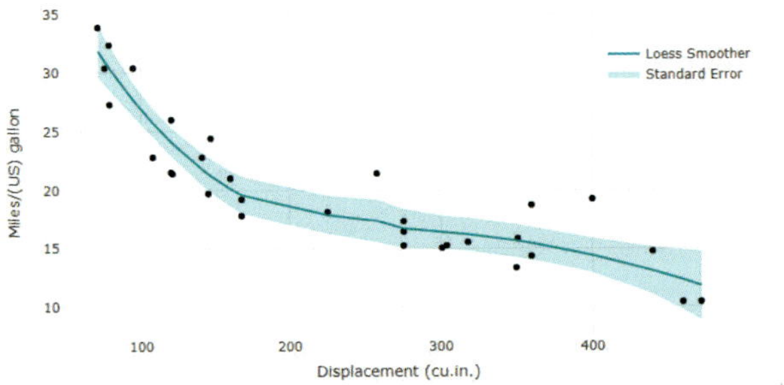

1.10 점도표 (Dot Plot)

점(dot)을 이용하여 자료를 표현하는 것으로 산점도에서 옵션 "mode= "markers""를 사용한다. 아래의 그래프는 먼저 Women의 값을 표현하고 함수 "add_trace( )"를 이용하여 Men을 추가하였다.

```
> Df1 <- read.csv("https://raw.githubusercontent.com/plotly/datasets
+               /master/school_earnings.csv")
> Df1 <- Df1[order(Df1$Men), ]
> plot_ly(Df1, x= ~Women, y= ~School, name= "Women", type= 'scatter',
+         mode= "markers", marker= list(color= "pink")) %>%
```

```
+    add_trace(x= ~Men, y= ~School, name= "Men", type= 'scatter',
+              mode= "markers", marker= list(color= "blue")) %>%
+    layout(title= "Gender earnings disparity",
+           xaxis= list(title= "Annual Salary (in thousands)"),
+           margin= list(l= 10))
```

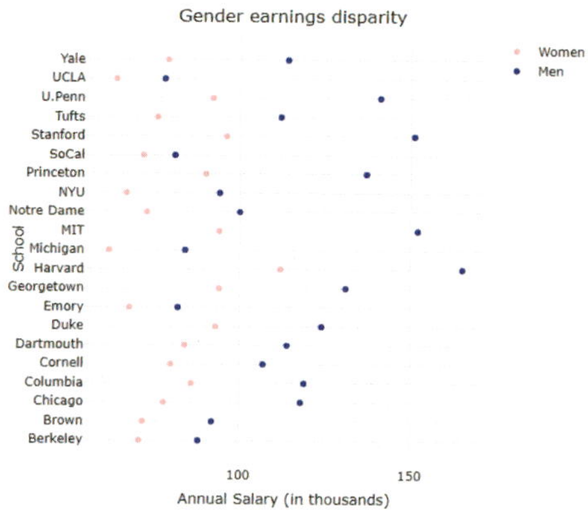

1.11 아령 그래프 (Dumbbell Plot)

변수의 값에 대한 표식들을 선으로 연결하여 나타낸 그래프로서 아령과 같은 모양에서 연유되었다. 함수 “add_markers( )”에 의해 표현된 표식들을 함수 “add_segments( )”를 이용하여 연결시킨 것이다.

```
> Df1 <- read.csv("https://raw.githubusercontent.com/plotly/datasets
+                 /master/school_earnings.csv")
> Df1$School <- factor(Df1$School, levels= Df1$School[order(Df1$Men)])
> plot_ly(Df1, color= I("gray80")) %>%
+    add_segments(x= ~Women, xend= ~Men, y= ~School,
+                 yend= ~School, showlegend= FALSE) %>%
+    add_markers(x= ~Women, y= ~School,
+                name= "Women", color= I("pink")) %>%
```

```
+    add_markers(x= ~Men, y= ~School,
+                name= "Men", color= I("blue")) %>%
+    layout(title= "Gender earnings disparity",
+           xaxis= list(title= "Annual Salary (in thousands)"),
+           margin= list(l= 65))
```

1.12 게이지 차트 (Gauge Chart)

게이지 차트는 자동차의 속도 측정기와 유사한 형태의 그래프이다. 게이지 차트를 완성하기 위해 우선 밑바탕이 되는 원그래프를 그린다. 아래의 변수 "Colors"의 값들은 회전되어 표시된 영역을 구분하고자 다른 색상들로 지정하였다.

```
> Colors = c('rgb(  0, 255, 255)', 'rgb(255,   0, 255)', 'rgb(255, 255, 0)',
+            'rgb(125, 125, 125)', 'rgb(  0, 125, 125)', 'rgb(125, 125, 0)',
+            'rgb( 77,  77,  77)')
```

원그래프에서 자료 표현의 시작은 양의 방향의 y축이다. 미리 지정한 각 영역의 할당비율 "values= c(40, 10, 10, 10, 10, 10, 10)"과 레이블이 적당한 위치에 오도록 옵션 "rotation= 108"과 "direction= "clockwise""를 이용하여 각도 및 방향을 설정하였다. 옵션 "hole= 0.4"는 안의 빈 공간의 크기를 결정하고, "textposition= "outside""은 레이블의 위치를 밖에 위치하게 한다.

```
> Bg <- plot_ly(type= "pie", values= c(40, 10, 10, 10, 10, 10, 10),
+               labels= c("-", "0", "20", "40", "60", "80", "100"),
+               rotation= 108, direction= "clockwise",
+               hole= 0.4, textinfo= "label",
+               textposition= "outside", hoverinfo= "none",
+               domain= list(x= c(0, 0.48), y= c(0, 1)),
+               marker= list(colors= Colors),
+               showlegend= FALSE)
> Bg
```

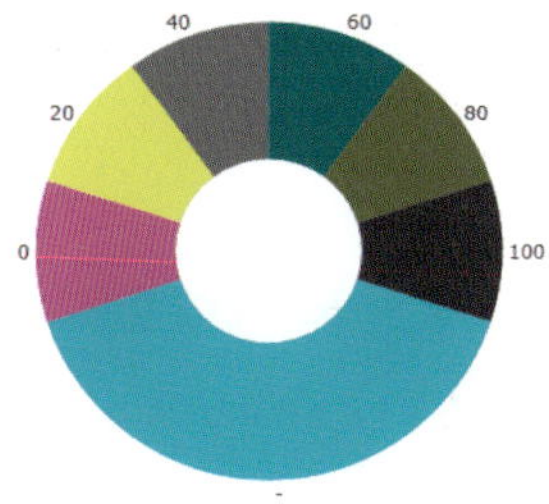

변수 "Colors"의 값들은 구분된 영역을 표현하기 위해 색상을 지정한 것이다.

```
> Colors= c('rgb(255, 255, 255)', 'rgb(232, 226, 202)', 'rgb(226, 210, 172)',
+          'rgb(223, 189, 139)', 'rgb(223, 162, 103)', 'rgb(226, 126, 64)')
```

위에서 지정된 원그래프 위에 함수 "add_trace( )"를 이용하여 원그래프를 추가하는 방법으로 진행하였다. 적당한 회전 "rotation= 90"을 이용하여 레이블이 잘 위치하도록 하였다. 영역은 x축은 $[0, 0.48]$, y축은 $[0, 1]$로 제한하였다.

```
> Values <- c(50, 10, 10, 10, 10, 10)
> Labels <- c("Error Log Level Meter", "Debug", "Info", "Warn", "Error", "Fatal")
> Bg1 <- add_trace(Bg, type= "pie", values= Values,
+                 labels= Labels, rotation= 90,
+                 direction= "clockwise", hole= 0.3, textinfo= "label",
+                 textposition= "inside", hoverinfo= "none",
+                 domain= list(x= c(0, 0.48), y= c(0, 1)),
+                 marker= list(colors= Colors), showlegend= FALSE)
> Bg1
```

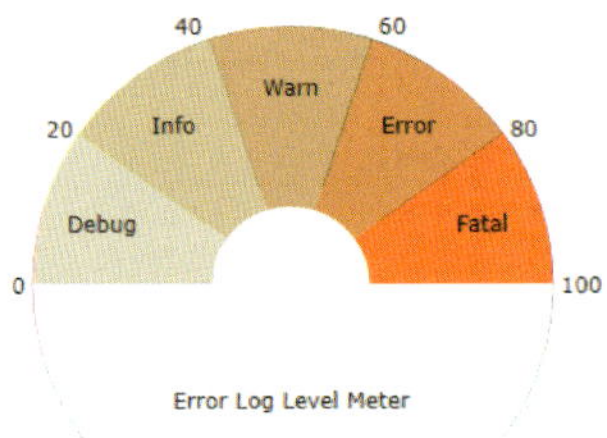

위에서 그린 원그래프 "Bg1" 위에 속도 게이지 모양을 추가한 예이다. 지정된 좌표 점들을 연결하여 나타내는 방법이 SVG(Scalar Vector Graphics)이다. 다음과 같이 옵션 "type= 'path'"를 지정하고 구체적으로 값 "path= 'M 0.235 0.5 L 0.24 0.62 L 0.245 0.5 Z'"들을 제어한다. 여기서 "M"은 "moveto"로 시작을 의미하고, "Z"는 "closepath"로 마지막을 의미한다. 여기서는 게이지 표시를 좌표(0.235, 0.5)에서 시작하여 좌표(0.24, 0.62)와 (0.245, 0.5)까지 직선으로 연결하고 시작점인 좌표 (0.235, 0.5)에서 마감한 것이다.

```
> Axis <- list(showticklabels= FALSE, autotick= FALSE,
+              showgrid= FALSE, zeroline= FALSE)
> Annotations <- list(xref= 'paper', yref= 'paper',  x= 0.225, y= 0.45,
+                     showarrow= FALSE, text= '50')
> Shapes = list(list(type= 'path',
+                   path= 'M 0.235 0.5   L 0.24 0.62   L 0.245 0.5 Z ',
+                   xref= 'paper', yref= 'paper',
```

```
+                    fillcolor= 'rgba(44, 160, 101, 0.5)'))
> layout(Bg1, shapes= Shapes, xaxis= Axis, yaxis= Axis,
+        annotations= Annotations)
```

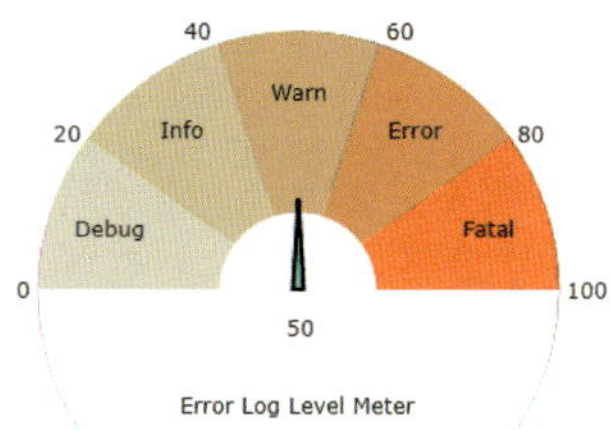

02 통계적 그래프

통계적 계산량들에 대한 정보가 추가된 그래프는 설명력을 향상시킨다. 패키지 plyr은 자료에 대한 통계량들의 계산 값을 변수로 사용할 수 있게 해 준다.

```
> library(plotly)
> library(plyr)
```

2.1 오차막대 (error bar)

패키지 datasets에 있는 자료 ToothGrowth에 패키지 plyr에 있는 함수 "ddply( )"를 이용하여 변수 "supp"와 "dose"에 따른 변수 "len"의 평균과 표준편차를 각각 변수 "Avg"와 "Sd"로 한 자료 Df1을 생성하였다. 함수 "as.factor( )"는 수치형 변수 "dose"를 인자형으로 바꾸어 준다.

```
> Df1 <- ddply(ToothGrowth, c("supp", "dose"), summarise, Avg= mean(len),
+              Sd= sd(len))
> Df1$dose <- as.factor(Df1$dose)
```

평균과 표준편차와의 차를 하한값으로, 합을 상한값으로 하는 부분을 오차막대라 한다. 아래는 막대그래프에서 오차막대를 추가하여 표현하는 예이다. 먼저 변수 “dose”의 값을 x축으로 하는 변수 “len”의 값을 높이로 하는 막대그래프[옵션 “type= 'bar'” 사용]를 변수 “supp”의 값이 OJ일 때로 제한-“Df1[which(Df1$supp== 'OJ'),]”-하여 그린다. 이때 옵션 “error_y= ~list(value= sd, ...)”를 사용하면 오차막대가 추가된다. 함수 “add_trace( )”를 사용하여 변수 “supp”의 값이 VC일 때의 그래프를 추가할 수 있다.

```
> plot_ly(data= Df1[which(Df1$supp== 'OJ'),],
+         x= ~dose, y= ~Avg, type= 'bar',
+         name= 'OJ', error_y= ~list(value= Sd, color= '#000000')) %>%
+   add_trace(data= Df1[which(Df1$supp== 'VC'),], name= 'VC')
```

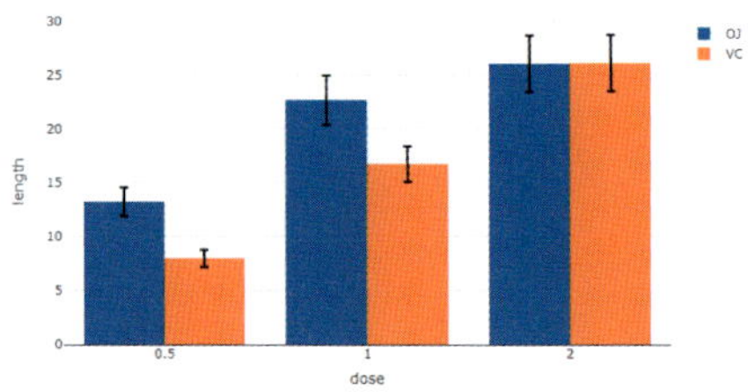

옵션 “type= 'scatter'”를 이용한 산점도에서 자료 “len”의 평균값인 “Avg”와 오차막대를 그린 예이다.

```
> plot_ly(data= Df1[which(Df1$supp== 'OJ'),],
+         x= ~dose, y= ~Avg, type= 'scatter',
+         mode= 'markers', name= 'OJ',
```

```
+         error_y= ~list(value= Sd, color= '#000000')) %>%
+   add_trace(data= Df1[which(Df1$supp== 'VC'),], name= 'VC')
```

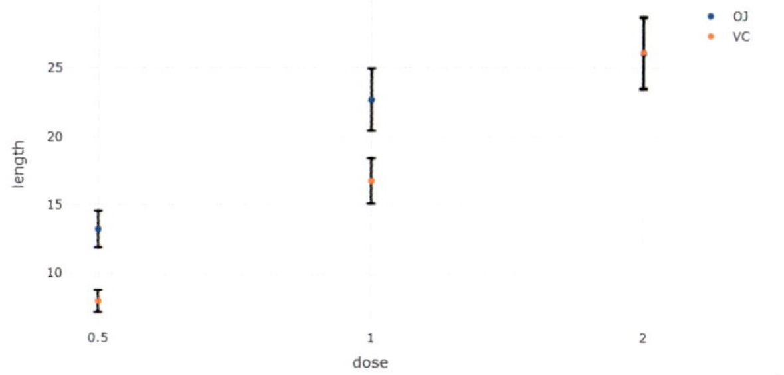

옵션 “type= 'scatter'”와 “mode= 'lines + markers'”는 산점도에서 표식들과 이들을 연결한 선을 나타낸다. 여기에 추가하여 변수 “len”의 평균값인 “Avg”와 오차막대를 그린 예이다.

```
> plot_ly(data= Df1[which(Df1$supp== 'OJ'),],
+         x= ~dose, y= ~Avg, type= 'scatter',
+         mode= 'lines + markers', name= 'OJ',
+         error_y= ~list(value= Sd, color= '#000000')) %>%
+   add_trace(data= Df1[which(Df1$supp== 'VC'),], name= 'VC')
```

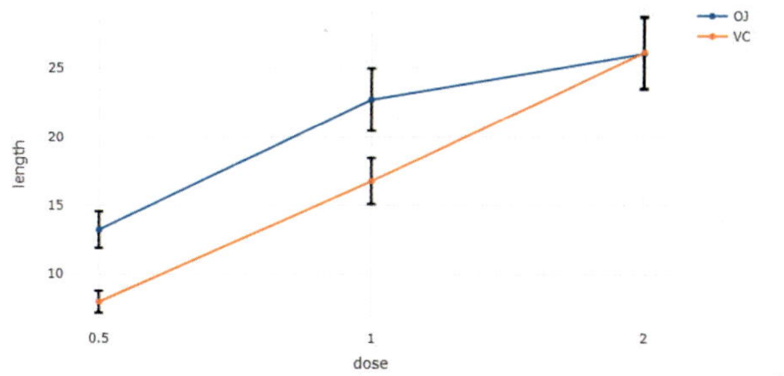

2.2 상자그림 (Box Plot)

함수 "plot_ly( )"에서 변수에 대하여 옵션을 "type= "box""로 하면 상자그림을 그릴 수 있다. 이때, 옵션에서 "y= "를 사용하면 결과를 y축에 나타내는 수직방향의 상자그림을, 옵션에서 "x= "를 사용하면 결과를 x축에 나타내는 수평방향의 상자그림을 제공한다.

```
> set.seed(1004)
> RNorm <- rnorm(500);      RNorm1 <- rnorm(500,1)
> plot_ly(y= ~RNorm, type= "box") %>% add_trace(y= ~RNorm1)
> plot_ly(x= ~RNorm, type= "box") %>% add_trace(x= ~RNorm1)
```

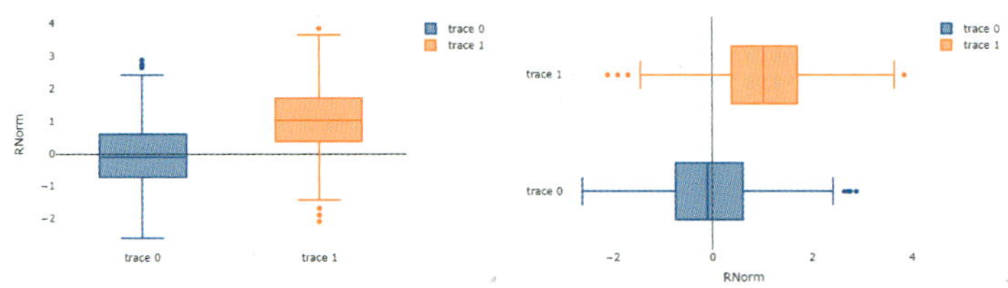

옵션 "boxpoints= "all""은 상자그림을 구성하는 모든 자료를 점으로 표현한다. 옵션 "jitter= 0.3"을 이용하여 자료의 흩어짐을 조정(범위: [0.1])할 수 있으며, 옵션 "pointpos= -1.8"은 점들의 표현을 기준 축 기준으로 좌측 -1.8에 위치하도록 하였다. 옵션 "boxpoints= "은 이외에도 모든 점이 아닌 이상치(outlier)만 나타나게 하는 "outliers"와 이상치로 의심되는 값(구간$(-1.5 \times IQR, 1.5 \times IQR)$ 밖의 점들)만 나타나게 하는 "suspectedoutliers" 등이 있다.

우측 그래프는 옵션 "boxpoints= "outliers""을 사용한 예로 우측 상단에 점들이 나타나는 것을 볼 수 있다.

```
> plot_ly(y= ~RNorm, type= "box", boxpoints= "all", jitter= 0.3, pointpos= -1.8)
> plot_ly(y= ~RNorm, type= "box", boxpoints= "outliers", jitter= 0.3,
+         pointpos= 1.8)
```

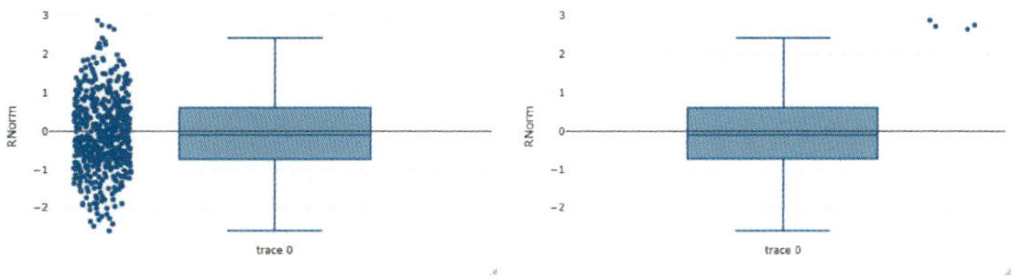

상자그림의 옵션 "boxpoints= "에 대한 사례를 보기 위해 아래의 자료를 사용하기로 한다.

```
> Y <- c(0.75, 5.25, 5.5, 6, 6.2, 6.6, 6.80, 7.0, 7.2, 7.5, 7.5, 7.75, 8.15,
+       8.15, 8.65, 8.93, 9.2, 9.5, 10, 10.25, 11.5, 12, 16, 20.90, 22.3,
+       23.25)
```

변수 Y의 옵션 "boxpoints= 'all'", "boxpoints= FALSE", "boxpoints= 'outliers'" 및 "boxpoints= 'suspectedoutliers'"인 경우들에 대한 비교 그래프이다.

```
> plot_ly(type= 'box') %>%
+   add_boxplot(y= Y,  jitter= 0.3, pointpos= -1.8, boxpoints= 'all',
+              marker= list(color= 'rgb(7,40,89)'),
+              line= list(color= 'rgb(7,40,89)'), name= "All Points") %>%
+   add_boxplot(y= Y,  name= "Only Whiskers", boxpoints= FALSE,
+              marker= list(color= 'rgb(9,56,125)'),
+              line= list(color= 'rgb(9,56,125)')) %>%
+   add_boxplot(y= Y, name= "Suspected Outlier", boxpoints= 'suspectedoutliers',
+              marker= list(color= 'rgb(8,81,156)',
+                           outliercolor= 'rgba(219, 64, 82, 0.6)',
+                          line= list(outliercolor= 'rgba(219, 64, 82, 1.0)',
+                                     outlierwidth= 5)),
+              line= list(color= 'rgb(8,81,156)')) %>%
+   add_boxplot(y= Y, name= "Whiskers and Outliers", boxpoints= 'outliers',
+              marker= list(color= 'rgb(107,174,214)'),
```

```
+              line= list(color= 'rgb(107,174,214)')) %>%
+   layout(title= "상자그림에서의 이상치 표현들")
```

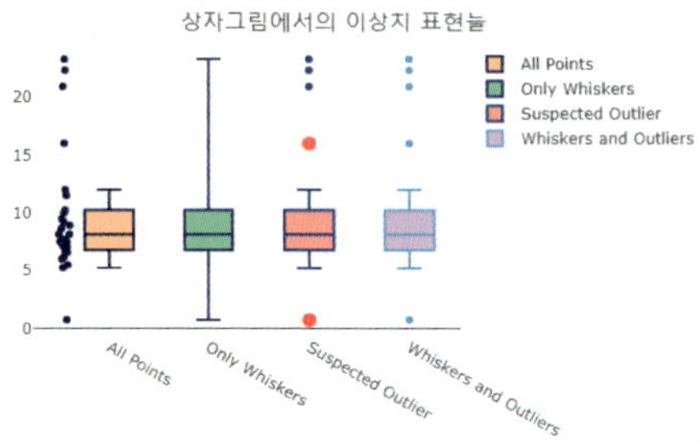

자료 diamonds에서 변수 "price"에 대한 상자그림에서 옵션 "color= ~cut"의 사용으로 변수 "cut"에 의한 색상이 구분된 예이다. 나머지 그래프는 범주형 변수인 "cut"를 x축으로 한 변수 "price"의 상자그림으로서 색상을 변수 "clarity"에 의한 구분을 하였고, 함수 "layout( )"에서 옵션 "boxmode= "group", "overlay""의 사용으로 변수 "cut"와 변수 "clarity"에 의해 분류된 상자그림을 표현하게 된다.

```
> plot_ly(ggplot2::diamonds, y= ~price, color= ~cut, type= "box")
> plot_ly(ggplot2::diamonds, type= "box", x= ~cut, y= ~price,
+          color= ~clarity) %>% layout(boxmode= "group")
> plot_ly(ggplot2::diamonds, type= "box", x= ~cut, y= ~price,
+          color= ~clarity) %>% layout(boxmode= "overlay")
```

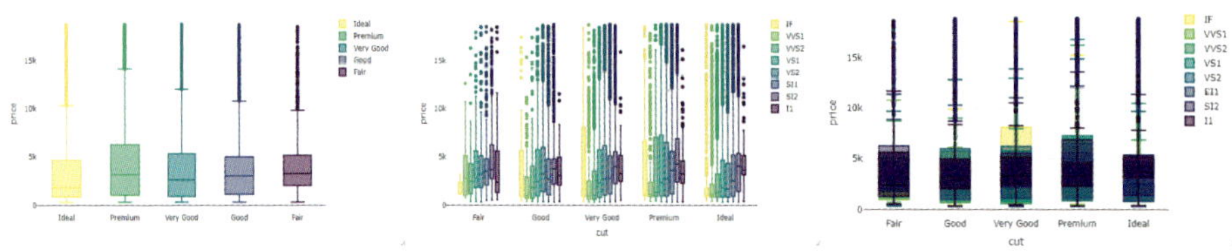

2.3 히스토그램 (Histogram)

히스토그램의 기본 옵션 "type= "histogram""은 y축을 도수로 표현한다. 이것을 비율(밀도)로 표현하고자 할 때는 옵션 "histnorm= "probability""를 사용한다. 수직형태의 히스토그램을 그리기 위해서는 "x= "를 사용한다. 우측의 그래프는 옵션에서 "y= "를 사용한 수평 막대그래프이다.

```
> set.seed(1004)
> RNorm <- rnorm(500)
> plot_ly(x= ~RNorm, type= "histogram")
> plot_ly(x= ~RNorm, type= "histogram", histnorm= "probability")
> plot_ly(y= RNorm, type= "histogram")
```

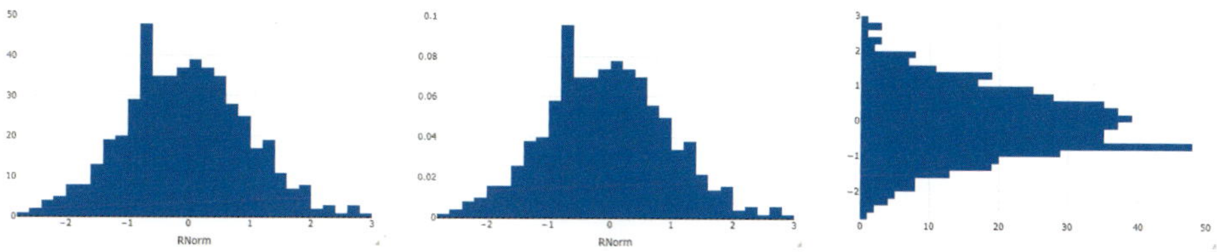

범주형 변수 "X"를 x축으로 하는 수직 방향의 막대그래프에서 옵션 "histfunc= 'sum'"은 범주형 변수인 "X"의 합을 표현한다. 도수인 "count", 평균인 "avg", 최솟값 "min" 및 최댓값 "max" 등이 있다. 함수 "layout( )"에서의 옵션 "type= 'linear'"은 y축의 값들 표현을 선형적으로 함을 의미한다. 로그 척도를 가진 "log"와 날짜를 기준으로 하는 "date" 등이 있다.

```
> X= c("Apples", "Apples", "Apples", "Organges", "Bananas")
> Y= c("5", "10", "3", "10", "5")
> plot_ly(y= Y, x= X, histfunc= 'sum', type= "histogram") %>%
+         layout(yaxis= list(type= 'linear'))
> plot_ly(y= Y, x= X, histfunc= 'avg', type= "histogram") %>%
+         layout(yaxis= list(type= 'linear'))
```

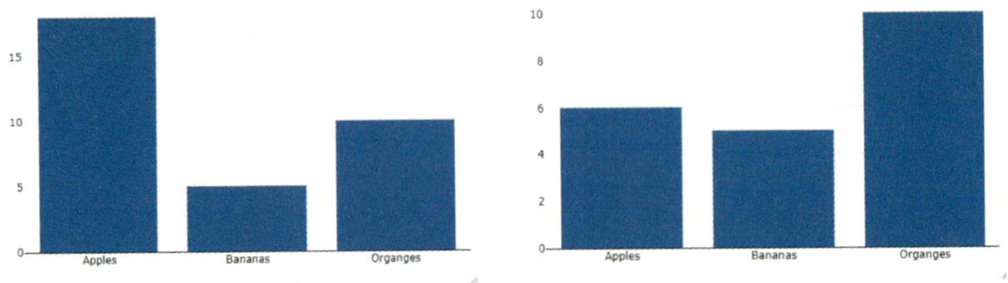

그래프가 중첩되는 경우에 옵션 “alpha= 0.5”를 이용하여 중첩 부분을 구분할 수 있다. 옵션 “barmode= "overlay"”과 옵션 “barmode= "group"”에 따라 필요한 그래프를 그릴 수 있으며, 옵션 “cumulative= list(enabled= TRUE)”는 누적 막대그래프를 표현한다.

```
> plot_ly(alpha= 0.5) %>% add_histogram(x= ~RNorm) %>%
+   add_histogram(x= ~RNorm1) %>% layout(barmode= "overlay")
> plot_ly(alpha= 0.5) %>% add_histogram(x= ~RNorm) %>%
+   add_histogram(x= ~RNorm1) %>% layout(barmode= "group")
> plot_ly(x= ~RNorm, type= "histogram", cumulative= list(enabled= TRUE))
```

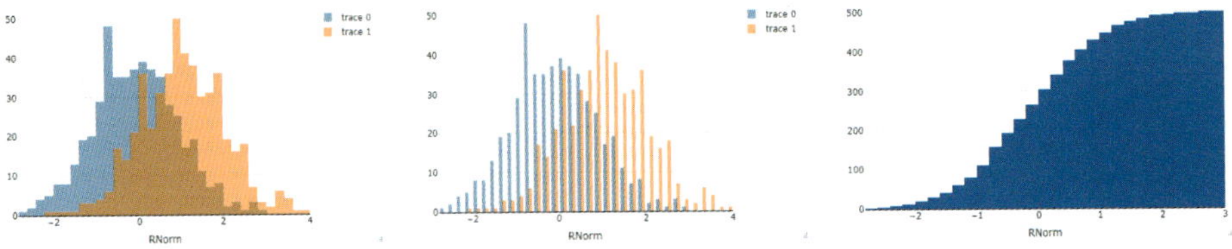

2.4 2차원 히스토그램 (2D Histogram)

패키지 mvtnorm에서 제공되는 2변량 정규분포의 난수생성함수 “rmvnorm( )”를 이용하여 상관계수가 −0.75인 이변량 정규분포의 난수 500개를 추출하였다.

투명도 “alpha= 0.2”를 사용하여 산점도에서 자료의 밀집정도를 표현하였으며, 함수 “add_histogram2d( )”를 이용하여 2차원 히스토그램을 추가하였다. 범례를 참조하면 어느 좌표에 있는 값들의 밀도가 높은지를 알 수 있다. 우측은 옵션 "colorscale="Greens""를 이용하여 색상을 변경한 것이다.

```
> set.seed(1004)
> S <- matrix(c(1, -.75, -.75, 1), ncol= 2)
> Obs <- mvtnorm::rmvnorm(500, sigma= S)
> Bg <- plot_ly(x= Obs[,1], y= Obs[,2])
> subplot(Bg %>% add_markers(alpha= 0.2), Bg %>% add_histogram2d())
> Bg %>% add_histogram2d(colorscale= "Greens")
```

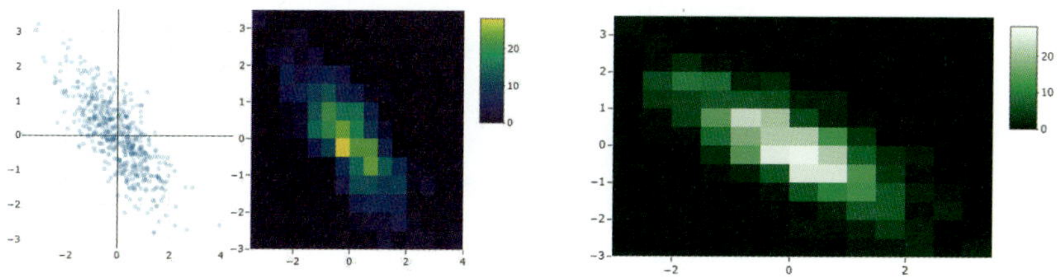

다음은 자료 diamonds의 변수 "cut"와 "clarity"에 대한 빈도수를 변수 "Cnt"로 하고, 이변량 변수 "cut"와 "clarity"에 대한 도수 "Cnt"의 이차원 히스토그램이다.

```
> Cnt <- with(diamonds, table(cut, clarity))
> plot_ly(diamonds, x= ~cut, y= ~clarity, z= ~Cnt) %>%  add_histogram2d()
```

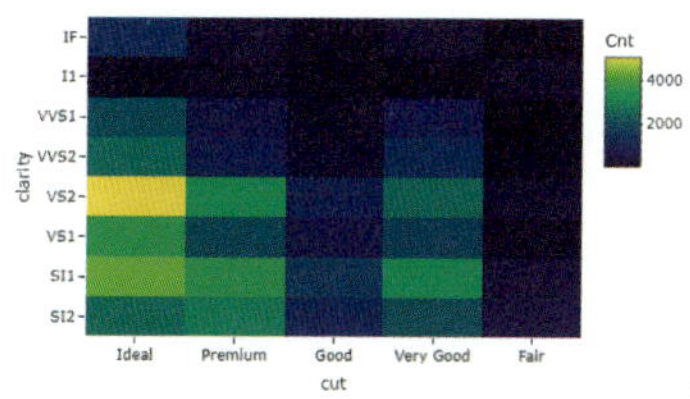

2.5 2차원 히스토그램 외곽선 (2D Histogram Contour)

위에서 추출한 상관계수가 -0.75인 이변량 정규분포의 난수 500개에 대하여, 함수 "add_trace( )"에서 옵션 "type= 'histogram2dcontour'"는 등위선의 경계를 표시한 그래프이다.

```
> plot_ly(x= Obs[,1], y= Obs[,2]) %>%
+    add_trace(type= 'histogram2dcontour')
```

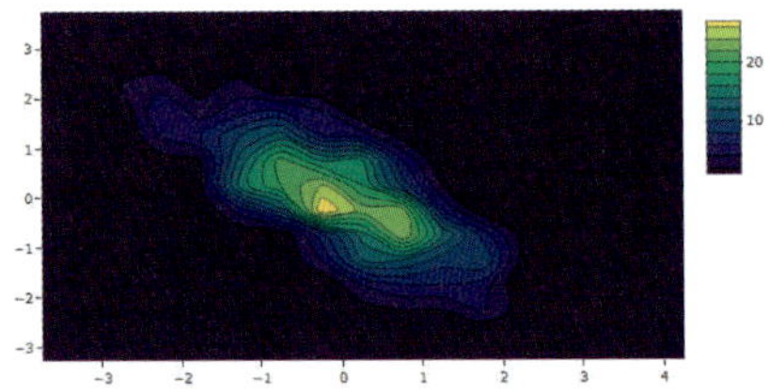

자료 diamonds의 변수 "cut"와 "clarity"에 대한 분할표(contingency table) 또는 교차표(cross tabulation)를 "Count"로 하였다. 외곽선(contour)과 호버(hover)에 대해 사용할 옵션들을 정리하여 "Contours"와 "Hoverlabel"로 하였다. 변수 "cut"와 "clarity" 및 "Count"를 각각 x, y, z축으로 한 2차원적 히스토그램을 그리고, 함수 "add_trace( )"의 옵션으로 외곽선을 그리는 "type= 'histogram2dcontour'"를 사용하고, 외각선과 호버의 레이블을 위에서 정의한 값 "contours= Contours"와 "hoverlabel= Hoverlabel"로 하였다.

```
> Count <- with(diamonds, table(cut, clarity))
> Contours <- list(showlabels= T,
+                  labelfont= list(family= 'Raleway',
+                                  color= 'white'))
> Hoverlabel <- list(bgcolor= 'white', bordercolor= 'black',
+                    font= list(family= 'Raleway', color= 'black'))
```

```
> plot_ly(diamonds, x= ~cut, y= ~clarity, z= ~Count) %>%
+   add_trace(type= 'histogram2dcontour', contours= Contours,
+             hoverlabel= Hoverlabel)
```

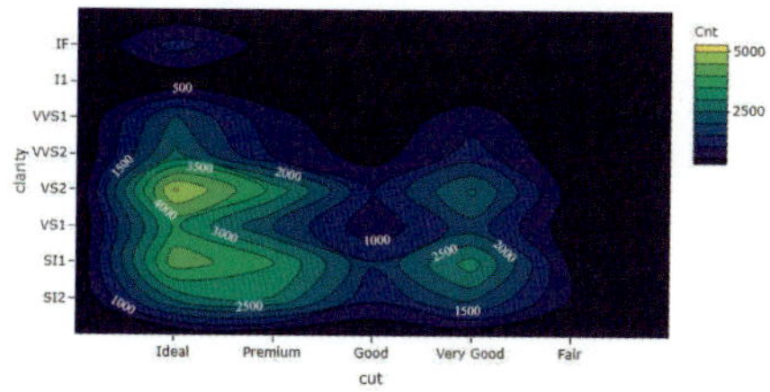

함수 "subplot()"를 이용하여 그래프 4개를 2×2의 위치에 첫 번째 행에는 히스토그램과 빈 공간, 2행에는 2차원 히스토그램과 일변량 히스토그램을 나타내었다. 옵션 "shareX= TRUE"과 "shareY= TRUE"는 각 축을 공유한다. 옵션 "heights= c(0.2, 0.8)"과 "widths= c(0.8, 0.2)"는 그림의 크기 및 위치를 결정한다.

```
> set.seed(1004)
> X <- rnorm(1000)
> Y <- rnorm(1000)
> Bg1 <- plot_ly(x= X, color= I("blue"), type= 'histogram')
> Bg2 <- plotly_empty(type= "scatter", mode= "markers")
> Bg3 <- plot_ly(x= X, y= Y, type= 'histogram2dcontour', showscale= F)
> Bg4 <- plot_ly(y= Y, color= I("black"), type= 'histogram')
> AllBg <- subplot(Bg1, Bg2, Bg3, Bg4, nrows= 2, heights= c(0.2, 0.8),
+                  widths= c(0.8, 0.2), shareX= TRUE, shareY= TRUE,
+                  titleX= FALSE, titleY= FALSE)
> layout(AllBg, showlegend= FALSE)
```

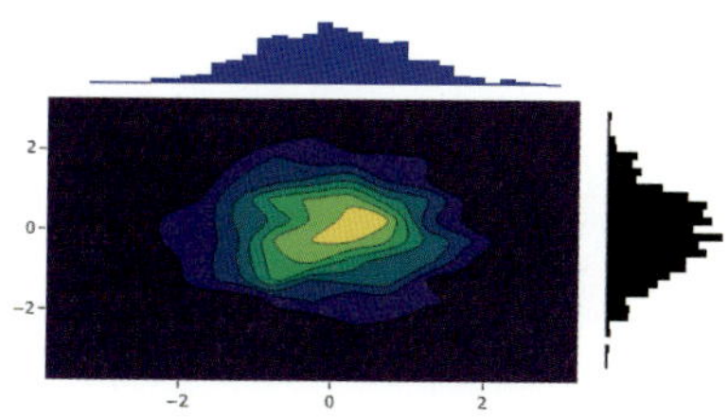

2.6 바이올린 그래프 (Violin Plot)

자료 Df의 변수 "total_bill"에 대하여, 옵션 "type= 'violin'"은 바이올린 그래프를 나타낸다. 옵션 "box= list(visible= F)"는 상자그림을 추가하게 되고, 옵션 "meanline= list(visible= T)"는 평균선을 추가한다. 오른쪽 그래프는 변수 "day"에 따른 바이올린 그래프로서, 옵션 "split= ~day"로 변수 "day"에 따라 구별하였다.

```
> Df <- read.csv("https://raw.githubusercontent.com/plotly/datasets
+                /master/violin_data.csv")
> Df %>% plot_ly(y= ~total_bill, type= 'violin', box= list(visible= T),
+                meanline= list(visible= T), x0= 'Total Bill') %>%
+         layout(yaxis= list(title= "", zeroline= F))
> Df %>% plot_ly(x= ~day, y= ~total_bill, split= ~day, type= 'violin',
+                box= list(visible= T), meanline= list(visible= T)) %>%
+         layout(xaxis= list(title= "Day"),
+                yaxis= list(title= "Total Bill", zeroline= F))
```

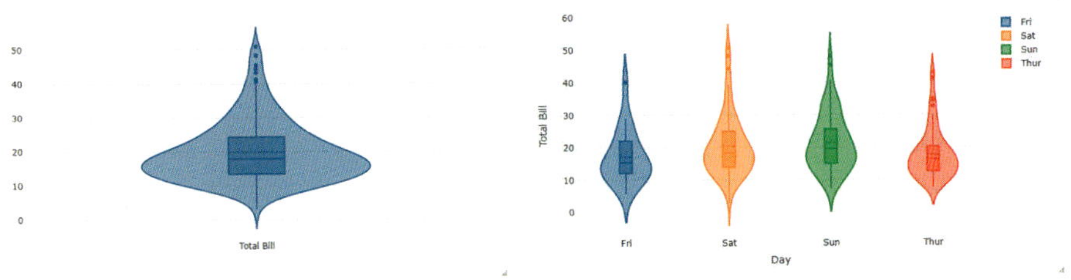

변수 "sex"의 값 Male과 Female에 따른 각각의 바이올린 그래프를 함수 "layout( )"에서 옵션 "violinmode= 'group'"를 이용하여 나란하게 나타내었다.

```
> Df %>%
+ plot_ly(type= 'violin') %>%
+ add_trace(x= ~day[Df$sex== 'Male'], y= ~total_bill[Df$sex== 'Male'],
```

```
+            legendgroup= 'Male', scalegroup= 'Male', name= 'Male',
+            box= list(visible= T ), meanline= list(visible= T ),
+            line= list(color= 'blue') ) %>%
+  add_trace(x= ~day[Df$sex== 'Female'], y= ~total_bill[Df$sex== 'Female'],
+            legendgroup= 'Female', scalegroup= 'Female',
+            name= 'Female', box= list(visible= T),
+            meanline= list(visible= T),
+            line= list(color= 'pink')) %>%
+  layout(yaxis= list(zeroline= F), violinmode= 'group')
```

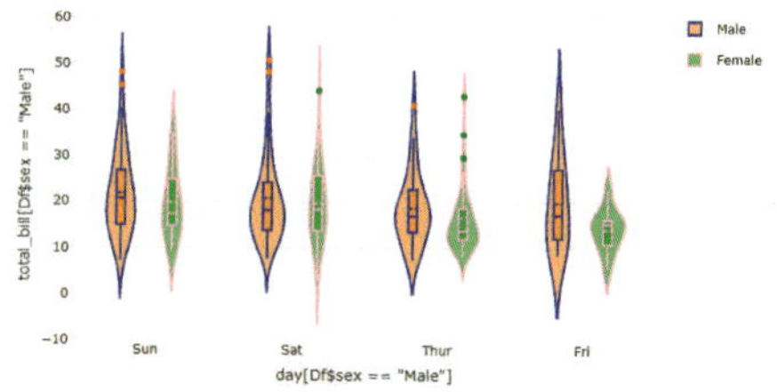

2.7 SPLOM (Scatter PLOts Matrix)

옵션 "type= 'splom'"은 여러 변수들의 산점도들을 행렬화하여 나타낼 수 있도록 한다. 다음은 자료 iris의 변형된 자료인 iris-data.csv의 변수 "sepal.length", "sepal.width", "petal.length", "petal.width"의 산점도들을 한꺼번에 나타내었다. 옵션 "hovermode= "closest""은 호버에 나타나는 방법으로 "x" , "y", FALSE가 있다. 옵션 "dragmode= 'select'"은 마우스로 화면 위를 드래그(drag)할 때 반응하는 방법으로 "zoom", "pan", "select", "lasso", "orbit", "turntable", "FALSE"가 있다.

```
> Df <- read.csv('https://raw.githubusercontent.com/plotly/datasets
+              /master/iris-data.csv')
```

```
> Colorscale= list(c(0.0, '#19d3f3'), c(0.333, '#19d3f3'), c(0.333, '#e763fa'),
+                   c(0.666, '#e763fa'), c(0.666, '#636efa'), c(1, '#636efa'))
> Axis0= list(domain= NULL, showline= F, zeroline= F, gridcolor= '#ffff',
+             ticklen= 4)
> Axis= list(showline= FALSE, zeroline= FALSE, gridcolor= '#ffff', ticklen= 4)
> Dimensions= list(list(label= 'sepal length', values= ~sepal.length),
+                   list(label= 'sepal width', values= ~sepal.width),
+                   list(label= 'petal length', values= ~petal.length),
+                   list(label= 'petal width', values= ~petal.width))
> Marker= list(color= as.integer(as.factor(Df$class)), colorscale= Colorscale,
+              size= 7, line= list(width= 1, color= 'rgb(230,230,230)'))
> Plot_bgcolor= 'rgba(240,240,240, 0.95)'
> Bg <- Df %>% plot_ly() %>%
+   add_trace(type= 'splom',
+             dimensions= Dimensions,  text= ~class,
+             marker= Marker) %>%
+   layout(title= 'Iris Data set', hovermode= 'closest', dragmode= 'select',
+          plot_bgcolor= Plot_bgcolor,
+          xaxis= Axis0, xaxis2= Axis,
+          xaxis3= Axis, xaxis4= Axis,
+          yaxis= Axis0, yaxis2= Axis, yaxis3= Axis, yaxis4= Axis)
> Bg
```

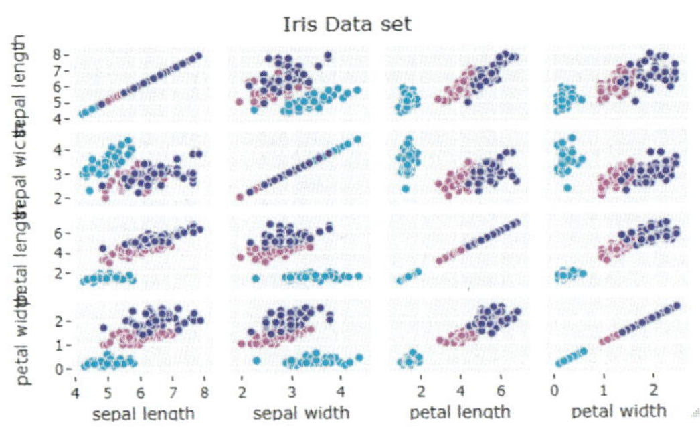

대각선 부분만 제외할 수도 있고, 대각선 기준 상/하 영역만 따로 표시할 수도 있다. 또한 지정된 위치의 자료만 나타나지 않게 할 수도 있다.

```
> Bg %>% style(diagonal= list(visible= F))
> Bg %>% style(showupperhalf= F)
> Bg %>% style(showlowerhalf= F)
> Bg2 <-  plotly_build(Bg)
> Bg2$x$data[[1]]$dimensions[[3]] <- list(visible= F)
> Bg2
```

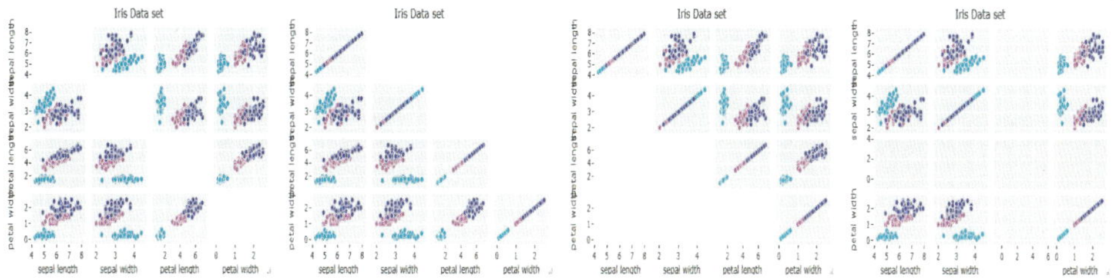

03 3D 그래프

3.1 3차원 산점도 (3D Scatter Plot)

변수 3개를 한 평면에 표현하는 방법으로 기본적으로는 원근법에 의한 직교좌표계를 사용한다. 사용자는 특정한 축 또는 사용자가 원하는 기점을 중심으로 그래프를 움직여서 시각화된 결과를 살펴볼 수 있다. 아래는 자료 mtcars의 변수 "am"의 값을 변경하고 인자형으로 지정하는 과정이다.

```
> library(plotly)
> mtcars$am[which(mtcars$am== 0)] <- 'Automatic'
> mtcars$am[which(mtcars$am== 1)] <- 'Manual'
> mtcars$am <- as.factor(mtcars$am)
```

변수 “wt”, “hp”, “qsec”에 대하여 함수 “add_markers( )”를 사용한 3차원 산점도를 변수 “am”에 대한 색상을 구별하도록 한 것이다.

```
> Xaxis= list(title= '중량');   Yaxis= list(title= '마력')
> Zaxis= list(title= '0.25mile 도달시간')
> plot_ly(mtcars, x= ~wt, y= ~hp, z= ~qsec,
+          color= ~am, colors= c('#BF382A', '#0C4B8E')) %>%
+   add_markers() %>%
+   layout(scene= list(xaxis= Xaxis, yaxis= Yaxis, zaxis= Zaxis))
```

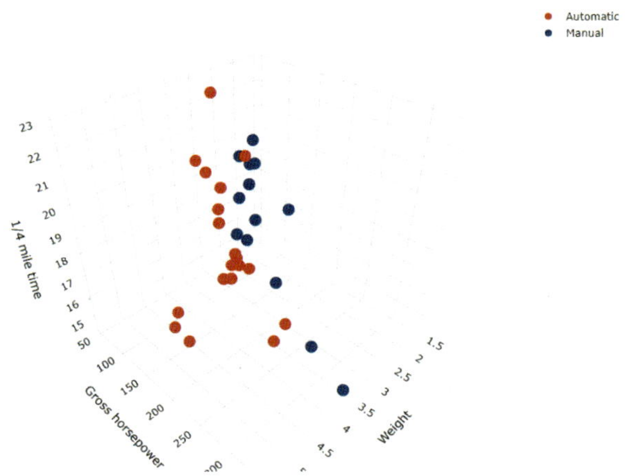

함수 “plot_ly( )”의 옵션 “marker= ”에서 변수 “mpg”에 따라 색상을 구분하고, 함수 “layout( )”에서 옵션 “scene= ”과 “annotations= ”을 사용하였다.

```
> Marker= list(color= ~mpg, colorscale= c('#FFE1A1', '#683531'),
+               showscale= TRUE)
> Annotations= list(xref= 'paper', yref= 'paper', x= 0.95, y= 1,
+                    text= 'Miles/(US) gallon', showarrow= FALSE)
> Scene= list(xaxis= Xaxis, yaxis= Yaxis, zaxis= Zaxis)
> plot_ly(mtcars, x= ~wt, y= ~hp, z= ~qsec, marker= Marker) %>%
+   add_markers() %>% layout(scene= Scene, annotations= Annotations)
```

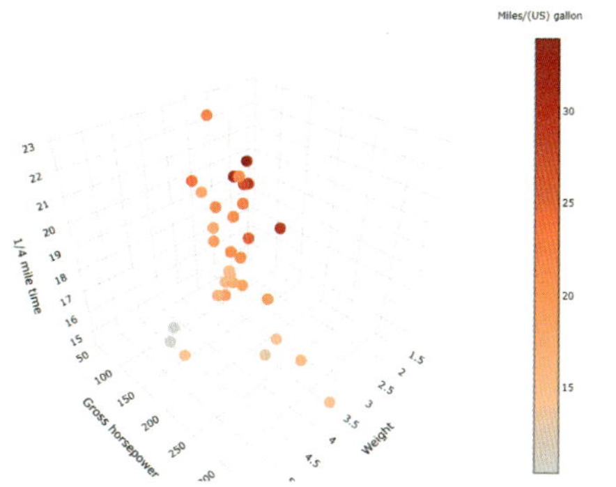

아래는 원자료 중에서 변수 “year”의 값이 2007인 것만 별도로 제한하여 자료 Df1_2007로 하였다. 변수 “continent”와 “country”를 기준으로 다시 정렬하였다.

```
> Df1 <- read.csv("https://raw.githubusercontent.com/plotly/datasets
+                 /master/gapminderDataFiveYear.csv")
> Df1_2007 <- Df1[which(Df1$year == 2007),]
> Df1_2007 <- Df1_2007[order(Df1_2007$continent, Df1_2007$country),]
```

Marker에서 옵션 “symbol= 'circle'”은 표식의 모양을 원(circle)으로 지정한 것으로 이외의 것은 다음 주소를 참조하면 다양한 모양을 볼 수 있다(참조: https://plot.ly/r/reference/#scatter-marker-symbol). 옵션 “sizemode= 'diameter'”은 호버의 크기를 결정하는 방법으로 “"area"”도 있다. Xaxis와 Yaxis에 있는 옵션 “type= 'log'”는 표현하는 척도에 대한 것으로 “-”, “linear”, “log”, “date”, “category”, “multicategory” 등이 있다. 변수 “gdpPercap”, “lifeExp”, “pop”의 3차원 산점도를 변수 “continent”에 의한 색상을 구분하고, 변수 “pop”에 의한 표식(원 또는 버블)의 크기를 구분하여 나타내었다.

```
> Colors <- c('#4AC6B7', '#1972A4', '#965F8A', '#FF7070', '#C61951')
> Xaxis= list(title= '1인당 GDP', gridcolor= 'rgb(255, 255, 255)',
```

```
+              range= c(2.0, 5.2), type= 'log', zerolinewidth= 1, ticklen= 5,
+              gridwidth= 2)
> Yaxis= list(title= '기대 수명', gridcolor= 'rgb(255, 255, 255)',
+              range= c(36.12, 91.73), zerolinewidth= 1, ticklen= 5, gridwith= 2)
> Zaxis= list(title= '인구', gridcolor= 'rgb(255, 255, 255)',
+              type= 'log', zerolinewidth= 1, ticklen= 5, gridwith= 2)
> Scene= list(xaxis= Xaxis, yaxis= Yaxis, zaxis= Zaxis,
+              paper_bgcolor= 'rgb(243, 243, 243)',
+              plot_bgcolor= 'rgb(243, 243, 243)')
> Marker= list(symbol= 'circle', sizemode= 'diameter')
> Text= ~paste('국가:', country, '<br>기대수명:', lifeExp, '<br>GDP:',
+               gdpPercap, '<br>인구:', pop)
> plot_ly(Df1_2007, x= ~gdpPercap, y= ~lifeExp, z= ~pop, type= "scatter3d",
+         mode= "markers",
+         color= ~continent, size= ~Size, colors= Colors, marker= Marker,
+         sizes= c(15, 100), text= Text) %>%
+   layout(title= '인구, 기대수명과 1인당 GDP, 2007년 기준', scene= Scene)
```

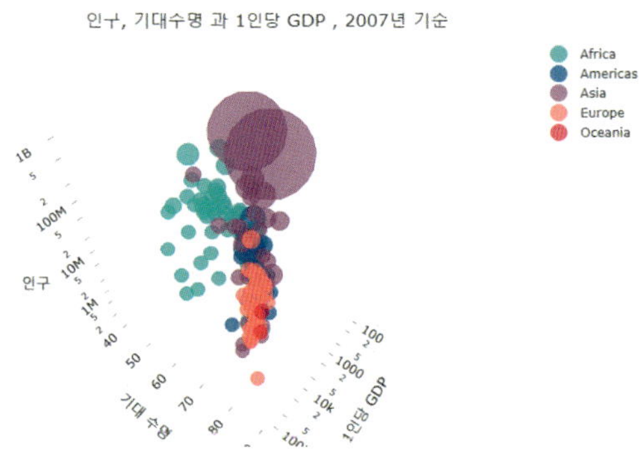

3.2 3차원 선그래프 (3D Line Plot)

자료 Data의 변수 “color”를 인자형 변수 “Color”로 변환하고, 옵션 “type= 'scatter3d'”는 3차원 산점도임을, 옵션 “mode= 'lines'”는 선그래프를 나타나게 한다. 변수 "color= "에 의한 색상을 구분하게 하였다. 옵션 "opacity= "는 투명도를 결정하는 것으로 인자 값은 구간 [0, 1]를 범위로 한다.

```
> Df2 <- read.csv('https://raw.githubusercontent.com/plotly/datasets
+                  /master/3d-line1.csv')
> Df2$color <- as.factor(Df2$color)
> Line= list(width= 6, color= ~color)
> plot_ly(Df2, x= ~x, y= ~y, z= ~z, type= 'scatter3d',
+          mode= 'lines', opacity= 1, line= Line)
```

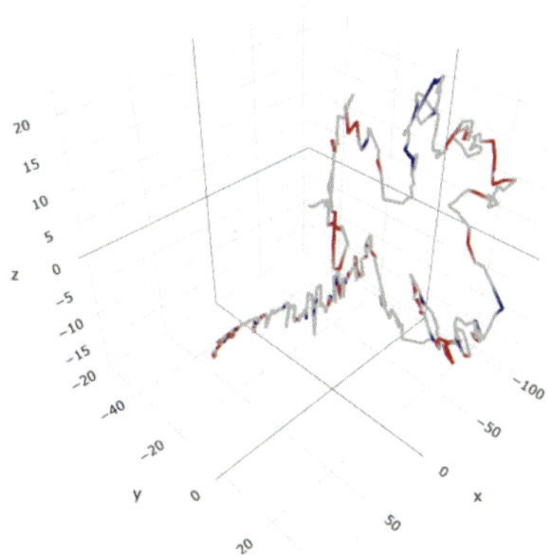

생성된 자료의 3차원 그래프로 옵션 "mode= 'lines+markers'"는 표식과 선을 동시에 표현한다. 옵션 "line= "에서 "color= ~C"는 변수 "C"의 값에 따른 구분하여 표현하며, 옵션 "colorscale= 'Viridis'"는 색상의 범위를 제한하는 것이다. 표식에 대한 옵션 "marker= "에서 표식의 크기(=3.5), 색상구분(="C"), 색상의 표현 범위("Viridis") 및 cmin(=−20)과 cmax(=50)를 이용한 색상의 표현 제한 등을 이용하여 여러 가지로 꾸밀 수 있다.

```
> Count <- 62
> X <- c();     Y <- c();     Z <- c();     C <- c()
> for (i in 1:Count) { r <- 20 * cos(i / 20);    X <- c(X, r * cos(i))
```

```
+                       Y <- c(Y, r * sin(i));     Z <- c(Z, i)
+                       C <- c(C, i) }
> Df3 <- data.frame(C, X, Y, Z)
> Line= list(width= 6, color= ~C, colorscale= 'Viridis')
> Marker= list(size= 3.5, color= ~C, colorscale= 'Reds',
+               cmin= -20, cmax= 50)
> plot_ly(Df3, x= ~X, y= ~Y, z= ~Z, type= 'scatter3d',
+         mode= 'lines+markers', line= Line, marker= Marker)
```

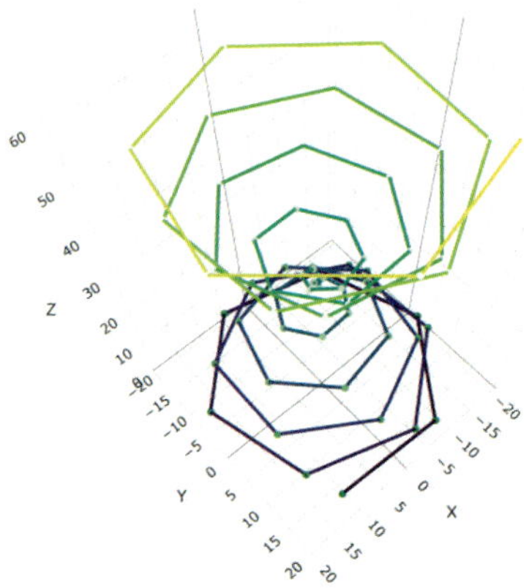

3차원 산점도로 옵션 "mode= 'lines'"는 선으로 자료를 표현하게 된다. 이때 변수 "C"의 값에 따라 색상을 구별하게 되며, 옵션 "colorscale= Colorscale"은 미리 지정된 Colorscale의 값에 해당하는 색상의 범위를 지정하는 것이다.

```
> Count <- 3000
> X <- c();    Y <- c();     Z <- c();      C <- c()
> for (i in 1:Count) {r <- i * (Count - i);        X <- c(X, r * cos(i / 30))
+                       Y <- c(Y, r * sin(i / 30)); Z <- c(Z, i);  C <- c(C, i) }
> Df4 <- data.frame(C, X, Y, Z)
> Colorscale= list(c(0,'rgb(0,0,255)'), c(1,'rgb(255,0,0)'))
> Line= list(width= 4, color= ~C, colorscale= Colorscale)
> plot_ly(Df4, x= ~X, y= ~Y, z= ~Z, type= 'scatter3d',
+         mode= 'lines', line= Line)
```

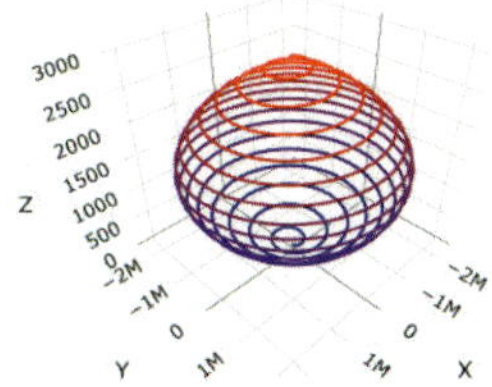

아래 자료의 3차원 자료 세 쌍을 함수 "add_trace( )"를 이용하여 3차원 선그래프를 추가하는 예이다.

```
> Df5 <- read.csv('https://raw.githubusercontent.com/plotly/datasets
+                 /master/_3d-line-plot.csv')
> Line1= list(color= '#1f77b4', width= 1)
> Line2= list(color= 'rgb(44, 160, 44)', width= 2)
> Line3= list(color= 'bcbd22', width= 3)
> plot_ly(Df5, x= ~x1, y= ~y1, z= ~z1, type= 'scatter3d',
+         mode= 'lines', line= Line1) %>%
+   add_trace(x= ~x2, y= ~y2, z= ~z2, line= Line2) %>%
+   add_trace(x= ~x3, y= ~y3, z= ~z3, line= Line3)
```

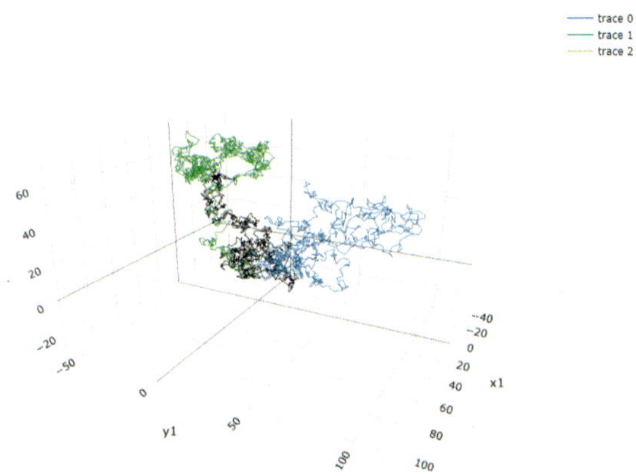

다음은 패키지 ggplot2에 있는 자료 diamonds에 대하여, 함수 "tapply( )", "unlist( )"와 "lapply( )"를 이용하여 변수 "cut"에 따른 밀도함수의 값으로 생

성된 자료 Df6의 그래프이다. 함수 "plot_ly( )"에서 "z= ~cut"의 추가는 3차원 선 그래프를 나타나게 된다[참조: 3장 선그래프]. 또한, 옵션 "color= ~cut"를 사용하여 변수 "cut"에 의한 색상을 구분하였다.

```
> Dens <- with(diamonds, tapply(price, INDEX= cut, density))
> X= unlist(lapply(Dens, "[[", "x"))
> Y= unlist(lapply(Dens, "[[", "y"))
> Cut= rep(names(Dens), each= length(Dens[[1]]$x))
> Df6 <- data.frame(x= X,  y= Y, cut= Cut)
> plot_ly(Df6, x= ~x, y= ~y, z= ~cut, type= 'scatter3d',
+         mode= 'lines', color= ~cut)
```

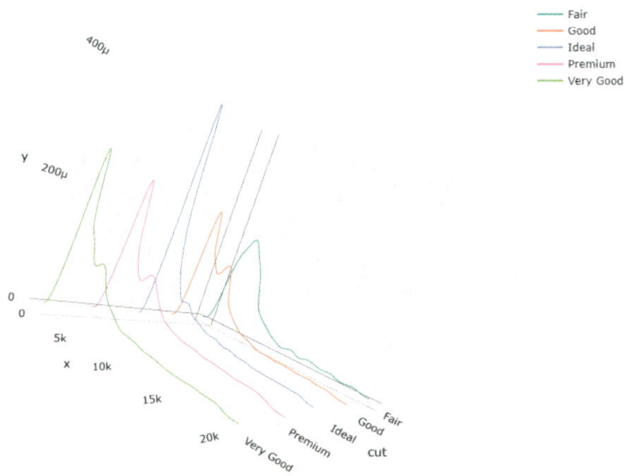

3.3 3차원 표면그래프 (3D Surface Plot)

자료 volcano의 함수 "plot_ly(z= ~volcano)"의 결과는 히트 맵(heat map)을 나타낸다. 파이프 연산자(%>%)로 연결된 함수 "add_surface( )"는 3차원 표면도를 그리게 된다. 우측의 그래프는 표면에 외곽선(Contour)을 추가하는 방법으로 함수 "add_surface( )"에서 옵션 "contours= "를 사용하면 된다. 또한 함수 "layout( )"의 옵션 "scene= "를 이용하면 일반적인 등고선그래프를 추가할 수 있다.

```
> plot_ly(z= ~volcano) %>% add_surface()
> Contours= list(z= list(show= TRUE, usecolormap= TRUE,
+                highlightcolor= "#ff0000", project= list(z= TRUE)))
> Scene= list(camera= list(eye= list(x= 1.87, y= 0.88, z= -0.64)))
> plot_ly(z= ~volcano) %>% add_surface(contours= Contours) %>%
+         layout(scene= Scene)
```

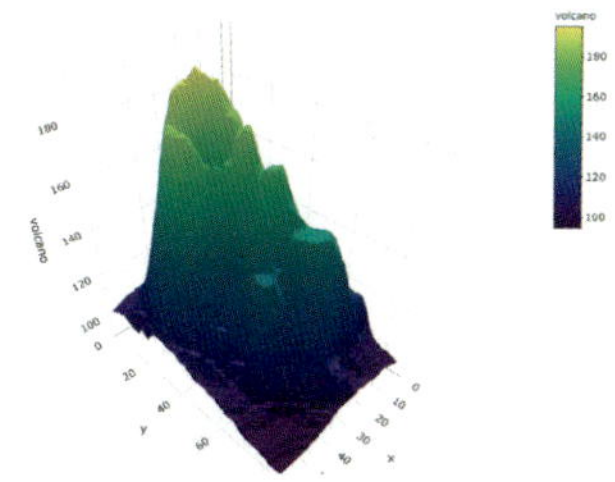

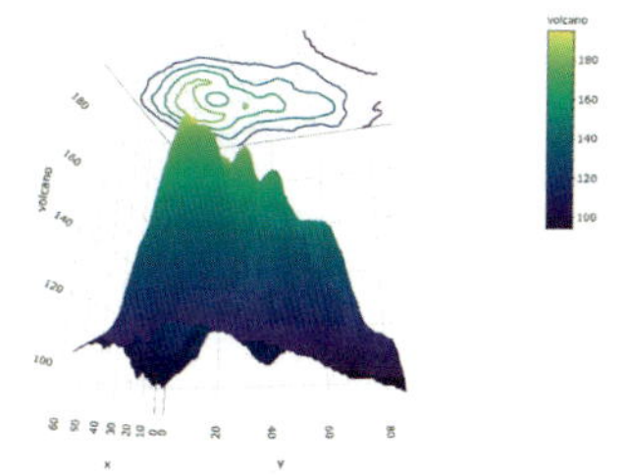

패키지 MASS의 자료 geyser의 변수 "duration"과 "waiting"에 대한 함수 "kde2d( )"를 이용한 이변량 정규분포를 기반으로 한 커널밀도함수값을 새로운 변수로 추가한 자료 Kd를 생성하였다. 옵션 "n= 100"은 x축과 y축의 분할 수를 제한하는 것으로 클수록 유연한 밀도함수 그래프를 나타낸다. 함수 "add_surface( )"를 이용한 표면도를 그린 예이다.

```
> Kd <- with(MASS::geyser, MASS::kde2d(duration, waiting, n= 100))

> plot_ly(x= Kd$x, y= Kd$y, z= Kd$z) %>%  add_surface()
```

크기가 15×6인 자료 Z를 구성하였다.

```
> Z <- c( c(8.83,8.89,8.81,8.87,8.9 ,8.87), c(8.89,8.94,8.85,8.94,8.96,8.92),
+      c(8.84,8.9 ,8.82,8.92,8.93,8.91),  c(8.79,8.85,8.79,8.9 ,8.94,8.92),
+      c(8.79,8.88,8.81,8.9 ,8.95,8.92),  c(8.8 ,8.82,8.78,8.91,8.94,8.92),
+      c(8.75,8.78,8.77,8.91,8.95,8.92),  c(8.8 ,8.8 ,8.77,8.91,8.95,8.94),
+      c(8.74,8.81,8.76,8.93,8.98,8.99),  c(8.89,8.99,8.92,9.1 ,9.13,9.11),
+      c(8.97,8.97,8.91,9.09,9.11,9.11),  c(9.04,9.08,9.05,9.25,9.28,9.27),
+      c(9   ,9.01,9   ,9.2 ,9.23,9.2 ),  c(8.99,8.99,8.98,9.18,9.2 ,9.19),
+      c(8.93,8.97,8.97,9.18,9.2 ,9.18) )
```

위에서 생성한 자료 Z의 값보다 1만큼 증가/감소한 새로운 자료 Z2, Z3을 생성하여, 함수 “add_surface()”를 이용하여 표면도를 추가하는 예이다.

```
> dim(Z) <- c(15,6)
> Z2 <- Z + 1
> Z3 <- Z - 1
> plot_ly(showscale= FALSE) %>%
+   add_surface(z= ~Z) %>%
+   add_surface(z= ~Z2, opacity= 0.98) %>%
+   add_surface(z= ~Z3, opacity= 0.98)
```

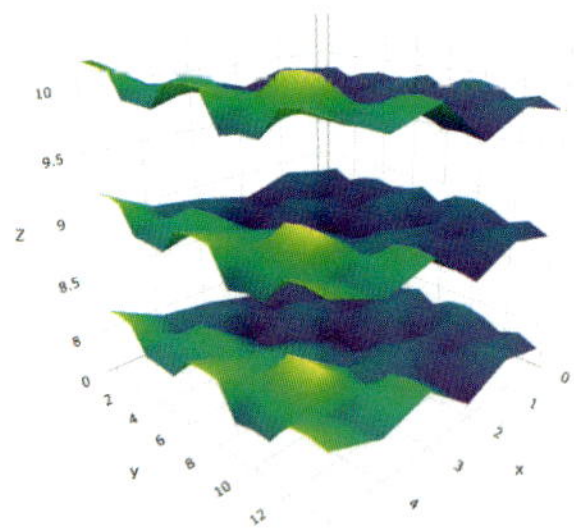

3.4 3차원 망 그림 (3D Mesh Plot)

구간 [0, 1]에서의 균등분포를 따르는 생성된 난수인 세 변수 "X", "Y", "Z"에 대하여 옵션 "type= 'mesh3d'"로 3차원 망그래프를 그릴 수 있다.

```
> set.seed(1004)
> X <- round(runif(50, 0, 10),1)
> Y <- round(runif(50, 0, 10),1)
> Z <- round(runif(50, 0, 10),1)
> plot_ly(x= ~X, y= ~Y, z= ~Z, type= 'mesh3d')
```

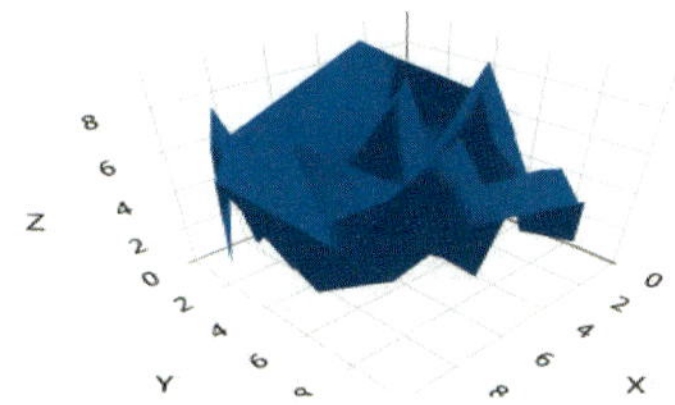

좌표 X, Y, Z의 4개의 점[$P_0(0,0,0)$, $P_1(1,0,0)$, $P_2(0,1,0)$, $P_3(0,0,1)$]을 연결하는 3차원 망그래프 "type= 'mesh3d'"에서 인자 I, J, K를 추가함으로써 4면체(tetrahedron)를 연결한 망그래프[P_0, P_1, P_2의 세 점을 잇는 삼각형, P_0, P_2, P_3의 세 점을 잇는 삼각형, P_0, P_3, P_2의 세 점을 잇는 삼각형, P_1, P_2, P_3의 세 점을 잇는 삼각형들로 구성된 4면체의 그래프]를 그릴 수 있다. 이때 색상 및 색상의 강도를 지정하여 여러 가지 시각적 효과를 표현할 수 있다.

```
> X= c(0, 1, 0, 0);    Y= c(0, 0, 1, 0);    Z= c(0, 0, 0, 1)
> I= c(0, 0, 0, 1);    J= c(1, 2, 3, 2);    K= c(2, 3, 1, 3)
> Intensity= c(0, 0.2, 0.7, 1)
> Colors= colorRamp(c("red", "yellow", "blue", "green"))
> plot_ly(type= 'mesh3d', x= X, y= Y, z= Z, i= I, j= J, k= K,
```

```
+          intensity= Intensity, intensitymode= "vertex",
+          colors= Colors)
```

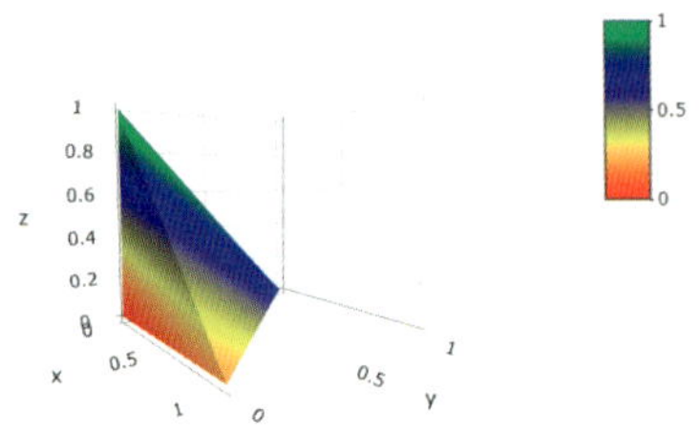

좌표 X, Y, Z의 8개의 점을 연결하는 3차원 망그래프 "type= 'mesh3d'"에서 인자 I, J, K를 추가함으로써 6면체(cube)를 연결한 망그래프를 그릴 수 있다. 이때 색상 및 색상의 강도를 지정하여 여러 가지 시각적 효과를 표현할 수 있다.

```
> X= c(0, 0, 0, 0, 1, 1, 1, 1); Y= c(0, 0, 1, 1, 0, 0, 1, 1); Z= c(0, 1, 0, 1, 0, 1, 0, 1)
> I= c(5, 0, 0, 0, 1, 1, 7, 7, 1, 0, 4, 6)
> J= c(4, 1, 2, 6, 3, 7, 3, 6, 0, 2, 7, 4)
> K= c(0, 5, 6, 4, 7, 5, 2, 2, 3, 3, 5, 7)
> Intensity= seq(0, 1, length= 8)
> Colors= colorRamp(rainbow(8))
> plot_ly(type= 'mesh3d', x= X,  y= Y, z= Z, i= I, j= J, k= K,
+          intensity= Intensity, colors= Colors)
```

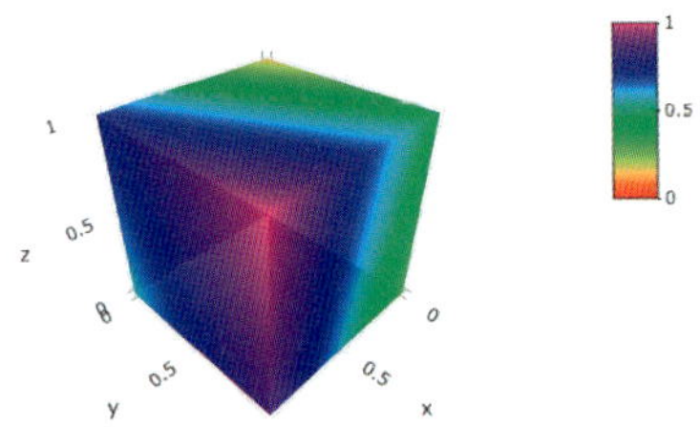

좌표 X, Y, Z의 4개의 점을 연결하는 3차원 망그래프 “type= 'mesh3d'”에서 인자 I, J, K를 추가함으로써 4면체(tetrahedron)를 연결한 3차원 표면그래프를 그릴 수 있다. 여기서 표면의 색상은 옵션 “facecolor= ”를 사용하여 지정할 수 있다. 패키지 viridisLite의 함수 “viridis( )”를 사용하여 색상을 지정하였다.

```
> X= c(0, 1, 2, 0) ;  Y= c(0, 0, 1, 2)
> Z= c(0, 2, 0, 1)
> I= c(0, 0, 0, 1) ;  J= c(1, 2, 3, 2)
> K= c(2, 3, 1, 3)
> plot_ly(type= 'mesh3d', x= X, y= Y, z= Z,  i= I, j= J, k= K,
+          facecolor= toRGB(viridisLite::viridis(4)))
```

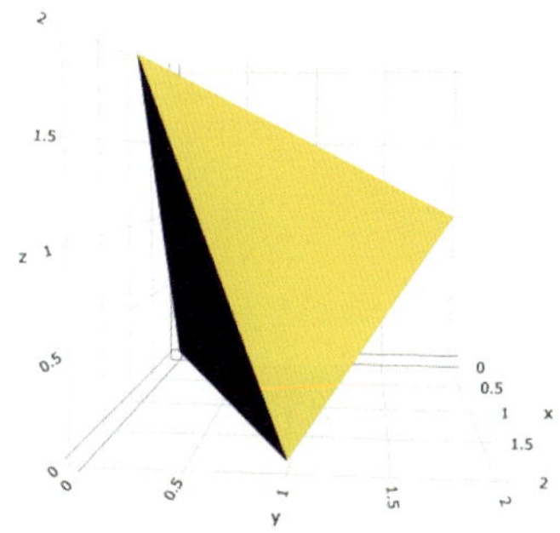

좌표 X, Y, Z의 8개의 점을 연결하는 3차원 망그래프 “type= 'mesh3d'”에서 인자 I, J, K를 추가함으로써 6면체(cube)를 연결한 망그래프를 그릴 수 있다. 여기서 표면의 색상은 옵션 “facecolor= ”를 사용하여 지정할 수 있다. 패키지 viridisLite의 함수 “inferno( )”를 사용하여 색상을 지정하였다. 다만, 함수 “rep( )”를 사용하여 6가지의 각각의 색을 2번씩 반복하여 사용한 것은 색칠의 기준이 한 개의 삼각형이기 때문에, 사각형에 같은 색을 칠하기 위해서는 같은 색을 2번 사용하면 되기 때문이다.

```
> X= c(0, 0, 1, 1, 0, 0, 1, 1) ;  Y= c(0, 1, 1, 0, 0, 1, 1, 0)
> Z= c(0, 0, 0, 0, 1, 1, 1, 1) ;  I= c(7, 0, 0, 0, 4, 4, 2, 6, 4, 0, 3, 7)
> J= c(3, 4, 1, 2, 5, 6, 5, 5, 0, 1, 2, 2)
> K= c(0, 7, 2, 3, 6, 7, 1, 2, 5, 5, 7, 6)
> plot_ly(type= 'mesh3d', x= X, y= Y, z= Z, i= I, j= J, k= K,
+         facecolor= rep(toRGB(viridisLite::inferno(6)), each= 2))
```

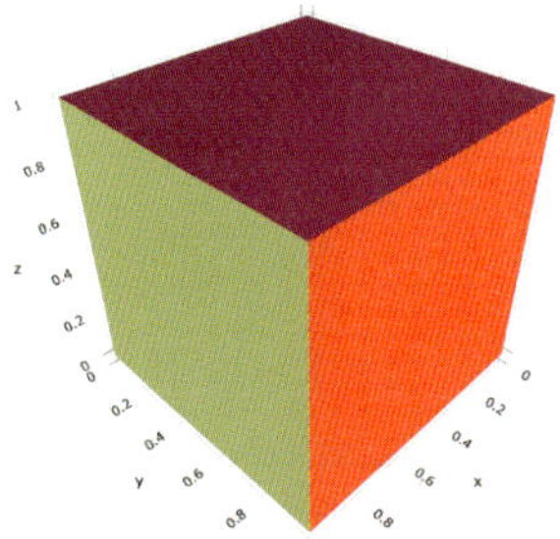

04 세부 그래프(Subplot)

4.1 다중 축 (Multiple Axes)

x축 변량에 값에 따른 값의 크기가 다른 두 개의 y축 자료들이 있을 경우, y축의 왼/오른쪽을 각각 사용하여 자료를 표현할 수 있다.

```
> Xaxis <- list(title= "X")
> Yaxis1 <- list(title= "Y")
> Yaxis2 <- list(tickfont= list(color= "red"), overlaying= "y",
+                side= "right", title= "추가된 y 축")
> plot_ly() %>%
+   add_lines(x= ~1:3, y= ~10*(1:3), name= "기울기= 10", yaxis= "y1") %>%
+   add_lines(x= ~2:4, y= ~1:3, name= "기울기= 1", yaxis= "y2") %>%
```

```
+   layout(title= "다중 축 : Y-축 추가", xaxis= Xaxis, yaxis= Yaxis1,  yaxis2= Yaxis2)
```

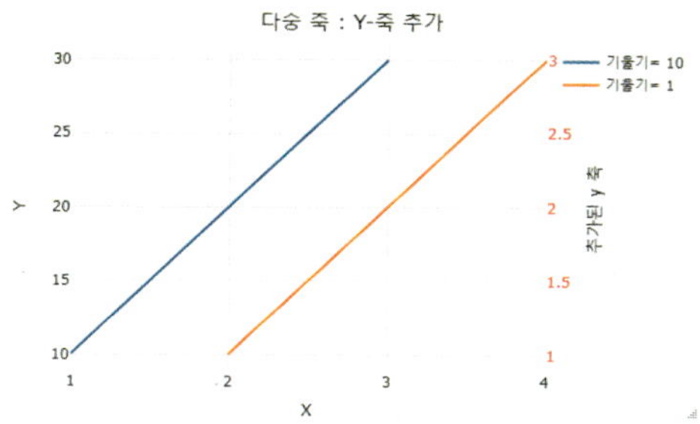

4.2 세부 그래프 (Subplot)

2개의 그래프를 함수 “subplot( )”를 이용하여 한 면에 그리는 과정이다. 아래와 같이 기본은 열을 나누는 방식이다.

```
> Bg1 <- plot_ly(economics, x= ~date, y= ~unemploy) %>%
+                   add_lines(name= ~"unemploy")
> Bg2 <- plot_ly(economics, x= ~date, y= ~uempmed) %>%
+                   add_lines(name= ~"uempmed")
> subplot(Bg1, Bg2)
```

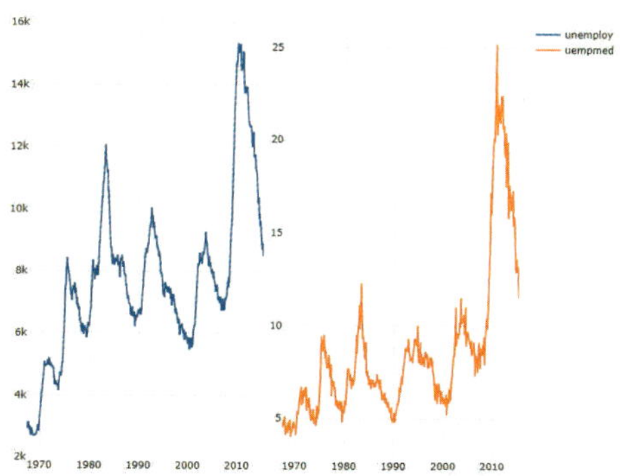

필요에 따라 주어진 자료를 변환하여 사용할 필요가 있다. 이때 long(or tall, skinny)

type 또는 wide(or short) type의 자료로의 변경은 패키지 tidyr의 함수 "pivot_longer( )"와 pivot_wider( )"를 사용하면 된다. 자료 economics는 6개의 변수로 구성된 자료이다. 함수 "pivot_longer(-date, Variable, Value)"는 변수 중 "date"는 제외하고, 나머지 5개의 변수와 값들을 새로운 변수 "Variable" 및 값인 "Value"로 하여 3개의 칼럼을 갖는 자료로 재구성한다. pivot_wider(data= Long, names_from= Variable, values_from= Value)는 long type인 자료 Long에서 변수 "Variable"와 "Value"의 값을 갖는 wide type으로 변환하게 된다.

```
> library(tidyr)
> str(economics)
spec_tbl_df [574 x 6] (S3: spec_tbl_df/tbl_df/tbl/data.frame)
 $ date    : Date[1:574], format: "1967-07-01" "1967-08-01" ...
 $ pce     : num [1:574] 507 510 516 512 517 ...
 $ pop     : num [1:574] 198712 198911 199113 199311 199498 ...
 $ psavert : num [1:574] 12.6 12.6 11.9 12.9 12.8 11.8 11.7 12.3 11.7 12.3 ...
 $ uempmed : num [1:574] 4.5 4.7 4.6 4.9 4.7 4.8 5.1 4.5 4.1 4.6 ...
 $ unemploy: num [1:574] 2944 2945 2958 3143 3066 ...
> # Unpivot : Wide(short) Type ==> Long(tall, skinny) type]
> Long <- pivot_longer(data= economics, cols= -date, names_to= 'Variable',
+                          values_to= 'Value')
> # Long <- pivot_longer(economics, -date, 'Variable', 'Value')
> str(Long)
tibble [2,870 x 3] (S3: tbl_df/tbl/data.frame)
 $ date    : Date[1:2870], format: "1967-07-01" "1967-07-01" ...
 $ Variable: chr [1:2870] "pce" "pop" "psavert" "uempmed" ...
 $ Value   : num [1:2870] 506.7 198712 12.6 4.5 2944 ...
> # Pivot : Long Type ==> Wide Type]
> Wide <- pivot_wider(data= Long, names_from= Variable, values_from= Value)
> str(Wide)
tibble [574 x 6] (S3: tbl_df/tbl/data.frame)
 $ date    : Date[1:574], format: "1967-07-01" "1967-08-01" ...
 $ pce     : num [1:574] 507 510 516 512 517 ...
```

```
 $ pop     : num [1:574] 198712 198911 199113 199311 199498 ...
 $ psavert : num [1:574] 12.6 12.6 11.9 12.9 12.8 11.8 11.7 12.3 11.7 12.3 ...
 $ uempmed : num [1:574] 4.5 4.7 4.6 4.9 4.7 4.8 5.1 4.5 4.1 4.6 ...
 $ unemploy: num [1:574] 2944 2945 2958 3143 3066 ...
```

함수 "transform(Id= as.integer(factor(Variable)))"은 인자형 변수 "Variable"을 정수형으로 한 것을 변수 "Id"로 변환한다. "Id"의 값은 자료 economics의 5개 변수를 정수형으로 한 1, 2, 3, 4, 5이다. 변수 "Id"에 따른 5개의 그래프를 한 면에 보이도록 함수 "subplot( )"를 옵션 "nrows= 5"와 같이 사용한 것이다. 또한 옵션 "shareX= TRUE"는 x축을 공유하게 한다. 즉, 같은 단위의 x축의 값에 대한 y축 변수들을 나타나게 한다.

```
> economics %>%
+   pivot_longer(cols= -date, names_to= 'Variable',
+                values_to= 'Value') %>%
+   transform(id= as.integer(factor(Variable))) %>%
+   plot_ly(x= ~date, y= ~Value, color= ~Variable, colors= "Dark2",
+           yaxis= ~paste0("y", id)) %>%
+   add_lines() %>%
+   subplot(nrows= 5, shareX= TRUE)
```

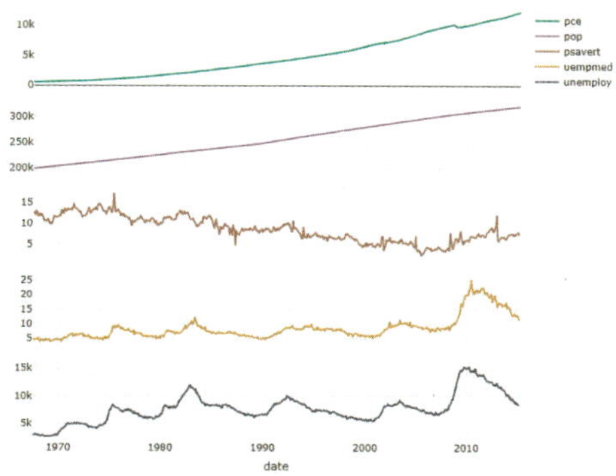

세부 그래프 안에 다시 세부 그래프를 넣어 표현할 수 있다. 빈 그래프를 “Nplot” 수만큼 생성하기 위하여 사용자 정의 함수 “PlotList( )”를 지정하였다. 그래프 Bg1은 6개의 그래프를 2행으로 그린 결과이고, Bg2는 2개의 그래프를 그린 결과이다. 모두 각 축을 공유하도록 같은 축으로 사용하는 옵션 “shareX= TRUE”, “shareY= TRUE”를 사용하였다. 함수 “subplot( )”를 이용하여 Bg1, Bg2 및 또 하나의 빈 그래프를 3행으로 그리도록 옵션 “nrows= 3”을 사용하였다. 옵션 “heights= c(0.6, 0.3, 0.1)”은 그림 3행의 크기 비율을 6 : 3 : 1로 지정한 것이다.

```
> PlotList <- function(Nplots) {lapply(seq_len(Nplots), function(x) plot_ly())}
> Bg1 <- subplot(PlotList(6), nrows= 2, shareX= TRUE, shareY= TRUE)
> Bg2 <- subplot(PlotList(2), shareY= TRUE)
> subplot(Bg1, Bg2, plot_ly(), nrows= 3, margin= 0.04,
+         heights= c(0.6, 0.3, 0.1))
```

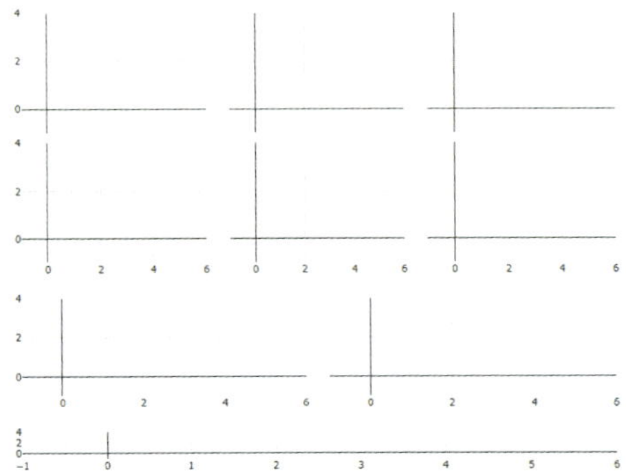

4.3 그림 넣기 (Insert Plot)

이미 그려진 그래프에 함수 “add_trace( )”와 “layout( )”를 이용하여 그래프를 삽입시키는 예이다. 함수 “layout( )”의 옵션 “xaxis2= ”에서 그래프의 위치 domain= c(0.6, 0.95)와 축의 값의 위치 anchor= 'y2'를 지정하였다.

```
> Bg <- plot_ly()
> Bg1 <- Bg %>% add_trace(x= c(1, 2, 3), y= c(4, 3, 2), mode= 'lines')
> Bg2 <- Bg1 %>% add_trace(x= c(20, 30, 40), y= c(30, 40, 50),
+                           xaxis= 'x2', yaxis= 'y2', mode= 'lines')
> Xaxis2= list(domain= c(0.6, 0.95), anchor= 'y2')
> Yaxis2= list(domain= c(0.6, 0.95), anchor= 'x2')
> Bg2 %>% layout(xaxis2= Xaxis2, yaxis2= Yaxis2)
```

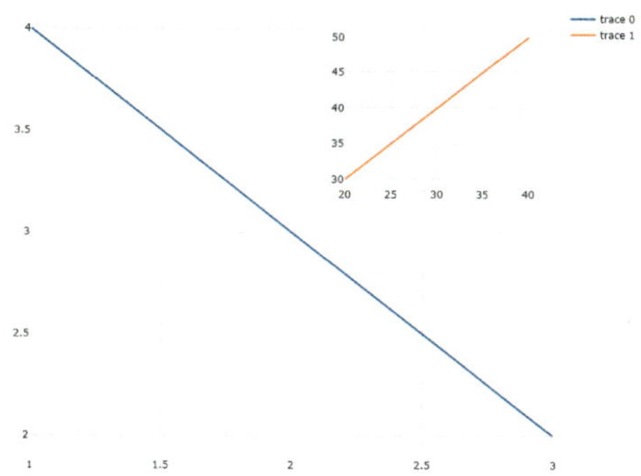

4.4 3차원 (3D Subplot)

Axx는 각 축을 포함한 바탕 등의 색상을 지정한 값이다. 아래 4개의 그래프는 자료 volcano를 4가지 유형에 따라 표현하고자 한다.

```
> Axx <- list(gridcolor= 'rgb(255, 255, 255)', zerolinecolor= 'rgb(255, 255, 255)',
+             showbackground= TRUE, backgroundcolor= 'rgb(230, 230, 230)')
> Bg1 <- plot_ly(z= ~volcano, scene= 'scene1') %>% add_surface(showscale= FALSE)
> Bg2 <- plot_ly(z= ~volcano+10, scene= 'scene2') %>% add_surface(showscale= FALSE)
> Bg3 <- plot_ly(z= ~volcano+200, scene= 'scene3') %>% add_surface(showscale= FALSE)
> Bg4 <- plot_ly(z= ~volcano+300, scene= 'scene4') %>% add_surface(showscale= FALSE)
```

함수 “subplot( )”는 위에서 지정한 그래프 Bg1, Bg2, Bg3, Bg4를 한 번에 같이 그려준다. 함수 “layout( )”에서 그래프의 위치 “domain= ”, 축의 옵션 “xaxis= ”, “yaxis= ” 및 측면의 형식 “aspectmode= ”에 관한 옵션들을 이용하여 표현한 것이다. 옵션 “aspectmode= ”의 인자 값은 “auto”, “cube”, “data”, “manual” 등이 있다.

```
> subplot(Bg1, Bg2, Bg3, Bg4) %>%
+   layout(title= "3D Subplots",
+          scene= list(domain= list(x= c(0,0.5), y= c(0.5,1)),
+          xaxis= Axx, yaxis= Axx, zaxis= Axx, aspectmode= 'manual'),
+   scene2= list(domain= list(x= c(0.5,1), y= c(0.5,1)),
+                xaxis= Axx, yaxis= Axx, zaxis= Axx, aspectmode= 'cube'),
+   scene3= list(domain= list(x= c(0,0.5), y= c(0,0.5)),
+                xaxis= Axx, yaxis= Axx, zaxis= Axx, aspectmode= 'data'),
+   scene4= list(domain= list(x= c(0.5,1), y= c(0,0.5)),
+                xaxis= Axx, yaxis= Axx, zaxis= Axx, aspectmode= 'auto'))
```

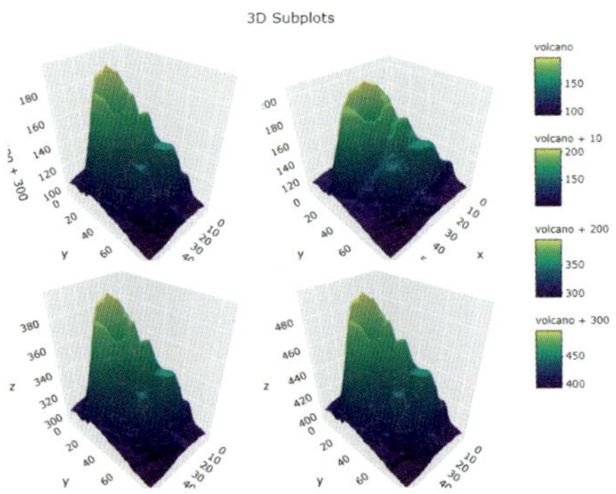

4.5 지도의 세부그래프 (Map subplot)

아래의 그래프는 1962년부터 2006년까지 Walmart 매장 관련 자료를 영역을 미국으로 한정하여 연도별로 함수 “subplot( )”를 이용하여 나타낸 것이다.

```
> Df <- read.csv('https://raw.githubusercontent.com/plotly/datasets
+               /master/1962_2006_walmart_store_openings.csv')
```

함수 "layout( )"에서 사용될 옵션 "geo= " 안에서 사용될 옵션 "scope= 'usa'"은 영역을 미국으로 한정하게 된다. 이외에도 "world", "europe", "asia", "africa", "north america", "south america" 등이 있다. 옵션 "showland= T"와 "landcolor= toRGB("pink")"는 각 영역에 지정된 색상을 채우게 된다. 옵션 "showcountries= F"는 경계선의 유무를 정하는 것이고, 옵션 "subunitcolor= toRGB("gray")"는 각 주의 경계선 색을 지정한 것이다.

```
> Geo <- list(scope= 'usa', showland= T, landcolor= toRGB("pink"),
+             showcountries= F, subunitcolor= toRGB("gray"))
```

다음 사용자 정의 함수 "One_map( )"는 plotly-geo 개체를 초기화하는 함수 "plot_geo( )"를 사용하였고, 변수 "LON"과 "LAT"의 위치에 표식을 하도록 지정한 것이다.

```
> library(dplyr)
> One_map <- function(Dat){
+       plot_geo(Dat) %>%
+       add_markers(x= ~LON, y= ~LAT, color= I("blue"), alpha= 0.5) %>%
+       add_text(x= -78, y= 47, tex= ~unique(YEAR), color= I("black")) %>%
+       layout(geo= Geo) }
```

자료 Df를 변수 "YEAR"에 의한 묶음 작업을 하고, 9개의 행으로 세부 그래프를 그린 결과이다.

```
> Df %>% group_by(YEAR) %>% do(map= One_map(.)) %>%
+   subplot(nrows= 9) %>%
+   layout(showlegend= FALSE,
+          title= 'New Walmart Stores per year 1962-2006<br>
+          Source: <a href= "http://www.econ.umn.edu/~holmes/data/
+          WalMart/index.html"> University of Minnesota</a>',
+          width= 800, height= 800, hovermode= FALSE)
```

05 그래프 조정 도구 추가

5.1 버튼(Button) 추가

함수 “sin( )”을 이용하여 삼각함수 그래프의 색상을 변경하여 나타나게 할 수 있도록 버튼을 추가한 예이다. 버튼의 작동에 관한 옵션 “method = "restyle"”을 사용하였으며, 이외에도 “relayout”, “animate”, “update”, “skip” 등이 있다. 버튼을 나타나게 하는 옵션은 “type= "buttons"”와 “type= "dropdown"”이 있다. x축은 제한하지 않아 0에 버튼이 위치하며, y축은 옵션 “y = 0.8”의 사용으로 0.8에 위치한다.

```
> library(plotly)
> X <- seq(-2*pi, 2*pi, length.out= 1000)
> Df1 <- data.frame(X, Y1= sin(X))
> Bg <- plot_ly(Df1, x= ~X) %>% add_lines(y= ~Y1)
> Buttons <- list(list(method= "restyle", args= list("line.color", "blue"),
+                      label= "Blue"),
+                 list(method= "restyle", args= list("line.color", "red"),
+                      label= "Red"))
> Xaxis= list(domain= c(0.1, 1))
> Yaxis= list(title= "y")
> UpdateMenus= list(list(type= "buttons", y= 0.8, buttons= Buttons))
> Bg %>% layout(title= "버튼 설정", xaxis= Xaxis, yaxis= Yaxis,
+             updatemenus= UpdateMenus)
```

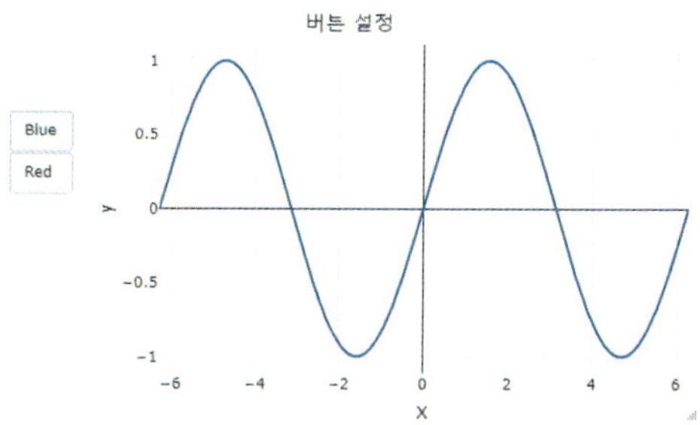

5.2 자료의 다양한 표현

자료 volcano에 대해, "heatmap", "contour", "surface"를 나타내는 버튼을 추가하였고, 표현 색상들 "Rainbow", "Jet", "Earth", "Electric"을 선택하는 버튼도 추가하여, 총 $3 \times 4 = 12$가지의 다양한 표현이 가능하다.

```
> Bg <- plot_ly(z= ~volcano, type= "heatmap", colorscale= 'Rainbow')
> Buttons1 <- list(list(method= "restyle", args= list("type","heatmap"),
+                       label= "Heatmap"),
+                  list(method= "restyle", args= list("type","contour"),
+                       label= "Contour"),
+                  list(method= "restyle", args= list("type","surface"),
+                       label= "Surface"))
> ChartTypes <- list(type= "buttons", direction= "right", xanchor= 'center',
+                    yanchor= "top", pad= list('r'= 0, 't'= 10, 'b'= 10),
+                    x= 0.5, y= 1.27, buttons= Buttons1)
> Buttons2 <- list(list(method= "restyle", args= list("colorscale", "Rainbow"),
+                       label= "Rainbow"),
+                  list(method= "restyle", args= list("colorscale","Jet"),
+                       label= "Jet"),
+                  list(method= "restyle", args= list("colorscale","Earth"),
+                       label= "Earth"),
+                  list(method= "restyle", args= list("colorscale","Electric"),
+                       label= "Electric"))
> ColorTypes <- list(type= "buttons", direction= "right", xanchor= 'center',
+                    yanchor= "top", pad= list('r'= 0, 't'= 10, 'b'= 10),
+                    x= 0.5, y= 1.17, buttons= Buttons2)
> Annot <- list(list(text= "Chart Type", x= 0.1, y= 1.25, xref= 'paper',
+                    yref= 'paper', showarrow= FALSE),
+               list(text= "Color Type", x= 0.1, y= 1.15,
+                    xref= 'paper', yref= 'paper', showarrow= FALSE))
> UpdateMenus= list(ChartTypes, ColorTypes)
```

```
> Xaxis= list(domain= c(0.1, 1))
> Yaxis= list(title= "Y")
> Bg %>% layout(xaxis= Xaxis, yaxis= Yaxis, updatemenus= UpdateMenus,
+               annotations= Annot)
```

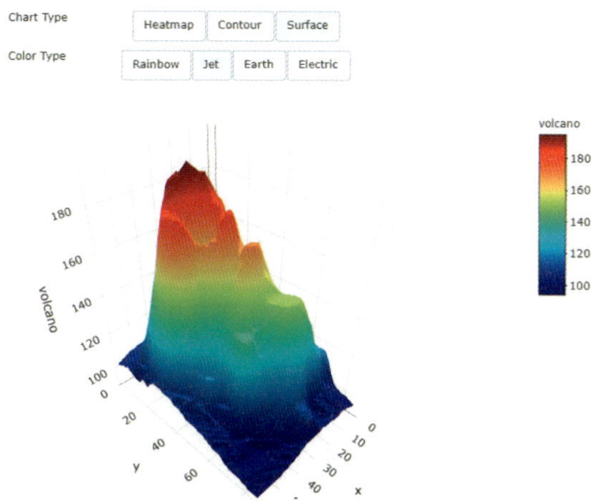

세 그룹으로 구별되는 생성된 난수 세 쌍에 대하여, 각 군집을 포함하는 원형 모양의 표시를 하도록 옵션 "type= 'circle'"을 사용하여 각각 "Cluster0", "Cluster1", "Cluster2"로 지정하였다. 이외에도 "rect", "path", "line" 등이 있다. 선택한 버튼에 해당되는 작업만 수행하도록 버튼의 형식은 "relayout"를 사용하였다. 옵션 "args= "의 옵션 "shapes= "에서 해당되는 부분만 인자가 나타나도록 각각 "Cluster0", "Cluster1", "Cluster2" 또는 모두를 지정하였다.

```
> set.seed(1004)
> X0 <- rnorm(400, 2, 0.4); Y0 <- rnorm(400, 2, 0.4); X1 <- rnorm(400, 3, 0.6)
> Y1 <- rnorm(400, 6, 0.4); X2 <- rnorm(400, 4, 0.2); Y2 <- rnorm(400, 4, 0.4)
> Cluster0= list(type= 'circle', xref= 'x', yref= 'y', x0= min(X0), y0= min(Y0),
+               x1= max(X0), y1= max(Y0), opacity= 0.25,
+               line= list(color= "#835AF1"), fillcolor= "#835AF1")
> Cluster1= list(type= 'circle', xref= 'x', yref= 'y', x0= min(X1), y0= min(Y1),
+               x1= max(X1), y1= max(Y1), opacity= 0.25,
```

```
+               line= list(color= "#7FA6EE"), fillcolor= "#7FA6EE")
> Cluster2= list(type= 'circle', xref= 'x', yref= 'y', x0= min(X2), y0= min(Y2),
+               x1= max(X2), y2= max(Y2), opacity= 0.25,
+               line= list(color= "#B8F7D4"), fillcolor= "#B8F7D4")
> Buttons <- list(list(label= "None", method= "relayout",
+                      args= list(list(shapes= c()))),
+                 list(label= "Cluster 0", method= "relayout",
+                      args= list(list(shapes= list(Cluster0,c(),c())))),
+                 list(label= "Cluster 1", method= "relayout",
+                      args= list(list(shapes= list(c(),Cluster1,c())))),
+                 list(label= "Cluster 2", method= "relayout",
+                      args= list(list(shapes= list(c(),c(),Cluster2)))),
+                 list(label= "All", method= "relayout",
+                      args= list(list(shapes= list(Cluster0,Cluster1,
+                                                   Cluster2)))))
> UpdateMenus <- list(list(active= -1, type= 'buttons', buttons= Buttons))
> plot_ly(type= 'scatter', mode= 'markers') %>%
+   add_trace(x= X0, y= Y0, mode= 'markers',
+             marker= list(color= '#835AF1')) %>%
+   add_trace(x= X1, y= Y1, mode= 'markers',
+             marker= list(color= '#7FA6EE')) %>%
+   add_trace(x= X2, y= Y2, mode= 'markers',
+             marker= list(color= '#B8F7D4')) %>%
+   layout(title= "Highlight Clusters", showlegend= FALSE,
+          updatemenus= UpdateMenus)
```

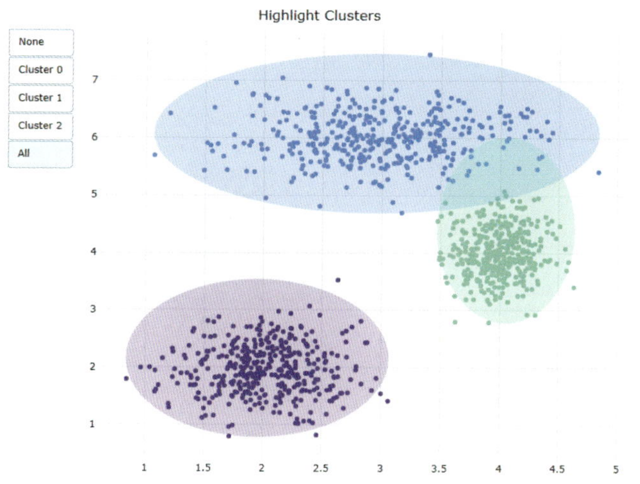

버튼의 기본형식은 "dropdown"이다. 아래의 그래프는 옵션 "buttons= "에 대한 부분을 지정하지 않은 경우이다. 선택을 "scatter"와 "histogram2d"로 2가지로 하였으며 버튼 작동 "method= "restyle""로 지정하였다.

```
> library(MASS)
> set.seed(1004)
> Covmat <- matrix(c(0.8, 0.4, 0.3, 0.8), nrow= 2, byrow= T)
> Df2 <- mvrnorm(n= 10000, c(0,0), Sigma= Covmat)
> Df2a <- as.data.frame(Df2)
> colnames(Df2a) <- c("x", "y")
> Button <- list(list(method= "restyle", args= list("type", "scatter"),
+                         label= "Scatter"),
+                    list(method= "restyle", args= list("type", "histogram2d"),
+                         label= "2D Histogram"))
> UpdateMenus= list(list(y= 0.8, buttons= Button))
> Xaxis= list(domain= c(0.1, 1))
> Yaxis= list(title= "y")
> plot_ly(Df2a, x= ~x, y= ~y, alpha= 0.3) %>%
+   add_markers(marker= list(line= list(color= "black",  width= 1))) %>%
```

```
+   layout(title= "Button type : Drop down menus",
+           xaxis= Xaxis, yaxis= Yaxis, updatemenus= UpdateMenus)
```

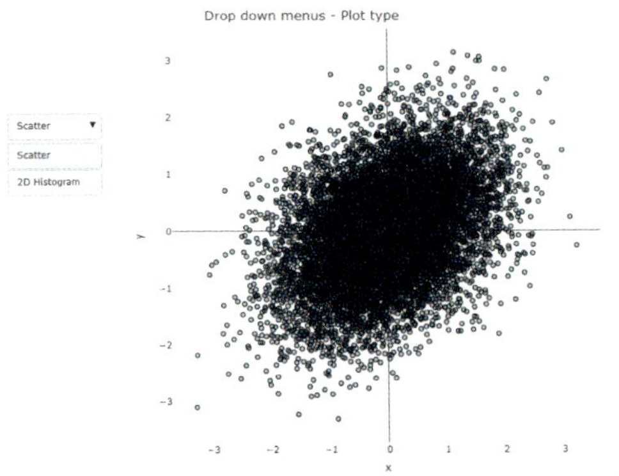

"Dropdown" 방식의 버튼을 추가하여 2개로 하였고, 각 버튼의 작동 방식은 "method= "restyle""을 이용한 예이다.

```
> X <- seq(-2 * pi, 2 * pi, length.out= 1000)
> Df3 <- data.frame(X, Y1= sin(X), Y2= cos(X))
> Buttons1 <- list(list(method= "restyle", args= list("line.color","blue"),
+                      label= "Blue"),
+                 list(method= "restyle", args= list("line.color", "red"),
+                      label= "Red"))
> BUttons2 <- list(list(method= "restyle",
+                       args= list("visible", list(TRUE,FALSE)), label= "Sin"),
+                 list(method= "restyle",
+                       args= list("visible", list(FALSE,TRUE)), label= "Cos"))
> UpdateMenus= list(list(y= 0.8, buttons= Buttons1),
+                   list(y= 0.7, buttons= BUttons2))
> Xaxis= list(domain= c(0.1, 1))
> Yaxis= list(title= "Y")
> plot_ly(Df3, x= ~X) %>%
+   add_lines(y= ~Y1, name= "A") %>%
```

```
+   add_lines(y= ~Y2, name= "B", visible= F) %>%
+   layout(title= "Drop down menus - Styling",
+          xaxis= Xaxis, yaxis= Yaxis,
+          updatemenus= UpdateMenus)
```

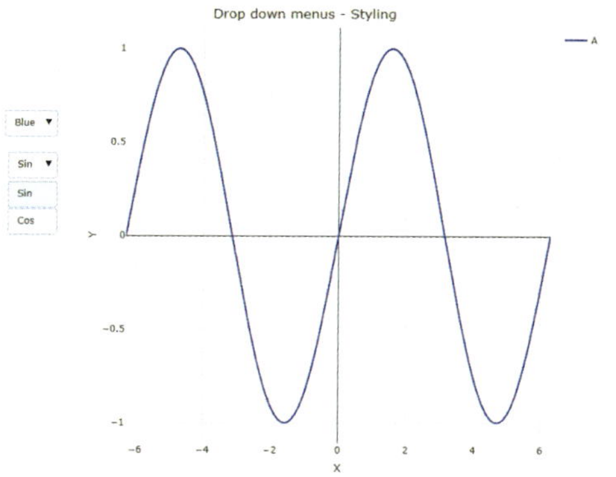

5.3. 범위 슬라이드(Range Slider)와 선택 버튼

앞에서 언급했던 패키지 ggplot2를 이용하여 반응형 그래프를 그릴 수도 있으며, 슬라이드도 추가할 수 있다. 패키지 xts에 있는 함수 "xts( )"는 일반적인 데이터프레임 구조로 되어 있는 일자와 관련된 자료를 시계열 자료로 변환해준다.

```
> library(ggplot2);     library(xts)
> Economics <- ggplot2::economics
> str(Economics)
spec_tbl_df [574 x 6] (S3: spec_tbl_df/tbl_df/tbl/data.frame)
 $ date     : Date[1:574], format: "1967-07-01" "1967-08-01" "1967-09-01" ...
 $ pce      : num [1:574] 507 510 516 512 517 ...
 $ pop      : num [1:574] 198712 198911 199113 199311 199498 ...
 $ psavert  : num [1:574] 12.6 12.6 11.9 12.9 12.8 11.8 11.7 12.3 11.7 12.3 ...
 $ uempmed  : num [1:574] 4.5 4.7 4.6 4.9 4.7 4.8 5.1 4.5 4.1 4.6 ...
 $ unemploy : num [1:574] 2944 2945 2958 3143 3066 ...
```

```
> Econo <- xts(Economics$unemploy, order.by = Economics$date)
> head(Econo, 2)
           [,1]
1967-07-01 2944
1967-08-01 2945
```

패키지 dygraphs에 있는 함수 "dygraph( )"는 시계열 자료의 그래프를 나타낼 때 사용한다. 그래프에 마우스로 원하는 구간을 드래그하면 그 부분만 확대하여 볼 수 있으며, 더블 클릭하면 원래의 그래프로 복귀하게 된다. 또한 마우스를 그래프의 선 위에 놓으면 해당 자료의 정보를 볼 수 있다. 함수 "dyRangeSelector( )"를 이용하면 슬라이드를 추가할 수 있다. 새로운 두 변수 **저축률**(Econo_a)과 **실업자 수**(Econo_b)를 동시에 원하는 구간의 자료를 자세히 볼 수 있다.

```
> library(dygraphs);   dygraph(Econo)
> dygraph(Econo) %>% dyRangeSelector()
> Econo_a <- xts(Economics$psavert, order.by= Economics$date)
> Econo_b <- xts(Economics$unemploy/1000, order.by= Economics$date)
> Econo2 <- cbind(Econo_a, Econo_b)
> colnames(Econo2) <- c("저축률", "실업자 수")
> dygraph(Econo2) %>% dyRangeSelector()
```

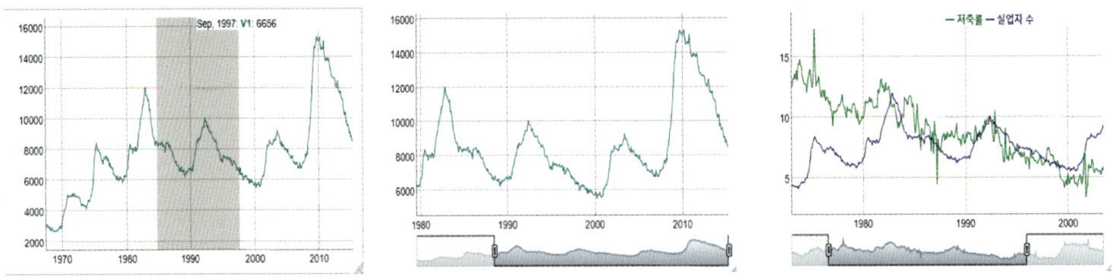

패키지 quantmod에 있는 함수 "getSymbols( )"에서 원하는 기업의 상장시점부터 현 시점의 전날까지의 주가정보를 획득할 수 있다. "GOOGL"은 google, "AAPL"은 Apple, "MSFT"는 Microsoft, "TSLA"은 Tersla 및 "AMZN"는 Amazon의 주가 관련

정보들로 구성된 자료를 가져온다. 각각의 자료에서 6번째 칼럼의 자료만 추출하여 시간에 따른 순서로 시계열 자료로 변환하였다.

```
> library(quantmod)
> getSymbols(Symbols= c("GOOGL", "AAPL", "MSFT", "TSLA", "AMZN" ))
[1] "GOOGL" "AAPL"  "MSFT"  "TSLA"  "AMZN"
> Google <- data.frame(GOOGL[,6])
> Google <- xts(Google, order.by= index(GOOGL))
> Apple <- data.frame(AAPL[,6])
> Apple <- xts(Apple, order.by= index(AAPL))
> MicroSoft <- data.frame(MSFT[,6])
> MicroSoft <- xts(MicroSoft, order.by= index(MSFT))
> Tesla <- data.frame(TSLA[,6])
> Tesla <- xts(Tesla, order.by= index(TSLA))
> Amazon <- data.frame(AMZN[,6])
> Amazon <- xts(Amazon, order.by= index(AMZN))
```

특정 자료의 시계열 그래프만 그리거나 슬라이드를 추가할 수 있다.

```
> dygraph(Google)
> dygraph(Google) %>% dyRangeSelector()
```

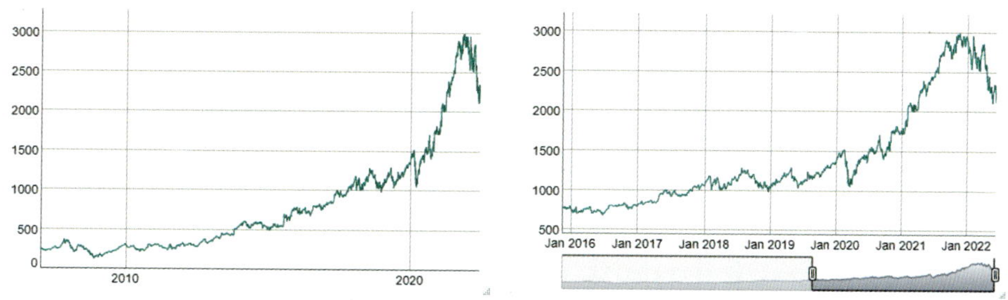

다섯 개의 기업 전체의 자료를 한 면에 그릴 수도 있다.

```
> Five <- merge(Google, Apple, MicroSoft, Tesla, Amazon, all= T)
> colnames(Five) <- c("Google", "Apple", "MicroSoft", "Tesla", "Amazon")
> FiveTS <- xts(Five, order.by= index(Five))
> dygraph(FiveTS) %>% dyRangeSelector()
> dygraph(FiveTS) %>%
+   dySeries("Google", drawPoints= TRUE, color= "skyblue") %>%
+   dySeries("Apple", drawPoints= TRUE, color= "red") %>%
+   dySeries("MicroSoft", drawPoints= TRUE, color= "blue") %>%
+   dySeries("Tesla", drawPoints= TRUE, color= "black") %>%
+   dySeries("Amazon", drawPoints= TRUE, color= "green") %>%
+   dyOptions(stackedGraph= FALSE) %>%
+   dyRangeSelector(height= 20)
```

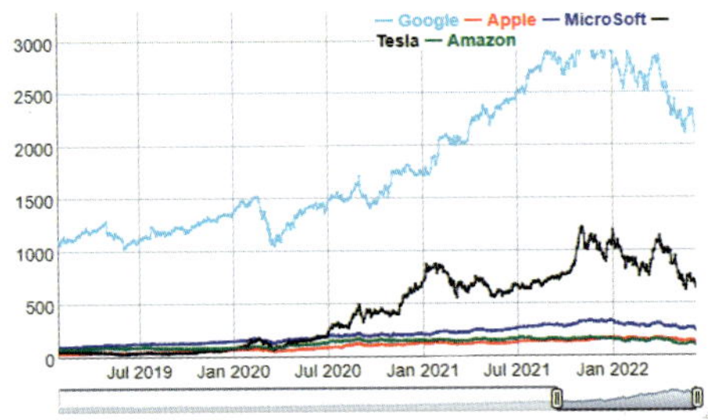

패키지 plotly를 이용하여 원하는 그래프를 그리는 방법을 소개한다. 필요한 버튼의 형식은 함수 “layout( )”에서 옵션 “count= ”, “label= ”, “step= ” 및 “stepmode= ” 등을 이용하여 기능을 설정할 수 있다. 옵션 “step= "month"”와 “step= "year"”는 x축 자료에 대한 제한적 표현을 월별, 연도별로 나타나도록 한다. 여기에는 “day”, “hour”, “minute”, “second”, “all” 등이 있다. 옵션 “count= n”은 표시하고자 하는 단위의 수이고, 옵션 “stepmode= ”는 표현 시작 시점에 대한 결정으로 “backward”와 “todate”가 있다. “backward”는 현 시점부터 표시의 단위 수만큼 표현하고, “todate”는 표현시작점을 포함한 해당 단위 수만큼 표현한다. 버튼들의 사전 지정된 값들은 각각 700일, 6개월, 12개월, 3년 및 3년(옵션 todate 사용) 등이다.

함수 “add_lines( )”를 이용하여 변수 “AAPL.Adjusted”와 “MSFT.Adjusted”의 산점도를 추가하고, 함수 “layout( )”에서 옵션 “y= 0.9”는 버튼의 위치를 지정

한 곳에 위치시킨다. 지정된 버튼을 선택하면 그래프는 해당 기간의 자료만 나타나게 되고, 그래프의 하단에 있는 범위 슬라이드(range slider) 부분은 해당 기간에 대한 부분을 밝게, 나머지 부분을 흐리게 표시한다. 이 범위 슬라이드의 사용과 형식에 대한 옵션으로 "rangeselector= "와 "rangeslider= "를 사용하였다. 그래프 하단에 있는 슬라이드를 움직여 원하는 기간의 자료만 볼 수 있다.

```
> library(plotly);  Date <- index(Five);  DfAll <- data.frame(Date, Five)
> Ls1 <- list(count= 3, label= "3 mo", step= "month", stepmode= "backward")
> Ls2 <- list(count= 6, label= "6 mo", step= "month", stepmode= "backward")
> Ls3 <- list(count= 1, label= "1 yr", step= "year",  stepmode= "backward")
> Ls4 <- list(count= 1, label= "YTD",  step= "year",  stepmode= "todate")
> Ls5 <- list(step= "all")
> Button <- list(Ls1,  Ls2,  Ls3,  Ls4,  Ls5)
> Xaxis= list(rangeselector= list(buttons= Button),
+              rangeslider= list(type= "date"))
> Yaxis= list(title= "Price")
> plot_ly(DfAll, x= ~Date) %>%
+   add_lines(y= ~Google, name= "Google") %>%
+   add_lines(y= ~Apple, name= "Apple") %>%
+   add_lines(y= ~MicroSoft, name= "Microsoft") %>%
+   add_lines(y= ~Tesla, name= "Tesla") %>%
+   add_lines(y= ~Amazon, name= "Amazon") %>%
+   layout(title= "주가", xaxis= Xaxis, yaxis= Yaxis)
```

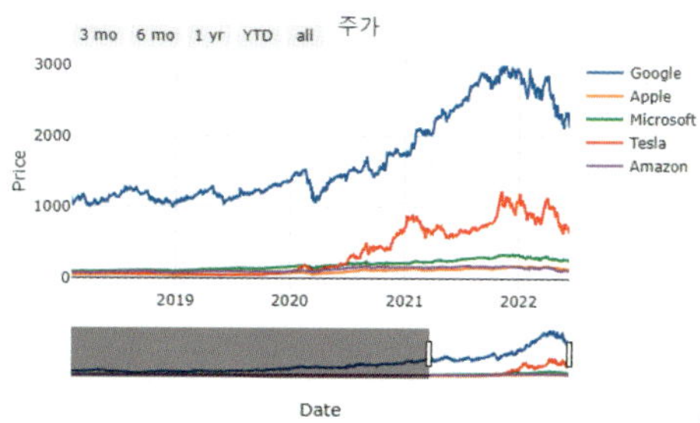

5.4 슬라이더 (Slider)

좌표점으로 구성된 자료를 슬라이더(slider)를 이용하여 표현하는 예이다. 표식에 대한 각각의 색상과 그에 맞는 레이블을 지정하고, 슬라이더의 활동 방식을 "method= "restyle""로 하였다. 표식의 크기는 20으로 하였으며, 색상을 "color= 'green'"으로 한 것은 그 아래의 옵션 "active= 1"의 지정과 상관있다. 슬라이드의 활동을 List1~4까지 4개를 진행하였고, 옵션 "active= "의 시작은 0부터이다. 두 번째인 List2의 색상지정이 "green"으로 그래프의 첫 결과를 일치시키기 위한 것이다. 옵션 "sliders= "의 옵션 "pad= "는 슬라이더의 위치를 결정하며 t, b, l, r로 표현하는데 이는 Top, Bottom, Left, Right를 의미한다.

```
> Df5 <- data.frame(X= c("1", "2", "3", "4", "5"), Y= c("1", "2", "1", "3", "2"))
> Ls1 <- list(args= list("marker.color", "red"), label= "Red",
+             method= "restyle", value= "1")
> Ls2 <- list(args= list("marker.color", "green"), label= "Green",
+             method= "restyle", value= "2")
> Ls3 <- list(args= list("marker.color", "blue"), label= "Blue",
+             method= "restyle", value= "3")
> Steps <- list(Ls1, Ls2, Ls3)
> Sliders= list(list(active= 1, currentvalue= list(prefix= "Color: "),
+                    pad= list(t= 50), steps= Steps))
> Df5 %>%
+   plot_ly(x= ~X, y= ~Y, mode= "markers",
+           marker= list(size= 20, color= 'green'), type= "scatter") %>%
+   layout(title= "슬라이더 <br> ", sliders= Sliders)
```

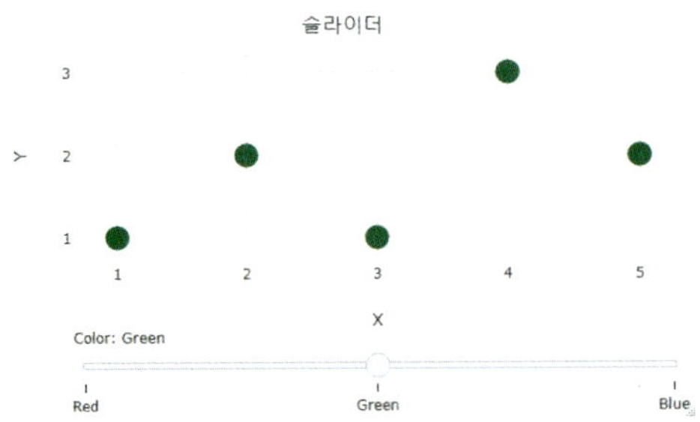

다음은 삼각함수 sin$x$의 그래프를 함수 “for( )”를 사용하여 총 11개의 주기에 따라 변화되는 그래프를 나타낸 것으로 슬라이더를 이용하여 구현한 것이다. 옵션 중 “active= 5”는 슬라이더의 시작 위치를 Step-5에 있게 하는 것이다.

```
> X <- seq(0,10, length.out= 1000)
> Aval <- list()
> for(Step in 1:11)
+    {Aval[[Step]] <- list(visible= FALSE,
+                          name= paste0('v= ',Step),
+                          x= X, y= sin(Step*X))}
> Aval[3][[1]]$visible= TRUE
> Steps <- list()
> Bg <- plot_ly()
> for (i in 1:11)
+   {Bg <- add_lines(Bg, x= Aval[i][[1]]$x, y= Aval[i][[1]]$y,
+                   visible= Aval[i][[1]]$visible,
+                   name= Aval[i][[1]]$name,
+                   type= 'scatter', mode= 'lines', hoverinfo= 'name',
+                   line= list(color= 'blue'), showlegend= FALSE)
+   Step <- list(args= list('visible', rep(FALSE, length(Aval))), method= 'restyle')
+   Step$args[[2]][i]= TRUE
+   Steps[[i]]= Step
+  }
> Sliders= list(list(active= 6,
+                 currentvalue= list(prefix= "Frequency: "), steps= Steps))
> Bg %>% layout(sliders= Sliders)
```

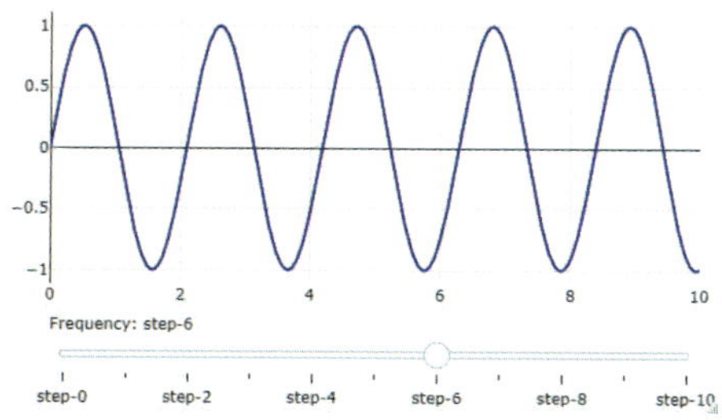

다음의 자료는 지구의 위도와 동경에 대한 자료로 145개의 관측치와 36개의 변수 총 5,220개로 이루어져 있다. 여기에 변수 "Id"를 추가하여 다지 자료 Df6를 구성하였다.

```
> Df6 <- read.csv('https://raw.githubusercontent.com/plotly/datasets
+                   /master/globe_contours.csv')
> Df6$Id <- seq_len(nrow(Df6))
```

아래는 패키지 tidyr의 함수 "gather( )", "separate( )", "spread( )"를 이용하여 원하는 자료로 재구성하는 과정이다. 먼저 함수 "gather( )"를 사용하여 자료를 변수 "Key"와 "Value"로 하는 두 개의 칼럼으로 총 5,220행의 자료가 생성된다. 변수 "Id"에 "-"를 삽입시킨 "-Id"는 그 변수 "Id"를 작업과정에서 제외하고자 할 때 사용한다.

```
> D_A <- Df %>% gather(Key, Value, -Id)
```

```
>  head(D_A , 3)
  Id  Key     Value
1  1 lat.1 28.88869
2  2 lat.1 28.68087
3  3 lat.1 28.06372
```

```
> tail(D_A , 3)
      Id  Key    Value
5218 143 lon.18 355.0
5219 144 lon.18 357.5
5220 145 lon.18 360.0
```

아래는 함수 "separate( )"를 이용하여, 변수 "Key"의 값들을 구분자 " . "을 사이에 두는 나머지 값들로 분리하여 새로운 변수 "l"과 "line"으로 하였다.

```
> D_B <- D_A %>% separate(Key, c("l", "line"), "₩₩.")
```

```
>  head(D_B , 3)
  Id   l  line    Value
1  1 lat     1 28.88869
2  2 lat     1 28.68087
3  3 lat     1 28.06372
```

```
> tail(D_B , 3)
      Id   l  line Value
5218 143 lon    18 355.0
5219 144 lon    18 357.5
5220 145 lon    18 360.0
```

아래는 자료 D_B에서 함수 "spread( )"를 적용한 결과이다. 변수 "Id"와 "line"은 그대로 두고 변수 "l"와 "Value"에 대하여, 변수 "l"의 값인 lat와 lon을 새로운 변수 "lat"과 "lon"으로 하고 그때의 "Value"의 값들을 나열하여 구성하여 새로운 자료 Data를 생성하였다.

```
> Data <- D_B %>%  spread(l, Value)
```

```
>  head(Data , 3)
  Id  line     lat      lon
1  1    1  28.88869    0
2  1   10 -28.88869    0
3  1   11 -35.66353    0
```

```
> tail(Data , 3)
       Id  line    lat      lon
2608 145    7 57.64209    360
2609 145    8 58.43712    360
2610 145    9 58.47024    360
```

옵션 "type= 'orthographic'"의 모양을 선 지정하였고, 옵션 "rotation= "은 초기 표시되는 값을 지정한 것이다. 위도와 경도의 표시 축에 대한 그리드 표시 유무와 굵기 및 색상 등을 지정하였다. 마지막으로 대륙과 대양 등의 표시 방법 및 색상 등을 지정하였다.

```
> library(tidyr)
> Df6a <- Df6 %>% gather(key, value, -Id) %>%
+         separate(key, c("l", "line"), "₩₩") %>% spread(l, value)
> Projection= list(type= 'orthographic', rotation= list(lon= -235, lat= 35, roll= 0) )
> Lonaxis= list(showgrid= TRUE, gridcolor= toRGB("gray40"), gridwidth= 0.5)
> Lataxis= list(showgrid= TRUE, gridcolor= toRGB("gray40"), gridwidth= 0.5)
> Geo <- list(showland= TRUE, showlakes= TRUE, showcountries= TRUE,
+             showocean= TRUE, countrywidth= 0.5, landcolor= 'rgb(230, 145, 56)',
+             lakecolor= 'rgb(0, 255, 255)', oceancolor= 'rgb(0, 255, 255)',
+             projection= list(type= 'orthographic',
+                              rotation= list(lon= -100, lat= 40, roll= 0)),
+             lonaxis= list(showgrid= TRUE, gridcolor= toRGB("gray40"),
+                           gridwidth= 0.5),
```

```
+               lataxis= list(showgrid= TRUE, gridcolor= toRGB("gray40"),
+                             gridwidth= 0.5))
```

그래프의 다양한 표현을 지정하여 dropdown 방식으로 아래 목록 총 20가지 중에서 선택하도록 할 것이다.

```
> Selection <- c("equirectangular", "mercator", "orthographic", "natural earth",
+          "kavrayskiy7", "miller", "robinson", "eckert4", "azimuthal equal area",
+          "azimuthal equidistant", "conic equal area", "conic conformal",
+          "conic equidistant", "gnomonic", "stereographic", "mollweide",
+          "hammer", "transverse mercator", "albers usa", "winkel tripel")
```

다음은 버튼을 지정하는 절차이다.

```
> Projections= data.frame(type= Selection)
> All_buttons <- list()
> for (i in 1:length(Projections[,]))
+   { All_buttons[[i]] <- list(method= "relayout",
+                               args= list(list(geo.projection.type=
+                               Projections$type[i])),
+                               label= Projections$type[i]) }
```

다음은 슬라이더를 추가하는 과정으로 위도와 경도에 대한 제어 부분이다.

```
> Lon_range <- data.frame(seq(-180, 180, 10))
> Lat_range <- data.frame(seq(-90, 90, 10))
> colnames(Lon_range) <- "x";   colnames(Lat_range) <- "x"
```

```
> All_lat <- list()
> for (i in 1:length(Lat_range[,]))
+   { All_lat[[i]] <- list(method= "relayout",
+        args= list(list(geo.projection.rotation.lat= Lat_range$x[i])),
+        label= Lat_range$x[i]) }
> All_lon <- list()
> for (i in 1:length(Lon_range[,]))
+   { All_lon[[i]] <- list(method= "relayout",
+        args= list(list(geo.projection.rotation.lon= Lon_range$x[i])),
+        label= Lon_range$x[i])}
```

다음은 버튼과 슬라이더에 대한 추가적인 작업이다.

```
> Annot <- list(x= 0, y= 0.8, text= "Projection", yanchor= 'bottom',
+              xref= 'paper', xanchor= 'right', showarrow= FALSE)
> Bg <- plot_geo(D) %>% group_by(line) %>%
+        add_lines(x= ~lon, y= ~lat, color= ~line, colors= 'Reds') %>%
+        layout(showlegend= FALSE, geo= Geo)
> Ls1 <- list(active= (length(Lon_range[,])-1)/2,
+            currentvalue= list(prefix= "Longitude: "),
+            pad= list(t= 20), steps= All_lon)
> Ls2 <- list(active= (length(Lat_range[,])-1)/2,
+            currentvalue= list(prefix= "Latitude: "),
+            pad= list(t= 100), steps= All_lat)
```

위에서 지정된 자료에 대하여 버튼과 슬라이더를 추가한 그래프의 결과이다.

```
> Bg %>% layout(annotations= Annot,
+              updatemenus= list(list(active= 2, x= 0, y= 0.8,
+                                     buttons= All_buttons)),
```

```
+                    sliders= list(Ls1, Ls2))
```

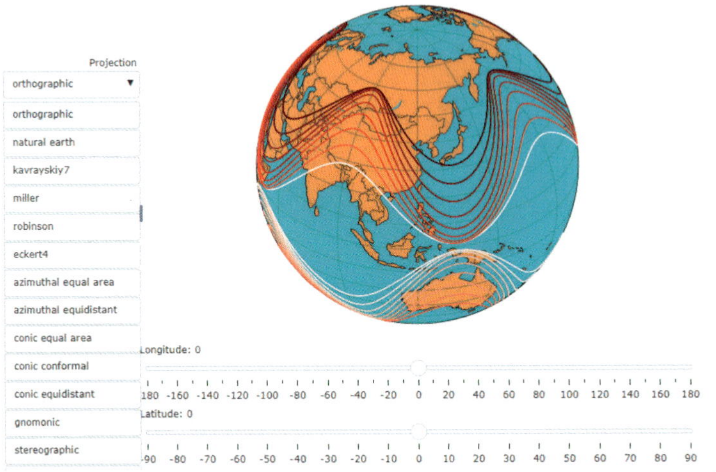

06 애니메이션

6.1 기본적인 애니메이션

좌표 평면의 순서화된 좌표들 (0,0),(2.5,1.5),(3,3),(1.5,2.5),(1,1),(4,5),(2,2)의 점들을 차례로 표시하는 움식임이 있는 그래프의 예이다. 함수 “plot_ly( )”에서 옵션 “frame= -F”는 F의 순서대로 움직이게 한다. 좌측 하단의 “Play” 버튼을 누르면 (0,0)에서 움직여 (2,2)에서 멈추는 작동을 한다.

```
> library(plotly)
> X= c(0, 2.5, 3, 1.5, 1, 4, 2)
> Y= c(0, 1.5, 3, 2.5, 1, 5, 2)
> F= c(1, 2,   3, 4,   6, 5, 7)
> Df1 <- data.frame(X, Y, F)
```

```
> Df1 %>% plot_ly(x= ~X, y= ~Y, frame= ~F, type= 'scatter',
+                 mode= 'markers', showlegend= T)
```

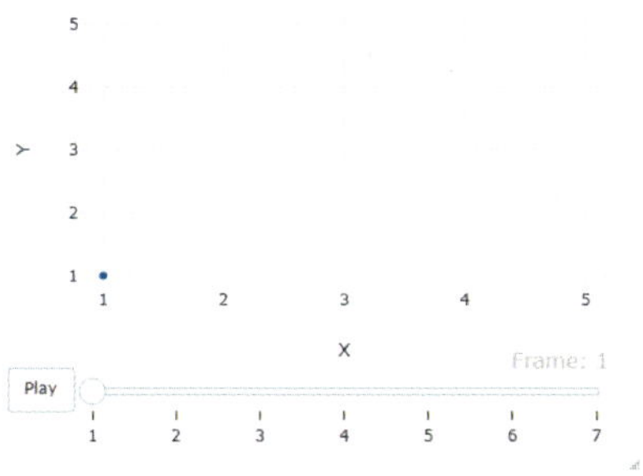

다음은 대륙별 각 국가의 조사년도, 기대수명, 1인당 GDP 및 인구수 등으로 이루어진 자료 gapminder에 대하여 움직임을 표현하는 예이다. 자료 gapminder는 6개의 변수에 대한 관측값 1,704개의 행으로 이루어져 있다.

```
> devtools::install_github("jennybc/gapminder")
> library(gapminder);    library(dplyr)
> str(gapminder)
Classes 'tbl_df', 'tbl' and 'data.frame':  1704 obs. of  6 variables:
 $ country   : Factor w/ 142 levels "Afghanistan",..: 1 1 1 1 1 1 1 1 1 1 ...
 $ continent : Factor w/ 5 levels "Africa","Americas",..: 3 3 3 3 3 3 3 3 3 3 ...
 $ year      : int  1952 1957 1962 1967 1972 1977 1982 1987 1992 1997 ...
 $ lifeExp   : num  28.8 30.3 32 34 36.1 ...
 $ pop       : int  8425333 9240934 10267083 11537966 13079460 14880372 ...
 $ gdpPercap : num  779 821 853 836 740 ...
```

함수 "table( )"을 이용하여 각 대륙별 국가수와 함수 "aggregate( )"를 이용하여 각 대륙별 기대수명의 중앙값을 파악한 결과이다.

```
> table(gapminder$continent)
   Africa  Americas     Asia   Europe  Oceania
```

```
       624        300       396       360        24
> aggregate(lifeExp ~ continent, gapminder, median)
  continent  lifeExp
1    Africa  47.7920
2  Americas  67.0480
3      Asia  61.7915
4    Europe  72.2410
5   Oceania  73.6650
```

다음은 자료 gapminder의 기본적인 통계량들을 살펴보는 과정의 일부이다. 먼저 2007년도의 각 대륙별 기대수명의 중앙값을 요약한 결과이다.

```
> gapminder %>%
+   filter(year== 2007) %>%
+   group_by(continent) %>%
+   summarise(lifeExp= median(lifeExp))
```

```
  continent   lifeExp
1 Africa         52.9
2 Americas       72.9
3 Asia           72.4
4 Europe         78.6
5 Oceania        80.7
```

대륙별 해당 국가 수("n_countries")와 관찰 수("n_obs")에 대한 요약 결과이다.

```
> gapminder %>%
+   group_by(continent) %>%
+   summarize(n_obs= n(),
+   n_countries= n_distinct(country))
```

```
  continent  n_obs n_countries
1 Africa       624          52
2 Americas     300          25
3 Asia         396          33
4 Europe       360          30
5 Oceania       24           2
```

각 대륙과 국가별 기대수명의 연도별 변화량("le_delta")을 이용하여, 제일 최악의 변화량("worst_le_delta")을 계산하고 그 값이 3 미만인 해당 국가들의 목록을 크기 순서별로 살펴본 결과이다.

```
> gapminder %>%
+   group_by(continent, country) %>%
+   select(country, year, continent, lifeExp) %>%
+   mutate(le_delta= lifeExp-lag(lifeExp)) %>%
+   summarize(worst_le_delta= min(le_delta, na.rm= TRUE)) %>%
+   filter(min_rank(worst_le_delta) < 3 ) %>%
+   arrange(worst_le_delta)

# Groups: continent [5]
continent country worst_le_delta
1 Africa Rwanda -20.4
2 Asia Cambodia -9.10
3 Americas El Salvador -1.51
4 Europe Montenegro -1.46
5 Oceania Australia 0.170
```

좌측은 대한민국의 연도별 기대수명의 그래프이고, 우측은 2007년도에 1인당 GDP에 따른 기대수명의 그래프이다.

```
> plot(lifeExp ~ year, gapminder, subset= country== "Korea, Rep.", type= "b")
> plot(lifeExp ~ gdpPercap, gapminder, subset= year== 2007, log= "x")
```

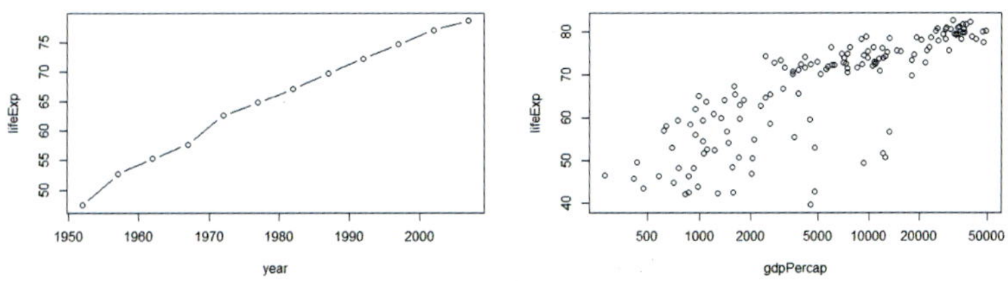

자료 gapminder의 변수 “year”에 따른 동적 그래프는 함수 “plot_ly( )”에서 옵션 “frame= ~year”를 이용한다. 함수 “layout( )”에서 변수 “gdpPercap”의 국가별 차이가 크므로 x축의 표현을 “type= "log"”으로 하였다. 버튼 “Play”를 누르면 연도에 따른 각 변수들의 좌표 값에 해당되는 표식이 부드럽게 움직이는 것을 볼 수 있다. 또한 표식의 크기는 인구수인 변수 “pop”에, 색상은 대륙인 변수 “continent”에 의존하도록 하였다.

```
> Bg <- gapminder %>%
+       plot_ly(x= ~gdpPercap, y= ~lifeExp, size= ~pop, color= ~continent,
+               frame= ~year, text= ~country, hoverinfo= "text",
+               type= 'scatter', mode= 'markers') %>%
+         layout(xaxis= list(type= "log"))
> Bg
```

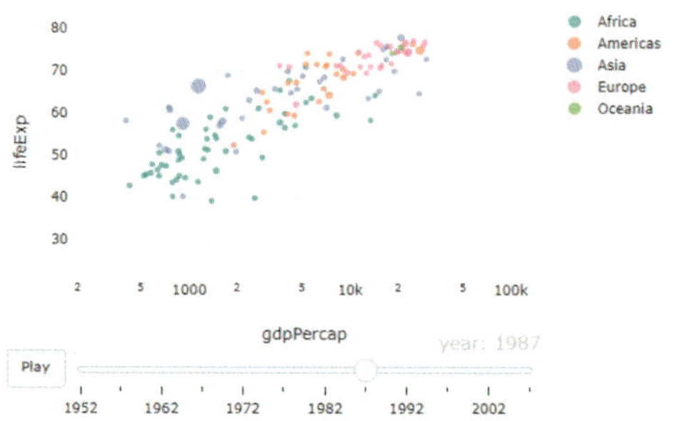

함수 “animation_opts( )”의 옵션들을 이용하여 구동 시간 및 방법 등을 조정할 수 있다. 1000은 “frame= 1000”로 각 그림 간 1,000(milliseconds)의 간격으로 구동하게 된다. 또한 옵션 “easing= "elastic"”은 구동 방법으로 이외에도 ‘linear’, ‘quad’, ‘cubic’, ‘sin’, ‘exp’, ‘circle’, ‘elastic’, ‘back’, ‘bounce’, ‘linear-in’, ‘quad-in’, ‘cubic-in’, ‘sin-in’, ‘exp-in’, ‘circle-in’, ‘elastic-in’, ‘back-in’, ‘bounce-in’, ‘linear-out’, ‘quad-out’, ‘cubic-out’, ‘sin-out’, ‘exp-out’, ‘circle-out’, ‘elastic-out’, ‘back-out’, ‘bounce-out’, ‘linear-in-out’, ‘quad-in-out’, ‘cubic-in-out’, ‘sin-in-out’, ‘exp-in-out’, ‘circle-in-out’, ‘elastic-in-out’, ‘back-in-out’, ‘bounce-in-out’ 등 다양한 방법을 제공하고 있다.

```
> Bg %>% animation_opts(1000, easing= "elastic", redraw = FALSE)
```

함수 "animation_button( )"은 구동 버튼에 대한 조정으로 버튼의 위치를 좌표 (1,0)에 위치하고 맞춤을 x축은 1의 왼쪽에, y축은 0의 위에 버튼의 아래와 오른쪽 모서리가 위치하도록 한 것이다.

```
> Bg %>% animation_button(x= 1, xanchor= "right", y= 0, yanchor= "bottom")
```

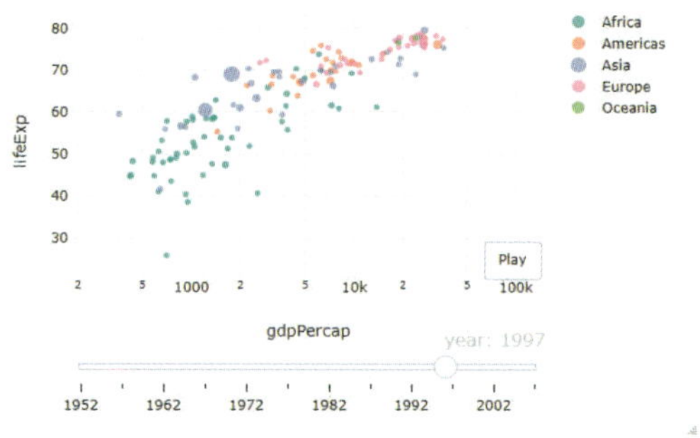

함수 "animation_slider( )"는 슬라이더의 위치 및 색상 등을 조정한다.

```
> Bg %>% animation_slider(currentvalue= list(prefix= "YEAR ",
+                         font= list(color= "red")))
```

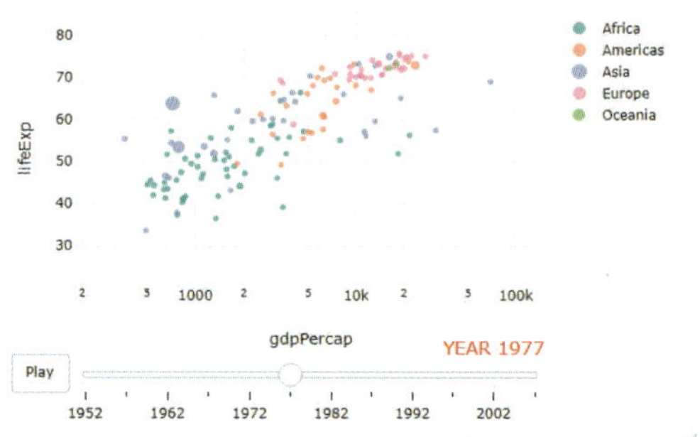

아래는 위의 각각의 과정을 한꺼번에 적용한 예이다.

```
> gapminder %>%
+ plot_ly(x= ~gdpPercap, y= ~lifeExp, size= ~pop, color= ~continent,
+         frame= ~year, text= ~country, hoverinfo= "text",
+         type= 'scatter', mode= 'markers') %>%
+   layout(xaxis= list(type= "log")) %>%
+  animation_opts(1000, easing= "elastic", redraw= FALSE) %>%
+  animation_button(x= 1, xanchor= "right", y= 0, yanchor= "bottom") %>%
+  animation_slider(currentvalue= list(prefix= "YEAR ", font= list(color= "red")))
```

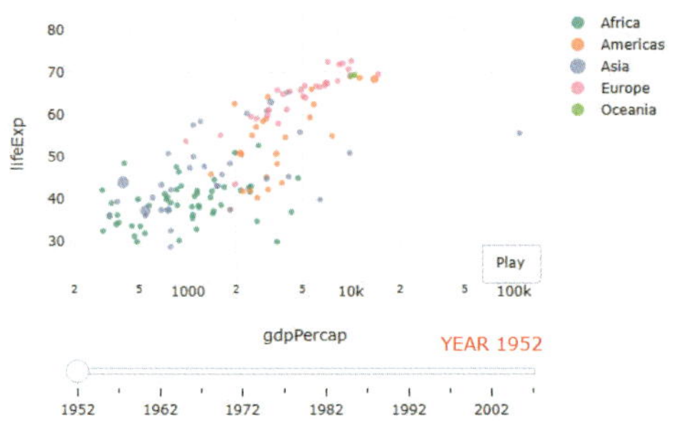

6.2 누적 애니메이션 (Cumulative animation)

아래는 기준 변수(여기서는 "date")에 따라서 자료를 누적하여 표현하는 사용자 정의 함수이다. 자료를 변환하며 새로운 변수 "Frame"을 생성하였다. 이번 애니메이션 그래프의 예는 새로운 변수 "Frame"을 이용한 누적그래프를 표현하고자 한다.

```
> Accumulate_by <- function(Data, Variable)
+       {Variable <- lazyeval::f_eval(Variable, Data)
+       Levels <- plotly:::getLevels(Variable)
+       Datas <- lapply(seq_along(Levels),
+               function(x){cbind(Data[Variable %in% Levels[seq(1, x)], ],
+               Frame= Levels[[x]])})
+       dplyr::bind_rows(Datas)    }
```

자료 txhousing에서 함수 “filter( )”를 사용하여 2005년보다 큰 자료로 제한하고, 도시도 “Houston”, “Dallas”, “Austin”, “Paris”의 4개 지역으로 제한하였다. 이 제한된 자료에 대하여, 변수 “date”를 기준으로 누적화된 자료를 생성하기 위하여 위에서 정의한 함수 “Accumulate_by( )”를 적용하였다.

```
> Df2 <- txhousing %>%
+         filter(year > 2005,
+                city %in% c("Houston", "Dallas", "Austin", "Paris")) %>%
+         Accumulate_by(~date)
```

생성된 자료 Df2에서 변수 “city”를 구분하여 그리고, 변수 “Frame”를 기준으로 동적인 그래프를 그리는 과정이다. 함수 “animation_opts( )”에서 프레임 간 구현 시간을 결정하고, 함수 “animation_slider( )”에서 슬라이더의 표현을 하게 하였고, 함수 “animation_button( )”에서 버튼의 위치 등을 정하였다.

```
> Df2 %>% plot_ly(x= ~date, y= ~median, split= ~city, frame= ~frame, type= 'scatter',
+             mode= 'lines', line= list(simplyfy= F)) %>%
+         layout(xaxis= list(title= "Date", zeroline= F),
+                yaxis= list(title= "Median", zeroline= F)) %>%
+         animation_opts( frame= 100, transition= 0, redraw= FALSE) %>%
+         animation_slider(hide= T) %>%
+         animation_button(x= 1, xanchor= "right", y= 0, yanchor= "bottom")
```

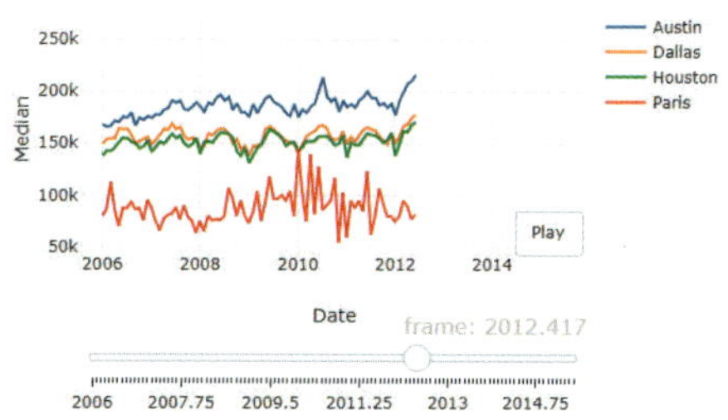

패키지 quantmod를 이용하여 Apple의 주가 정보를 yahoo에서 취득하여, 시연일로부터 30일까지의 자료로 제한하고 변수 "ID"를 추가하여 최종 자료 Df3a로 하였다.

```
> install.packages("quantmod")
> library(quantmod)
> getSymbols("AAPL", src= 'yahoo')
> Df3 <- data.frame(Date= index(AAPL), coredata(AAPL))
> Df3a <- tail(Df3, 30)
> Df3a$ID <- seq.int(nrow(Df3a))
```

위에서 시행한 예제와 마찬가지로 기준 변수(여기서는 "ID")에 따라서 자료를 누적하여 표현하는 사용자 정의 함수이다. 자료를 변환하며 새로운 변수 "Frame"을 생성하였다.

```
> Accumulate_by <- function(dat, var)
+                    {var <- lazyeval::f_eval(var, dat)
+                    lvls <- plotly:::getLevels(var)
+                    dats <- lapply(seq_along(lvls),
+                            function(x){cbind(dat[var %in% lvls[seq(1, x)], ],
+                                    frame= lvls[[x]])})
+                   dplyr::bind_rows(dats)
+                  }
```

누적화된 자료 Df에 대하여 옵션 "fill= 'tozeroy'"을 사용하여 영역에 색상을 채우도록 하였다.

```
> Df3b <- Df3a %>% Accumulate_by(~ID)
> Df3b %>%
+  plot_ly(x= ~ID, y= ~AAPL.Close, frame= ~frame, type= 'scatter',
```

```
+           mode= 'lines', fill= 'tozeroy', fillcolor= 'rgba(114, 186, 59, 0.5)',
+           line= list(color= 'rgb(114, 186, 59)'),
+           text= ~paste("Day: ", ID, "<br>Close: $", AAPL.Close),
+           hoverinfo= 'text') %>%
+   layout(title= "AAPL: Last 30 days",
+          yaxis= list(title= "Close", range= c(0,350), zeroline= F,
+                      tickprefix= "$"),
+          xaxis= list(title= "Day", range= c(0,30), zeroline= F,
+                      showgrid= T)) %>%
+   animation_opts(frame= 100, transition= 0, redraw= FALSE) %>%
+   animation_slider(currentvalue= list(prefix= "Day "))
```

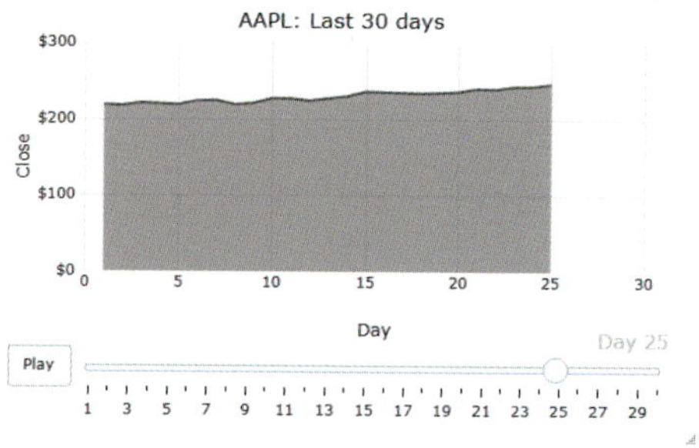

4장

지도(Map)

01 R에서 제공되는 지도자료를 이용하여 지도 그리기
02 법정동 코드와 행정구역 코드 일원화를 위한 자료
03 대한민국 지도 그리기
04 google 이용 지도 그리기

지리공간정보시스템(GIS, Geographic Information System)이란 인간생활에 필요한 지리정보를 데이터로 변환하여 효율적으로 활용하기 위한 정보시스템이다. GIS는 지리적 위치를 갖고 있는 대상에 대한 위치자료(spatial data)와 속성자료(attribute data)를 통합·관리하여 지도, 도표, 그림과 같은 여러 형태의 정보를 제공한다. 다양한 도형자료와 속성자료를 가지고 있는 수많은 데이터 파일에서 필요한 도형이나 속성정보를 추출하고 결합하여 종합적인 정보를 분석, 처리할 수 있는 환경을 제공하는 것이 GIS의 핵심 기능이다[출처: 국토교통부, 국가공간정보포털].

GIS 전용 소프트웨어들이 많이 있지만, R에서도 GIS의 기본인 지도를 그리고, 그 지도 위에 원하는 정보를 표시할 수 있다. R에서는 공용적인 세계지도와 각 국가별 지도를 제공하고 있어, 원하는 지도를 그릴 수 있다. 또한 좌표계가 수반된 지리정보 자료를 이용하여 대한민국의 자세한 지도를 그릴 수 있다.

지도와 관련된 R의 패키지는 “sf”, “raster”, “rgdal”, “ggplot2” 등이 있다. 다소 편리성이 있는 패키지 “rgdal”는 아래와 같이 2023년까지만 제공한다는 공지가 있어, 패키지 “rgdal”를 사용하는 방법은 소개하지 않기로 한다.

```
> library("rgdal")
필요한 패키지를 로딩중입니다: sp
Please note that rgdal will be retired by the end of 2023,
plan transition to sf/stars/terra functions using GDAL and PROJ
at your earliest convenience.
```

지도를 시각화하기 위해서는 일반적으로 shp 파일(“shape 파일”)을 사용하게 된다. 그러나 대부분의 경우 정밀도가 높은 지도가 아닌 대체적인 모양새를 갖춘 세계지도를 시각화 할 때는 R에서 제공하는 자료를 사용해도 충분한 경우가 많다.

01 R에서 제공되는 지도자료를 이용하여 지도 그리기

1.1 패키지 ggplot2의 함수 map_data( )를 이용하여 지도그리기

함수 "map_data( )"에서 옵션 "map= "과 "region= "을 이용하여 원하는 지역의 지도관련 자료를 획득할 수 있다.

```
> library(ggplot2)
> WorldMap <- map_data(map= 'world', region= '.')
> str(WorldMap)
'data.frame' :   99338 obs. of  6 variables:
 $ long      : num  -69.9 -69.9 -69.9 -70 -70.1 ...
 $ lat       : num  12.5 12.4 12.4 12.5 12.5 ...
 $ group     : num  1 1 1 1 1 1 1 1 1 1 ...
 $ order     : int  1 2 3 4 5 6 7 8 9 10 ...
 $ region    : chr  "Aruba" "Aruba" "Aruba" "Aruba" ...
 $ subregion : chr  NA NA NA NA ...
> head(WorldMap)
      long      lat  group order  region   subregion
1 -69.89912 12.45200     1     1  Aruba      <NA>
... 생 략 ...
6 -70.05088 12.59707     1     6  Aruba      <NA>
```

NOTE

1) map: 패키지 maps에서 제공되는 지도 이름 지정하는 것으로 8가지가 있다. 세계지도['world', 'world2'], 미국['county', state', 'usa'], 프랑스['france'], 이탈리아['italy'] 및 뉴질랜드['nz']
2) region: 기본값은 "."으로 세계 전체 국가를 의미하고, 특정 국가를 지정할 수 있다.
   예) 'South Korea', 'North Korea' 등
3) 함수 "map_data( )"의 결과는 99,338개의 행과 6개의 열을 갖는 dataframe을 생성한다.

좌표계는 "WGS84"를 사용하고 있다.
- long: 경도(longitude)는 x축 좌표.
- lat: 위도(latitude)는 y축 좌표.
- group: 한 권역은 같은 값을 갖는다. 이 값을 기준으로 polygon(다각형)을 만든다.
- order: 좌표의 순번으로 이 순번이 옳게 정렬되어 있어야 제대로 된 다각형을 만들 수 있다.
- region: 함수 "map_data( )"의 인자에 지정하는 값이다.
- subregion: 'region'의 하위 세부지역으로 NA인 값도 상당히 많다.

패키지 maps에서 제공되는 99338행 자료에서 나타나는 국가를 구분(함수 "unique( )"를 이용한 결과 252개국)하여, "Afghanistan"에서 "Zimbabwe"까지 알파벳 순서대로 나열(함수 sort( ) 이용)한 결과이다.

```
> library(dplyr)
> WorldMap$region %>% unique() %>% sort()
  [1] "Afghanistan"                 "Albania"
... 생 략 ...
[251] "Zambia"                      "Zimbabwe"
```

인자 "world"는 대서양과 아프리카 지역을 중심으로 한 지도를 제공한다. 인자 "world2"는 태평양을 중심으로 한 지도를 제공하며, 99,385행으로 "world"의 99,338행보다 다소 많다.

```
> ggplot(data= WorldMap, mapping= aes(x= long, y= lat, group= group)) +
+    geom_polygon(fill= 'white', color= 'black') +
+    theme(axis.title= element_blank())
> WorldMap2 <- map_data(map= 'world2', region= '.')
> str(WorldMap2)           # 99385 obs. of  6 variables
'data.frame':    99385 obs. of  6 variables:
...  생 략  ...
> ggplot(data= WorldMap2, mapping= aes(x= long, y= lat, group= group)) +
```

```
+   geom_polygon(fill= 'white', color= 'black') +
+   theme(axis.title= element_blank())
```

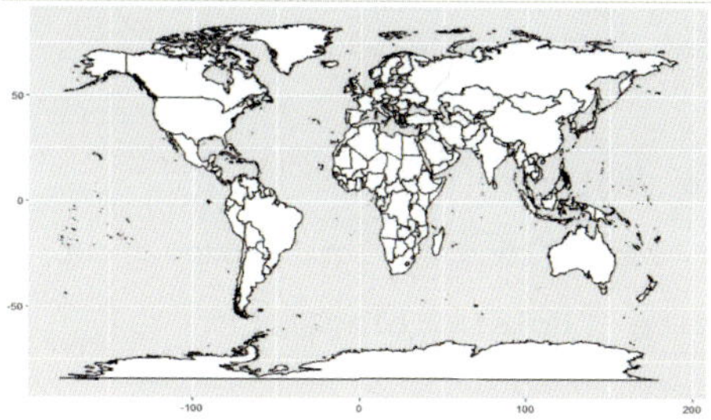

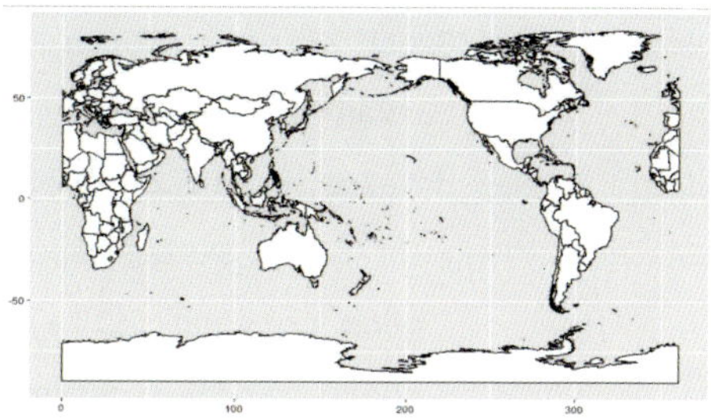

함수 “str(Korea)”의 실행 결과는 “260 obs. of 6 variables”로 대한민국의 위치 정보는 260개로 관리되고 있음을 알 수 있다. 함수 “coord_map('mercator')” 또는 “coord_map( )”는 보다 더 현실적인 모양의 지도를 출력해 준다.

```
> Korea <- map_data(map= 'world', region= 'South Korea')
> ggplot(data= Korea, mapping= aes(x= long, y= lat, group= group)) +
+   geom_polygon(fill= 'white', color= 'black') +
+   theme(axis.title= element_blank())

> ggplot(data= Korea, mapping= aes(x= long, y= lat, group= group)) +
+   geom_polygon(fill= 'white', color= 'black') +
+   coord_map('mercator') + theme(axis.title= element_blank( ))
```

다음은 동북아시아 국가인 ‘South Korea’, ‘North Korea’, ‘China’, ‘Japan’, ‘Mongolia’, ‘Taiwan’의 6개국을 지정하여 동시에 그리는 과정(EAsiaMap)이다. 특정 국가(여기서

는 "남한"과 "북한")에 대해 색을 칠하는 시각화를 할 수도 있다.

```
> Region <- c('South Korea', 'North Korea', 'China', 'Japan', 'Mongolia',
+             'Taiwan')
> EAsia <- map_data(map= 'world', region= Region)
> EAsiaMap <- ggplot(data= EAsia, mapping= aes(x= long, y= lat, group= group)) +
+               geom_polygon(fill= 'white', color= 'black') +
+               coord_map('mercator') +
+               theme(axis.title= element_blank())
> EAsiaMap
> SouthKorea <- map_data(map= 'world', region= 'South Korea')
> NorthKorea <- map_data(map= 'world', region= 'North Korea')
> EAsiaMap +
+   geom_polygon(data= SouthKorea,
+               mapping= aes(x= long, y= lat, group= group),
+               fill= 'blue', color= 'black') +
+   geom_polygon(data= NorthKorea,
+               mapping= aes(x= long, y= lat, group= group),
+               fill= 'red', color= 'black') +
+               theme(axis.title= element_blank())
```

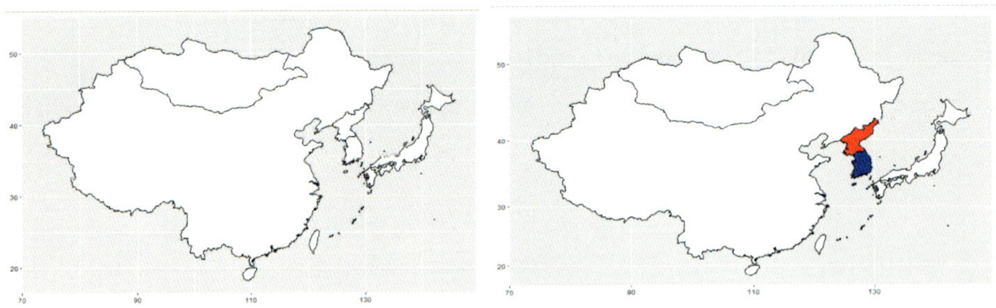

지역별로 산출한 요약 정보량을 이용하여 시각화하는 것을 '단계구분도(choropleth)'라고 한다. 아래와 같이 위에서 특정한 동북아시아 지역의 인구(Pop), 국내총생산(GDP), 1인당 GDP(PerGDP), 평균수명(전체, 남자, 여자; ExpLifeT, ExpLifeM, ExpLifeW)의 정보를 dataframe "EAsiaStat"으로 만들고, 이것을 위에서 특정한 지도

자료인 “EAsia”에 병합(merge)한 것을 “EAsiaM”으로, 이것을 변수 “region”과 “order”의 순서로 정렬한 것을 “EAsiaMO”로 하였다. 정렬이 되어 있지 않은 경우 정상적으로 지도가 그려지지 않을 수도 있다.

```
> Region <- c('China', 'Japan', 'South Korea', 'North Korea', 'Taiwan', 'Mongolia' )
> Pop <- c(1448471404, 125584839, 51610695, 25660000, 23514196, 3388935)
> GDP <- c(14860775, 4910580, 1586786, 28000, 635547, 13385)
> PerGDP <- c(10839, 39048, 30644, 685, 26910, 3990)
> ExpLifeT <- c(75.43, 84.74, 83.31, 69.91, 81.18, 68.89)
> ExpLifeM <- c(73.97, 81.91, 80,    66.3,  77.79, 64.76)
> ExpLifeW <- c(77.02, 87.58, 86.49, 73.27, 84.36, 73.29)
> EAsiaStat <- data.frame(region= Region, pop= Pop, gdp= GDP,
+                         perGdp= PerGDP, ExpLifeT= ExpLifeT,
+                         ExpLifeM= ExpLifeM, ExpLifeW= ExpLifeW)
> EAsiaM <- merge(x= EAsia, y= EAsiaStat, by= 'region', all.x= TRUE)
> EAsiaMO <- EAsiaM[order(EAsiaM$region, EAsiaM$order), ]
```

아래의 좌측의 단계 구분도는 특정했던 동북아시아의 국가별 기대수명(변수명: ExpLifeT)에 따른 시각화를 한 것이다. 색상은 별도로 지정하여 표시할 수도 있다. 우측은 국가별 인구수(변수명: Pop)에 따른 시각화를 한 것이다.

```
> ggplot(data= EAsiaMO, mapping= aes(x= long, y= lat, group= group)) +
+   coord_map() +
+   geom_polygon(mapping= aes(fill= ExpLifeT), color= 'black') +
+   ggtitle(label= '동북아시아 국가별 기대수명') +
+   theme(axis.title= element_blank(),
+         legend.position= c(0.95 0.2),
+         legend.text= element_text(size= 8, face= 'bold'),
+         legend.title= element_text(size= 10, face= 'bold'))
> ggplot(data= EAsiaMO, mapping= aes(x= long, y= lat, group= group)) +
```

```
+   coord_map() +
+   geom_polygon(mapping= aes(fill= pop), color= 'black') +
+   ggtitle(label= '동북아시아 국가별 인구') +
+   theme(axis.title= element_blank(),
+         legend.position= c(0.95, 0.2),
+         legend.text= element_text(size= 8, face= 'bold'),
+         legend.title= element_text(size= 10, face= 'bold'))
```

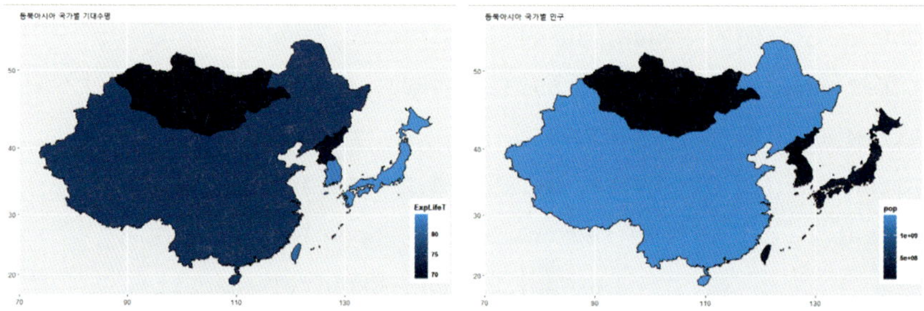

단계별 구분도에서 특정한 지역(국가)에 마우스를 올리면 미리 지정한 지역별로 산출한 요약 정보량을 추가적으로 나타나게 할 수 있다. 이를 대화형(또는 반응형, interactive)이라고 한다. 함수는 "ggChoropleth( )"를 사용한다. 사용할 요약 정보량이 있는 자료 EAsiaStat를 사용하도록 "data= EAsiaStat"로 하였고, 지도 자료는 동북아시아로 특정했던 EAsia를 사용하도록 "map= EAsia"로 한 것이다. 위의 그래프는 옵션에 "fill= perGdp"과 "tooltip= region"을 지정하였으므로 색상의 구분은 변수 perGdp에 따라 구분되어 표시하고, 대한민국에 마우스를 올려놓으면 국가명과 perGdp의 정보가 나타난다. 아래의 그래프는 옵션에 "fill= Pop"와 "tooltip= region"을 지정하였으므로 색상의 구분은 변수 Pop에 따라 구분되어 표시하고, 대한민국에 마우스를 올려놓으면 국가명과 Pop의 정보가 나타난다.

```
> library(ggiraphExtra)
> ggChoropleth(data= EAsiaStat,
+              aes(fill= perGdp map_id= region, tooltip= region),
+              map= EAsia, interactive= TRUE)
> ggChoropleth(data= EAsiaStat,
```

```
+              aes(fill= pop, map_id= region, tooltip= region),
+              map= EAsia, interactive= TRUE)
```

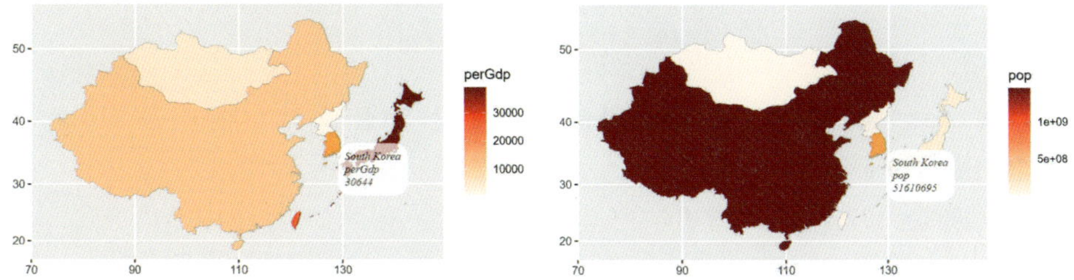

1.2 패키지 ggplot2와 rnaturalearth를 이용하여 지도 그리기

패키지 naturalearth는 Natural Earth(https://www.naturalearthdata.com/)에서 제공하는 데이터 중 일부를 R에서 사용할 수 있도록 만들어진 패키지이다. 177개 국가의 개략적인 국토 경계선 지도를 제공한다. 좀 더 자세한 내용은 Natural Earth 홈페이지를 참고하기 바란다.

지도 데이터를 불러오는 함수는 "ne_countries( )"이고, 주요 인자는 "continent", "country", "scale"로 "대륙"과 "국가"를 지정하고, "축척"을 설정할 수 있으며 "small", "medium", "large" 중 하나를 선택하여 지도 축척을 결정하게 되어 있다. 선택에 따라 자료의 수는 변동이 있으며, 옵션 인자를 "110", "50", "10"으로 할 수도 있다. 초기에 110개 국가에 대한 정보를 제공하던 것이 지금은 177개 국가로 확장되었음에도 그대로 사용하기 때문이다. 단, "scale"에 "small"이 아닌 다른 축척을 선택할 경우 별도의 패키지를 설치해야 하는데 제대로 설치가 되지 않을 수 있으니 주의하여야 한다.

```
> library("ggplot2")
> library("rnaturalearth")
> slotNames(ne_countries())
[1] "data"        "polygons"    "plotOrder"    "bbox"        "proj4string"
> str(ne_countries()@data)
```

```
'data.frame':    177 obs. of  63 variables:
... 생 략 ...
```

NOTE

패키지 rnaturalearth의 함수 "ne_countries()"의 결과는 객체 또는 S4 클래스이기 때문에 "@" 기호를 사용하여 하위 슬롯(slot)에 접근할 수 있다.

1) "data" 슬롯에는 177개국, 63개의 변수가 있음을 알 수 있다.
   "ne_countries()@data"는 dataframe으로 주요 변수는 다음과 같다.
   a) continent: 특정 국가의 소속 대륙명　　b) name: 국가명
   c) name_long: 정식 국가명　　d) brk_a3: 국가 3 CODE ...
2) "polygons" 슬롯에는 각 지역을 한 연결된 도형으로 인식할 수 있도록 관련 정보가 있다. 따라서 한 지역이 시작점부터 끝점까지 연결된 도형으로 표시되는 것이다.
3) "plotOrder" 슬롯은 177개국의 구별 값의 정보이다.
4) "bbox" 슬롯은 각 지역의 좌표의 최솟값과 최댓값으로 특정 지역의 영역한계이다.
5) "proj4string" 슬롯에는 사용된 좌표계의 정보가 있다. 아래는 일부 내용으로 "WGS84"의 부분은 사용 좌표 시스템을 알려준다.

   ... +datum=WGS84 +no_defs +ellps=WGS84 ....

기본적으로 제공되는 ne_countries(scale= "small")에서 얻은 지도 자료와 추가적으로 패키지 rnaturalearthdata의 설치 후 함수 ne_countries(scale= "medium")에서 얻은 지도 자료는 각각 10,586개와 99,566개로 차이가 있음을 알 수 있다. 획득한 지도 자료를 그대로 이용하여 지도를 그릴 수 없으며, 사전에 Dataframe 구조로 바꾸는 과정인 함수 "fortify( )"를 적용하여야 한다. 두 자료를 이용한 지도는 유사해 보이지만 오른쪽이 왼쪽에 비하여 조금 더 자세한 구획선을 보여주고 있다.

```
> WorldMapS <- ne_countries(scale= "small")    # 10586 obs. of  7 variables
> # Dataframe으로 변환
> MapDfS <- fortify(WorldMapS)
Regions defined for each Polygons
> ggplot(data= MapDfS) +
+   geom_polygon(aes(x= long, y= lat, group= group),
```

```
+                 fill= 'gray80', color= 'black') +
+   theme(axis.title= element_blank())
> library("rnaturalearthdata")
> WorldMapM <- ne_countries(scale= "medium")    # 99566 obs. of  7 variables
> MapDfM <- fortify(WorldMapM)
Regions defined for each Polygons
> ggplot(data= MapDfM) +
+   geom_polygon(aes(x= long, y= lat, group= group),
+                 fill= 'gray80', color= 'black') +
+   theme(axis.title= element_blank())
```

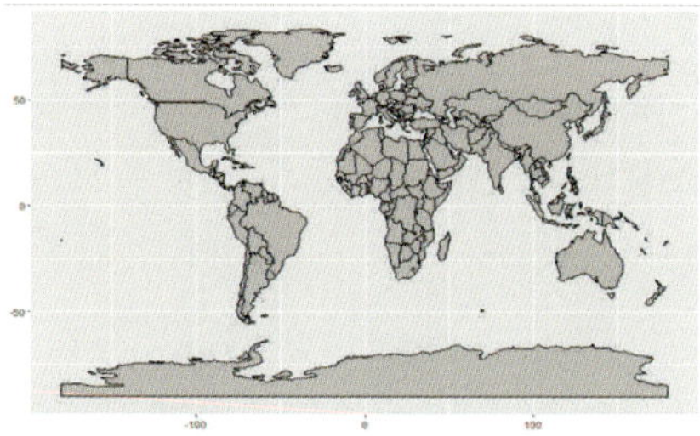

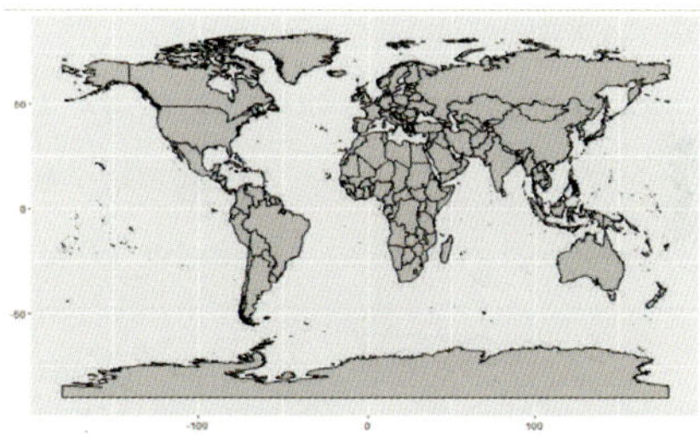

추가적으로 패키지 rnaturalearth를 설치(이 경우는 일반적인 패키지 설치과정과 다른 절차인데 이는 공인/비공인의 차이라고 이해하기 바란다.)한 후, 함수 "ne_countries(scale= "large")"를 사용하여 획득한 자료의 수는 무려 548,121개이다. small과 medium일 때 보다 더 자세한 지도를 그리게 된다.

특정 지역으로 제한하고자 하는 경우에는 continent= "Asia"와 같이 옵션을 사용하면 된다. Asia 지역에 대해 보유한 자료의 수는 117,403이다.

```
> library("devtools")
> devtools::install_github("ropensci/rnaturalearthhires")
> library("rnaturalearth")
```

```
> WorldMapL <- ne_countries(scale= "large")    # 548121 obs. of  7 variables
> MapDfL <- fortify(WorldMapL)
Regions defined for each Polygons
> ggplot(data= MapDfL) +
+   geom_polygon(aes(x= long, y= lat, group= group),
+                fill= 'gray80', color= 'black') +
+   theme(axis.title= element_blank())
> AsiaMap <- ne_countries(scale= "large", continent= "Asia") #117403 obs. ..
> AsiaMapDf <- fortify(AsiaMap)
Regions defined for each Polygons
> ggplot(data= AsiaMapDf) +
+    geom_polygon(aes(x= long, y= lat, group= group),
+                 fill= 'gray80', color= 'black') +
+    theme(axis.title= element_blank())
```

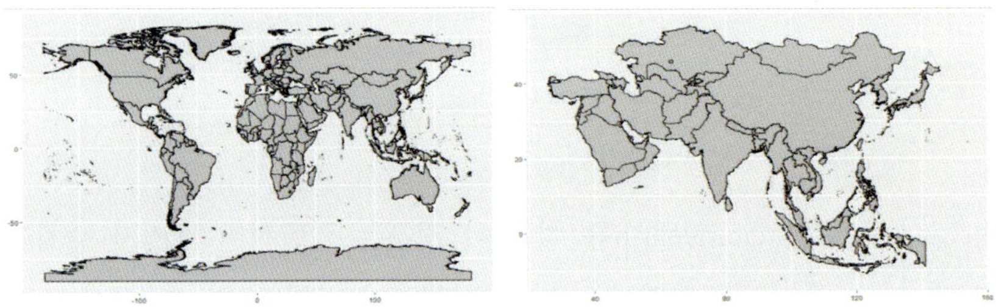

특정 국가로 제한하고자 하는 경우에는 country= "South Korea"와 같이 옵션에 제한하면 된다. 대한민국에 대해 보유한 자료의 수는 3,060이다. 내한민국의 지도가 내륙뿐 아니라 섬지역도 다수 표시되고 있다. 좌/우측의 그래프는 함수 "coord_quick-map( )"의 유무에 따른 결과 비교이다. 그래프의 축의 수치는 위도와 경도가 표시된 것으로 익숙한 좌표계이다. 이것이 바로 WGS84 체계이다.

```
> KorMap <- ne_countries(scale= "large", country= "South Korea")
> KorMapDf <- fortify(KorMap)
Regions defined for each Polygons
> ggplot(data= KorMapDf) +
```

```
+   geom_polygon(aes(x= long, y= lat, group= group),
+                fill= 'gray80', color= 'black') +
+   theme(axis.title= element_blank())

> ggplot(data= KorMapDf) +
+   geom_polygon(aes(x= long, y= lat, group= group),
+                fill= 'gray80', color= 'black') +
+   coord_quickmap() + theme(axis.title= element_blank())
```

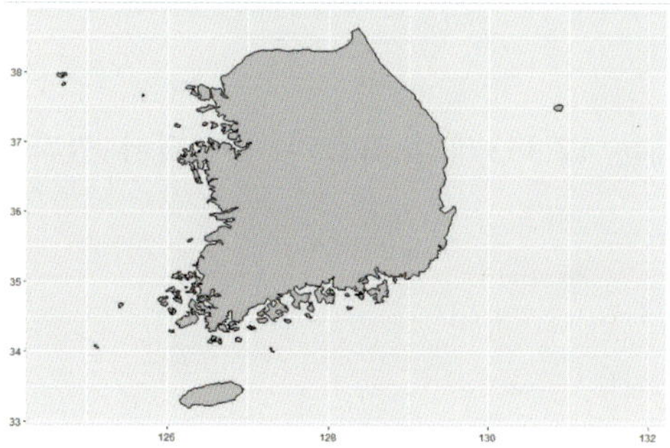

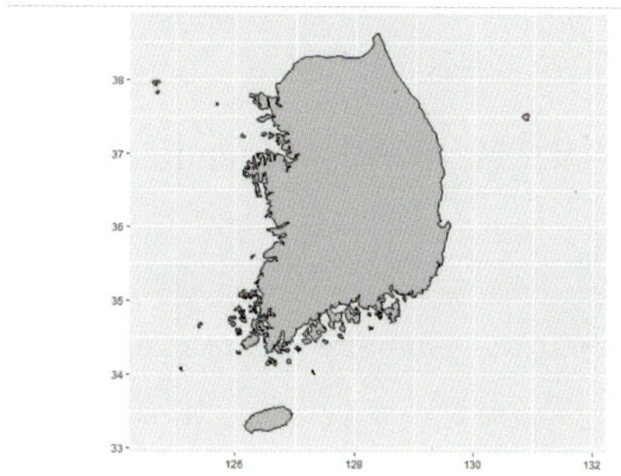

1.3 패키지 ggplot2와 패키지 rworldmap를 이용하여 지도 그리기

패키지 rworldmap은 패키지 rnaturalearth보다 오래되었지만 데이터의 원 출처는 Natural Earth로 같다. 패키지 rworldmap은 패키지 rnaturalearth에 비해 상대적으로 더 많은 국가들의 정보를 제공하고 있다. 국가별 상세 정보는 "countriesCoarse"와 "countryExData"에 있다.

```
> library(rworldmap)
> library(ggplot2)
> Info1 <- countriesCoarse@data
> str(Info1)
'data.frame':   243 obs. of  49 variables:
... 생 략 ....
```

```
> Info2 <- countryExData
> str(Info2)
'data.frame':   149 obs. of  80 variables:
... 생 략 ...
```

NOTE

countriesCoarse@data에는 243개국에 대하여 49개 항목으로 이루어진 지리적 정보가 있으며, countryExData에는 보다 적은 149개국에 대한 80개 항목으로 구성된 지역적 정보가 있다.

기본적으로 제공하는 countriesCoarse에는 12,333개의 자료가 구성되어 있다.

```
> MapDf <- fortify(countriesCoarse)
Regions defined for each Polygons
> length(MapDf$id)
[1] 12333
> ggplot(data= MapDf, aes(x= long, y= lat, group= group)) +
+   geom_polygon(fill= 'gray', color= 'black') +
+   theme(axis.title= element_blank())
```

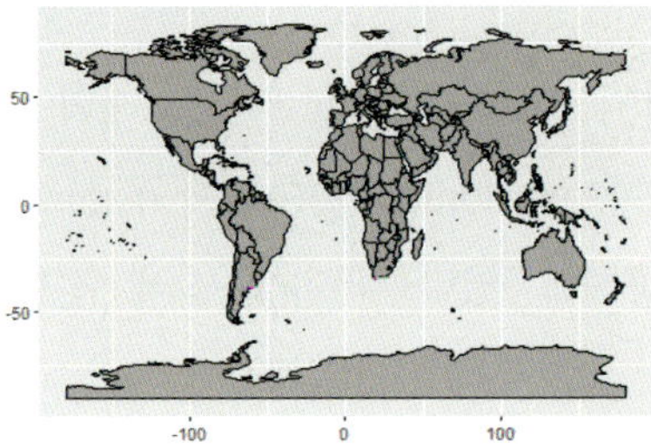

특정 대륙을 지정하여 제한된 지도를 그릴 수 있다. 이때, 대륙명 정보는 "REGION"뿐만 아니라 "continent"에도 있는데 여기에는 유럽과 아시아를 묶어놓은 "Eurasia"로 지정하고 있어 혼란의 여지가 있으므로 "REGION" 사용을 권장한다. 아래의 지도는 Asia로 제한한 경우이고, 만일 여러 개의 대륙을 제한하여 그리고자 할 때는 옵션에 다음과 같이 사용하면 된다. 여기서 IR은 Info1$REGION으로서 스크립트가 길거나 반복적으로 사용될 때 간편화를 위해 도입한 것뿐이다.

```
IR== "Asia" | IR== "Europe" | IR== "Africa",
```

변수 id를 이용하여 국가를 제한하여, 예를 들면 South Korea로 제한하여 대한민국 지도를 그릴 수 있다. 대한민국은 19개의 지리적 정보로 관리되고 있어, 그려진 지도가 상당히 간소화되어 있음을 볼 수 있다.

```
> IR <- Info1$REGION
> ContSel <- IR== "Asia"   #ContSel <- IR== "Asia" | IR== "Europe" | IR== "Africa"
> Conti <- unique(Info1[ContSel, "ADMIN"])
> ggplot(data= MapDf[MapDf$id %in% unique(Info1[ContSel, "ADMIN"]), ],
+         aes(x= long, y= lat, group= group)) +
+   geom_polygon(fill= 'gray', color= 'black') +
+   theme(axis.title= element_blank())
> length(MapDf[MapDf$id== "South Korea", ]$id)
[1] 19
> ggplot(data= MapDf[MapDf$id== "South Korea", ],
+         aes(x= long, y= lat, group= group)) +
+   geom_polygon(fill= 'gray', color= 'black') +
+   coord_quickmap() + theme(axis.title= element_blank())
```

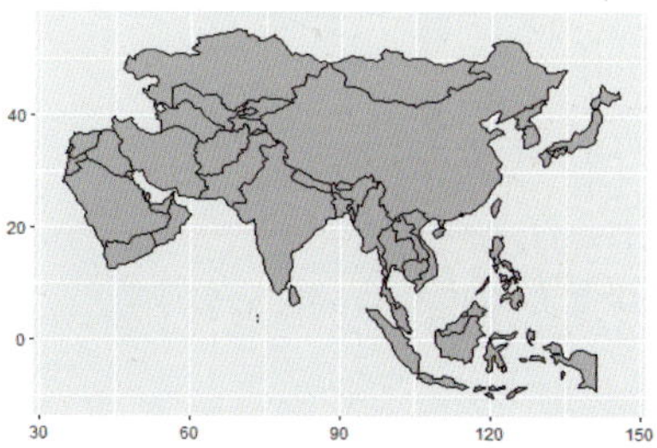

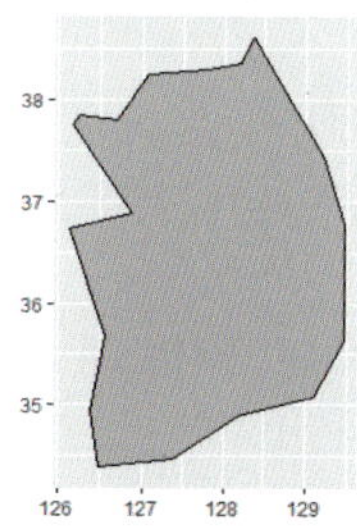

countriesCoarseLessIslands에서는 10,589개[MapDfLess], countriesLow에서는 99,685개[MapDfLow], 그리고 패키지 rworldxtra를 설치하면 사용할 수 있는 countriesHigh에서는 536,399개[MapDfHigh]의 지리적 정보를 가지고 있다.

```
> slotNames(countriesCoarseLessIslands)
[1] "data"        "polygons"    "plotOrder"   "bbox"        "proj4string"
> MapDfLess <- fortify(countriesCoarseLessIslands)
Regions defined for each Polygons
> length(MapDfLess$id)
[1] 10589
> MapDfLow <- fortify(countriesLow)
Regions defined for each Polygons
> length(MapDfLow$id)
[1] 99685
> install.packages("rworldxtra")
> library(rworldxtra)
> data(countriesHigh)
> slotNames(countriesHigh)
[1] "data"        "polygons"    "plotOrder"   "bbox"        "proj4string"
> MapDfHigh <- fortify(countriesHigh)
Regions defined for each Polygons
> length(MapDfHigh$id)
[1] 536399
```

MapDfHigh에서 id를 South Korea로 제한하면 2,943개의 지리적 정보가 있으며, 이것을 이용한 지도는 앞에서 그린 19개의 정보를 이용한 지도보다 상당히 정교하다는 것을 알 수 있다.

```
> length(MapDfHigh[MapDfHigh$id== "South Korea", ]$id)
[1] 2943
> ggplot(data= MapDfHigh[MapDfHigh$id== "South Korea", ],
+         aes(x= long, y= lat, group= group)) +
+   geom_polygon(fill= 'gray', color= 'black') +
+   theme(axis.title= element_blank())
> ggplot(data= MapDfHigh[MapDfHigh$id== "South Korea", ],
+         aes(x= long, y= lat, group= group)) +
```

```
+   geom_polygon(fill= 'gray', color= 'black') +
+   coord_quickmap() + theme(axis.title= element_blank())
```

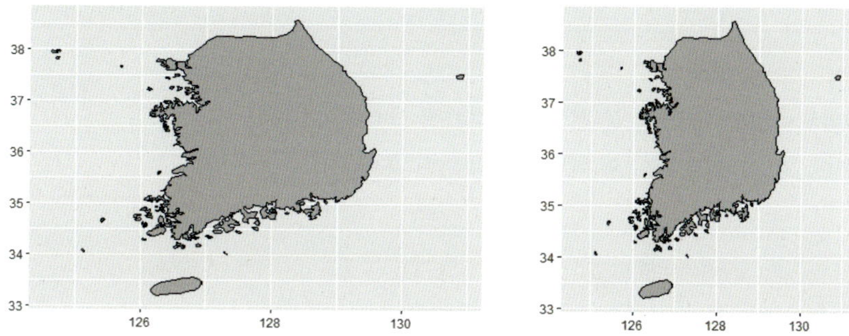

1.4 패키지 raster의 함수 "getData()"를 이용하여 지도 그리기

전 세계 256개 국가별 행정구역 데이터베이스(GADM: Database of Global Administrative Areas)에서 함수 "getData( )"를 이용하여 원하는 지역의 지도에 관련된 자료를 불러올 수 있는데, 대한민국의 전체, 시도별 및 시군구 단위의 지도 정보를 보유하고 있다. 좌표 시스템은 WGS84를 사용하고 있으며, 옵션 "level"에서 "0"은 대한민국 전체, "1"은 광역자치단체(시도), "2"는 시군구를 의미한다. 각 국가별 자료들이 취합되어 제공되는 것이므로 최신 자료와는 차이가 있다.

```
> library(raster);        library(ggplot2)
> str(ccodes())           # 'data.frame':  256 obs. of  10 variables:
> getData('ISO3')
```

NOTE

GADM에서 관리하는 정보 자료 목록은 함수 "ccodes( )"를 이용한다. 256개 국가들에 대한 국가명 등을 보여준다. 아래의 옵션 'country= '에는 ISO codes로 불리는 3개의 알파벳으로 구성된 값을 사용하여야 한다. ISO codes만 별도로 확인하기 위해서는 함수 "getData('ISO3')"를 사용하면 된다.

함수 "getData( )"에서 옵션을 "GADM"으로 하고, 국가명을 "kor"으로 그리고 "level"을 0, 1, 2로 선택한 결과를 KorMap0, KorMap1, KorMap2으로 저장하였다.

```
> KorMap0 <- getData('GADM', country= 'kor', level= 0)
> KorMap1 <- getData('GADM', country= 'kor', level= 1)
> KorMap2 <- getData('GADM', country= 'kor', level= 2)
```

NOTE

내 시스템 현재 사용 폴더에 다운로드한 자료가 있으면 그 자료를 읽어서 사용하며, 없으면 다운로드하게 된다. 다운로드된 파일이름은 각각 "gadm36_KOR_0_sp.rds", "gadm36_KOR_1_sp.rds", "gadm36_KOR_2_sp.rds"이다.

다운 받은 각각의 지리적 자료들을 함수 "fortify( )"를 사용하여 DataFrame으로 변환하여야 한다. level= 0, 1, 2인 경우의 지리적 정보 자료의 수는 각각 335,319, 339,940, 354,057개로 다소 차이가 있다.

```
> KorMap0Df <- fortify(KorMap0)
> length(KorMap0Df$id)              [1] 335319
> KorMap1Df <- fortify(KorMap1)
> length(KorMap1Df$id)              [1] 339940
> KorMap2Df <- fortify(KorMap2)
> length(KorMap2Df$id)              [1] 354057
```

아래는 각각 대한민국 전체 지도, 시도 지도 및 시군구 지도이다.

```
> ggplot() +
+   geom_polygon(data= KorMap0Df, aes(x= long, y= lat, group= group),
+                fill= 'white', color= 'black') +
+   coord_quickmap() + theme(axis.title= element_blank())
```

```
> ggplot() +
+   geom_polygon(data= KorMap1Df, aes(x= long, y= lat, group= group),
+                fill= 'white', color= 'black') +
+   coord_quickmap() + theme(axis.title= element_blank())
> ggplot() +
+   geom_polygon(data= KorMap2Df, aes(x= long, y= lat, group= group),
+                fill= 'white', color= 'black') +
+   coord_quickmap() + theme(axis.title= element_blank())
```

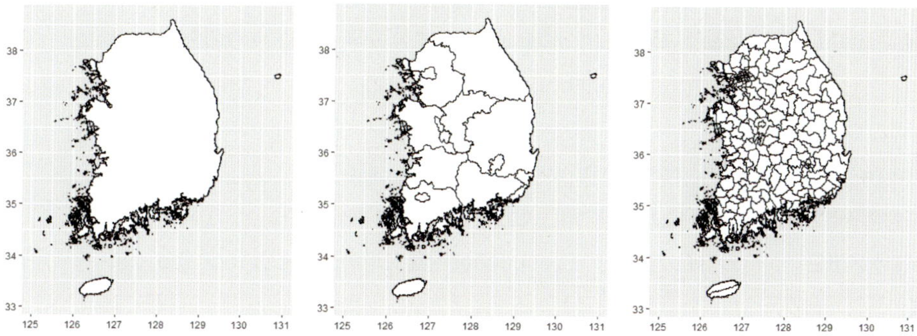

02 법정동 코드와 행정구역 코드 일원화를 위한 자료

지리공간정보시스템을 원활하게 사용하기 위해서는 자료 간 기준이 되는 공통의 변수가 있어야 한다. 획득하여 처리하고자 하는 자료들이 어떤 정보를 어떤 형식으로 제공하는지 파악하여야 한다. 우리나라 지리적 정보는 경우에 따라서 행정구역 코드 또는 법정동 코드를 혼용하여 사용하고 있다. 따라서 이들을 호환할 수 있도록 하는 조치가 필요하다. 통계청에서 지리적 정보를 자료를 다운로드하면 행정구역 코드를 사용하고 있음을 알 수 있다. 그러나 지도와 관련된 부분에서는 법정동 코드를 사용하고 있는 경우가 있다. 이 두 가지 자료를 원활하게 활용하기 위해서는 코드를 일원화할 필요가 있다.

통계청/통계분류포털 https://kssc.kostat.go.kr의 "자료실"에서 다운받은 "한국행정구역분류” 자료는 행정구역 코드와 법정동 코드를 동시에 포함하고 있다. 다음은 이 중 필요한 열인 6열 및 8열의 자료만 남긴 tibble 형식으로 된 21,723행의 “CordAl68”를 생성한 것이다.

```
> options(scipen= 999)        # 수의 표현에서 "e" 없애기 위해
> library(readxl)
> CordAL <- read_excel("./Data_Map/행정_법정 구역_20220401기준.xlsx","cordAL")
> CordAL68 <- CordAL[c(6,8)]
> # CordAL68 <- read_excel("./Data/행정_법정 구역_20220401기준.xlsx",
+                             "cordAL")[c(6,8)]
> str(CordAL68)
tibble [21,723 x 2] (S3: tbl_df/tbl/data.frame)
 $ 행정구역코드: num [1:21723] 11 11010 1101072 1101072 1101072 ...
 $ 법정동코드  : num [1:21723] 1100000000 1111000000 1111010100 ...
```

다운받은 시도별 인구 관련 자료에서 필요 변수들만 남기고, 법정동 코드를 행정구역 코드형식에 맞추어 생성하여 최종적으로 “KorPopSD”로 하였다.

```
> # 시도별 인구 관련 자료
> library(reshape)
> KorPopSD <- read_excel("./Data_Map/KorPop00.xlsx","SD")
> KorPopSD$행정구역코드 <- as.integer(substr(KorPopSD$`C행정구역별(읍면동)`, 2,3))
> KorPopSD <- merge(KorPopSD, CordAL68, by= "행정구역코드" )
> KorPopSD$CTPRVN_CD <- substr(as.character(KorPopSD$법정동코드), 1,2)
> KorPopSD <- rename(KorPopSD, c("총인구 (명)"= "Pop" , "행정구역별(읍면동)"= "Name"))
> KorPopSD <- KorPopSD[c(1:5,25,26)]
> str(KorPopSD)
'data.frame'        : 17 obs. of  7 variables:
 $ 행정구역코드       : int  11 21 22 23 24 25 26 29 31 32 ...
 $ C행정구역별(읍면동) : chr  "'11" "'21" "'22" "'23" ...
 $ Name              : chr  "서울특별시" "부산광역시" "대구광역시"  ...
```

```
 $ 시점            : num  2020 2020 2020 2020 2020 2020 2020 2020  ...
 $ Pop             : num  9586195 3349016 2410700 2945454 1477573 ...
 $ 법정동코드       : num  1100000000 2600000000 2700000000 2800000000 ...
 $ CTPRVN_CD       : chr  "11" "26" "27" "28" ...
> write.table(KorPopSD, file= "./Data_Map/KorPopSD.csv", sep= ",",
+              row.names= FALSE)
```

다운받은 시군구별 인구 관련 자료에서 필요 변수들만 남기고, 법정동 코드를 행정구역 코드형식에 맞추어 생성하여 최종적으로 "KorPopSIG"로 하였다. 추후 자료의 활용을 고려하여 시도별 코드도 포함하였다.

```
> # 시군구별 인구 관련 자료
> KorPopSIG <- read_excel("./Data_Map/KorPop00.xlsx","SIG")
> KorPopSIG$행정구역코드 <- as.integer(substr(KorPopSIG$`C행정구역별(읍면동)`, 2,6))
> KorPopSIG <- merge(KorPopSIG, CordAL68, by= "행정구역코드" )
> KorPopSIG <- rename(KorPopSIG, c("총인구 (명)"= "Pop" ,
+                           "행정구역별(읍면동)"= "Name"))
> KorPopSIG$SIG_CD <- substr(as.character(KorPopSIG$법정동코드), 1,5)
> KorPopSIG <- KorPopSIG[c(1:5,25,26)]
> str(KorPopSIG)
'data.frame'       : 261 obs. of  7 variables:
 $ 행정구역코드       : int  11010 11020 11030 11040 11050 11060 11090  ...
 $ C행정구역별(읍면동) : chr  "'11010" "'11020" "'11030" "'11040" ...
 $ Name             : chr  "종로구" "중구" "용산구" "성동구" ...
 $ 시점              : num  2020 2020 2020 2020 2020 2020 2020  2020 ...
 $ Pop              : num  151291 128744 225882 291918 353967 ...
 $ 법정동코드         : num  1111000000 1114000000 1120000000 1121500000 ...
 $ SIG_CD           : chr  "11110" "11140" "11170" "11200" ...
> write.table(KorPopSIG, file= "./Data_Map/KorPopSIG.csv", sep= ",",
+              row.names= FALSE)
```

다운받은 읍면동별 인구 관련 자료에서 필요 변수들만 남기고, 법정동 코드를 행정구역 코드형식에 맞추어 생성하여 최종적으로 "KorPopEMD"로 하였다. 추후 자료의 활용을 고려하여 시도별 코드 및 시군구별 코드도 포함하였다.

```
> # 읍면동별 인구 관련 자료
> KorPopEMD <- read_excel("./Data_Map/KorPop00.xlsx","EMD")
> KorPopEMD$행정구역코드 <- as.integer(substr(KorPopEMD$`C행정구역별(읍면동)`, 2,8))
> KorPopEMD <- merge(KorPopEMD, CordAL68, by= "행정구역코드" )
> KorPopEMD <- rename(KorPopEMD, c("총인구 (명)"= "Pop" ,
+                           "행정구역별(읍면동)"= "Name"))
> KorPopEMD$EMD_CD <- substr(as.character(KorPopEMD$법정동코드), 1,8)
> KorPopEMD <- KorPopEMD[c(1:5,25,26)]
> str(KorPopEMD)
'data.frame'       : 21063 obs. of  7 variables:
 $ 행정구역코드         : int  1101053 1101053 1101053 1101053 1101053 ...
 $ C행정구역별(읍면동) : chr  "'1101053" "'1101053" "'1101053" "'1101053" ...
 $ Name              : chr  "사직동" "사직동" "사직동" "사직동" ...
 $ 시점               : num  2020 2020 2020 2020 2020 2020 2020  2020 ...
 $ Pop               : num  8705 8705 8705 8705 8705 ...
 $ 법정동코드          : num  1111011200 1111011800 1111011600 1111011300 ...
 $ EMD_CD            : chr  "11110112" "11110118" "11110116" "11110120" ...
> write.table(KorPopEMD, file= "./Data_Map/KorPopEMD.csv", sep= ",",
+             row.names= FALSE)
```

03 대한민국 지도 그리기

대한민국의 최신 지도 관련 자료는 다음 사이트에서 다운로드 받을 수 있다.

http://www.gisdeveloper.co.kr/?p=2332

지리정보시스템(GIS) 분야 등에서 주로 사용하는 파일은 shape 파일이라고 한다. 이는 위치 기반의 벡터정보인 점, 선, 다각형 등을 표현하기 위해서 사용하며, ArcGIS를 만든 ESRI(Environmental Systems Research Institute)에서 사용하기 시작하였고 지리정보를 표현하기 위해 다음의 파일들로 구성되어 있다.

a) 필수파일:

*.shp - 기하학적 지리 정보(데이터)

*.shx - 기하학적 지리 정보의 인덱스

*.dbf - 속성 정보

b) 그 외 파일

*.prj - 투영 정보(projection description)

*.sbn, *.sbx, *.fbn, *.aih, *.ixs, *.mxs, *.atx, *.shp.xml, *.cpg, *.qix

지도를 그릴 수 있도록 지원하고 있는 대표적인 패키지는 sf, raster, rgdal 등이 있다. 3개의 패키지 중 rgdal의 사용이 제일 편리한 부분이 있으나 앞에서 언급한 바와 같이 패키지 rgdal은 서비스 종료를 예고하고 있어 소개하지 않기로 한다. 나머지 두 개의 패키지 sf와 raster은 유사하기는 하지만 아래의 표와 같이 한글화 작업, 공간화 작업에서 차이가 있으며, 주의사항 1과 같이 변수명 “id”의 생성 값의 시작점이 “1”과 “0”으로 차이를 보이고 있다.

패키지	sf	raster
지도 읽기	st_read()	shapefile()
한글화 작업	필요	불필요
공간화 작업	필요	불필요
위경도	GRS80	GRS80
주의사항 1	shp 파일의 DataFrame으로 변환 시 id : 1부터	shp 파일의 DataFrame으로 변환 시 id : 0부터
주의사항 2	생성된 map 파일 저장 후 불러와서 사용하면 문제 발생	

3.1 패키지 sf의 함수 st_read( )를 이용하여 지도 그리기

시각화는 ggplot2를 이용하기로 한다.

```
> library(ggplot2)
> library(sf)
Linking to GEOS 3.9.1, GDAL 3.2.1, PROJ 7.2.1; sf_use_s2() is TRUE
```

함수 “st_read( )”를 이용하여 지정된 폴더에 있는 ctp_rvn.shp 파일을 읽어 MapKorSD로 한 것이다. 이때 불러들인 자료의 기초적 정보를 함께 보여 주고 있다.

(a) 파일의 물리적 위치
(b) ‘ESRI Shapefile’
(c) 3개의 변수와 17개 행
(d) 기하학적 형식
(e) Dimension
(f) Bounding box: 좌표의 한계값 정보
(g) 좌표계 시스템으로 PCS_ITRF2000_TM(GRS80)을 사용

```
> # 다운받은 지도 자료[현재 폴더의 아래 폴더 "/Maps/"에 저장함] 읽기
> MapKorSD  <- st_read("./Data_Map/SD/ctp_rvn.shp")
Reading layer `ctp_rvn' from data source
  `C:\...0KTS\04_媛뺤쓽?먮즺_?듦퀎?⑦궓吏  ?쒖슜          ?먮즺遺꾩꾪\01_媛뺤쓽?먮즺\異
뷩?_R\Maps\SD\ctp_rvn.shp'
  using driver `ESRI Shapefile'
Simple feature collection with 17 features and 3 fields
Geometry type: MULTIPOLYGON
Dimension:     XY
Bounding box:  xmin: 746110.3 ymin: 1458754 xmax: 1387950 ymax: 2068444
Projected CRS: PCS_ITRF2000_TM
> MapKorSIG <- st_read("./Data_Map/SIG/sig.shp")
... 생략 ...
> MapKorEMD <- st_read("./Data_Map/EMD/emd.shp")
... 생략 ...
> MapKorLI  <- st_read("./Data_Map/LI/li.shp")
... 생략 ...
```

NOTE

이때, 파일의 물리적 위치인 폴더의 이름이 한글인 경우 올바르게 보이지 않는다. 본 시스템에 한글을 정상

적으로 사용하기 위하여 메뉴에서 아래와 같은 경로를 따라 "CP949"로 지정하여 사용하고 있다.

```
Tools>Global Options..>Code>Saving>Default text encoding: CP949
```

이를 정상적으로 보기 위해서는 변환 과정을 적용하여야 한다.

시도는 17개, 시군구는 250개, 읍면동은 5,054개, 리단위는 15,172개의 행정단위로 관리되고 있음을 알 수 있다.

```
> str(MapKorSD)
Classes 'sf' and 'data.frame':   17 obs. of  4 variables:
... 생략 ...
 $ CTP_ENG_NM: chr  "Seoul" "Busan" "Daegu" "Incheon" ...
 $ CTP_KOR_NM: chr  "<U+00BC><U+00AD><U+00BF><ef><U+01AF><U+00BA>
 <U+00B0><U+00BD><c3>" "<U+00BA>λ갬<U+00BF><U+00AA><U+00BD><c3>"
"<U+00B4>뱀<U+00B1><U+00A4><U+00BF><U+00AA><U+00BD><c3>"
"<c0><ce>o<U+00B1><U+00A4><U+00BF><U+00AA><U+00BD><c3>" ...
... 생략 ...
> str(MapKorSIG)
Classes 'sf' and 'data.frame':   250 obs. of  4 variables:
... 생략 ...
> str(MapKorEMD)
Classes 'sf' and 'data.frame':   5054 obs. of  4 variables:
... 생략 ...
> str(MapKorLI)
Classes 'sf' and 'data.frame':   15172 obs. of  4 variables:
... 생략 ...
```

NOTE

영어 지역명인 CTP_ENG_NM은 제대로 보이는 반면, 한글 지역명인 CTP_KOR_NM은 제대로 보이지 않고 있어 이를 정상적으로 보이도록 하는 변환 함수를 적용하여야 한다.

"CP949"에서 "UTF-8"로 변환하는 함수 "`iconv( )`"를 적용하면 한글 지역명이 제대로 표시되고 있음을 볼 수 있다.

```
> MapKorSD$CTP_KOR_NM <- iconv(MapKorSD$CTP_KOR_NM, from= 'CP949', to= 'UTF-8',
+                                sub= NA, mark= TRUE, toRaw= FALSE)
> MapKorSIG$SIG_KOR_NM <- iconv(MapKorSIG$SIG_KOR_NM, from= 'CP949', to= 'UTF-8',
+                                sub= NA, mark= TRUE, toRaw= FALSE)
> MapKorEMD$EMD_KOR_NM <- iconv(MapKorEMD$EMD_KOR_NM, from= 'CP949', to= 'UTF-8',
+                                sub= NA, mark= TRUE, toRaw= FALSE)
> MapKorLI$LI_KOR_NM <- iconv(MapKorLI$LI_KOR_NM, from= 'CP949', to= 'UTF-8',
+                                sub= NA, mark= TRUE, toRaw= FALSE)
> slotNames(MapKorSD)
[1] ".S3Class"
> str(MapKorSD)
Classes 'sf' and 'data.frame':     17 obs. of  4 variables:
... 생략  ...
 $ CTP_KOR_NM: chr  "서울특별시" "부산광역시" "대구광역시" "인천광역시" ...
...  생략 ...
```

"*.shp" 파일을 함수 "st_read( )"로 불러들인 경우, 이 자료를 그대로 사용할 수 없고, 함수 "as( )" 또는 "as_Spatial( )"을 이용하여 공간형 자료로 변환하여야 한다. 공간화 작업을 적용한 파일을 구분하기 위하여 자료명을 "*Sp"로 하였다.

```
> MapKorSDSp  <- as(MapKorSD,  'Spatial')
> #or identical to  MapKorSDSp <- as_Spatial(MapKorSD)
> MapKorSIGSp <- as(MapKorSIG, 'Spatial')
> MapKorEMDSp <- as(MapKorEMD, 'Spatial')
> MapKorLISp  <- as(MapKorLI,  'Spatial')
```

공간화 작업을 마치면 아래와 같이 지리적 정보, 다각형, 지역별 순서, 좌표 한계 및 사용 좌표 시스템에 대한 정보를 가지고 있는 객체로 변환되어 사용할 수 있게 된다. 바로 함수 "ggplot( )"를 이용하여 시도별 지도를 그릴 수 있다.

```
> slotNames(MapKorSDSp)
[1] "data"        "polygons"    "plotOrder"   "bbox"        "proj4string"
> ggplot() +
+   geom_polygon(data= MapKorSDSp, aes(x= long, y= lat, group= group),
+                fill= 'white', color= 'black') +
+   theme(axis.title= element_blank())
Regions defined for each Polygons
> ggplot() +
+   geom_polygon(data= MapKorSDSp, aes(x= long, y= lat, group= group),
+                fill= 'white', color= 'black') +
+   coord_quickmap() + theme(axis.title= element_blank())
Regions defined for each Polygons
```

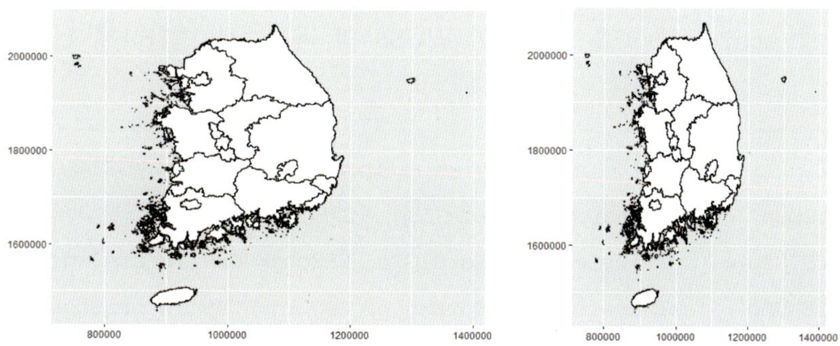

NOTE

1) 좌우의 지도는 옵션 "coord_quickmap( )"의 적용 여부에 따른 비교이다.
2) 위경도 표현은 익숙하지 않은 GRS80을 사용하고 있다. 이를 익숙한 위경도 좌표계 WGS84로 변환하는 과정도 필요하다.

슬롯 *@proj4string의 내용 중에 "~~GRS80~~"은 바로 좌표계를 나타내고 있으며 일부를 출력하면 우리에게 익숙한 좌표계의 값이 아님을 알 수 있다.

```
> library(sp)
> # 불러온 지도데이터의 좌표계 확인
```

```
> MapKorSDSp@proj4string
Coordinate Reference System:
Deprecated Proj.4 representation:
 +proj=tmerc +lat_0=38 +lon_0=127.5 +k=0.9996 +x_0=1000000 +y_0=2000000
+ellps=GRS80 +units=m +no_defs
... 생  략 ...
> MapKorSDSp@polygons[[1]]@Polygons[[1]]@coords[1:4, ]
         [,1]      [,2]
[1,] 966987.2 1941111
 ... 생  략 ...
[4,] 966930.6 1941165
```

함수 "spTransform( )"을 이용하면 WGS84의 좌표계로 변환하게 된다.

```
> ls_crs <- list(wgs84= "+proj=longlat +ellps= WGS84 +datum= WGS84 +no_defs")
> MapKorSDSp  <- spTransform(MapKorSDSp,  CRSobj= CRS(ls_crs$wgs84))
> MapKorSIGSp <- spTransform(MapKorSIGSp, CRSobj= CRS(ls_crs$wgs84))
> MapKorEMDSp <- spTransform(MapKorEMDSp, CRSobj= CRS(ls_crs$wgs84))
> MapKorLISp  <- spTransform(MapKorLISp,  CRSobj= CRS(ls_crs$wgs84))
```

패키지 sf에서는 shp 파일 형태를 dataFrame으로 변환한 파일의 변수 "id"는 1부터 시작하므로 MapKorSDSp@data에 변수 "id"를 1부터 생성한다. 변수 "id"를 생성한 후 원하는 순서대로 정리하였다.

```
> str(MapKorSDSp@data)
'data.frame':    17 obs. of  3 variables:
... 생  략 ...
> MapKorSDSp@data[, "id"] <- (1:nrow(MapKorSDSp@data))
> MapKorSDSp@data <- MapKorSDSp@data[c(4,1:3)]
> head(MapKorSDSp@data)
```

```
  id CTPRVN_CD   CTP_ENG_NM  CTP_KOR_NM
1  1         11        Seoul      서울특별시
... 생  략 ...
6  6         30      Daejeon      대전광역시
```

MapKorSIGSp@data에 변수 "id"를 1부터 생성한다. 변수 "id"를 생성한 후 원하는 순서대로 정리하였다.

```
> str(MapKorSIGSp@data)
'data.frame':   250 obs. of  3 variables:
... 생  략 ...
> MapKorSIGSp@data[, "id"] <- (1:nrow(MapKorSIGSp@data))
> MapKorSIGSp@data$CTPRVN_CD <- substr(MapKorSIGSp@data$SIG_CD,1,2)
> MapKorSIGSp@data <- merge(MapKorSIGSp@data, MapKorSDSp@data[,-1],
+                            by= "CTPRVN_CD")
> MapKorSIGSp@data <- MapKorSIGSp@data[c(5,2,3,4,1,6,7)]
> head(MapKorSIGSp@data)
  id SIG_CD    SIG_ENG_NM SIG_KOR_NM CTPRVN_CD  CTP_ENG_NM  CTP_KOR_NM
1  1  11110     Jongno-gu       종로구        11       Seoul     서울특별시
... 생  략  ...
6  6  11230 Dongdaemun-gu     동대문구        11       Seoul     서울특별시
```

MapKorEMDSp@data에 변수 "id"를 1부터 생성한다. 변수 "id"를 생성한 후 원하는 순서대로 정리하였다.

```
> str(MapKorEMDSp@data)
'data.frame':   5054 obs. of  3 variables:
... 생  략  ...
> MapKorEMDSp@data[, "id"] <- (1:nrow(MapKorEMDSp@data))
> MapKorEMDSp@data$SIG_CD <- substr(MapKorEMDSp@data$EMD_CD,1,5)
```

```
> MapKorEMDSp@data <- merge(MapKorEMDSp@data, MapKorSIGSp@data[,-1], by= "SIG_CD")
> MapKorEMDSp@data <- MapKorEMDSp@data[c(5,2,3,4,1,6,7,8,9,10)]
> head(MapKorEMDSp@data)
  id  EMD_CD EMD_ENG_NM EMD_KOR_NM SIG_CD SIG_ENG_NM SIG_KOR_NM CTPRVN_CD CTP_ENG_NM CTP_KOR_NM
1  1 11110101 Cheongun-dong     청운동  11110  Jongno-gu     종로구        11      Seoul 서울특별시
...생 략...
6  6 11110106   Tongui-dong     통의동  11110  Jongno-gu     종로구        11      Seoul 서울특별시
```

MapKorLISp@data에 변수 “id”를 1부터 생성한다. 변수 “id”를 생성한 후 원하는 순서대로 정리하였다.

```
> str(MapKorLISp@data)
'data.frame':   15172 obs. of  3 variables:
 ...생   략...
> MapKorLISp@data[, "id"] <- (1:nrow(MapKorLISp@data))
> MapKorLISp@data$EMD_CD <- substr(MapKorLISp@data$LI_CD,1,8)
> MapKorLISp@data <- merge(MapKorLISp@data, MapKorEMDSp@data[,-1],
+                          by= "EMD_CD")
> MapKorLISp@data <- MapKorLISp@data[c(5,2,3,4,1,6,7,8,9,10,11,12,13)]
> head(MapKorLISp@data)
  id      LI_CD LI_ENG_NM LI_KOR_NM   EMD_CD EMD_ENG_NM EMD_KOR_NM SIG_CD SIG_ENG_NM SIG_KOR_NM CTPRVN_CD CTP_ENG_NM CTP_KOR_NM
1  1 2671025021 Dongbu-ri    동부리 26710250 Gijang-eup     기장읍  26710 Gijang-gun     기장군        26      Busan 부산광역시
... 생 략 ...
6  6 2671025026  Daera-ri    대라리 26710250 Gijang-eup     기장읍  26710 Gijang-gun     기장군        26      Busan 부산광역시
```

shp 파일을 불러들인 자료를 함수 “fortify( )”를 이용하여 DataFrame으로 변형한다.

```
> MapKorSDDf0  <- fortify(MapKorSDSp)
Regions defined for each Polygons
> MapKorSIGDf0 <- fortify(MapKorSIGSp)
```

```
Regions defined for each Polygons
> MapKorEMDDf0 <- fortify(MapKorEMDSp)
Regions defined for each Polygons
> MapKorLIDf0  <- fortify(MapKorLISp)
Regions defined for each Polygons
```

위에서 생성한 변수 "id"를 이용하여 각각 두 개의 자료 *Df0와 *Sp@data를 병합하여 최종적으로 dataframe 구조인 자료를 *Df의 이름으로 부여하였다.

```
> MapKorSDDf   <- merge(MapKorSDDf0,  MapKorSDSp@data,  by= "id" )
> MapKorSIGDf  <- merge(MapKorSIGDf0, MapKorSIGSp@data,  by= "id" )
> MapKorEMDDf  <- merge(MapKorEMDDf0, MapKorEMDSp@data, by= "id" )
> MapKorLIDf   <- merge(MapKorLIDf0,   MapKorLISp@data,    by= "id" )
```

시도 자료인 MapKorSDDf을 함수 "ggplot( )"을 이용하여 17개의 시도 구분도를 그릴 수 있다.

```
> MapKorSDGgplot <- MapKorSDDf %>%
+                     ggplot(aes(x= long, y= lat, group= group))
> MapKorSDGgplot + geom_polygon(fill= 'white', color= 'black') +
+   coord_quickmap() + theme(axis.title= element_blank())
> #or
> ggplot() +
+   geom_polygon(data= MapKorSDDf,
+                aes(x= long, y= lat, group= group),
+                fill= 'white', color= 'black') +
+   coord_quickmap() +
+   theme(axis.title= element_blank())
```

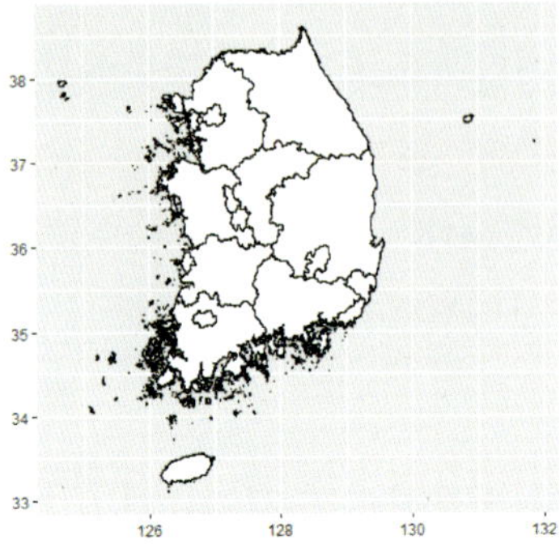

시도 자료인 MapKorSDDf에서 변수 id가 "1"인 경우는 서울특별시이므로 제한하여 "id= 1"로 제한하면 서울만 별도로 그릴 수 있다. 또는 변수 CTP_KOR_NM에서 "서울특별시"로 제한하여 그릴 수도 있다.

```
> # 서울만 ( id=1 )
> MapKorSDGgplot_1 <- MapKorSDDf[MapKorSDDf$id== 1, ] %>%
+                       ggplot(aes(x= long, y= lat, group= group))
> MapKorSDGgplot_1 +
+   geom_polygon(fill= 'white', color= 'black') +
+   coord_quickmap() +
+   theme(axis.title= element_blank())
> # 서울만( CTP_KOR_NM== 서울특별시 )
> MapKorSDGgplot_2 <- MapKorSDDf[MapKorSDDf$CTP_KOR_NM== "서울특별시", ] %>%
+                                 ggplot(aes(x= long, y= lat, group= group))
> MapKorSDGgplot_2 + geom_polygon(fill= 'white', color= 'black') +
+   coord_quickmap() + theme(axis.title= element_blank())
```

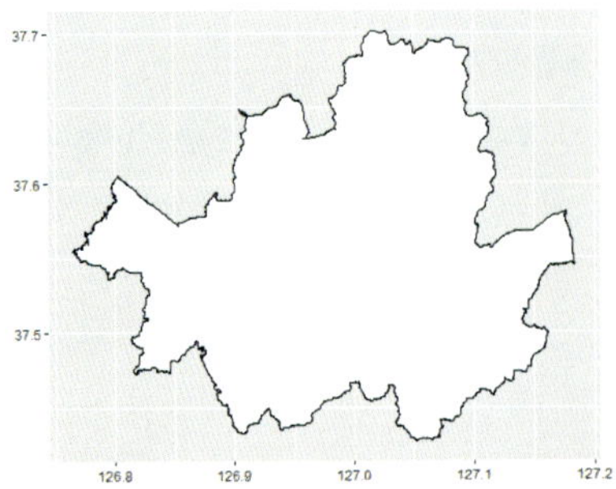

자료 MapKorSIGDf에서 변수 CTP_KOR_NM을 “서울특별시”로 제한하여 서울만 표시할 수 있으나, 시군구 자료이므로 서울의 각 구의 구획선이 나타나게 된다.

자료 MapKorEMDDf에서 변수 SIG_KOR_NM에서 “종로구”로 제한하면 종로구의 구역만을 읍면동이 나타나도록 표시할 수 있다. 또한 변수 EMD_KOR_NM에서 “청운동”으로 하여 해당 동만 나타나게 할 수 있다.

```
> # 서울만 ( CTP_KOR_NM== 서울특별시 )
> MapKorSIGGgplot_1 <- MapKorSIGDf[MapKorSIGDf$CTP_KOR_NM== "서울특별시", ] %>%
+                          ggplot(aes(x= long, y= lat, group= group))
> MapKorSIGGgplot_1 +
>   geom_polygon(fill= 'white', color= 'black') +
+   coord_quickmap() +
>   theme(axis.title= element_blank())
> # 종로구만 ( SIG_KOR_NM== 종로구 )
> MapKorEMDGgplot_1 <- MapKorEMDDf[MapKorEMDDf$SIG_KOR_NM== "종로구", ] %>%
+                          ggplot(aes(x= long, y= lat, group= group))
> MapKorEMDGgplot_1 +
>   geom_polygon(fill= 'white', color= 'black') +
+   coord_quickmap() +
>   theme(axis.title= element_blank())
> # 청운동만 ( EMD_KOR_NM== 청운동 )
> MapKorEMDGgplot_2 <- MapKorEMDDf[MapKorEMDDf$EMD_KOR_NM== "청운동", ] %>%
+                          ggplot(aes(x= long, y= lat, group= group))
> MapKorEMDGgplot_2 +
>   geom_polygon(fill= 'white', color= 'black') +
+   coord_quickmap() +
>   theme(axis.title= element_blank())
```

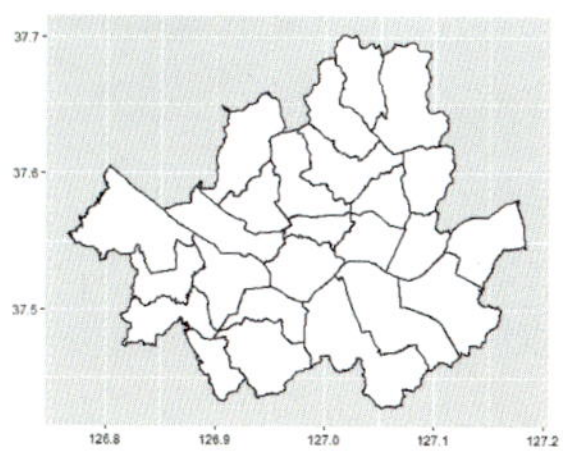
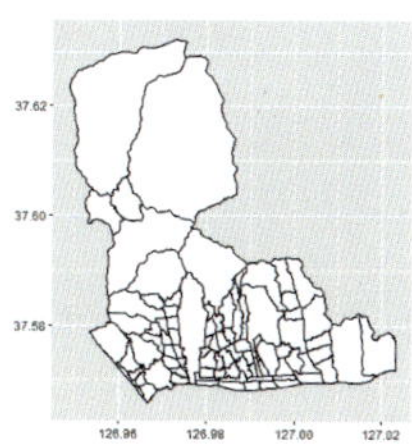
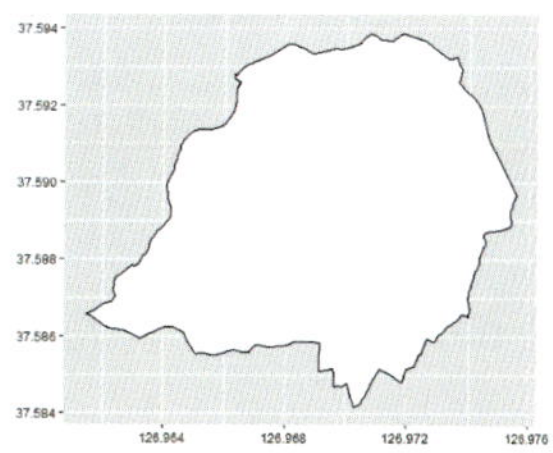

지역별로 차별화된 색상으로 보이도록 하여 시각화 효과를 높일 수 있다. 패키지 nord에서 옵션 scale_fill_nord를 "aurora"로 지정한 예이다. 첫 번째는 시도 전체, 두 번째는 시군구 자료에서 서울 지역만 그리고 마지막으로 읍면동 자료에서 종로구로 제한하여 시각화한 것이다.

```
> # 다른 색상으로 구분한 지도(시도/시군구/읍면동)
> library(nord)
> MapKorSDGgplot +
+   geom_polygon(aes(fill= id), color= 'black', show.legend= FALSE) +
+   scale_fill_nord('aurora') + coord_quickmap() +
+   theme(axis.title= element_blank())
> # 서울만
> MapKorSIGGgplot_1 +
+   geom_polygon(aes(fill= SIG_KOR_NM), color= 'black',
+                show.legend= FALSE) +
+   scale_fill_nord('aurora') + coord_quickmap() +
+   theme(axis.title= element_blank())
> # 종로구만
> MapKorEMDGgplot_1 +
+   geom_polygon(aes(fill= EMD_KOR_NM), color= 'black',
+                show.legend= FALSE) +
+   scale_fill_nord('aurora') + coord_quickmap() +
+   theme(axis.title= element_blank())
```

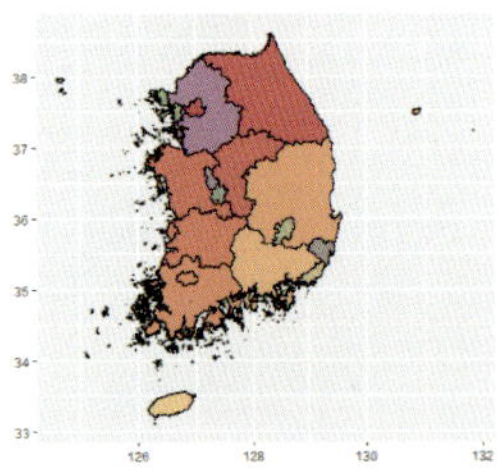

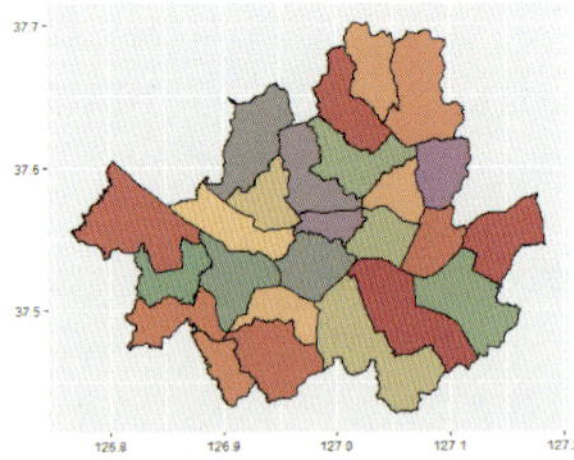

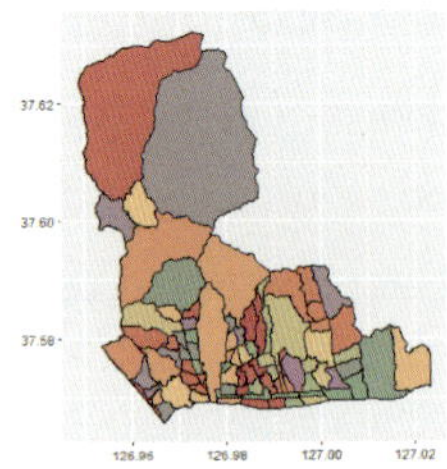

패키지 nord에서 색상 조합은 16가지를 지원하고 있다.

```
> names(nord_palettes)
 [1] "polarnight"      "snowstorm"       "frost"       "aurora"
 [5] "lumina"          "mountain_forms" "silver_mine" "lake_superior"
 [9] "victory_bonds"   "halifax_harbor" "moose_pond"  "algoma_forest"
[13] "rocky_mountain" "red_mountain"    "baie_mouton" "afternoon_prarie"
> library(purrr)
> par(mfrow= c(8, 2), lheight= 2, mar= rep(1, 4), adj= 0)
> walk(names(nord_palettes), nord_show_palette)
```

패키지 ggiraphExtra에서 함수 "ggChoropleth( )"를 사용하여 반응형 지도를 생성하려면 변수명 "region"이 있어야 한다. 여기서 MapKorSDDf의 경우 region의 역할을 하는 변수는 "id", "CTPRVN_CD", "CTP_ENG_NM", "CTP_KOR_NM"이 있다. 따라서 행정구역 코드인 CTPRVN_CD, SIG_CD, EMD_CD, LI_CD를 각각의 자료에서 변수 "region"으로 하였다.

```
> MapKorSDDf$region    <- MapKorSDDf$CTPRVN_CD
> MapKorSIGDf$region   <- MapKorSIGDf$SIG_CD
> MapKorEMDDf$region   <- MapKorEMDDf$EMD_CD
> MapKorLIDf$region    <- MapKorLIDf$LI_CD
```

반응형 지도에 사용될 지역별 요약통계 자료는 2절에서 정리하여 저장된 자료를 읽어 오거나 계속 진행한 경우 아래의 스크립트를 무시하고 진행하여도 무방하다. 지역별 요약통계 자료는 시도별, 시군부별 및 읍면동까지의 자료만 있으므로 아래와 같이 구분별 3개의 자료가 있다.

```
> library(ggiraphExtra)
> # 이전에 저장한 것 읽어와도 좋고, 위에서부터 진행한 경우 무시하고 진행하면 됨.
> KorPopSD  <- read.csv(file= "./Data_Map/KorPopSD.csv",  sep= ",", header= TRUE)
> KorPopSIG  <- read.csv(file= "./Data_Map/KorPopSIG.csv", sep= ",", header= TRUE)
> KorPopEMD <- read.csv(file= "./Data_Map/KorPopEMD.csv", sep= ",", header= TRUE)
```

시도별 현황 반응형 지도는 시도별 요약통계 자료인 KorPopSD를 자료로(data= KorPopSD) 선택하고, MapKorSDDF를 지도 자료(map= MapKorSDDf)로 선택하였으며, 광역시도별 인구수에 따라 색상을 구분하고자 옵션 fill= Pop으로 하였고, 마우스를 올리면 나타날 정보는 지역명으로 하고자 tooltip= Name으로 제한하였다. 같은 방법으로 시군구 지도와 자료를 이용하여 시군구별 반응형 지도를 그릴 수 있다.

```
> # 시도별 현황
> ggChoropleth(data= KorPopSD,
+              aes(fill= Pop, map_id= CTPRVN_CD, tooltip= Name),
+              map= MapKorSDDf, interactive= TRUE)
> # 시군구 현황
> ggChoropleth(data= KorPopSIG,
+              aes(fill= Pop, map_id= SIG_CD, tooltip= Name),
+              map= MapKorSIGDf, interactive= TRUE)
```

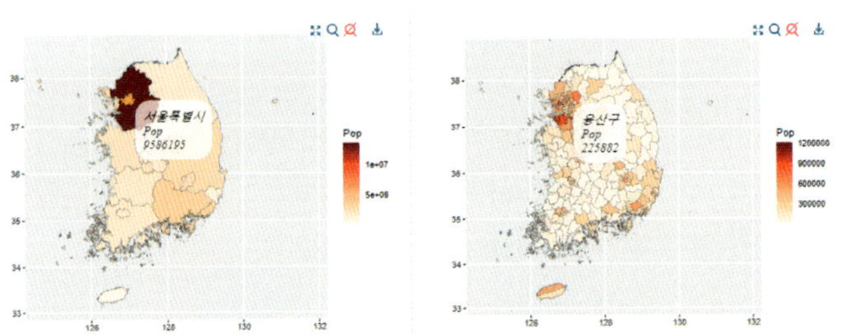

시군구 지도에서 지역을 특정지역(여기서는 서울)으로 제한하여 반응형 지도를 그릴 수도 있다. 또한 읍면동 지도와 자료를 이용하여 읍면동별 반응형 지도를 그릴 수 있다.

```
> # 시군구 현황(시도 제한 - ex: 서울로 제한)
> MapKorSIGDf_Seoul <- MapKorSIGDf[MapKorSIGDf$CTPRVN_CD== "11", ]
> ggChoropleth(data= KorPopSIG,
+              aes(fill= Pop, map_id= SIG_CD, tooltip= Name),
+              map= MapKorSIGDf_Seoul, interactive= TRUE)
> # 읍면동 현황
> ggChoropleth(data= KorPopEMD,
```

```
+                aes(fill= Pop, map_id= EMD_CD, tooltip= Name),
+                map= MapKorEMDDf, interactive= TRUE)
```

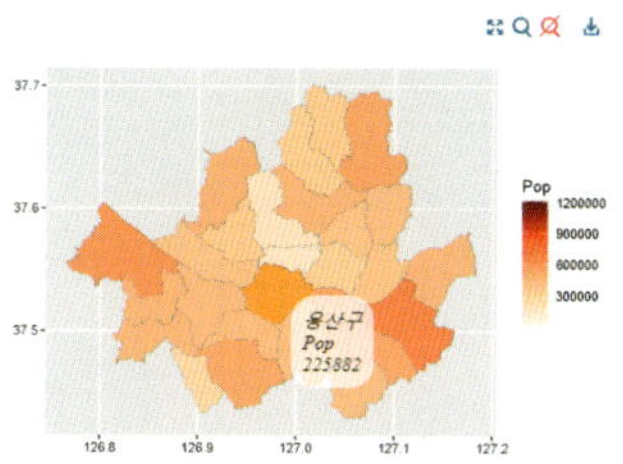

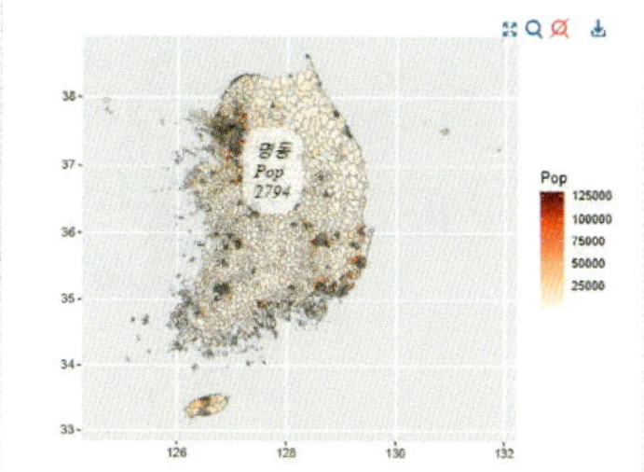

지도의 자료의 수는 MapKorSDDf가 809,758행, MapKorSIGDf가 1,331,818행 MapKorEMDDf가 3,544,616행, MapKorLIDf가 6,152,889행으로 매우 많다. 정교한 지도 작업인 경우 자세한 지도 정보가 모두 필요하겠지만, 통계적 시각화 작업을 진행할 때는 너무 많은 자료의 처리에 시각화 처리에 시간이 소요된다. 따라서 시각화에 큰 무리가 없도록 일부 자료를 줄여서 처리하는 것도 필요하다.

지도자료 MapKorSDDf의 변수 중 “order”는 지역별(여기서는 id, CTPRVN_CD, CTP_ENG_NM, CTP_KOR_NM)로 구분된 지도 자료의 순서이다. 이 중 일부만 남겨 지도 자료의 수를 줄여 보도록(order의 값을 10으로 나누었을 때 나머지가 1인 행만 남기기) 한다.

```
> MapKorSDDf1 <- MapKorSDDf[MapKorSDDf$order %% 10== 1, ]
> # 새로 만든 데이터프레임의 건수 확인.
> nrow(x= MapKorSDDf)
[1] 809758
> nrow(x= MapKorSDDf1)
[1] 80982
> MapKorSD1Ggplot <- MapKorSDDf1 %>%
+                       ggplot(aes(x= long, y= lat, group= group))
> MapKorSD1Ggplot +  geom_polygon(fill= 'white', color= 'black') +
+   coord_quickmap() + theme(axis.title= element_blank())
```

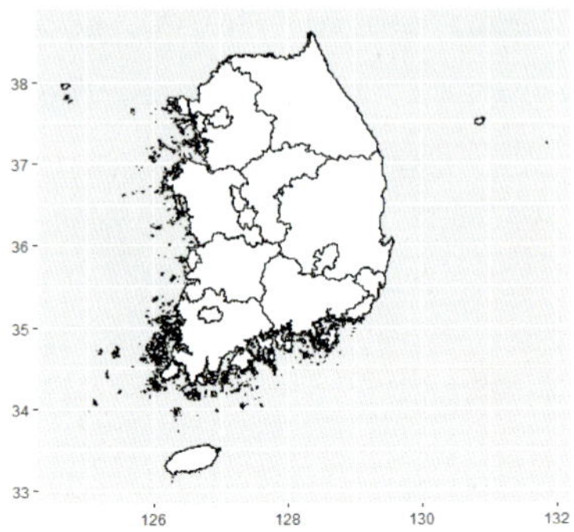

지도에서 섬들은 육지와 떨어져 있으므로 이를 해결하기 위하여 변수 piece를 도입하여 섬들의 자료를 처리할 수 있도록 하고 있다. 우리나라의 지리적 특성상 서해와 남해 부분은 많은 섬으로 구성되어 있다. 모든 섬들을 표시하는 대신 특정한 일부의 섬만을 제한하여 시각화 처리하는 과정이다. 섬들의 크기에 따라 변수 piece의 값이 설정되어 있어 각 지역별로 5번까지만 사용한 예이다.

```
> MapKorSDDf2 <- subset(x= MapKorSDDf, subset= MapKorSDDf$piece== 1:5)
> nrow(x= MapKorSDDf2)
[1] 100027
> MapKorSD2Ggplot <- MapKorSDDf2 %>%
+                          ggplot(aes(x= long, y= lat, group= group))
> MapKorSD2Ggplot + geom_polygon(fill= 'white', color= 'black') +
+   coord_quickmap() + theme(axis.title= element_blank())
```

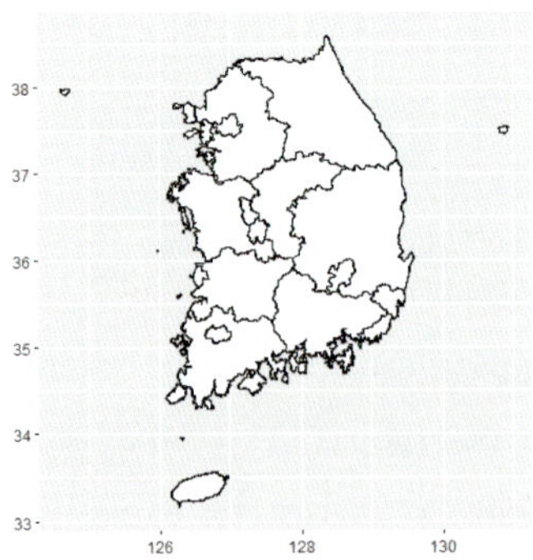

위의 두 가지 방법을 결합하여 자료의 수를 더 줄여서 구현한 그래프이다.

```
> MapKorSDDf21 <- subset(x= MapKorSDDf1, subset= MapKorSDDf1$piece== 1:5)
> nrow(x= MapKorSDDf21)
[1] 10009
> MapKorSD21Ggplot <- MapKorSDDf21 %>%
+                         ggplot(aes(x= long, y= lat, group= group))
> MapKorSD21Ggplot + geom_polygon(fill= 'white', color= 'black') +
+   coord_quickmap() + theme(axis.title= element_blank())
```

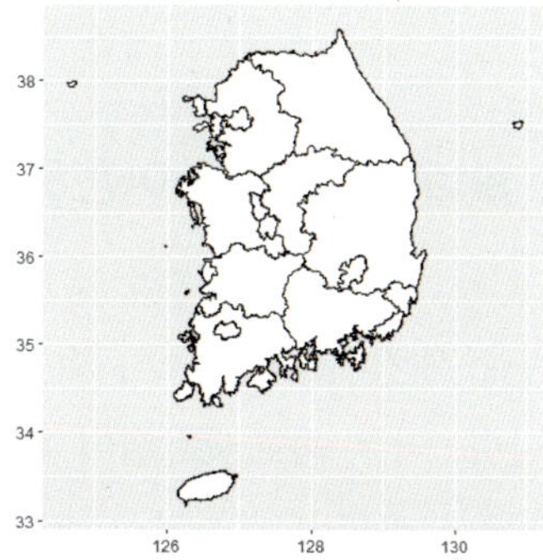

시도별 자료에서 광역시도명은 자릿수가 3인 "강원도"부터 자릿수가 7인 "제주특별자치도" 및 "세종특별자치시"까지 다양하게 있으므로, 시각화에 효율성을 높이기 위하여 일부 지역은 앞 두 자리만 남기고 남/북도로 되어 있는 경우는 충남/충북 등과 같이 두 자리로 줄여도 혼선이 없을 것이다. 다음은 두 자리로 줄이는 과정과 줄인 결과의 빈도수를 확인한 결과이다. 전남의 빈도수가 가장 큰 것은 지역적 특성이 많은 섬으로 이루어져 있기 때문이다. 반대로 내륙 중심부인 대전이 가장 적게 나타나고 있다.

```
> # 광역시도명을 두 글자로 줄이기.
> library(stringr)
> Var <- MapKorSDDf$CTP_KOR_NM
> MapKorSDDf$CTP_KOR_NM2 <-
+         ifelse(test= str_detect(string= Var, pattern= '(남|북)도'),
```

```
+               yes= str_c(str_sub(string= Var, start= 1, end= 1),
+               str_sub(string= Var, start= 3, end= 3)),
+               no= str_sub(string= Var, start= 1, end= 2))
> # 광역시도명의 빈도수 확인!!
> addmargins(table(MapKorSDDf$CTP_KOR_NM2) )
 강원   경기   경남   경북  광주  대구  대전   부산  서울  세종  울산   인천   전남   전북   제주   충남   충북    Sum
56053 79666 122095 43853 7025 4947 4061 17758 8478 5162 9818 36330 281169 32828 28100 52758 19657 809758
> addmargins(table(MapKorSDDf$CTP_KOR_NM2) %>% sort(decreasing= TRUE))
  전남    경남   경기   강원   충남   경북   인천   전북   제주   충북   부산  울산  서울  광주  세종  대구  대전    Sum
281169 122095 79666 56053 52758 43853 36330 32828 28100 19657 17758 9818 8478 7025 5162 4947 4061 809758
```

3.2 패키지 raster의 함수 shapefile( )를 이용하여 지도 그리기

다운받은 지도자료인 shp 파일을 패키지 raster에서 함수 “shapefile( )”로 읽으면 아래와 같이 경고문구가 나타난다. 이는 좌표시스템이 WGS84가 아닌 GRS80으로 되어 있기 때문이다. 따라서 좌표계의 변환이 필요하다. 함수 “str( )”의 결과는 패키지 sf의 함수 “st_read( )”와는 다름을 알 수 있다. 즉, 변수 CTP_KOR_NM의 한글이 정상적으로 보이고 있다. 이는 추후 한글을 제대로 보이도록 하는 한글 변환 작업을 할 필요가 없게 되는 것이다. 또한 패키지 sf와의 차이는 함수 “as.spatial( )”를 이용한 공간화 작업도 하지 않아도 된다는 것이다.

시도 / 시군구 / 읍면동 / 리의 shp 파일을 읽어 각각 KorSDShp, KorSIGShp, KorEMDShp, KorLIShp로 하였다.

```
> library(raster)
필요한 패키지를 로딩중입니다: sp
> library(ggplot2)
> # "shp" 파일 읽고 그리기
> KorSDShp <- shapefile('./Data_Map/SD/ctp_rvn.shp')
Warning message:
In OGRSpatialRef(dsn, layer, morphFromESRI = morphFromESRI, dumpSRS = dumpSRS,,
```

```
 Discarded datum International_Terrestrial_Reference_Frame_2000 in Proj4
definition: +proj=tmerc +lat_0=38 +lon_0=127.5 +k=0.9996 +x_0=1000000
+y_0=2000000 +ellps=GRS80 +units=m +no_defs
> slotNames(KorSDShp)
[1] "data"       "polygons"    "plotOrder"   "bbox"       "proj4string"
> str(KorSDShp@data)
'data.frame':    17 obs. of  3 variables:
 $ CTPRVN_CD : chr  "11" "26" "27" "28" ...
 $ CTP_ENG_NM: chr  "Seoul" "Busan" "Daegu" "Incheon" ...
 $ CTP_KOR_NM: chr  "서울특별시" "부산광역시" "대구광역시" "인천광역시" ...
> KorSIGShp <- shapefile('./Data_Map/SIG/sig.shp')
> KorEMDShp <- shapefile('./Data_Map/EMD/emd.shp')
> KorLIShp <- shapefile('./Data_Map/LI/li.shp')
```

공간화 과정 없이 바로 함수 "ggplot( )"을 이용하여 지도를 그릴 수 있다.

```
> ggplot() +
+   geom_polygon(data= KorSDShp, aes(x= long, y= lat, group= group),
+                fill= 'white', color= 'black') +
+   theme(axis.title= element_blank())
Regions defined for each Polygons
> ggplot() +
+   geom_polygon(data= KorSDShp, aes(x= long, y= lat, group= group),
+                fill= 'white', color= 'black') +
+   coord_quickmap() + theme(axis.title= element_blank())
```

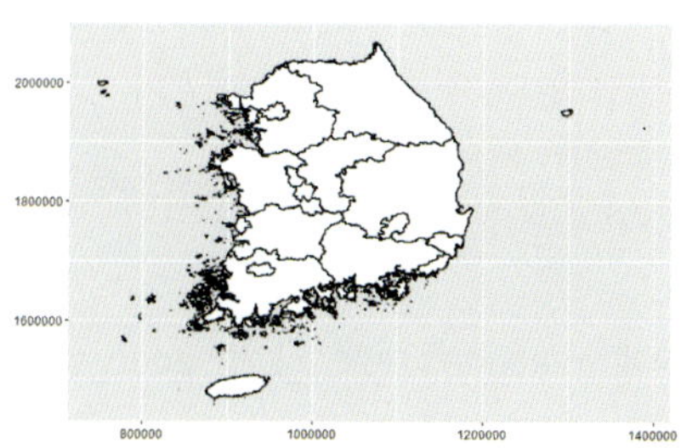

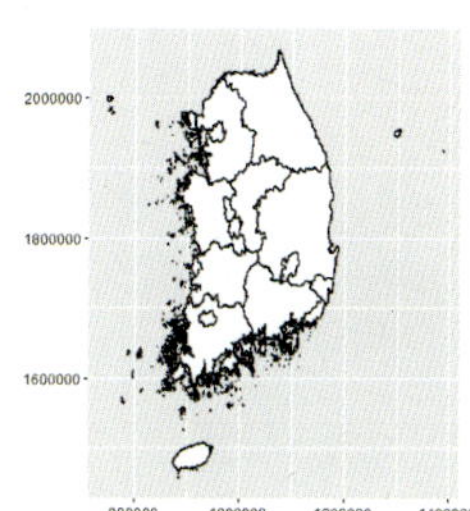

시군구, 읍면동, 리 단위의 지도도 그릴 수 있다. 그러나 축에 나타난 좌표계는 GRS80이므로 익숙하지 않다.

```
> ggplot() +
+   geom_polygon(data= KorSIGShp, aes(x= long, y= lat, group= group),
+                fill= 'white', color= 'black') +
+   coord_quickmap() + theme(axis.title= element_blank())
Regions defined for each Polygons
> ggplot() + geom_polygon(data= KorEMDShp, aes(x= long, y= lat, group= group),
+                         fill= 'white', color= 'black') +
+   coord_quickmap() + theme(axis.title= element_blank())
Regions defined for each Polygons
> ggplot() +
+   geom_polygon(data= KorLIShp, aes(x= long, y= lat, group= group),
+                fill= 'white', color= 'black') +
+   coord_quickmap() + theme(axis.title= element_blank())
Regions defined for each Polygons
```

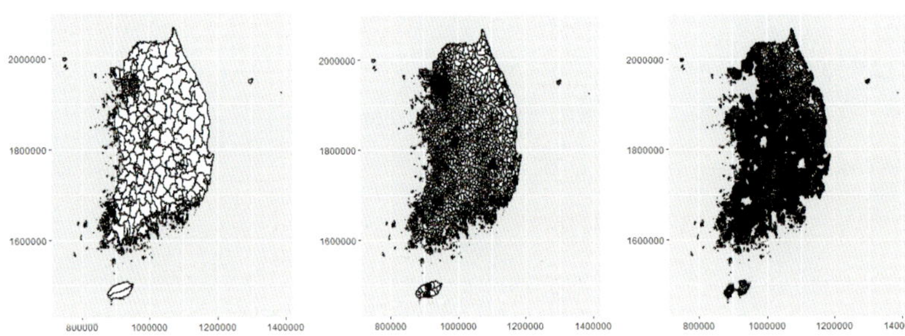

패키지 sp의 함수 “spTransform( )”을 이용하여 GRS80을 WGS84로 변환할 수 있다.

```
> library(sp)
> # 불러온 지도데이터의 좌표계 확인
> KorSDShp@proj4string       # 내용중 일부에 "PROJCRS["PCS_ITRF2000_TM
Coordinate Reference System:
```

```
Deprecated Proj.4 representation:
 +proj=tmerc +lat_0=38 +lon_0=127.5 +k=0.9996 +x_0=1000000 +y_0=2000000
+ellps=GRS80+units=m +no_defs
WKT2 2019 representation:
PROJCRS["PCS_ITRF2000_TM",
> KorSDShp@polygons[[1]]@Polygons[[1]]@coords[1:4, ]
          [,1]      [,2]
[1,] 966987.2   1941111
... 생  략 ...
> # 위경도 표현 변환(WGS84로 변환)
> ls_crs <- list(wgs84= "+proj=longlat +ellps=WGS84 +datum=WGS84 +no_defs")
> KorSDShp   <- spTransform(KorSDShp, CRSobj= CRS(ls_crs$wgs84))
> KorSIGShp  <- spTransform(KorSIGShp, CRSobj= CRS(ls_crs$wgs84))
> KorEMDShp  <- spTransform(KorEMDShp, CRSobj= CRS(ls_crs$wgs84))
> KorLIShp   <- spTransform(KorLIShp, CRSobj= CRS(ls_crs$wgs84))
```

패키지 raster에서는 shp 파일 형태를 dataFrame으로 변환한 파일의 변수 "id"는 0부터 시작하므로 KorSDShp@data에 변수 "id"를 0부터 생성한다. 변수 "id"를 생성한 후 원하는 순서대로 정리하였다.

```
> # *@data에 있는 ***_CD 를 이용하여 자료 정비
> # 주의 : 패키지 raster에서는 shp파일 형태를 데이터프레임으로 변형된 파일은 id가 0부터 시작함
> str(KorSDShp@data)
'data.frame':    17 obs. of  3 variables:
... 생  략 ...
> KorSDShp@data[, "id"] <- (1:nrow(KorSDShp@data)-1)
> KorSDShp@data <- KorSDShp@data[c(4,1:3)]
> head(KorSDShp@data)
  id CTPRVN_CD CTP_ENG_NM CTP_KOR_NM
0  0        11      Seoul    서울특별시
... 생  략 ...
```

KorSIGShp@data에 변수 "id"를 0부터 생성한다. 변수 "id"를 생성한 후 원하는 순서대로 정리하였다.

```
> str(KorSIGShp@data)
'data.frame':    250 obs. of  3 variables:
... 생   략 ...
> KorSIGShp@data[, "id"] <- (1:nrow(KorSIGShp@data)-1)
> KorSIGShp@data$CTPRVN_CD <- substr(KorSIGShp@data$SIG_CD,1,2)
> KorSIGShp@data <- merge(KorSIGShp@data, KorSDShp@data[,-1], by= "CTPRVN_CD")
> KorSIGShp@data <- KorSIGShp@data[c(5,2,3,4,1,6,7)]
> head(KorSIGShp@data)
  id SIG_CD    SIG_ENG_NM SIG_KOR_NM CTPRVN_CD CTP_ENG_NM CTP_KOR_NM
1  0  11110     Jongno-gu        종로구          11        Seoul     서울특별시
... 생   략 ...
6  5  11230 Dongdaemun-gu      동대문구          11        Seoul     서울특별시
```

KorEMDShp@data에 변수 "id"를 0부터 생성한다. 변수 "id"를 생성한 후 원하는 순서대로 정리하였다.

```
> KorEMDShp@data[, "id"] <- (1:nrow(KorEMDShp@data)-1)
> KorEMDShp@data$SIG_CD <- substr(KorEMDShp@data$EMD_CD,1,5)
> KorEMDShp@data <- merge(KorEMDShp@data, KorSIGShp@data[,-1], by= "SIG_CD")
> KorEMDShp@data <- KorEMDShp@data[c(5,2,3,4,1,6,7,8,9,10)]
> head(KorEMDShp@data)
```

KorLIShp@data에 변수 "id"를 0부터 생성한다. 변수 "id"를 생성한 후 원하는 순서대로 정리하였다.

```
> str(KorLIShp@data)
```

```
> KorLIShp@data[, "id"] <- (1:nrow(KorLIShp@data)-1)
> KorLIShp@data$EMD_CD <- substr(KorLIShp@data$LI_CD,1,8)
> KorLIShp@data <- merge(KorLIShp@data, KorEMDShp@data[,-1], by= "EMD_CD")
> KorLIShp@data <- KorLIShp@data[c(5,2,3,4,1,6,7,8,9,10,11,12,13)]
> head(KorLIShp@data)
```

shp 파일 자료를 함수 "fortify( )"를 이용하여 DataFrame으로 변형한다.

```
> # shp 파일 형태를 데이터프레임으로 변형
> KorSDDf0  <- fortify(KorSDShp)
Regions defined for each Polygons
> KorSIGDf0 <- fortify(KorSIGShp)
Regions defined for each Polygons
> KorEMDDf0 <- fortify(KorEMDShp)
Regions defined for each Polygons
> KorLIDf0  <- fortify(KorLIShp)
Regions defined for each Polygons
```

위에서 생성한 변수 "id"를 이용하여 각각 두 개의 자료 *Df0와 *Shp@data를 병합하여 최종적으로 dataframe 구조인 자료를 *Df의 이름으로 부여하였다.

```
> KorSDDf   <- merge(KorSDDf0, KorSDShp@data, by= "id" )
> KorSIGDf  <- merge(KorSIGDf0, KorSIGShp@data, by= "id" )
> KorEMDDf  <- merge(KorEMDDf0, KorEMDShp@data, by= "id" )
> KorLIDf   <- merge(KorLIDf0, KorLIShp@data, by= "id" )
```

시도 자료인 KorSDDf을 함수 "ggplot( )"을 이용하여 17개의 시도 구분도를 그릴 수 있다. 시도 자료인 KorSDDf에서 변수 id가 "0"인 경우는 서울특별시이므로 제한하여 "id= 0"으로 제한하면 서울만 그릴 수 있다. 또는 변수 CTP_KOR_NM에서 "서울특별시"로 제한하여 그릴 수도 있다.

```
> library(dplyr)
> KorSDGgplot <- KorSDDf %>% ggplot(aes(x= long, y= lat, group= group))
> KorSDGgplot +
+   geom_polygon(fill= 'white', color= 'black') +
+   coord_quickmap() + theme(axis.title= element_blank())
> # 서울만 (id= 0)
> KorSDGgplot_1 <- KorSDDf[KorSDDf$id== 0, ] %>%
                    ggplot(aes(x= long, y= lat, group= group))
> KorSDGgplot_1 + geom_polygon(fill= 'white', color= 'black') +
+   coord_quickmap() + theme(axis.title= element_blank())
```

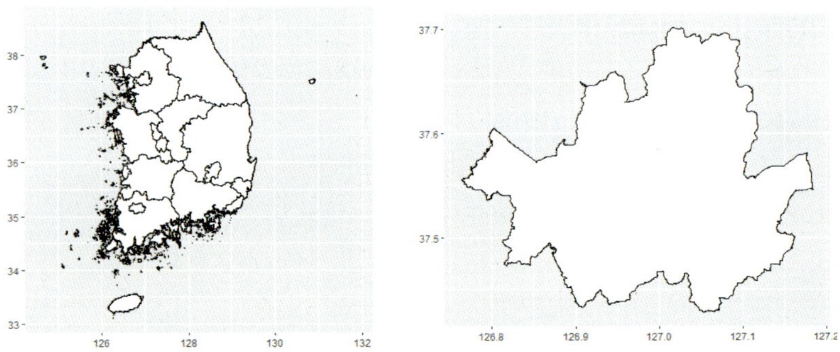

또는 변수 CTP_KOR_NM에서 "서울특별시"로 제한하여 그릴 수도 있다. 자료 KorSIGDf에서 변수 CTP_KOR_NM을 "서울특별시"로 제한하여 서울만 표시할 수 있으나 시군구 자료이므로 서울의 각 구의 구획선이 나타나게 된다.

```
> # 서울만 ( CTP_KOR_NM== 서울특별시 )
> KorSDGgplot_2 <- KorSDDf[KorSDDf$CTP_KOR_NM== "서울특별시", ] %>%
+                   ggplot(aes(x= long, y= lat, group= group))
> KorSDGgplot_2 + geom_polygon(fill= 'white', color= 'black') +
+   coord_quickmap() + theme(axis.title= element_blank())
```

```
> # 서울만 ( CTP_KOR_NM== 서울특별시 )
> KorSIGGgplot_1 <- KorSIGDf[KorSIGDf$CTP_KOR_NM== "서울특별시", ] %>%
+                      ggplot(aes(x= long, y= lat, group= group))
> KorSIGGgplot_1 + geom_polygon(fill= 'white', color= 'black') +
+   coord_quickmap() + theme(axis.title= element_blank())
```

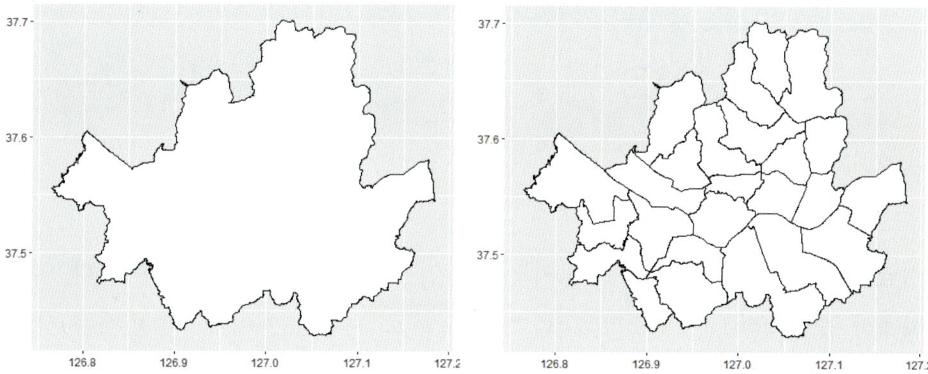

자료 KorEMDDf에서 변수 SIG_KOR_NM에서 "종로구"로 제한하면 종로구의 구역만을 읍면동이 나타나도록 표시할 수 있다. 또한 변수 EMD_KOR_NM에서 "청운동"으로 하여 해당 동만 나타나게 할 수 있다.

```
> # 종로구만 ( SIG_KOR_NM== 종로구 )
> KorEMDGgplot_1 <- KorEMDDf[KorEMDDf$SIG_KOR_NM== "종로구", ] %>%
+                      ggplot(aes(x= long, y= lat, group= group))
> KorEMDGgplot_1 + geom_polygon(fill= 'white', color= 'black') +
+   coord_quickmap() + theme(axis.title= element_blank())
> # 청운동만 ( EMD_KOR_NM== 청운동 )
> KorEMDGgplot_2 <- KorEMDDf[KorEMDDf$EMD_KOR_NM== "청운동", ] %>%
+                      ggplot(aes(x= long, y= lat, group= group))
> KorEMDGgplot_2 + geom_polygon(fill= 'white', color= 'black') +
+   coord_quickmap() + theme(axis.title= element_blank())
```

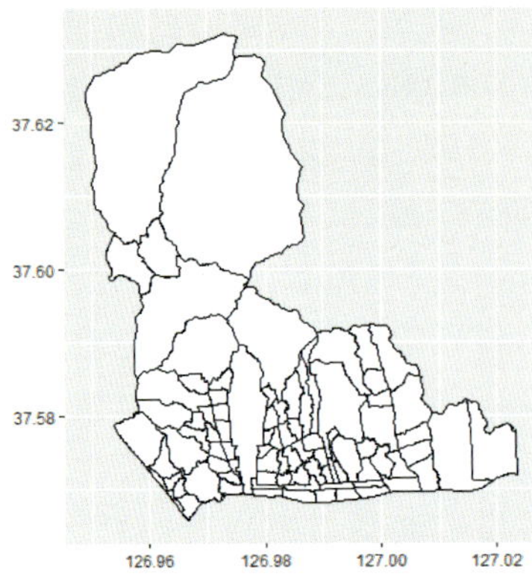

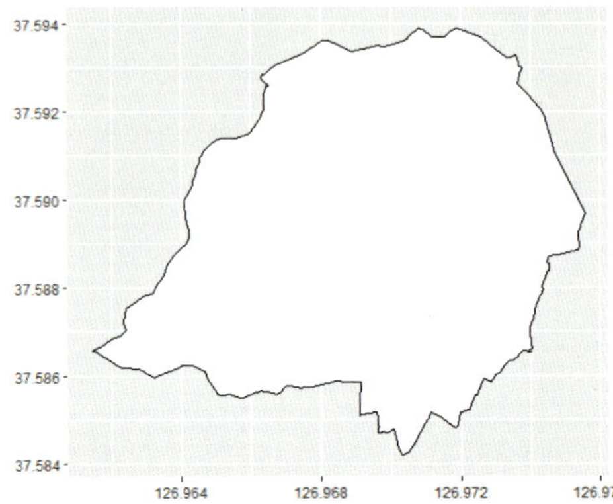

지역별로 차별화된 색상으로 보이도록 하여 시각화 효과를 높일 수 있다. 패키지 nord에서 옵션 scale_fill_nord를 “aurora”로 지정한 예이다. 첫 번째는 시도 전체를, 두 번째는 시군구 자료에서 서울 지역만 그리고 마지막으로 읍면동 자료에서 종로구로 제한하여 시각화한 것이다.

```
> # 다른 색상으로 구분한 지도(시도/시군구/읍면동)
> library(nord)
> KorSDGgplot +
+   geom_polygon(aes(fill= id), color= 'black', show.legend= FALSE) +
+   scale_fill_nord('aurora') + coord_quickmap() +
+   theme(axis.title= element_blank())
> # 서울만
> KorSIGGgplot_1 +
+   geom_polygon(aes(fill= SIG_KOR_NM), color= 'black', show.legend= FALSE) +
+   scale_fill_nord('aurora') + coord_quickmap() +
+   theme(axis.title= element_blank())
> # 종로구만
> KorEMDGgplot_1 +
+   geom_polygon(aes(fill= EMD_KOR_NM), color= 'black', show.legend= FALSE) +
+   scale_fill_nord('aurora') + coord_quickmap() +
+   theme(axis.title= element_blank())
```

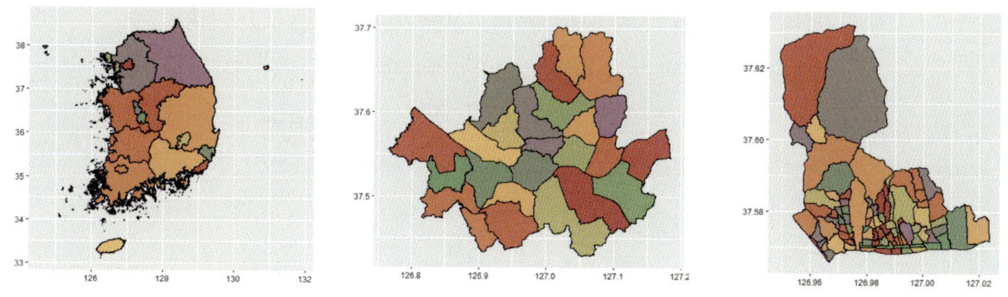

수도권 지하철 노선과 관련되어 다운받은 자료를 아래의 폴더에 “Subway.csv”로 저장하였다. 총 718개의 행과 6개의 변수로 구성되어 있다. 역명 및 관리 코드 그리고 역의 위치에 대한 위도와 경도의 정보가 있다. 이를 이용하여 지하철의 위치를 지도에 표시해 보도록 한다. 시각화의 과정에서 편리성을 위하여 서해선은 제외하기로 한다.

```
> Subway <- read.csv("./Data_Map/Subway.csv", header= T, as.is= T)
> str(Subway)
'data.frame':    718 obs. of  6 variables:
 $ ID  : int  1 1 1 1 1 1 1 1 1 1 ...
 $ Line: chr  "1호선" "1호선" "1호선" "1호선" ...
 $ Name: chr  "녹양" "남영" "용산" "노량진" ...
 $ Code: chr  "1908" "1002" "1003" "1004" ...
 $ lat : num  37.8 37.5 37.5 37.5 37.5 ...
 $ long: num  127 127 127 127 127 ...
```

수도권 지역의 영역만이 필요한 상황이므로 시군구 지도자료에서 수도권(서울, 경기, 인천, 강원)의 부분을 위하여 CTPRVN_CD를 11, 28, 41, 42로 제한하여야 하나 4개 지역을 모두 나타내는 것보다는 지도는 서울지역만 나타내고 지하철 노선만 모두 표시하는 방법으로 진행하였다. 즉 CTPRVN_CD를 11로만 제한하였다.

```
> # 수도권 행정지도(시군구)
> # 수도권만 ( CTPRVN_CD== c(11,28,41,42) )  서울, 인천, 경기, 강원
```

```
> MapMetro <- KorSIGDf[KorSIGDf$CTPRVN_CD== c("11") , ] %>%
+                 ggplot(aes(x= long, y= lat, group= group))
> MapMetro + geom_polygon(fill= 'white', color= 'black') +
+   coord_quickmap() + theme(axis.title= element_blank())
> str(MapMetro$data)
'data.frame':    38231 obs. of  14 variables:
... 생  략 ...
```

서해선을 제외한 지하철 노선을 색상을 구분하여 서울 지역 위주의 지도에 표시한 것이다. 서울지역으로 한정되어 운행되는 2호선만을 제한하여 역이름과 함께 표시할 수도 있다.

```
> MapMetro <- fortify(MapMetro$data)
> ggplot() +
+   geom_polygon(data= MapMetro, aes(x= long, y= lat, group= group),
+                fill= "white", color= "black", size= 1) +
+   geom_point(data= Subway, aes(x= long, y= lat),
+              size= 1, color= Subway$ID) +
+   theme(axis.title= element_blank())

> # 2호선만
> Subway2 <- Subway[Subway$ID== 2,]
> str(Subway2)
'data.frame':    51 obs. of  6 variables:
... 생  략 ...
> ggplot() +
+   geom_polygon(data= MapMetro, aes(x= long, y= lat, group= group),
+                fill= "white", color= "black",  size= 0.5) +
+   geom_point(data= Subway2, aes(x= long, y= lat), size= 3,
+              color= "ForestGreen" ) +
+   geom_text(data= Subway2, aes(x= long, y= lat, label= Name),
```

```
+              size= 2.5, angle= 50, vjust= -1.5, col= "blue",
+              fontface= "bold") +
+   theme(axis.title= element_blank())
```

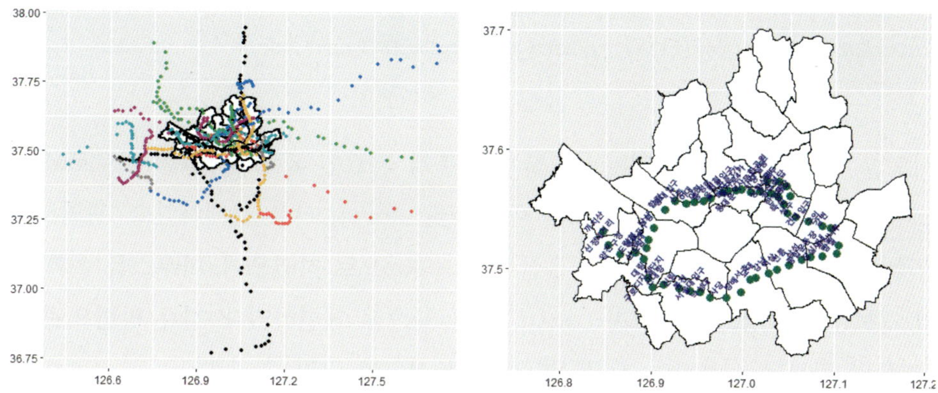

패키지 ggiraphExtra에서 함수 "ggChoropleth( )"를 사용하여 반응형 지도를 생성하려면 변수명 "region"이 있어야 한다. 여기서 KorSDDf의 경우 region의 역할을 하는 변수는 "id", "CTPRVN_CD", "CTP_ENG_NM", "CTP_KOR_NM"이 있다. 따라서 행정구역 코드인 CTPRVN_CD, SIG_CD, EMD_CD, LI_CD를 각각의 자료에서 변수 "region"으로 하였다.

```
> KorSDDf$region   <- KorSDDf$CTPRVN_CD
> KorSIGDf$region  <- KorSIGDf$SIG_CD
> KorEMDDf$region  <- KorEMDDf$EMD_CD
> KorLIDf$region   <- KorLIDf$LI_CD
```

반응형 지도에 사용될 지역별 요약통계 자료는 2절에서 정리하여 저장된 자료를 읽어 오거나 계속 진행한 경우 아래의 스크립트를 무시하고 진행하여도 무방하다. 지역별 요약통계 자료는 시도별, 시군부별, 읍면동까지의 자료만 있으므로 아래와 같이 구분별 3개의 자료가 있다.

```
library(ggiraphExtra)
# 이전에 저장한 것 읽어와도 좋고, 위에서부터 진행한 경우 무시하고 진행하면 됨.
KorPopSD  <- read.csv(file= "./Data_Map/KorPopSD.csv",  sep= ",", header= TRUE)
KorPopSIG  <- read.csv(file= "./Data_Map/KorPopSIG.csv", sep= ",", header= TRUE)
KorPopEMD <- read.csv(file= "./Data_Map/KorPopEMD.csv", sep= ",", header= TRUE)
```

시도별 현황 반응형 지도는 시도별 요약통계 자료인 KorPopSD를 자료로(data= KorPopSD), 자료 KorSDDF를 지도 자료(map= KorSDDf)로 선택하였고, 광역시도별 인구수에 따라 색상을 구분하고자 옵션 fill= Pop으로 하였으며, 마우스를 올리면 나타날 정보는 지역명으로 하고자 tooltip= Name으로 제한하였다. 같은 방법으로 시군구 지도와 자료를 이용하여 시군구별 반응형 지도를 그릴 수 있다.

```
# 시도별 현황
> ggChoropleth(data= KorPopSD,
+              aes(fill= Pop, map_id= CTPRVN_CD, tooltip= Name),
+              map= KorSDDf,  interactive= TRUE)
> # 시군구 현황
> ggChoropleth(data= KorPopSIG, aes(fill= Pop, map_id= SIG_CD, tooltip= Name),
+             map= KorSIGDf, interactive= TRUE)
```

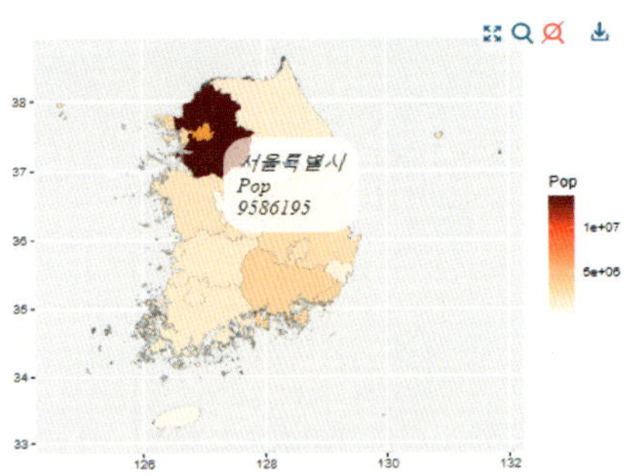

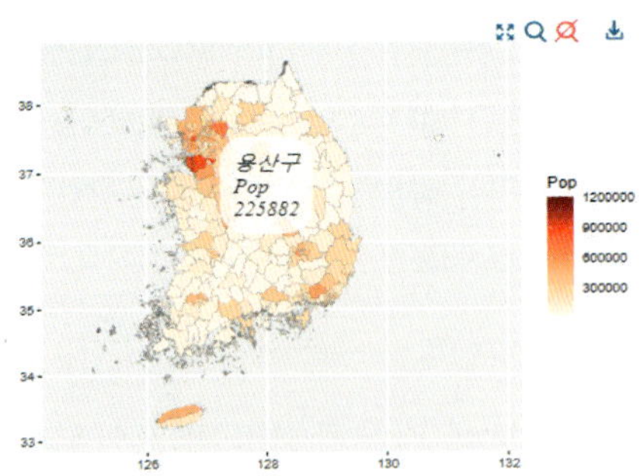

읍면동 지도와 자료를 이용하여 읍면동별 반응형 지도를 그릴 수 있다. 읍면동 지도 자료에서 지역을 “종로구”로 제한하여 제한된 영역의 반응형 지도를 그릴 수 있다.

```
> # 읍면동 현황
> ggChoropleth(data= KorPopEMD, aes(fill= Pop, map_id= EMD_CD, tooltip= Name),
+              map= KorEMDDf,  interactive= TRUE)
> # 읍면동 현황( 시군구 제한 - ex: 종로로 제한 )
> KorEMDDf_JongRo <- KorEMDDf[KorEMDDf$SIG_KOR_NM== "종로구",]
> ggChoropleth(data= KorPopEMD,
+              aes(fill= Pop, map_id= EMD_CD, tooltip= Name),
+              map= KorEMDDf_JongRo, interactive= TRUE)
```

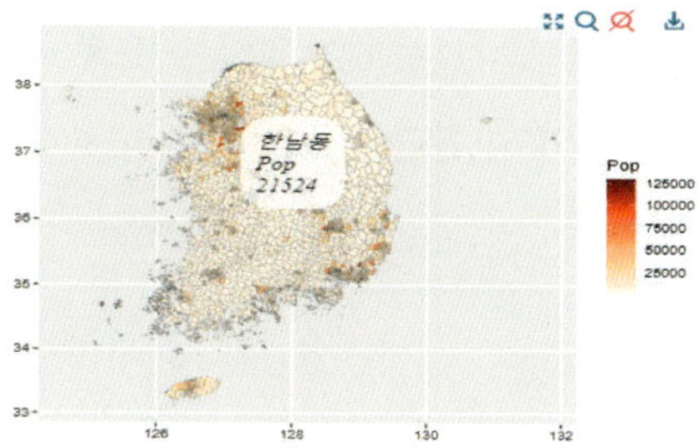

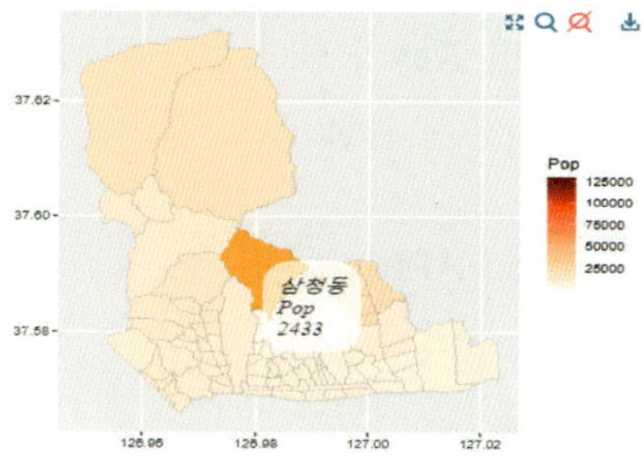

04 google 이용 지도 그리기

구글맵(Google Map)을 이용하여 필요한 정보의 시각화를 할 수 있다. 이를 위해서는 패키지 ggmap과 ggplot2가 필요하다. 패키지 ggmap은 구글맵과 연동할 수 있게 해주고, ggplot2는 구글맵에 그래프를 표시할 수 있도록 해준다. 패키지 ggmap 2.7.0 버전부터는 구글맵에서 API Key를 미리 발급받아 API Key를 등록해야 함수를 정상적으로 실행할 수 있도록 되었다. 구글 계정에 로그인한 상태로 https://mapsplatform.google.com/에 접속하여 절차에 따라 발급 받으면 된다. 함수 "`register_google(key = Mykey)`"를 이용하여 발급받은 키(API Key)를 입력한 후 실행하면 된다.

```
> library(ggmap)
필요한 패키지를 로딩중입니다: ggplot2
Google's Terms of Service: https://cloud.google.com/maps-platform/terms/.
Please cite ggmap if you use it! See citation("ggmap") for details.
> Mykey= "ABCabc123****~~~"   # 본인이 발급 받은 API 키로 변경하여야 함.
> register_google(key= Mykey)
```

이때 함수 "ggmap( )"를 실행했을 때 아래와 같은 오류 내용이 나올 수 있다. 이는 발급받은 API Key가 지도 시각화에 관련된 권한을 받지 못했기 때문이므로 신청한 구글 맵 API에 다음과 같은 목록이 있는지 확인하여야 한다.

- Maps Static API
- Geocoding API
- Geolocation API
- Maps Embed API

함수는 "get_map( )" 또는 "get_googlemap( )"을 사용한다.

```
> ggmap(get_map(location= 'south korea', zoom= 6), color= "bw")
Source : https://maps.googleapis.com/maps/api/staticmap?
center=31.549333,-97.14667&zoom=15&size=320x320&scale=2&maptype=road-
map&key=xxx
Error in aperm.default(map, c(2, 1, 3)) :
invalid first argument, must be an array
추가정보: 경고메시지(들):
In get_googlemap(center = as.numeric(gc[1, 1:2]), maptype = "roadmap", :
HTTP 400 Bad Request
```

옵션 "location= "은 구글링에서 가능한 모든 것이 가능하다. 현재는 "south korea"로 하였고, "zoom= "은 지도의 크기로 3부터 21까지 가능하다. 숫자가 작을수록 넓은 지역을 보여준다.

```
> ggmap(get_map(location= 'south korea', zoom= 6), color= "bw")
Source : https://maps.googleapis.com/maps/api/staticmap?center=south%20korea
&zoom=6&size=640x640&scale=2&maptype=terrain&language=en-EN&key=xxx
Source : https://maps.googleapis.com/maps/api/geocode/json?address=south+korea&key=xxx
> Map <- get_map(location= 'south korea', zoom= 7, maptype= "roadmap", color= 'bw')
Source : https://maps.googleapis.com/maps/api/staticmap?center= south%2
korea &zoom=7&size=640x640&scale=2&maptype=roadmap&language=en-EN&key=xxx
Source : https://maps.googleapis.com/maps/api/geocode/json?address=south+korea&key=xxx
> ggmap(Map,  extent= "device")
```

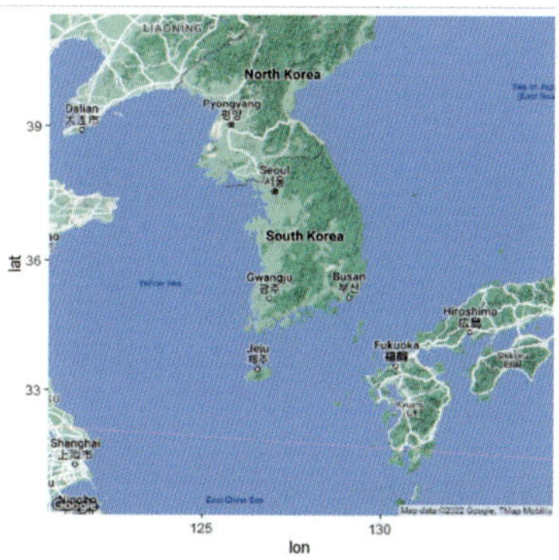

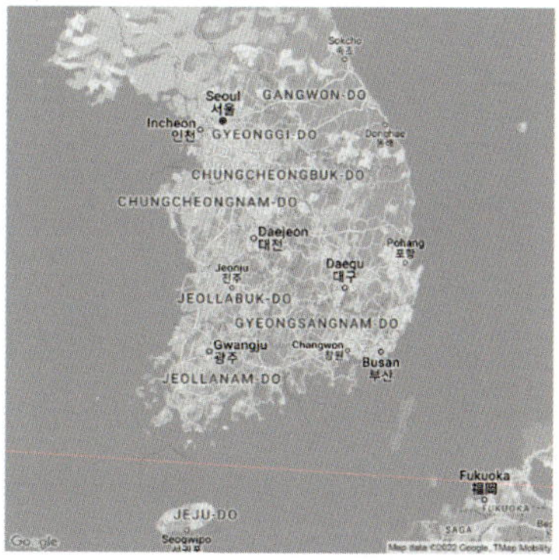

NOTE

가능한 지도의 종류

1) source = c("google", "osm", "stamen")

2-1) "google": "terrain", "satellite", "roadmap", "hybrid"

2-2) "osm"

2-3) "stamen": "watercolor", "toner", "toner-2010", "toner-2011",
"toner-background", "toner-hybrid", "toner-labels",
"toner-lines", "toner-lite",
"terrain-background", "terrain-labels", "terrain-lines"

다음은 지도 위에 필요한 요약 통계 자료를 표현하는 방법이다. 자료는 전국 약국 관련 자료로 공공데이터(https://www.data.go.kr)에서 다운받아 가공하여 저장한 것으로 위경도가 포함된 23,994행으로 되어 있다.

```
> DrugStore <- read.csv("./Data_Map/Drugstore.csv", header=T, as.is=T)
> head(DrugStore)
       Name  시도코드 시도코드명 시군구코드 시군구코드명    읍면동     lon       lat
1    동원약국  210000      부산  210004     부산진구            129.0758  35.17013
... 생  략 ...
6    누가약국  210000     부산  210012    부산강서구  대저2동 128.9458  35.17287
```

시도코드명에 따른 색상을 구분하고, 위경도에 자료를 표시하였다. 지역별 분포 정도를 잘 볼 수 있도록 2차원 밀도함수를 이용하여 표시하면 지역적 밀도의 개념을 잘 파악할 수 있다. 세 번째는 색상을 조절하여 시각화한 것이다.

```
> ggmap(Map) +
+   geom_point(data= DrugStore, aes(x= lon, y= lat, color= 시도코드명)) +
+   theme(axis.title= element_blank())
> # stat_density_2d() 함수 활용 : 2차원(2D) 밀도(density)
> ggmap(Map) + stat_density_2d(data= DrugStore, aes(x= lon, y= lat)) +
+             theme(axis.title= element_blank())
> ggmap(Map) +
+   stat_density_2d(data= DrugStore, aes(x= lon, y= lat,
+                   fill= ..level.., alpha= ..level..),
+                   geom= 'polygon', size= 2, bins= 30) +
+   scale_fill_gradient(low= 'yellow', high= 'red') +
+   theme(axis.title= element_blank())
```

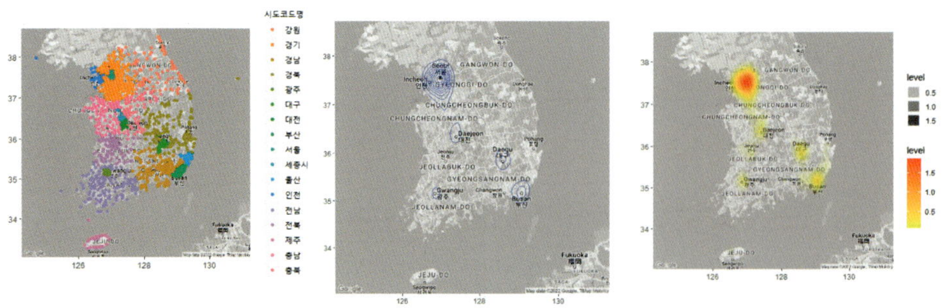

함수 "geocode( )"를 이용하여 특정 지역의 좌표를 파악할 수 있다. 이때 한글을 정상적으로 인식할 수 있도록 UTF-8로 변환하는 함수 "enc2utf8( )"를 사용한다. 함수 "get_googlemap( )"을 이용하여 그래프의 속성을 제어하고, 함수 "ggmap( )"을 이용하여 지도로 나타나도록 한다.

```
> # 특정 지역 그리기 - 0
> Gc <- geocode(enc2utf8("서울과학기술대학교"))
Source : https://maps.googleapis.com/maps/api/geocode/json?address=
%EC%84%9C%EC%9A%B8%EA%B3%BC%ED%95%99%EA%B8%B0%EC%88%A0%EB%8C%80%ED%95%9
9%EA%B5%90&key=xxx
> Map <- get_googlemap(center= as.numeric(Gc), maptype= "roadmap",
+                         zoom= 16, size= c(320, 320))
Source : https://maps.googleapis.com/maps/api/staticmap?center=
37.631668,127.077481&zoom=16& size=320x320&scale=2&maptype=roadmap&key=xxx
> ggmap(Map) + theme(axis.title= element_blank())

> # 특정 지역 그리기
> Gc <- geocode(enc2utf8("7호선 공릉역"))
> Map <- get_googlemap(center= as.numeric(Gc), maptype= "roadmap",
+                         zoom= 16, size= c(320, 320))
> ggmap(Map) + theme(axis.title= element_blank())
```

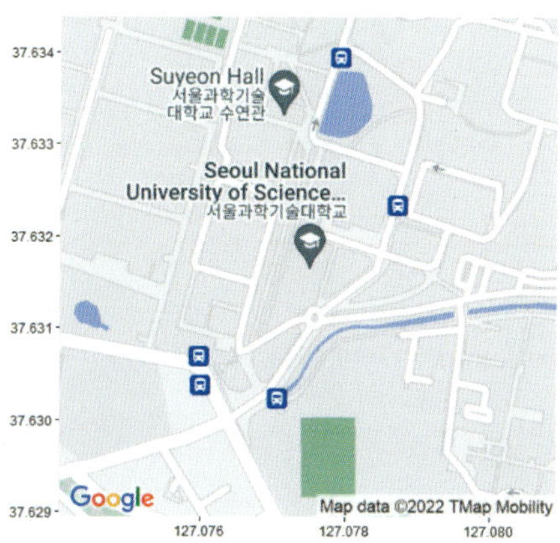

지도의 특정 위치에 필요한 표식들을 할 수 있다.

```
> Map <- get_googlemap(center= as.numeric(Gc[1, 1:2]),
+                       maptype= "roadmap", zoom= 16, size= c(320, 320),
+                       markers= rbind(Gc[1, 1:2] + 0.0015,
+                                      Gc[1, 1:2] - 0.0015))
> ggmap(Map) + theme(axis.title= element_blank())
> Map <- get_googlemap(center= as.numeric(Gc[1, 1:2]), maptype= "roadmap",
+                       zoom= 15, size= c(320, 320),
+                       markers= rbind(Gc[1, 1:2] + 0.0015,
+                                      Gc[1, 1:2] - 0.0015))
> ggmap(Map) +
+   geom_point(data= rbind(Gc[1, 1:2] + 0.004, Gc[1, 1:2] - 0.004),
+              size= 20, color= "#FF0000", alpha= 0.4) +
+   theme(axis.title= element_blank())
```

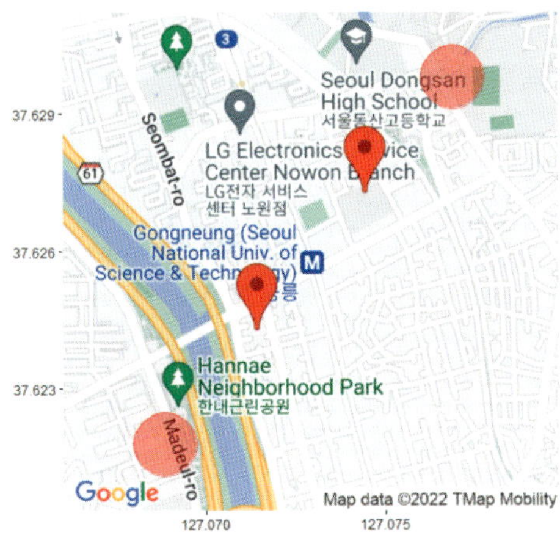

아래는 주소(또는 주변 탐색문구) 등이 포함된 데이터프레임에서 위경도를 탐색하여 지도에 사용될 기초 자료로 작성하는 절차이다.

```
> # 주소(또는 주변 탐색문구)로 위경도 찾는 스크립트
> Address  <- c('광운대학교', '서울과학기술대학교', '서울여자대학교', '삼육대학교', '육군사관학교' )
> Name      <- c('광운대', '서울과기대', '서울여대', '삼육대', '육사' )
> AdminNum  <- c(1684, 2127, 1632, 1122, 330 )
> ApplNum   <- c(21167, 23276, 20314, 12638, 16602 )
> UnivDf <- data.frame(cbind(Name, Address, AdminNum, ApplNum))
> UnivDf
> # geocode 함수로 경도 위도 데이터 생성
> Coordinate <- geocode(enc2utf8(UnivDf$Address))
> #or Coordinate <- List$Address %>% enc2utf8() %>% geocode()
> # 주소와 경도 위도 값의 결합
> Geocoded <- data.frame(cbind(UnivDf, Coordinate))
> write.table(Geocoded, file= "./Data/Geocoded.csv", sep= ",",
+             row.names= FALSE)
> Geocoded <- read.csv("./Data/Geocoded.csv", header= T, as.is= T)
> Geocoded
        Name          Address AdminNum  ApplNum       lon       lat
1     광운대       광운대학교     1684    21167  127.0598  37.61943
2 서울과기대 서울과학기술대학교     2127    23276  127.0775  37.63167
3   서울여대   서울여자대학교     1632    20314  127.0905  37.62811
4     삼육대       삼육대학교     1122    12638  127.1063  37.64358
5       육사     육군사관학교      330    16602  127.0989  37.62382
```

특정 위치로 제한된 지역 대학에 대하여 입학정원(AdminNum)과 관련된 요약 정보를 표시하였다. 지도의 중앙점을 고정하기 위하여 특정 위치의 위경도를 다음과 같이 location= c(lon= 127.08, lat= 37.63)로 제한하였다.

```
> #Univ <- get_googlemap('노원구', maptype= 'roadmap', zoom= 13, color= "bw")
> Univ <- get_map(location= c(lon= 127.08, lat= 37.63),
+                 maptype= 'roadmap', zoom= 13,
+                 scale= "auto", source= "google",  color= "bw")
> ggmap(Univ) +
```

```
+   geom_point(data= Geocoded, aes(x= lon, y= lat), color= "red",
+               size= round(Geocoded$AdminNum/250,1) ) +
+   geom_text(data= Geocoded, aes(label= Name), size= 5,
+              vjust= -1.1, col= "blue", fontface= "bold") +
+   geom_line(data= Geocoded, mapping= aes(x= lon, y= lat),
+              size= 1.5, linetype= 3, col= "green") +
+   theme(axis.title= element_blank())
```

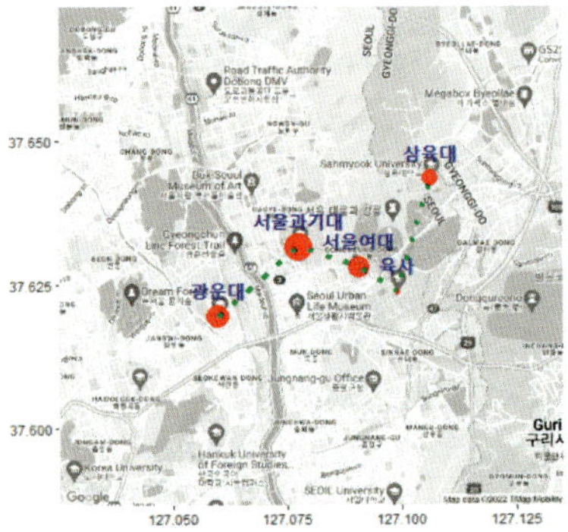

수도권 지하철 노선 자료 중 2호선을 서울 지역에 역명을 함께 표시한 결과이다. 표시하기 위한 지도의 영역을 location= c(left= 126.83, bottom= 37.47, right = 127.12, top= 37.585)로 제한하였다. 경도를 표현하는 변수가 자료에 따라 "lon"또는 "long"로 되어 있어 일치시키는 과정이 필요하기도 하다.

```
> # 수도권 지하철 노선도 표현 하기
> # 수도권 지하철 위치 정보(서해선은 제외 함)
> Subway <- read.csv("./Data_Map/Subway.csv", header= T, as.is= T)
> str(Subway)
'data.frame':    718 obs. of  6 variables:
> #MapSeoul <- get_googlemap('Seoul', maptype= 'roadmap', zoom= 11, color= "bw")
> MapSeoul <- get_map(location= c(left= 126.83, bottom= 37.47,
+                                   right= 127.12, top= 37.585),
+                     maptype= 'roadmap', source= "google",
```

```
+                          color= "bw")
> Subway$lon <- Subway$long
> Subway2 <- Subway[Subway$ID== 2, ]
> Subway2$lon <- Subway2$long
> str(Subway2)
'data.frame':  51 obs. of  7 variables:
> ggmap(MapSeoul) +
+   geom_point(data= Subway2,
+               aes(x= long, y= lat), color= "red", size= 2 ) +
+   geom_text(data= Subway2, aes(label= Name), size= 3, vjust= -0.5,
+             angle= -50, col= "blue", fontface= "bold") +
+   theme(axis.title= element_blank())
```

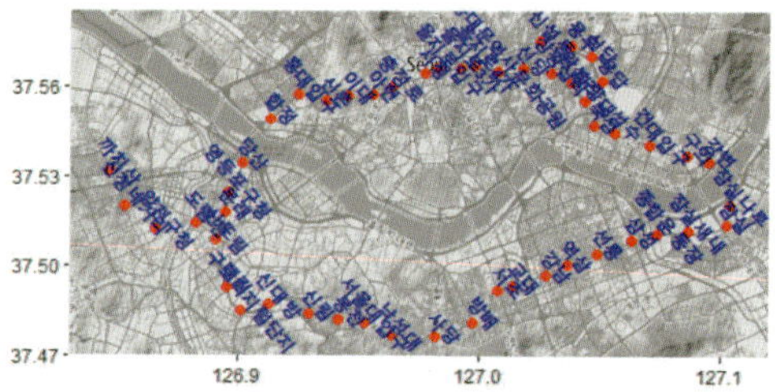

5장
확률분포들의 그래프 및 중심극한정리

01 확률분포들의 그래프

1.1 정규분포

다음은 평균이 100이고, 분산이 20^2인 정규분포 확률밀도함수의 그래프이다. 평균이 μ, 분산이 σ^2인 정규분포 확률밀도함수의 값을 계산하는 함수 "dnorm( )"를 사용한다. 결과 값을 y축의 값으로 하여 좌표 평면 위에 그린 그래프이다.

```
> X <- seq(40, 160, length= 120)
> Hx <- dnorm(X, 100, 20)
> plot(X, Hx, type= "l", lty= 1,  xlab= "x value", ylab= "Density",
+       main= "정규분포(100, 20^2) 밀도함수의 그래프")
```

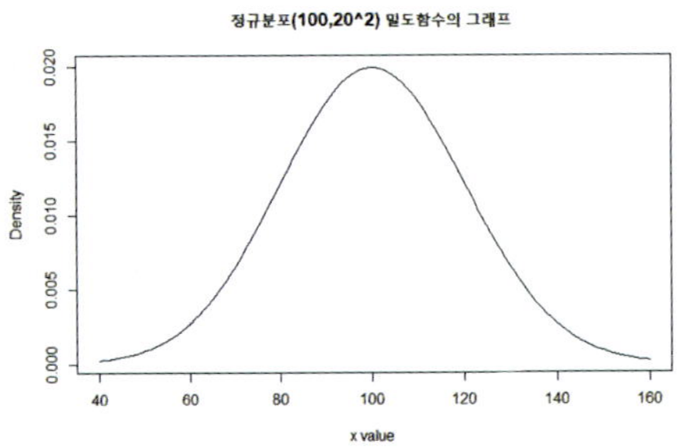

정규분포에서의 확률밀도함수, 누적분포함수, 누적분포함수의 역함수는 각각 다음과 같다.

표 5-1 정규분포의 확률밀도함수, 누적분포함수, 분위함수

구분	함수 형태	R에서의 표현
확률밀도함수	$f(x;\mu,\sigma^2)=\frac{1}{\sqrt{2\pi}\,\sigma}e^{-\frac{(x-\mu)^2}{2\sigma^2}}$	dnorm(x,μ,σ)
누적분포함수	$F(x)=\int_{-\infty}^{x}\frac{1}{\sqrt{2\pi}\,\sigma}e^{-\frac{(t-\mu)^2}{2\sigma^2}}dt$	pnorm(x,μ,σ)
분위함수	$x=F^{-1}(y),\ (0\leqq y=F(x)\leqq 1)$	qnorm(y,μ,σ)

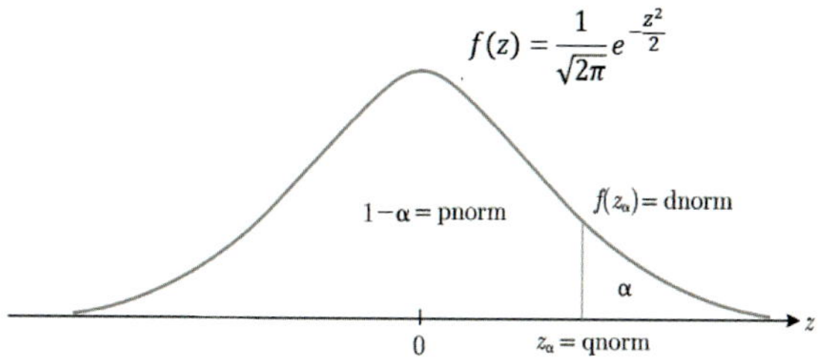

그림 5-1 정규분포에서의 함수들 값

다음은 정규분포로부터의 난수를 생성하고, 원래의 정규분포와 난수의 그래프를 동시에 표현하여 비교한 예이다. 평균이 100이고, 표준편차가 20인 정규분포를 따르는 난수 1,000개의 생성은 함수 "`rnorm(1000, 100, 20)`"을 이용한다. 함수 "`hist( )`"를 이용하여 히스토그램을 그리고, 함수 "`density( )`"를 이용하여 생성된 난수의 분포를 선(색: blue)으로 연결하여 표현하였다. 이론적 분포함수와 비교하기 위하여, 분포함수 "`dnorm( )`"을 이용한 결과 값들을 연결한 선(색: red)을 추가하였다. 두 곡선에 큰 차이가 있지 않음을 볼 수 있다.

```
> set.seed(1004)
> Rnorm <- rnorm(1000, 100, 20)
> hist(Rnorm, prob= T, breaks= 30, main= "정규분포의 표본 분포",
+       xlab= "확률변수",  ylab= "Density" )
> lines(density(Rnorm), col= "blue", lty= 1, lwd= 2)
> Xfit <- seq(20, 180, length= 160)
> Yfit <- dnorm(Xfit, mean= 100, sd= 20)
> lines(Xfit, Yfit, pch= 22, col= "red", lty= 1, lwd= 2)
> legend('topright', c("난수의 분포", "이론적분포"), col= c("blue", "red"),
+        lty= c(1,1))
```

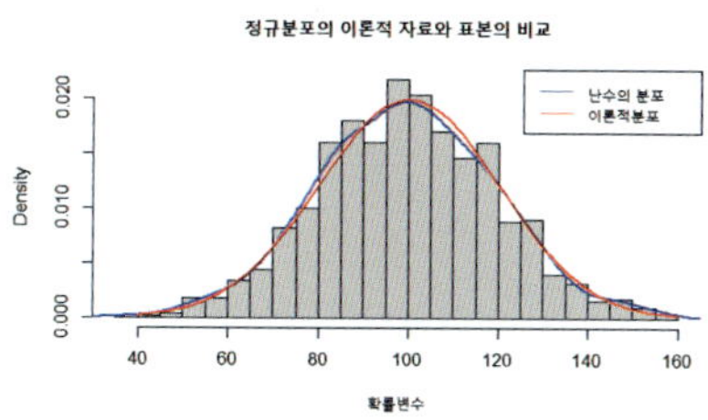

NOTE

함수 "qqnorm()"

확률 표본 $\{x_1, x_2, \cdots, x_n\}$이 평균 μ, 표준편차 σ인 정규모집단을 따르는 모집단에서 추출된 표본인지를 확인할 수 있는 함수이다. 자료 n개의 표준정규분포의 분위수는 $z_{1-1/n}, z_{1-2/n}, \cdots, z_{1-n/n}$이다. 여기에서 z_α는 다음을 만족하는 z축(또는 x축)의 값이다. $Z \sim N(0,1)$일 때, $P(Z \leqq z_\alpha) = 1-\alpha$ 또는 $P(Z \geqq z_\alpha) = \alpha$이다. 만일 자료가 10개인 경우에, 함수 "qnorm(quantile, mu, sd)"를 이용하여 분위수를 구하면 다음과 같다. 특히, "qnorm(quantile,0,1)"은 "qnorm(quantile)"과 같다.

```
> n <- 10
> Quantile <- c(1 : n) / n
> qnorm(Quantile)
[1] -1.2815516 -0.8416212 -0.5244005 -0.2533471  0.0000000
[6]  0.2533471  0.5244005  0.8416212  1.2815516        Inf
```

$n(=10)$번째 분위수인 $z_{1-n/n}(=z_0)$은 당연히 무한대(∞)인 "Inf"가 나타난다. 이와 같은 현상을 피하기 위하여 보통 다음과 같은 보정식을 사용하여 분위수를 계산한다.

$$z_i = z_{(i-3/8)/(n+1/4)}$$

아래는 보정식을 사용한 분위수 결과이며, $n(=10)$번째 $z_{1-n/n}(=z_0)$분위수는 1.5466353이다. 함수 "ppoints( )"를 사용해도 같은 결과이다.

```
> Quantile <- ( c(1 : n) - 3/8 ) / ( n + 1/4 )
> qnorm(Quantile, 0, 1)
 [1] -1.5466353 -1.0004905 -0.6554235 -0.3754618 -0.1225808
 [6]  0.1225808  0.3754618  0.6554235  1.0004905  1.5466353
> qnorm(ppoints(n))
```

함수 "qqnorm(Data)"은 사용된 자료가 정규분포를 따르는지 직관적으로 확인해 볼 수 있도록 해준다. 자료를 크기순으로 나열하여 각 값을 y축으로 하고 각 값의 표준정규분포의 분위수를 x축으로 하여 나타낸 그래프이다. 이 그래프를 "Normal QQ-Plot"이라고 한다. 따라서 이 점들의 그래프가 직선에 가까우면 y축의 변수들이 정규분포를 따른다고 할 수 있는 것이다.

다음은 평균이 100이고, 표준편차가 20인 정규분포의 난수 100개에 대하여, 왼쪽의 그래프는 함수 "qqnorm( )"를 사용한 결과이다. 오른쪽 그래프는 직접 계산한 표준정규분포의 보정된 분위수와 추출된 난수를 함수 "sort( )"를 사용하여 순서대로 정렬한 자료와의 산점도를 그린 것이다. 두 그래프는 동일하다.

```
> N <- 100; Mean <- 100; Sd <- 20;
> set.seed(1004)
> qqnorm(rnorm(N, Mean, Sd))
> Quantile <- (c(1 : N)-3/8 ) / (N + 1/4)
> plot(qnorm(Quantile), sort(rnorm(N, Mean, Sd)),
+       xlab= "이론적 분위수(표준정규분포 분위수)",
+       ylab= "표본 분위수", main= "정규 Q-Q Plot")
```

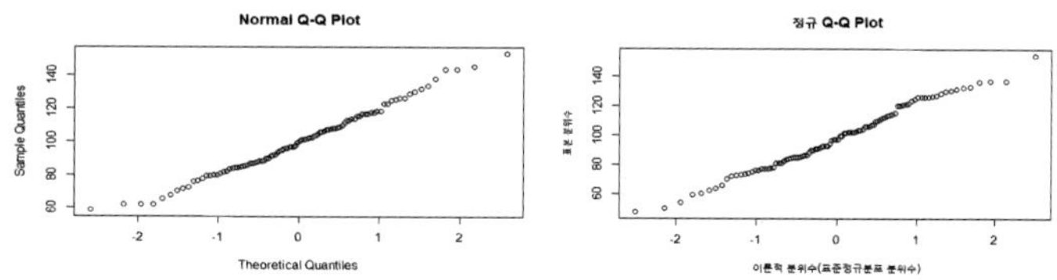

NOTE

함수 "qqline()"

옵션을 모두 생략하면 기본적으로 분석 대상 자료와 표준정규분포의 제25백분위수와 제75백분위수를 지나는 직선을 나타내어준다. 추가된 굵은 선은 두 자료 각각의 제25백분위수와 제75백분위수의 좌표를 연결한 선분을 표시한 것이다. qqline은 바로 이 선분을 지나는 직선임을 알 수 있다. 옵션 "probs= " 및 "distribution= "을 이용하여 원하는 분위수와 분포에 대한 직선을 그릴 수 있다.

```
> Y <- sort(rnorm(N, Mean, Sd))
> qqnorm(Y); qqline(Y)
> YY <- quantile(Y, c(0.25, 0.75))
> XX <- qnorm(c(0.25, 0.75))
> lines(XX, YY, col= 'red', lwd= 5)
```

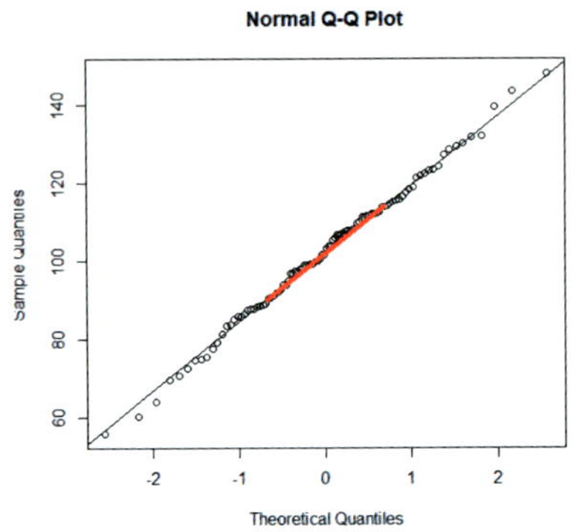

NOTE

함수 "qqplot()"

함수 "qqnorm( )"과는 다르게 함수 "qqplot( )"은 분석대상 자료가 어느 특정한 분포와 유사한지를 판단할 수 있게 한다. 다음은 우선 표준정규분포와 유사한지를 판단하는 예이다. 여기에서 기준이 되는 분포함수를 사용자가 원하는 함수로 변경하여 사용하면 분석대상 자료가 지정된 분포와 유사한가를 판별할 수 있게 된다. 다음의 예는 기준이 되는 분포를 정규분포(X)로 하였고, 분석대상 자료는 평균이 100이고, 표준편차가 20인 정규분포의 난수 100개(Y)로 하였다. 기준을 x축으로, 분석대상 자료를 y축으로 한 그래프이다. 추가하여 제25, 75백분위수의 좌표를 연결한 굵은 선을 같이 표현하였다.

```
> X <- qnorm(ppoints(N))
> Y <- rnorm(N, Mean, Sd)
> qqplot(X, Y)
> qqline(Y)
> YY <- quantile(Y, c(0.25, 0.75))
> XX <- quantile(X, c(0.25, 0.75))
> lines(XX, YY, col= 'red', lwd= 5)
```

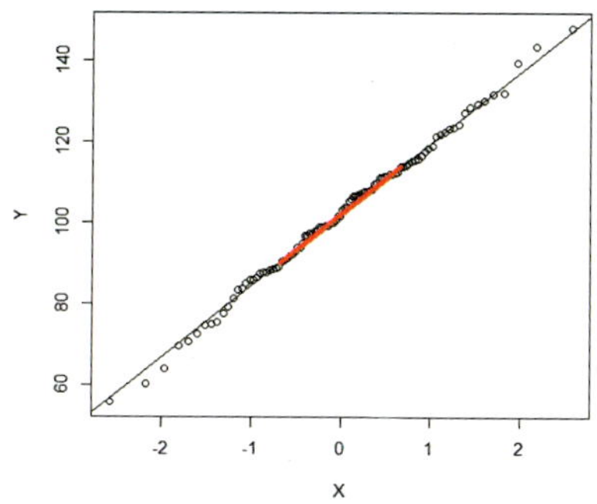

1.2 $t-$분포

자유도가 각각 1, 3, 8, 30인 $t-$분포의 그래프는 함수 "dt( )"를 이용하고, 표준정규분포와 함께 나타내었다. 자유도가 클수록 $t-$분포는 표준정규분포에 근접해가는 것을 볼 수 있다.

```
> X <- seq(-4, 4, length= 100)
> Hx <- dnorm(X)
> D.F. <- c(1, 3, 8, 30)
> Colors <- c("red", "blue", "darkgreen", "gold", "black")
> Labels <- c("df= 1", "df= 3", "df= 8", "df= 30", "normal")
> plot(X, Hx, type= "l", lty= 2, xlab= "t(or z) value",
+      ylab= "Density", main= "자유도에 따른 여러가지 t-분포들")
> for (i in 1:4){lines(X, dt(X, D.F.[i]), lwd= 2, col= Colors[i])}
> legend("topright", inset= .05, title= "Distributions",
+        Labels, lwd= 2, lty= c(1, 1, 1, 1, 2), col= Colors)
```

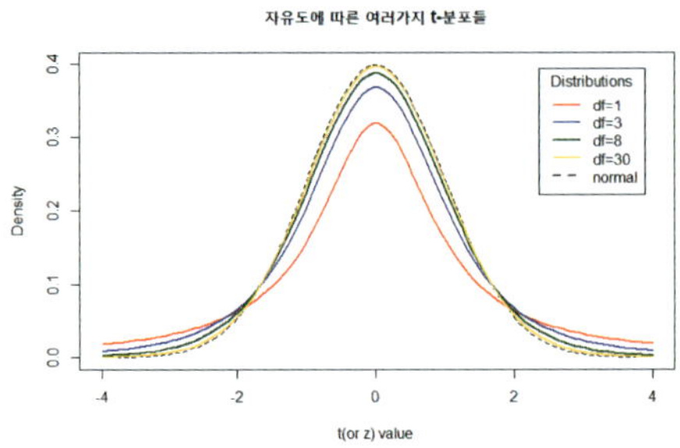

자유도가 클수록 $t-$분포가 표준정규분포에 근사하는지를 함수 “qqnorm( )”을 이용한 normal QQ-plot으로 확인하는 예이다. 아래의 그림들에서와 같이 자유도가 3, 10, 20, 30으로 커져 갈수록 직선에 가까워짐을 볼 수 있다.

```
> par(mfrow= c(2,2))
> set.seed(1)
> t_3 <- rt(1000, df= 3); qqnorm(t_3, xlab= "t(3)"); qqline(t_3)
> t_10 <- rt(1000, df= 10); qqnorm(t_10, xlab= "t(10)"); qqline(t_10)
> t_20 <- rt(1000, df= 20); qqnorm(t_20, xlab= "t(20)"); qqline(t_20)
> t_30 <- rt(1000, df= 30); qqnorm(t_30, xlab= "t(30)"); qqline(t_30)
```

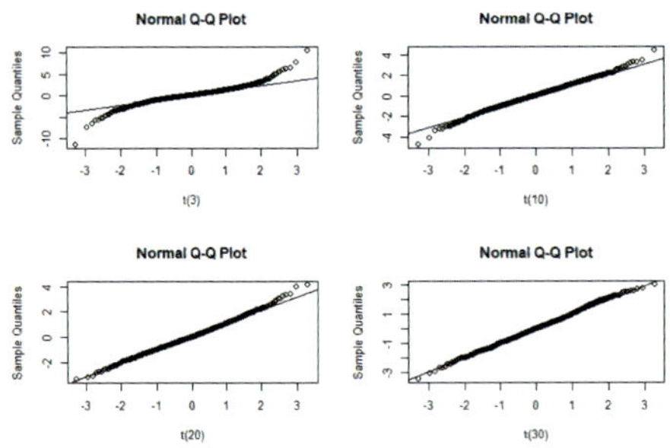

1.3 χ^2-분포

χ^2-분포의 자유도가 각각 1, 2, 3, 4, 5인 그래프와 각각 5, 10, 20, 30, 40인 그래프를 2개로 분리하여 표현하였다. 자유도가 5인 χ^2-분포의 그래프를 각 영역에 따로 표시

(검은선)함으로써 자유도가 커져가면서 y축(Density)의 값이 매우 작아짐을 비교할 수 있도록 하였다. χ^2 -분포도 자유도가 클수록 정규분포와 유사함을 볼 수 있다.

```
> #a) 자유도 5까지
> par(mfrow= c(1,2))
> X <- seq(0, 20, length= 100);   Hx <- dchisq(X,1);   D.F. <- c(1, 2, 3, 4, 5)
> Colors <- c("red", "blue", "gold", "darkgreen", "black" )
> Labels <- c("df= 1", "df= 2", "df= 3", "df= 4", "df= 5")
> plot(X, Hx, type= "l", lwd= 2, lty= 1, xlab= "x value", col= "red",
+       ylab= "Density", main= "자유도에 따른 여러가지 ChiSquare-분포들")
> for (i in 2:5){lines(X, dchisq(X, D.F.[i]), lwd= 2, col= Colors[i])}
> legend("topright", inset= .1, title= "Distributions",
+         Labels, lwd= 2, lty= c(1, 1, 1, 1, 1), col= Colors)
> #b) 자유도 5 이상
> X <- seq(0, 99, length= 100);   Hx <- dchisq(X,5);   D.F. <- c(5, 10, 20, 30, 40)
> Colors <- c("black", "blue", "red", "darkgreen", "gold" )
> Labels <- c("df= 5", "df= 10", "df= 20", "df= 30", "df= 40")
> plot(X, Hx, type= "l", lwd= 2, lty= 1, xlab= "x value", col= "black",
+       ylab= "Density", main= "자유도에 따른 여러가지 ChiSquare-분포들")
> for (i in 2:5){lines(X, dchisq(X, D.F.[i]), lwd= 2, col= Colors[i])}
> legend("topright", inset= .1, title= "Distributions",
+         Labels, lwd= 2, lty= c(1, 1, 1, 1, 1), col= Colors)
```

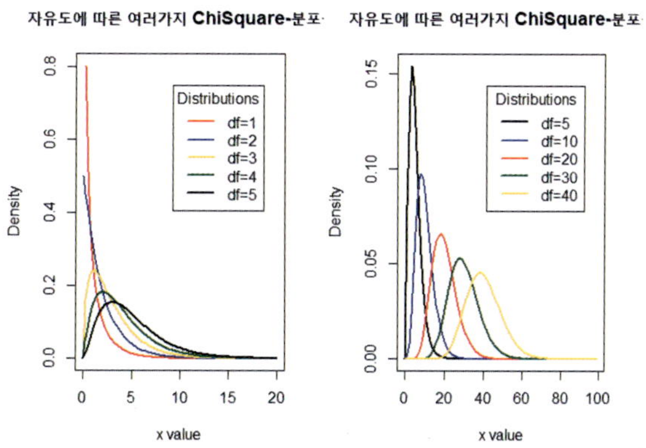

다음은 자유도가 클수록 χ^2−분포가 표준정규분포에 근사하는지를 함수 "qqnorm()"을 이용한 normal QQ-plot으로 확인하는 예이다. 아래의 그림들에서와 같이 자유도가 3, 10, 30, 50으로 커져 갈수록 직선에 가까워짐을 볼 수 있다.

```
> par(mfrow= c(2,2))
> set.seed(1004)
> c_3 <- rchisq(1000, df= 3); qqnorm(c_3, xlab= "cq(3)"); qqline(c_3)
> c_10 <- rchisq(1000, df= 10); qqnorm(c_10, xlab= "cq(10)"); qqline(c_10)
> c_30 <- rchisq(1000, df= 30); qqnorm(c_30, xlab= "cq(30)"); qqline(c_30)
> c_50 <- rchisq(1000, df= 50); qqnorm(c_50, xlab= "cq(50)"); qqline(c_50)
```

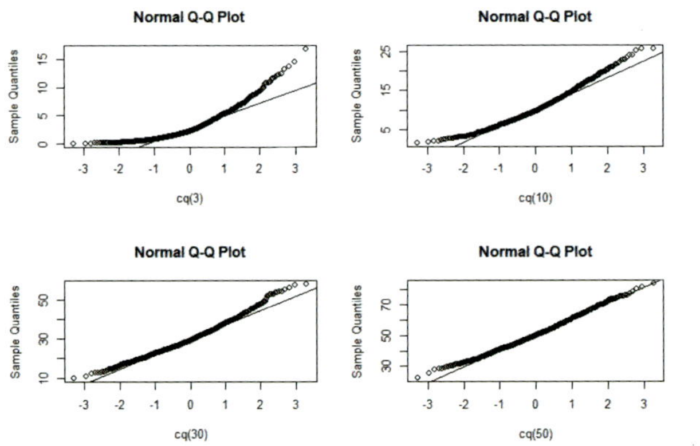

1.4 F−분포

자유도가 각각 (5, 10), (10, 30), (50, 50), (100, 100)인 F−분포의 그래프이다. 자유도가 클수록 좌우 대칭이 되고 있으며, 정규분포에 근사함을 볼 수 있다.

```
> ggplot(data.frame(x= c(0,5)), aes(x= x)) +
+   stat_function(fun= df, args= list(df1= 5, df2= 10), colour= "blue", size= 1) +
+   stat_function(fun= df, args= list(df1= 10, df2= 30), colour= "red", size= 1) +
+   stat_function(fun= df, args= list(df1= 50, df2= 50), colour= "black", size= 1) +
```

```
+   stat_function(fun= df, args= list(df1= 100, df2= 100), colour= "green", size= 1) +
+   annotate("segment", x= 3, xend= 3.5, y= 1.4, yend= 1.4, colour= "blue", size= 1) +
+   annotate("segment", x= 3, xend= 3.5, y= 1.2, yend= 1.2, colour= "red", size= 1) +
+   annotate("segment", x= 3, xend= 3.5, y= 1.0, yend= 1.0, colour= "black", size= 1) +
+   annotate("segment", x= 3, xend= 3.5, y= 0.8, yend= 0.8, colour= "green", size= 1) +
+   annotate("text", x= 4.3, y= 1.4, label= "F(df1=5, df2=10)") +
+   annotate("text", x= 4.3, y= 1.2, label= "F(df1=10, df2=30)") +
+   annotate("text", x= 4.3, y= 1.0, label= "F(df1=50, df2=5)") +
+   annotate("text", x= 4.3, y= 0.8 label= "F(df1=100, df2=100)") +
+   ggtitle("F Distribution")
```

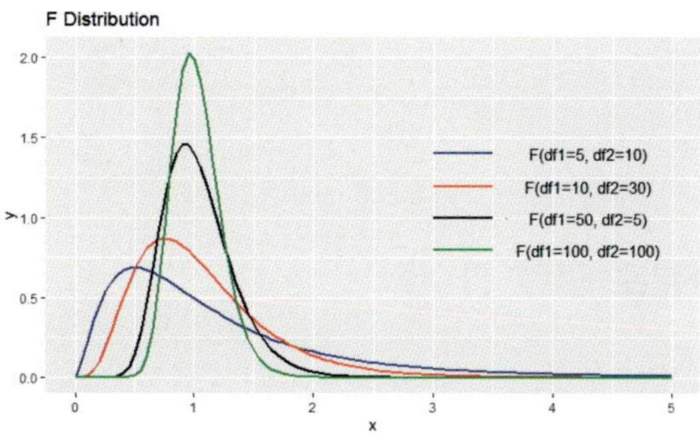

자유도가 클수록 $F-$분포가 표준정규분포에 근사하는지를 함수 “qqnorm( )”을 이용한 normal QQ-plot으로 확인하는 예이다. 아래의 그림들에서와 같이 자유도가 $(3, 10)$, $(20, 30)$, $(100, 100)$, $(500, 500)$으로 커져 갈수록 직선에 가까워짐을 볼 수 있다.

```
> set.seed(1004)
> par(mfrow= c(2,2))
> set.seed(1004)
> F1 <- rf(1000, df1= 3, df2= 10); qqnorm(F1, xlab= "f(3,10)"); qqline(F1)
> F2 <- rf(1000, df1= 20, df2= 30); qqnorm(F2, xlab= "f(20,30)"); qqline(F2)
> F3 <- rf(1000, df1= 100, df2= 100)
> qqnorm(F3, xlab= "f(100,100)");   qqline(F3)
```

```
> F4 <- rf(1000, df1= 500, df2= 500)
> qqnorm(F4, xlab= "f(500,500)");   qqline(F4)
```

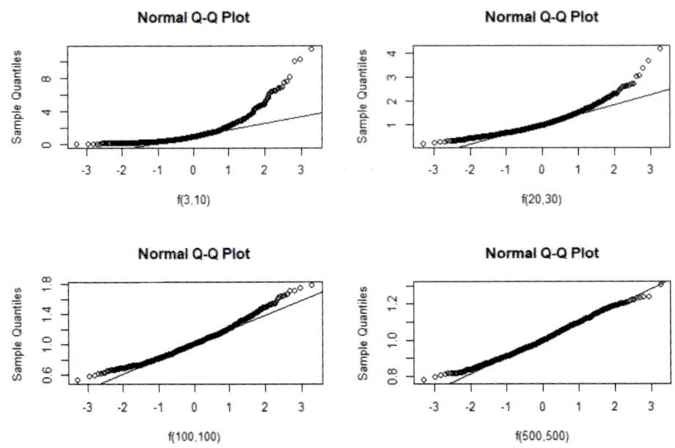

1.5 R에서의 확률분포 관련 함수들

패키지 "stats"에 있는 확률함수들의 목록과 R에서의 함수 이름들은 다음의 [표]와 같다. 확률함수들은 "**함수명**(**변수값**, **파라미터**_1, **파리미터**_2, … , **파리미터**k)"의 형식으로 사용한다. 더 다양한 함수들에 대한 정보는 R을 참조하기 바란다.

표 5-2 확률분포에 따른 분포함수, 분위함수, 확률함수, 난수생성 함수들

확률분포	함수			
	분포	분위	확률	난수생성
Beta	pbeta	qbeta	dbeta	rbeta
Binomial	pbinom	qbinom	dbinom	rbinom
Cauchy	pcauchy	qcauchy	dcauchy	rcauchy
Chi-Square	pchisq	qchisq	dchisq	rchisq
Exponential	pexp	qexp	dexp	rexp
F	pf	qf	df	rf
Gamma	pgamma	qgamma	dgamma	rgamma

확률분포	함수			
	분포	분위	확률	난수생성
Geometric	pgeom	qgeom	dgeom	rgeom
Hypergeometric	phyper	qhyper	dhyper	rhyper
Logistic	plogis	qlogis	dlogis	rlogis
Log Normal	plnorm	qlnorm	dlnorm	rlnorm
Negative Binomial	pnbinom	qnbinom	dnbinom	rnbinom
Normal	pnorm	qnorm	dnorm	rnorm
Poisson	ppois	qpois	dpois	rpois
Student t	pt	qt	dt	rt
Studentized Range	ptukey	qtukey	dtukey	rtukey
Uniform	punif	qunif	dunif	runif
Weibull	pweibull	qweibull	dweibull	rweibull
Wilcoxon Rank Sum Statistic	pwilcox	qwilcox	dwilcox	rwilcox
Wilcoxon Signed Rank Statistic	psignrank	qsignrank	dsignrank	rsignrank

1.6 다양한 분포의 QQ-Plot

분석 자료가 특정한 분포를 따르는지 판별하고자 할 때는 함수 "`qqplot( )`"을 사용한다. 아래는 기준 분포를 자유도가 3인 $t-$분포로 하고, 첫 번째는 자유도가 3인 $t-$분포의 난수를 생성하여 기준 분포와의 분위수를 그린 그래프이다. 이번에는 $t-$분포에서의 제25, 75백분위수 좌표를 연결한 선분을 굵게 표현하였다. 함수 "`qqline( )`"에서 옵션 "`prob=` "을 변경하면 원하는 분위수의 좌표를 지나는 분위수선(qqline)을 그릴 수 있다. 오른쪽 그래프는 분석대상 자료가 자유도가 30인 $t-$분포에서의 난수이다. 굵는 선의 짧아짐을 볼 수 있는데, 이는 $t-$분포는 자유도가 증가할수록 표준정규분포에 근사하며, 이는 더 중앙화하기 때문이다.

```
> par(mfrow= c(1,1))
> #QQ-t분포
> require(graphics)
> N <- 500 ;   D.F <- 3
> Basic <- qt(ppoints(N), D.F)
> set.seed(1004)
> qqplot(Basic, rt(N, D.F) )
> qqline(Basic, distribution= function(prob) qt(prob, D.F),
+         prob= c(0.25, 0.75), col= 2)
> XX <- quantile(qt(ppoints(N), D.F), c(0.25, 0.75))
> YY <- quantile( rt(N, D.F), c(0.25, 0.75))
> lines(XX, YY, col= 'red', lwd= 5)
> D.F= 30
> Basic <- qt(ppoints(N), D.F)
> qqplot(Basic, rnorm(N, 0, 1) )
> qqline(Basic, distribution= function(prob) qnorm(prob),
+         prob= c(0.25, 0.75), col= 2)
> XX <- quantile(rt(N, D.F), c(0.25, 0.75))
> YY <- quantile(qnorm(ppoints(N)), c(0.25, 0.75))
> lines(XX, YY, col= 'red', lwd= 5)
```

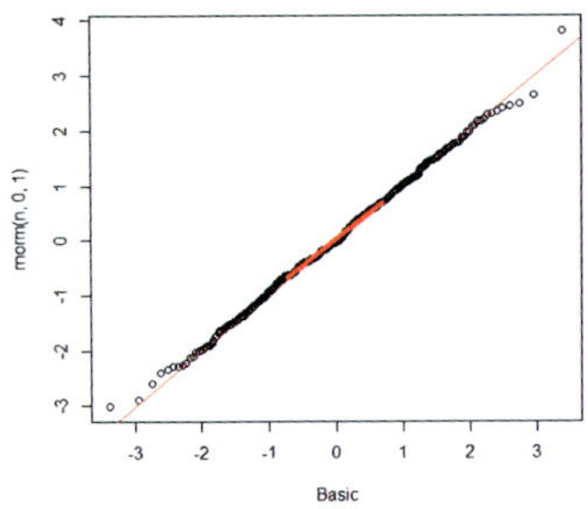

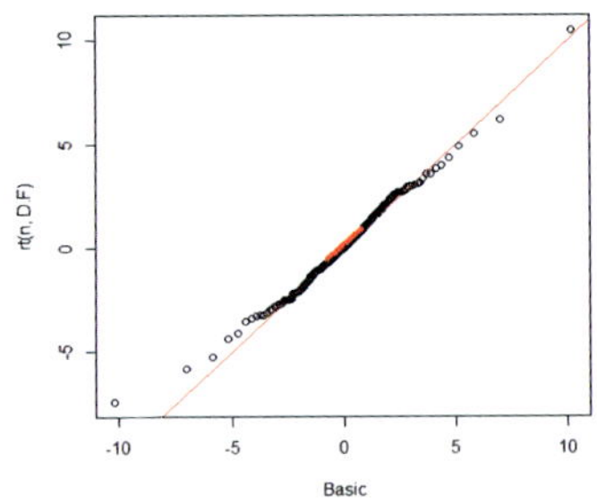

다음은 기준분포를 자유도가 3인 χ^2 − 분포에 대하여, 분석대상 자료를 자유도가 3인 χ^2 − 분포의 난수로 한 예이다. χ^2 − 분포는 오른쪽으로 치우친 비대칭분포이므로 분위수의 대부분이 왼쪽에 있음을 알 수 있다.

```
> set.seed(1004)
> N <- 500 ;   D.F <- 3
> Basic <- qchisq(ppoints(N), D.F)
> ChiSq <- rchisq(N, D.F)
> ## Q-Q plot for Chi^2 data against true theoretical distribution:
> qqplot(Basic, ChiSq, main= expression("Q-Q plot for" ~~ {chi^2}[nu== 3]))
> qqline(Basic, distribution= function(prob) qchisq(prob, D.F),
+        prob= c(0.25, 0.75), col= 2)
> mtext("qqline(*, dist= qchisq(., df= 3), prob= c(0.25, 0.75))")
> XX <- quantile(rchisq(N, D.F), c(0.25, 0.75))
> YY <- quantile(Basic, c(0.25, 0.75))
> lines(XX, YY, col= 'red', lwd= 5)
```

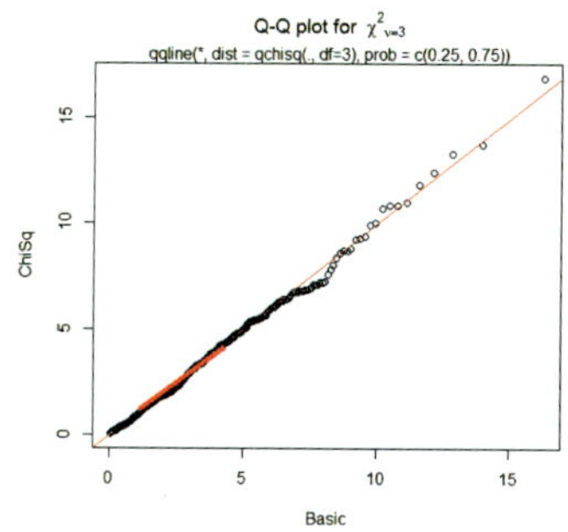

다음은 기준분포를 자유도가 30, 30인 $F-$분포에 대하여, 분석대상 자료를 자유도가 30, 30인 $F-$분포의 난수로 한 예이다. $F-$분포도 오른쪽으로 치우친 비대칭분포이므로 분위수의 대부분이 왼쪽에 있음을 알 수 있다.

```
> set.seed(1004)
> n <- 500 ;   D.F1 <- 30 ;    D.F2 <- 30
> Basic <- qf(ppoints(n), D.F1, D.F2)
> F <- rf(n, D.F1, D.F2)
> ## Q-Q plot for F data against true theoretical distribution:
> qqplot(Basic, F, main= expression("Q-Q plot for" ~~ {F}["30,30"] ))
> qqline(Basic, distribution= function(prob) qf(prob, D.F1, D.F2),
```

```
+         prob= c(0.25, 0.75), col= 2)
> mtext("qqline(*, dist= qf(., df1= 30, df2= 30), prob= c(0.25, 0.75))")
> XX <- quantile(rf(n, D.F1, D.F2), c(0.25, 0.75))
> YY <- quantile(Basic, c(0.25, 0.75))
> lines(XX, YY, col= 'red', lwd= 5)
```

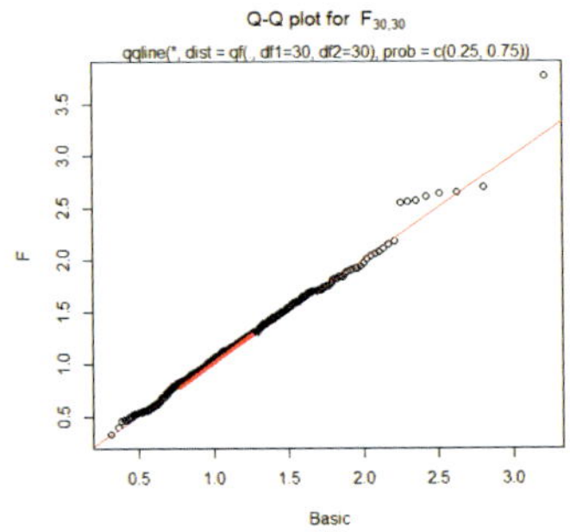

02 이변량 정규분포의 동적그래프

이변량 정규분포의 표현은 3차원 그래프인 "3D chart"로 가능하다. 아래의 예는 함수 "play3d( )"를 이용하여 한 기준 축을 중심으로 회전하면 보이도록 하는 동적 그래프이다. 옵션 "rpm= "은 회전 속도를 "duration= "은 구동 시간을 결정한다.

```
> library(mvtnorm)
> library(rgl)
> ## 좌표의 범위 설정
> X <- seq(-3, 3, .01) -> Y
> ## x 와 y 의 평면 좌표값 설정
> XY <- expand.grid(x= X, y= Y)
> ## 평균,  표준편차 및 상관계수 설정
> Binorm <- function(Rho)
+          {Mean= c(0, 0); Sigma_1= 1; Sigma_2= 1;
```

```
+            Sigma <- matrix(c(Sigma_1, Rho, Rho, Sigma_2), 2, 2);
+            ##이변량정규분포 함수값 결정
+            Z <- dmvnorm(XY, mean= Mean, sigma= Sigma)
+            persp3d(X,Y,matrix(Z, length(X), length(Y)), smooth= T,
+                    color= rgb(0.7, 0.5, 0.2, 0.5),
+                    axes= T,xlab= "X", ylab= "Y", zlab= "BiNorm")
+            movie3d(spin3d(axis= c(0, 0, 1), rpm= 1), duration= 100)
+            }
> Binorm(0);     Binorm(0.7);     Binorm(-0.7)
```

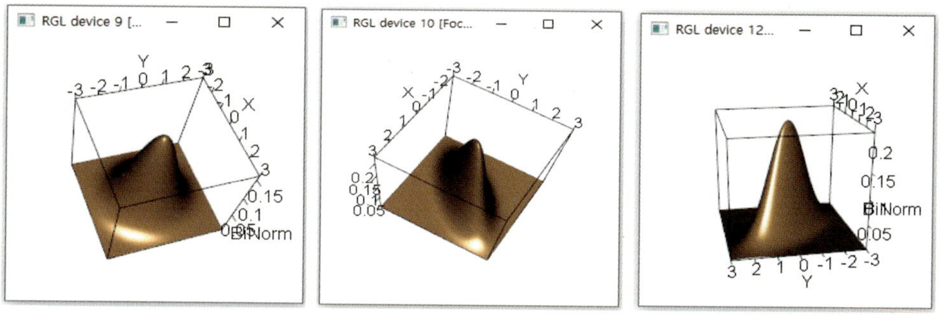

03 중심극한정리(Central Limit Theorem)

중심극한정리는 평균이 μ이고, 분산이 σ^2인 무한모집단에서 크기 n인 확률표본(random sample) $X_1,\cdots,X_n$을 뽑았을 때, n이 충분히 크면 모집단의 분포에 상관없이 표본평균 $\overline{X}_n$은 근사적으로 $N(\mu,\ \sigma^2/n)$을 따른다는 것이다. 이의 수리적 증명 대신 시뮬레이션 방법으로 확인하도록 한다.

다음은 정규분포, 이항분포, 균등분포, 지수분포로 제한하여 중심극한정리를 간접적으로 확인하는 과정의 예이다. 표본의 수 n 등을 인자로 갖는 사용자 정의 함수 "`Clt()`"의 인자 부분은 다음과 같다.

- "`n=1`" : 표본의 수를 의미하며, 초깃값은 1로 한 것이다.
- "`Reps = 10000`" : 실험의 반복수이다.

- "Nclass= 30" : 히스토그램에서 사용될 인자로 표현할 범주의 수이다.
- "Param.norm= list(mean= 0, sd= 1)" : 사용될 정규분포는 $N(0,1)$이다.
- "Param.binom= list(size= 100, prob= 0.1)" : 사용될 이항분포는 $B(100, 0.1)$이다.
- "Param.unif= list(min= 0, max= 20)" : 사용될 균등분포는 $U[0, 20]$이다.
- "Param.exp= list(rate= 0.1)" : 사용될 지수분포는 Exp(1/0.1)이다.

함수의 정의 부분의 함수 "par()"는 그리고자 하는 판(Pannel)을 제어하는 기능이다. 여기서 옵션 "oma= "은 그림의 외곽 부분의 여백을 결정하는 것으로 각각 bottom, left, top, right를 의미한다. 옵션 "mfrow= c(2, 2)"은 그림을 2행 2열의 4개로 분할하여 한 면에 4개의 그래프를 그릴 수 있도록 하는 것이다. 마지막의 "on.exit(par(Par.old))"은 함수의 실행이 끝날 때 그림판을 분할된 상태가 아닌 원상태로 회복하도록 한다.

```
> Clt <- function( n= 1, Reps= 10000, Nclass= 30,
+                  Param.norm= list(mean= 0, sd= 1),
+                  Param.binom= list(size= 100, prob= 0.1),
+                  Param.unif= list(min= 0, max= 20),
+                  Param.exp= list(rate= 0.1) )
+         {Par.old= par(oma= c(0, 0, 2, 0), mfrow= c(2, 2))
+          on.exit(par(Par.old))
```

다음은 정규분포의 난수생성, 표본의 평균 및 분산의 계산 및 히스토그램과 밀도함수를 그리고 위에서 구한 평균과 분산의 이론적 정규분포를 함께 그리는 절차이다.

```
+         # Normal
+         Param.norm$n= n*Reps
+         Norm.mat= matrix(do.call('rnorm', Param.norm), ncol= n)
+         Norm.mean= rowMeans(Norm.mat)
+         X= seq(min(Norm.mean), max(Norm.mean), length= 100)
```

```
+        Normmax= max(dnorm(X, mean(Norm.mean), sd(Norm.mean)))
+        Tmp.hist= hist(Norm.mean, plot= FALSE, nclass= Nclass)
+        Normmax= max(Tmp.hist$density, Normmax)*1.05
+        hist(Norm.mean, main= "정규분포", xlab= "X", col= 'skyblue',
+            freq= FALSE, ylim= c(0, Normmax), nclass= Nclass)
+        lines(density(Norm.mean), col= "blue", lty= 1, lwd= 2)
+        lines(X, dnorm(X, mean(Norm.mean), sd(Norm.mean)),
+             col= "red", lty= 1, lwd= 2)
```

아래는 이항분포의 난수생성, 표본의 평균 및 분산의 계산 및 히스토그램과 밀도함수를 그리고 위에서 구한 평균과 분산의 이론적 정규분포를 함께 그리는 절차이다.

```
+        # binom
+        Param.binom$n= n*Reps
+        Binom.mat= matrix(do.call('rbinom', Param.binom), ncol= n)
+        Binom.mean= rowMeans(Binom.mat)
+        X= seq(min(Binom.mean), max(Binom.mean), length= 100)
+        Binommax= max(dnorm(X, mean(Binom.mean), sd(Binom.mean)))
+        Tmp.hist= hist(Binom.mean, plot= FALSE, nclass= Nclass)
+        Binommax= max(Tmp.hist$density, Binommax)
+        hist(Binom.mean, main= "이항분포", xlab= "X", col= 'skyblue',
+            freq= FALSE, ylim= c(0, Binommax), nclass= Nclass)
+        lines(density(Binom.mean), col= "blue", lty= 1, lwd= 2)
+        lines(X, dnorm(X, mean(Binom.mean), sd(Binom.mean)),
+             col= "red", lty= 1, lwd= 2)
```

아래는 균등분포의 난수생성, 표본의 평균 및 분산의 계산 및 히스토그램과 밀도함수를 그리고 위에서 구한 평균과 분산의 이론적 정규분포를 함께 그리는 절차이다.

```
+        # Uniform
+        Param.unif$n= n*Reps
+        Unif.mat= matrix(do.call('runif', Param.unif), ncol= n)
+        Unif.mean= rowMeans(Unif.mat)
+        X= seq(min(Unif.mean), max(Unif.mean), length= 100)
+        Unimax= max(dnorm(X, mean(Unif.mean), sd(Unif.mean)))
+        Tmp.hist= hist(Unif.mean, plot= FALSE, nclass= Nclass)
+        Unimax= max(Tmp.hist$density, Unimax)*1.05
+        hist(Unif.mean, main= "균등분포", xlab= "X", col= 'skyblue',
+            freq= FALSE, ylim= c(0, Unimax), nclass= Nclass)
+        lines(density(Unif.mean), col= "blue", lty= 1, lwd= 2)
+        lines(X, dnorm(X, mean(Unif.mean), sd(Unif.mean)),
+             col= "red", lty= 1, lwd= 2)
```

아래는 지수분포의 난수생성, 표본의 평균 및 분산의 계산 및 히스토그램과 밀도함수를 그리고 위에서 구한 평균과 분산의 이론적 정규분포를 함께 그리는 절차이다.

```
+        # exp
+        Param.exp$n= n*Reps
+        Exp.mat= matrix(do.call('rexp',Param.exp), ncol= n)
+        Exp.mean= rowMeans(Exp.mat)
+        X= seq(min(Exp.mean), max(Exp.mean), length= 100)
+        Expmax= max(dnorm(X, mean(Exp.mean), sd(Exp.mean)))
+        Tmp.hist= hist(Exp.mean, plot= FALSE, nclass= Nclass)
+        Expmax= max(Tmp.hist$density, Expmax)*1.05
+        hist(Exp.mean, main= "지수분포", xlab= "X", col= 'skyblue',
+            freq= FALSE, ylim= c(0, Expmax), nclass= Nclass)
+        lines(density(Exp.mean), col= "blue", lty= 1, lwd= 3)
+        lines(X, dnorm(X, mean(Exp.mean), sd(Exp.mean)),
+             col= "red", lty= 1, lwd= 2)
```

아래는 표본의 크기가 제목에 나타나도록 하는 절차이다.

```
+          mtext(paste("표본의 크기= ", n), outer= TRUE, cex= 1)
+          invisible(NULL)
+          }
```

다음은 위에 언급한 4개의 모집단분포로부터 추출한 난수들의 표본평균의 분포 그래프를 표본의 크기가 각각 1, 2, 20, 30일 때의 그래프 결과이다. 결과는 어느 분포이든 표본의 크기가 커져감에 따라, 표본평균 $\overline{X}_n$의 분포는 점점 더 정규분포에 가까워 가는 것을 볼 수 있다.

```
> Clt(1) ;    Clt(2) ;     Clt(20) ;     Clt(30)
```

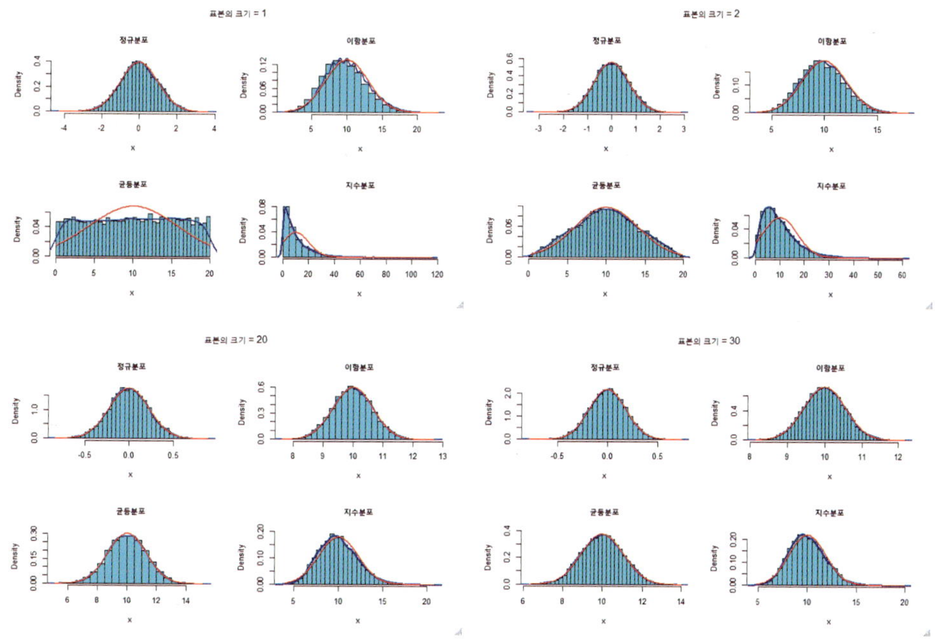

찾아보기

B

C

D

E

F

G

H

I

N

O

P

Q

R

S

T

U

V

W

X

Y

ㅅ

ㅇ

ㅈ

ㅊ

저자 소개

김태수
서울과학기술대학교 교양대학 자연과학부 교수

R을 활용한 자료 시각화 – 제2판 –

저　　자　김태수
발 행 인　김지영
발 행 처　자유아카데미
주　　소　경기도 파주시 회동길 37-42
　　　　　파주출판도시
전　　화　031-955-1321
팩　　스　031-955-1322
홈페이지　www.freeaca.com
전자우편　main@freeaca.com (대표)
　　　　　editor@freeaca.com (편집)
　　　　　crm@freeaca.com (영업)
등　　록　제406-2003-017호, 1980. 7. 12
제2판1쇄　2022년 8월 31일 발행

저자와의
협의하에
인지생략

ISBN 979-11-5808-379-3　93310